【決定版】

女の子へ贈る

名前事典

命名研究家 大橋一心 監修

どこからアプローチする？ 名づけ こだわりポイント チェック

まずはどんな方向からのアプローチが合っているか、あなたの「こだわりポイント」をチェックしてみましょう。パパとママそれぞれがチェックして、お互いのこだわりポイントの違いなども確認しましょう。

チェックの方法

質問に対して、次の要領で「A・B・C」のいずれかに○をつけていきましょう。あまり深く考え込まずに、思いつくままに回答してください。

A 「イエス」寄りの場合
B どちらともいえない場合
C 「ノー」寄りの場合

	チェック項目	回答欄
Q1	子どもに「○○ちゃん」と呼びかけたい愛称がある。	A・B・C
Q2	一つに限定されず、たくさんの意味合いを連想できる名前にしたい。	A・B・C
Q3	家族みんなが名前選びにこだわりがあって、もめそうな気配が……。	A・B・C
Q4	名前の中に入れたい1字が決まっている。	A・B・C
Q5	人の名前を覚えるとき、文字よりも読み方のほうが記憶に残りやすい。	A・B・C

	チェック項目	回答欄
Q15	血液型による性格の違いって、けっこう当たっていると思う。	A・B・C
Q16	子どもが文字を覚え始めたら、ていねいに文字を書くことをしっかり教えたい。	A・B・C
Q17	将来、同級生に同じ読み方をする名前の子がいないような名前をつけたいと強く思う。	A・B・C
Q18	思っていることをうまく言い表す言葉がなくて困ることがよくある。	A・B・C
Q19	自分がギャンブルをするなら、一発を狙うよりも当たる確率の高さを重視する。	A・B・C

Q6	人の名前の由来を聞くのはけっこう楽しい。	A・B・C
Q7	雑誌やテレビで星座占いを見るとついチェックしてしまう。	A・B・C
Q8	将来、同級生に同じ漢字の名前の子がいないような名前をつけたいと強く思う。	A・B・C
Q9	何通りもの読み方ができる漢字の名前を見ると、どう読むのかがとても気になる。	A・B・C
Q10	尊敬したり憧れたりしている人からあやかった名前も考えている。	A・B・C
Q11	ふだんの生活で縁起を担いでいることを五つ以上言える。	A・B・C
Q12	人の名前を覚えるとき、漢字は覚えているのに読み方がうろ覚えのことがある。	A・B・C
Q13	家のしきたりで、名前に「こ」や「み」など、特定の読み方を入れることになっている。	A・B・C
Q14	雑学に関するテレビ番組を見たり本を読んだりするのが好きだ。	A・B・C
Q20	家のしきたりで、名前に「子」や「美」など、特定の漢字を入れることになっている。	A・B・C
Q21	「この人の名前、発音しにくいな」と思うことがよくある。	A・B・C
Q22	ことわざに「名は体を表す」とあるが、まさにその通りだと思う。	A・B・C
Q23	身のまわりの具体例より、統計の数字に影響されやすい。	A・B・C
Q24	ローマ字で書かれた名前を見ると、漢字でどう書くかが気になる。	A・B・C
Q25	音楽のヒットチャートはよく気にする。	A・B・C
Q26	「女らしさ」や「優しさ」など、名前の雰囲気にこだわっている家族がいる。	A・B・C
Q27	後押しになる意見があるほうが、自分一人だけで決めるよりスッキリ納得しやすい。	A・B・C
Q28	ベストセラーになる本は、タイトルもかなり影響していると思う。	A・B・C

Q28まで全部終わったら、次のページをご覧ください。
あなたにおすすめのアプローチ方法を紹介しています。

こだわりポイント チェックから見る あなたにおすすめのアプローチ方法

チェックの結果

1. 下の表1に、以下の要領でチェックの結果を記入します。
   - Aに○をつけた …… 3ポイント
   - Bに○をつけた …… 1ポイント
   - Cに○をつけた …… 0ポイント
2. 縦列の合計ポイントを「合計」Ⅰ〜Ⅳに記入します。
3. 表2の**合計㋐**にQ3、Q13、Q20、Q26の合計ポイントを記入します。
4. 表3の**合計㋑**にQ8、Q14、Q17、Q23の合計ポイントを記入します。

表1

←右から左に記入

Q4	Q3	Q2	Q1
Q8	Q7	Q6	Q5
Q12	Q11	Q10	Q9
Q16	Q15	Q14	Q13
Q20	Q19	Q18	Q17
Q24	Q23	Q22	Q21
Q28	Q27	Q26	Q25
合計 Ⅳ	合計 Ⅲ	合計 Ⅱ	合計 Ⅰ

表2

Q3		Q13		Q20		Q26		合計㋐
	+		+		+		=	

表3

Q8		Q14		Q17		Q23		合計㋑
	+		+		+		=	

ケース別　おすすめのアプローチ方法

表1の合計でいちばんポイントが高かったものが、おすすめのアプローチ方法になります。

Ⅰ のポイントが高かった人は 音 からのアプローチがおすすめ!!

耳からの情報に敏感なあなたは、文字を見ても頭の中ではまず音に置き換えているのでは？　最初は、声に出してみたときの印象を大切にしながら名前の候補を考え始めるとよいでしょう。

Check▶ P.6、P.24～25、P.34～35、P.43、P.49～192

Ⅲ のポイントが高かった人は 画数 からのアプローチがおすすめ!!

「運勢のよさ」が納得できる名前選びに欠かせない要素になりそうです。姓名判断は、長い歴史の経験則の積み重ねによる理論体系。子の幸せを願う親心に安心感をもたらすのは姓名判断ならではの恩恵です。

Check▶ P.8、P.273 ～304

Ⅱ のポイントが高かった人は イメージ からのアプローチがおすすめ!!

名前がかもし出すニュアンスが気になるあなた。漢字だけ、読み方だけから名前を考えていくよりも、自分が大切にしたいキーワードをクリアにすることから始めると、納得できる名前に出会いやすくなります。

Check▶ P.7、P.26～27、P.30～33、P.193～271

Ⅳ のポイントが高かった人は 漢字 からのアプローチがおすすめ!!

書かれた名前を見て、どんな感じを受けるか。それがあなたにとってのポイントになりそうです。使う漢字が決まっていても、読み方やほかに組み合わせる漢字などで印象は大きく変わります。

Check▶ P.9、P.26 ～33、P.36 ～ 37、P.42、P.305 ～413

ア が**6ポイント**以上ある人は 家族の意見を大切に

パパとママだけではなく、家族の思いもかなり重要なポイントです。「どういう思いがあって、何にこだわるのか」とお互いに理解し合うことが、家族全員が納得して祝福できる名前選びには欠かせません。

イ が**6ポイント**以上ある人は 人気や個性が気になる人

古臭い印象の名前はつけたくないという場合も、名前に個性を求める場合も、「今どきらしい名前」を知ることから。傾向を知ってこそ、対策もできるのです。

Check▶ P.40～43、P.159

どこから始める？ 名づけのアプローチ

名前を考える入り口はたくさんあります。まず、自分に合ったアプローチを探してみましょう。

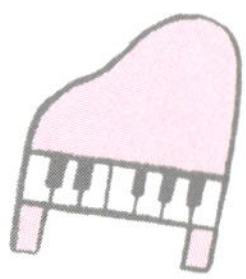

音からアプローチする

音といってもいろいろな入り口が

音からアプローチも、方法はさまざまです。たとえば「ゆいちゃん」のように呼びたい愛称から。最初にくる音から考え始めるきっかけになります。逆に「な」で終わる名前にしたい、という場合もあるでしょう。

あるいは「じゅり」のように、拗音（ゃ・ゅ・ょのつく音）を入れたい、「リサ」のように外国風の響きが感じられる名前にしたい、ママの名前から「ひろ」の音を使いたい……など、まずは何の音をベースにするか考えてみましょう。

音からのアプローチいろいろ

愛称から

はじめの音を考えるヒントになる

終わりの音から

最後にくる音を選ぶ

入れたい音や音のイメージから

◆語感から
◆両親や家族、偉人などの名前から
◆思い出や趣味にちなんだものから
◆外国語風　◆純日本風

イメージからアプローチする

キーワードからイメージを広げる

伝えたいメッセージを表すキーワードを見つけ、そこからイメージをふくらませていく方法です。

キーワードにはいろいろな選び方があります。子どもの将来への願いを込めたもの、パパやママが理想とするもの、好きな言葉、大切にしているものや趣味など、ヒントはたくさんあります。

たとえば生まれた季節の「夏」をキーワードに、「太陽」や「海」のイメージ、八月の旧暦の異称「葉月」をアレンジ……のように広げていきます。

イメージからのアプローチいろいろ

将来への願いを込めて

- ◆こんな性格になってほしい
- ◆こんな人生を歩んでほしい
- ◆こんなことに恵まれてほしい

誕生の喜びを記念して

- ◆誕生日の季節や気候から
- ◆誕生日や生まれ年を象徴するような出来事から

理想とするものから

- ◆自然に関連したものから
- ◆尊敬する人物をヒントにして
- ◆名言・故事成語などの言葉から

好きなもの、大切なものから

- ◆共通の趣味から
- ◆ライフワークから
- ◆思い出のもの・思い出の場所から

画数からアプローチする

最初に画数で条件を絞る

よい運勢になることを重視するなら、姓名判断、つまり画数からアプローチすることになります。姓名判断では、姓の画数によって、おすすめとなる名前の画数が絞られます。どこから手をつけていいかわからない人にとっては、ちょうどよい基準となるでしょう。

何千字もある漢字リストをただ眺めているだけでは見過ごしてしまう漢字にも注意を向けることになるため、意外な発見や、新しいお気に入りの漢字との出会いがあるかもしれません。

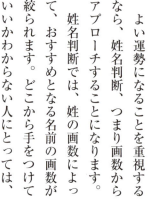

画数からのアプローチいろいろ

おすすめの画数から

画数の数字には、それぞれ意味やおすすめ度があります。そこからまず、名前の画数を決め、その画数に合わせて漢字（ひらがな、カタカナ）を探します。

「佐藤」は7画と18画。1字の名前がいいから、まず6画の漢字を探してみよう

迷いを確信に変えるために

気に入った名前の候補がいくつかあって迷っているとき、姓名判断の助けを借りて候補を絞ることができます。画数がよいということが、気持ちのうえでより納得できる理由づけになるでしょう。

どれも魅力的だなぁ
だったら、全体運のいい、これにしましょうよ

漢字からアプローチする

好きな漢字を選ぶにもいろいろな発想がある

女の子の場合は特に、漢字だけでなく、ひらがなやカタカナの名前も候補になります。まず、どの文字を使うかを考えてみましょう。

漢字と決めた場合、意味・字形・読み方などの要素の中で、どれに着目するかがポイントになります。

たとえば「素直」という意味をもつ漢字を使いたい、「遥」という漢字の形が好き、「〜菜」と書いて「〜ナ」と読む名前にしたい、漢字1字の名前（1字名）にしたい、といったいろいろな発想方法があります。

漢字からのアプローチいろいろ

文字の種類から

◆漢字　◆ひらがな　◆カタカナ

意味から

漢字や文字の組み合わせから生まれる意味で選ぶ

字形から

◆好きな字形　◆書きやすさ

漢字の読み方から

◆音読み　◆訓読み　◆名のり（→P.36）

終わりの字から

◆止め字（→P.406）　◆添え字（→P.407）

使いたい字から

◆両親や家族、偉人などの名前から

1字もらって

◆思い出や趣味にちなんだものの名前から1字もらって

文字の数から

◆1字名　◆2字名　◆3字名

アプローチ方法は考えるきっかけ

名づけのそれぞれのアプローチ方法は、何を手がかりに名前を考えるかというきっかけ作りです。

仮に音から始めたとしても、音に合わせて文字を選び、その意味や画数など総合的に判断することになるでしょう。ですから、必ずしも最初に決めたことに縛られる必要はありません。

たとえば、使いたい漢字を決めたとしても、音の響きや画数を調べていくうちにもっと魅力的な名前が見つかれば、軌道修正すればいいのです。逆にイメージが広がりすぎて迷うようなときには、最初のアプローチ方法を思い返せば、優先順位がつけやすくなります。

アプローチ方法の関係

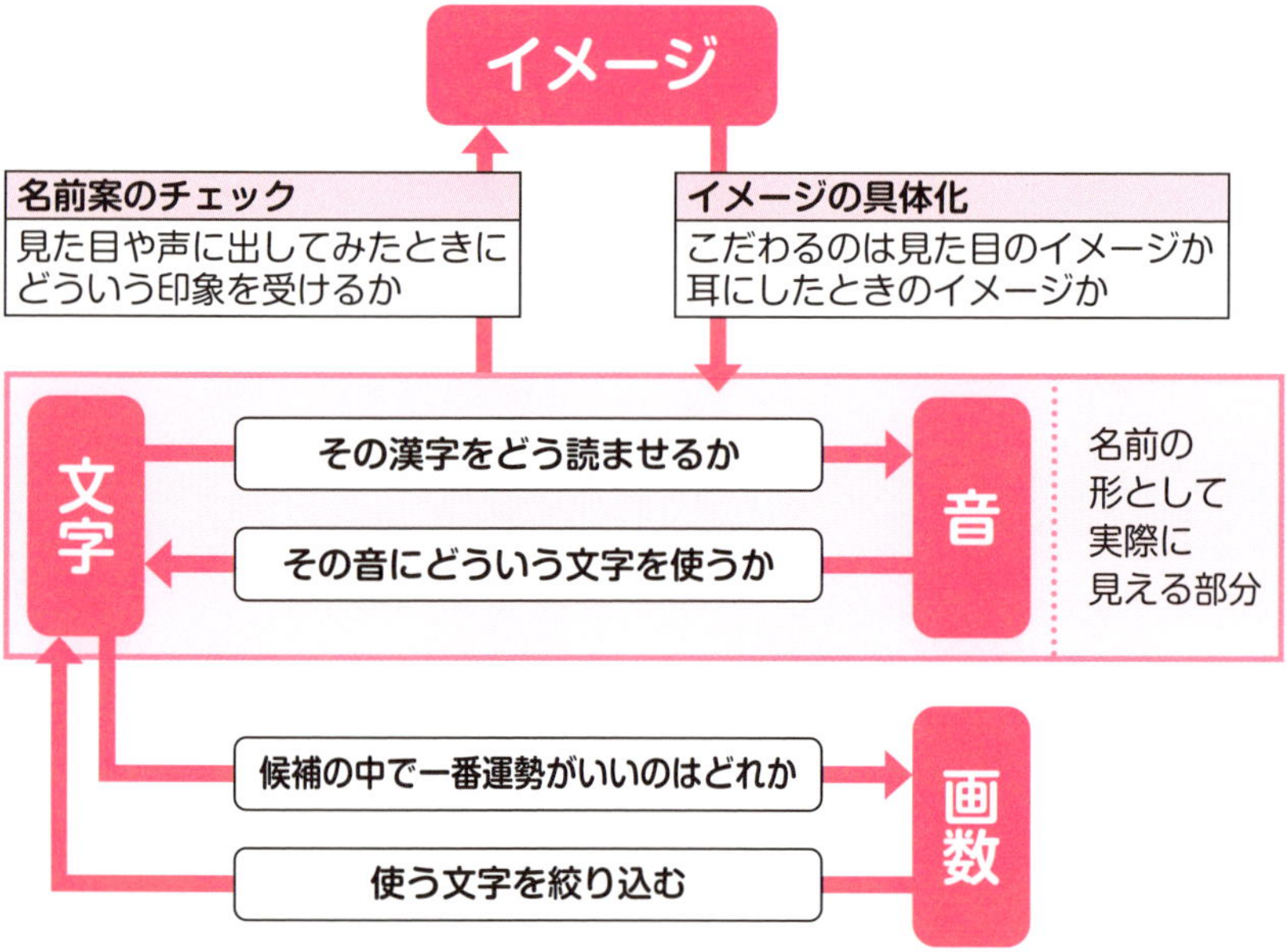

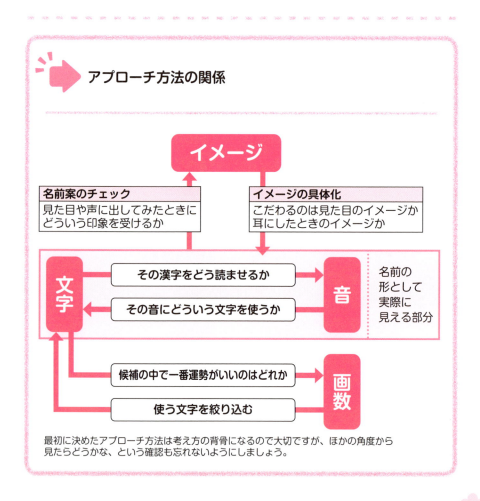

最初に決めたアプローチ方法は考え方の背骨になるので大切ですが、ほかの角度から見たらどうかな、という確認も忘れないようにしましょう。

名づけの流れの例

スタート

1 イメージから
パパとママは音楽を通じて知り合ったので、音楽をイメージした名前にしたい。

2 漢字へ
音楽から「音」という漢字を使いたい。

3 音へ
名前の最後に「音」を使って、「〜ネ」という読み方で考える。

琴音、鈴音、笛音、歌音……(気に入った組み合わせが見つからず)

4 軌道修正
「〜ネ」にこだわらず、すてきな音や、よい音というイメージで検討する。

良音、好音、佳音、華音……

5 漢字に音を当ててみる
佳音や華音で「カノン」と読ませる音の感じが好み。

6 漢字の見た目から
字の中に「音」がある「響」という漢字を見つける。

7 文字の数から
「響」1字だと、男の子の名前にも見えるから、2字名か3字名にしたい。

響花、響華、響美……

8 漢字の見た目から
「響」は画数が多いから、下にくる字の画数が少ない「響花（キョウカ）」がいい。

9 どの案も魅力的
「佳音」「華音」「響花」……ここから、なかなか絞れず。

10 画数から
姓名判断を見ると、姓との相性では「華音」がもっともおすすめのよう。

→ **11 名前の決定**
華音(カノン)に決定！

もくじ

第2章 音からアプローチする

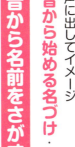

第3章 イメージからアプローチする

第4章 画数からアプローチする

第5章
漢字からアプローチする

第1章

知っておきたい名づけの基本

パパとママの思いを形にする名前は愛情メッセージ

名前は、赤ちゃんに「あなたは世の中でただ一人の大切な存在」とくり返し伝える、メッセージです。

社会との結びつきは名前をもつことから

赤ちゃんは、ママのおなかの中にいるときから、かけがえのない存在です。でも、名前がないうちは、ただの「赤ちゃん」だったり、「加藤さんのお子さん」だったりします。そこにいるのに、ストレートに呼びかけられない、なんとも不思議な立場です。

それが、たとえば「唯花（ユイカ）」のような名前をもつことで、この世にただ一人の「加藤唯花ちゃん」として周囲に認められる第一歩を踏み出すことになります。

つまり名前は、生まれた赤ちゃんを、かけがえのない一人として家族や社会に結びつけるものなのです。

込めた思いを伝え語れる名前を

名前には、個人と社会を結びつけること以外にも、もう一つ大きな役割があります。

それは、生まれてくる新しい命に向けてパパとママが贈る、最初のメッセージとしての役割です。場合によっては、その子が人生を歩むうえで最大の心の支えになるかもしれません。

名前に込めた願いや思い、名づけのきっかけになった出来事などは、ぜひ話してあげられるようにしたいものです。考えに考えて名前を決めたエピソードを聞けば、自分が生まれてきたことに対する親の思いの深さもきっと伝わることでしょう。

「この世でただ一つの命」から「この世でただ一人の個人」へ

その子が何者かを表す
最初の個性が「名前」

このかけがえのない命に
どう声をかけようか……

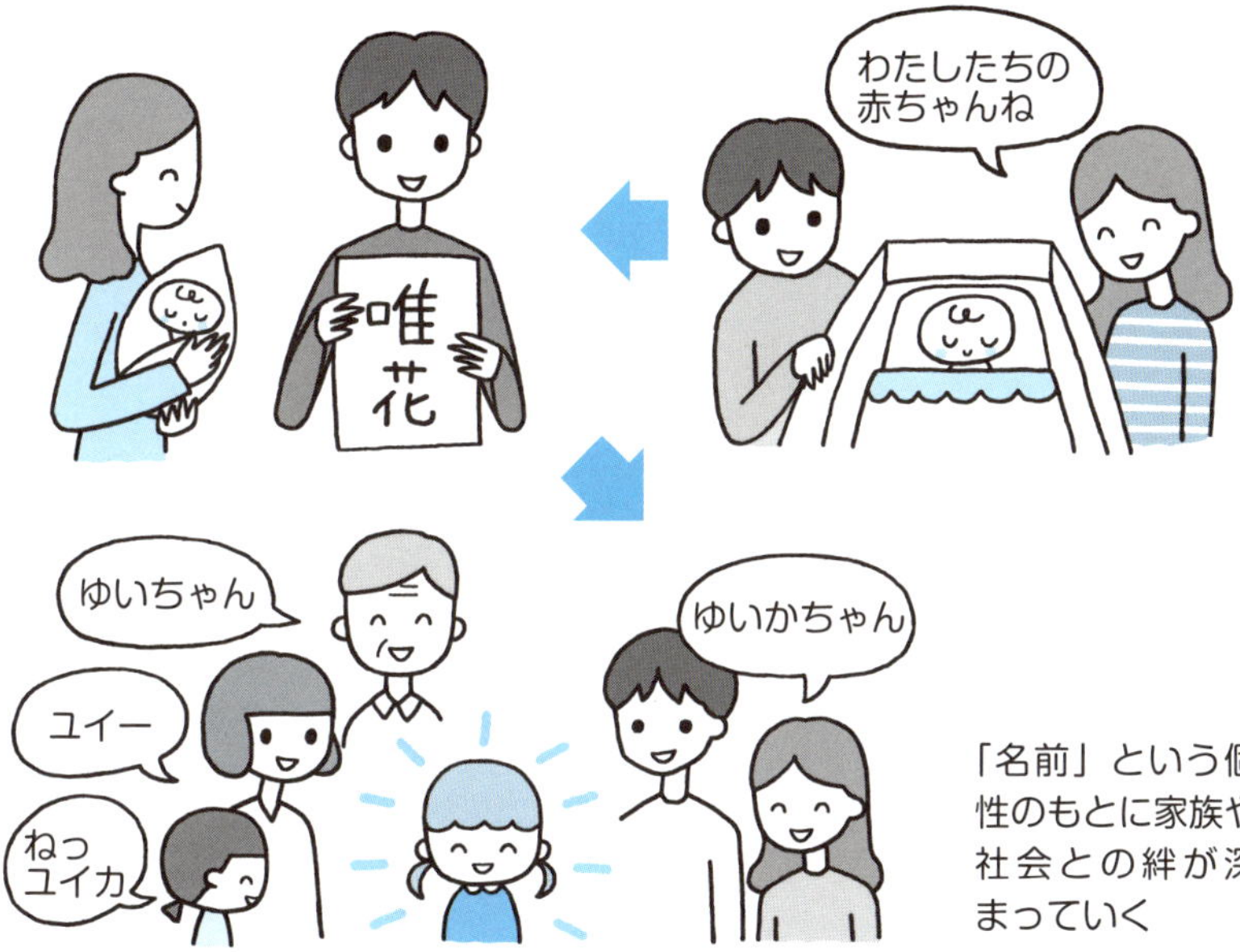

わたしたちの
赤ちゃんね
唯
花
ゆいちゃん
ユイー
ねっ
ユイカ
ゆいかちゃん

「名前」という個性のもとに家族や社会との絆が深まっていく

名前から広がり深まる人との絆

パパやママ、家族は一日に何十回も赤ちゃんに向かって名前や愛称を呼びかけることになります。そのくり返しの中で、赤ちゃんは自分の名前を覚え、呼びかけてくれる家族との絆を深めていきます。

その後、成長して社会に出ると、初対面の人とはまず名乗り合ってコミュニケーションを始めます。互いに名乗り合う前と後では、話しやすさが全然違ってくることは誰しも経験があることでしょう。名前を知ることで親しみがわき、ほかの誰でもない、個人として向き合ってもらえます。人との絆を深めていくのに名前は欠かせないものなのです。

名づけで使える表記・使えない表記

芸名やペンネームと違い、戸籍に記載・登録する名前は、使える表記が「戸籍法」によって決められています。

名づけに使える漢字は約三〇〇〇字もある

名づけに使える漢字は常用漢字と人名用漢字で、合わせて約三〇〇〇字あります。どのような漢字が使えるかは「戸籍法」に定められていて、そのすべてを法務省のインターネットサイトで確認することができます。また、漢和辞典の多くは、常用漢字と人名用漢字に何かしらの目印や別枠の一覧表などをつけているので、参考にするとよいでしょう。

姓で使われていても名では使えない漢字

名づけに使える漢字には、「亜」の旧字体の「亞」や、「凜」の異体字の「凛」など、やや特殊なものも一部含まれます。

しかし、姓でよく使われている旧字体の「澤」や「邊」などは、名では使うことができません。

このように、姓では「名に使える漢字」以外の漢字も使われています。姓で使われている漢字でも、それが名で使えるとは限らないので、注意が必要です。

漢字以外の使える表記、使えない表記

名づけには、ひらがな・カタカナも使うことができます。そこには「ゐ・ゑ」（わ行のい・え）、「ヰ・ヱ」（ゐ・ゑのカタカナ）も含まれます。そのほか、単独では使えませんが、長音記号の「ー」や、くり返し記号の「ゝ・ゞ・々」なども使えます。

これら以外の、アルファベットや算用数字（アラビア数字）、ローマ数字、句読点やカッコなどの記号は、名づけに使えません。

法律上の制限はないが……

名前の読みには制限がありません。「花子」と書いて「トモミ」と読ませることも可能です。また、「悪」や「死」のように、名づけには不適切な漢字も、使える漢字の中には含まれています。

しかし、それはあくまでも戸籍法だけを考えた場合の話です。実際には、子どもが将来、社会生活で支障が生じる恐れがあるような、あまりに突拍子もない名前は役所で受理されないこともあります。

使える表記・使えない表記

◎使える表記

◆常用漢字　◆人名用漢字　◆ひらがな　◆カタカナ　◆長音記号
◆くり返し記号

例

○鈴木 ジェシー明美（あけみ）

カタカナ、長音記号、くり返し記号は使える。ひらがな・カタカナ・漢字の混在も可能なので、ミドルネーム風にすることも可能。

△佐藤 海（まりん）

読みは原則的に制限なし。ただし、あまりに非常識なものは受理されない可能性もある。

×使えない表記

◆常用漢字、人名用漢字以外の漢字　◆アルファベットなど、海外の文字
◆算用数字　◆ローマ数字　◆句読点やカッコなどの記号

例

×田中 久ⅢKo！（くみこ）

大文字小文字問わず、アルファベットやローマ数字は使えない。「！」も使える記号に含まれない。

×渡辺 齋良。（せいら）

「齋」は常用漢字、人名用漢字に含まれない。「。」（句点）も使える記号に含まれていない。

名づけでチェックしたいポイント

ここからは、名前を考えるときに知っておきたいチェックポイントを紹介していきます。

名づけを始める前に

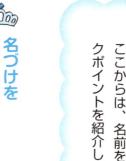

名前は、名づけた人ではなく、名づけられた子どもが一生つき合っていくものです。のちのち子どもが不都合を感じることのないように、知っておきたいポイントが三つあります。

①姓と名のバランス
②名前から受ける印象
③日常生活での利便性

それぞれ、24ページから具体的に説明します。どれも知っておきたいこと、名づけの際に念頭に置いておきたいことなのですが、守らなければいけないルールではありません。「こんな見方・考え方もある」ことを知って、よりよい名づけに役立ててください。

いちばん大切なのはわが子への思い

どんな名前でも、よくない解釈ができてしまう余地はあるといってよいでしょう。「非の打ち所のない完璧な名前」を求めていては、いつまでも決められないことも。

そうならないためにはまず、自分たちにとって何が大切なのか、名前に託す「思い」をはっきりさせることです。最初は迷うこともあるかもしれませんが、名前の候補を検討しながら、自分たちが子どもに贈るメッセージをクリアにしていきましょう。中心になる「思い」があれば、迷って先に進めなくなったり、周囲の意見に流され、不本意な結果になったりすることもないはずです。

名前の役割を心にとめて

「思い」は人それぞれですが、「名前は人とのコミュニケーションに、大切な役割を果たす」ことだけは忘れないようにしましょう。

落語の「寿限無」は、子どものためにつけた長々とした名前が逆にアダになったという笑い話。また以前、子どもに「悪魔」と名づけようとして、受理を拒否された事件もありました。

これらは極端な例ですが、あまりに非常識な名前や、何度聞いても覚えられない名前は考えものです。いくら強い思いを込めた名前でも、子どもがしなくてもいい苦労をするようでは、よいメッセージとはいえません。

周囲の人の意見も参考にしよう

名前の候補が決まったら、周囲の人に見せてみましょう。

ダメとは言わないまでも、パッとしない反応しか返ってこない。そんなときは、少し引いた目で見直したほうがよいかもしれません。自分たちは良かれと思っても、それがスムーズに伝わらない表現や、誤解されるような形になっているかもしれないからです。

そうした意味で、周囲の人、特に自分たちの両親の意見を聞くのは、つけたい名前の意図がきちんと人に伝わるかどうかチェックするよい方法です。

両親の意見を聞いてみることも大切

名づけに参加したいと思っている両親への配慮になる

言い出せなくても、内心気をもんでいるもの

自分たちでは気づかなかった指摘が受けられる

他人では言いにくいことも親ならば

チェック①
姓と名のバランス

名づけというと、名前を考えることのみに集中してしまいがちです。姓とのバランスもチェックしましょう。

声に出して音を確認する

漢字だけ見ていると気づかないことも

実生活では、名前のみではなく、フルネームで名乗ることのほうが多いものです。そのため、名づけは、姓とのバランスを見ながら、姓と名をワンセットで考えることが大切です。

たとえば、「多田紀香」という名前。文字で見るかぎり、「多田」にも「紀香」にも、特におかしなところは見当たりません。でも、声に出して読み上げてみると、「タダノリカ」（ただ乗りか）と、不本意な語呂合わせになってしまいます。

また、「高橋詩織（タカハシシオリ）」など姓と名の境目に同じ音が続く名前は、続けて読むと発音がしにくくなります。

名前の候補は姓と名を続けて声に出し、不自然なところはないか、確認してみましょう。

姓によっても異なるチェックポイント

姓と名の両方に、ガ行、ザ行、ダ行などの濁音が多く入っていると、重みや威厳が感じられますが、いっぽうで「柔らかさがない」という印象にもなりがちです。

たとえば、「坂東」「権藤」「馬場」など、姓に複数の濁音が入っている人の場合は、名には濁音を使わないことで印象が和らぎ、すっきりします。

姓と名のバランス
音でチェック

濁音の数

濁音の数が多いと、柔らかさがなく、重たくて、堅苦しい印象になりがちです。

例

今出川 美枇杏
イマデガワビビアン

柳場 亜澄
ヤナギバアズミ

大道寺 樹季
ダイドウジジュリ

同じ音の数

姓と名を合わせても音の数はだいたい5~10くらい。同じ音が多いと発音しにくくなります。

例

綾瀬 彩恵
アヤセアヤエ

宮崎 美佐紀
ミヤザキミサキ

春山 遥
ハルヤマハルカ

ちょっと言いにくいなぁ

姓と名をつなげたときの音の並び

音の並びが語呂合わせとなって、具体的な言葉を連想させ、あだ名などに結びつく場合があります。

例

尾田 茉莉
オダマリ
―お黙り

飯田 好実
イイダコノミ
―飯蛸のみ

今水 紅深
イマミズクミ
―今水汲み

広井 佳菜
ヒロイカナ
―広いかな?

お黙り!?
ハッ!

姓と名の境目の音

同じ音が続くと、発音しにくくなります。また、姓名の切れ目がわかりにくくなることもあります。

例

高坂 香織
タカサカカオリ

橋本 朋奈
ハシモトトモナ

富士 野里枝
フジ ノリエ?
フジノ リエ?

加賀 美那海
カガ ミナミ?
カガミ ナミ?

漢字で気になること いろいろ

意味や形のバランスをチェックする

漢字には、その一つひとつに意味があります。

そのため、姓と名を続けたときに意味が重なったり、反対の意味になったりしていると、何か特別な意図があるような印象になり、場合によっては、それが違和感につながることもあります。

また漢字の形にはそれぞれ特徴があるので、組み合わせによっては、バランスの悪さを感じる場合もあります。手書きで縦に書いてみると、形の違和感が見つけやすくなります。

姓と名のバランス

漢字の意味でチェック

似たイメージの漢字の多用

似たようなイメージの漢字が並んでいると違和感につながることがあります。特に数字は目立つので複数入らないほうがよいでしょう。

例

柳澤 柚杷（ゆずは）（柳―柚―杷）
澄川 流香（るか）（澄―川―流）
三田 七瀬（ななせ）（三―七）
千野 百二果（もにか）（千―百―二）

正反対や対になる漢字

特別な意味を込めるのでなければ、「火と水」など、正反対や対になる意味をもつ漢字の組み合わせは避けたほうがすっきりします。

例

秋山 春海（はるみ）（秋―春／山―海）
朝田 美夜（みや）（朝―夜）
赤星 萌黄（もえぎ）（赤―黄）
水沢 灯日里（ひかり）（水―灯）

姓と名のバランス
漢字の形でチェック

同じ部首の多用

姓名を合わせても3～7字くらいしかない中で、何度も同じ部首が出てくると、偏った印象になります。

例

松村 杏李（あんり）
――「木」だらけの印象に

斎藤 茉莉菜（まりな）
――「くさかんむり」だらけの印象に

紺野 緋紗絵（ひさえ）
――「いとへん」だらけの印象に

縦割れや線対称

姓名のすべてが〈へん〉と〈つくり〉に分かれることを「縦割れ」といい、縦書きにすると中央に一直線の不自然な空白ができやすくなります。また完全な線対称でも、手書きの際に左右の自然なバランスがとりにくくなります。

例

伊坂 結稀（ゆき）
浅沼 弥野理（みのり）
→文字が左右バラバラに切り離された印象になる

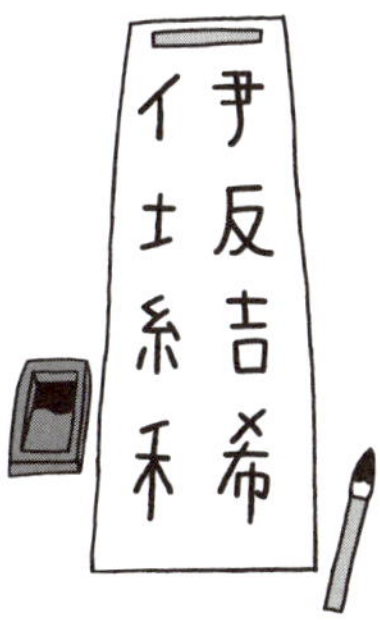

小林 真由華（まゆか）
→手書きの際に左右の自然なバランスがとりにくい

漢字の点画の偏り

水平、垂直の直線だけで構成された漢字ばかり、左右の〈はらい〉が入る漢字ばかりなど、字形の偏りも見た目のバランスを欠きます。

例

田口 可世（かよ）
中山 直（なお）
→無機質で堅苦しい印象になる

大林 笑美（えみ）
木谷 麻友梨（まゆり）
→〈はらい〉は目立つため、多すぎるとうるさくなる

1字姓・3字姓のバランスのとり方

1字姓や3字姓の人の場合、姓名の字数のバランスもチェックポイントになります。1字姓＋3字名、3字姓＋1字名のように、姓と名で2字以上の字数差があると、どうしても、字数の多いほうにバランスが偏って見えるからです。

また、1字姓＋1字名は全体が短く、漢字の組み合わせによっては、フルネームを書いても、姓だけと勘違いされることがあります。1字姓の場合は、姓の最後でよく使われる漢字は、名の1字目に使わないほうが無難でしょう。3字姓＋3字名は逆に長々とした印象で、重たく感じられます。

1字姓、3字姓ともに、2字名がいちばんバランスをとりやすいといえるでしょう。

姓と名のバランス 字数・画数でチェック

例

字数の注意点

- 辻 朱（あけみ）／藤 瞳（ひとみ） → 1字姓＋1字名は全体が短い印象に
- 林 美努利（みどり）／小笠原 弓（ゆみ） → 姓名に2字以上差があると、多いほうに重心が偏りやすい
- 長谷川 由香里（ゆかり） → 3字姓＋3字名は長い印象に

画数の注意点

- 小川 文（ふみ） → 姓名ともに画数が少ないと、まばらな印象に
- 小山 雛暢（ひなの）／樺澤 由以（ゆい） → 画数が偏ると、どちらかが重く不安定な印象に
- 棚橋 麗羅（れいら） → 姓名ともに画数が多いと、重たい印象に

画数のバランス

画数が特に少ない姓、多い姓の場合は、画数のバランスにも注意を。姓名の画数にあまり差があると、バランスが偏って見えます。

また姓名ともに画数が少なすぎると、どことなく全体がまばらな印象、逆に多すぎると、重たく堅苦しい印象になります。

目安は、姓と名を合わせて20画〜30画台、名だけならば10画〜20画台です。姓名の画数に極端な差をつけないように、バランスをとるとよいでしょう。

読み方で気をつけたいこと

たとえば、「御厨真魅」と「御厨真美」。読み方(ミクリヤ マミ)は同じでも、見た目の堅苦しさはだいぶ違います。

この「御厨」のように、漢字や読み方が難しい姓の場合、名前は易しい漢字で、読みやすいものにするほうが、親しみやすく感じられます。

また、「角田」(カドタ・カクタ・ツノダ)のように、何通りもの読み方ができる姓があります。このような場合は、名は文字をそのまま素直に読めるものがよいでしょう。姓と名のどちらも読み方が複数あると、覚えにくい名前になるからです。

姓と名のバランス
読み方でチェック

難しい読み方の姓+名

姓だけでなく名の読み方まで難しいと、硬い印象になりがちです。

例

小鳥遊 紋扇(タカナシ アキミ)

複数の読み方ができる姓+名

姓名ともに何通りもの読み方ができてしまう名前は、初対面の人には覚えにくいものです。

例

角田 < カドタ / カクタ / ツノダ

愛 < アイ / メグミ / マナ

入れ替えが可能な姓+名

姓名ともに上下を入れ替えても違和感のない漢字の組み合わせも、覚えにくくなります。

例

山村 里江(ヤマムラ リエ)
(山村ー村山/里江ー江里)

姓と名の境目がわかりにくい

姓と名をつなげて書いたときに、誤読されやすくなります。

例

森多恵 < 森 多恵(モリ タエ) / 森多 恵(モリタ メグミ)

チェック② 名前から受ける印象

名前は人とのコミュニケーションの第一歩。他人から見て、どんな印象になるかをチェックすることも大切です。

マイナスイメージを避けるために

漢字の意味を一度はチェック！

漢字は一字一字に意味があり、使う漢字次第で名前の印象は大きく変わってきます。

特に、個性を出そうとして、ふだん見かけない漢字を選ぶときは注意が必要です。たとえば「殉」という漢字は、死のイメージとほぼ直結しています。それを知らずに、「ありきたりでない漢字で、ジュンと読めるものを」とだけ考えて使ってしまうと、見るからに不吉な名前になってしまいます。

また、よく見かける漢字でも、一般的に知られた意味のほかに、マイナスイメージの意味を含んでいることがあります。どんな漢字を選ぶにせよ、一度は漢和辞典で意味を確認しましょう。

音からの連想にも気をつけたい

漢字1字の意味だけでなく、漢字を組み合わせたときの素直な読みが、へんな意味や語呂合わせを連想させせないかも確認しておきましょう。たとえば「悟美（サトミ）」は、「ゴミ」に見えるかもしれません。

ただし、漢字の意味でも、音の並びでも、あら探しをすれば何か見つけてしまうもの。「それでもこの名前がいい」という確信を深めるためにも、一度冷静な目でチェックすることが必要なのです。

名前から受ける印象

漢字の意味でチェック

マイナスイメージをもたらす漢字の例

異 遺 陰 隠 殴 過 禍 寡 飢 怪 拐

壊 劾 害 陥 憾 忌 棄 欺 疑 却 朽

窮 拒 虚 撃 嫌 枯 拷 砕 削 錯 惨

刺 辞 失 遮 殉 障 辱 辛 逝 拙 粗

疎 憎 損 惰 堕 駄 怠 濁 奪 嘆 恥

衰 逝 懲 沈 墜 撤 悼 鈍 排 廃 憂

このほか、霧・露・霞・雪・泡など、はかなく消えてしまうイメージの字を避ける、植物の名前や季節に関するものは移ろう(＝長く続かない)ので避ける、といった考え方もあります。

別の読み方や意味がある例

海月・水母＝クラゲ

海星＝ヒトデ

茄子＝ナス

空音＝ソラネ（うそ・いつわり）

羽音＝ハオト（鳥や虫が羽ばたくときの音）

未生＝ミショウ（まだ生まれないこと）

このほか、たとえば「湯女（ユナ）」は江戸時代、湯屋にいた遊女を指す言葉です。漢字1字の意味だけでなく、組み合わせや音でもチェックすると安心です。

あやかり名前は同名になる確率も高い

有名人にあやかって名前をつける場合、ほかのアプローチ方法よりもさらに慎重に考えたほうがよいでしょう。

今が旬で、活躍している有名人から名前をそのままもらうと、その年の人気の名前になることもあり、同世代に同名の人が多くなるかもしれません。また、場合によっては子どもが、理想とされた人物像と、自分とのギャップに悩むこともあるかもしれません。

あやかって名前をつける場合は、名前に縛られすぎないためにも、1字だけをもらう、音をもらって漢字を変えるなど、工夫をしたほうがよいでしょう。

名前から受ける印象

あやかり名前にするときのチェック

存命中の人のイメージは今のままとは限らない

すでに他界した人でも何らかのきっかけで人気や人物評がガラリと変わることがあります。まして存命中の人ならば、人気や評価、運勢などに浮き沈みがあるのは当たり前のことです。「あの人のようになってほしい」と願いを込め、名前をそのままもらった場合は、そんなこともあると心に留めておきましょう。

同名をさけるために

また、今旬の有名人の名前からあやかると、のちのち、幼稚園や小学校などのクラスに同じ名前の子が3人いた！ということもあります。少し発想をふくらませてみるのもよいでしょう。

例

漢字を変える	1字もらう／1字足す
あおい→蒼衣／亜緒依	真央→美央／真央美

ほかにも目配りしたいこと

たとえば「圭」「千秋」といった名前は、男性でも女性でも違和感なく使えます。また「光稀」は「コウキ」「ミキ」と、読み方によって、男の子、女の子、どちらの名前にもなります。最近の傾向として、男だから、女だからといったこだわりは少なくなってきているともいえるでしょう。ただ、異性と勘違いされる可能性があることは、頭に入れておきたいものです。

意外に見過ごしやすいのが、イニシャルです。「WC」や「NG」のように、明らかにからかわれやすそうなものは避けたほうが無難です。念のためにこれもチェックしておきましょう。

名前から受ける印象

イメージでチェック

男性にも使われる名前を選ぶときには

名前だけを見た人から男の子と勘違いされる可能性があることは理解しておきましょう。

例

男女で漢字も読み方も共通で使われる

男女を問わず、人としての理想や願いを表す名前です。

睦／**薫**／**空**／**光**／**忍**／**凛**／**晶**／**優**／**満留**／**和稀**／**由季生**

漢字が男女共通で複数の読み方がある

男女で、よく異なる読み方をされる名前は性別がわかりにくくなります。

歩（アユミ、アユム）／**恵**（メグミ、メグム、ケイ）／**稔**（ミノリ、ミノル）

止め字が男女共通で使われる

最後の文字が男性名によく使われる漢字だと男女の区別がつきにくくなります。

佳也／**晴海**／**真生**／**美樹**／**実紀**／**優希**／**悠理**

チェック③ 日常生活での利便性

実際に子どもが名前を名乗るときのことなどをイメージして、何か困ることがないか確認してみましょう。

呼びやすく聞き取りやすく

硬い音と柔らかい音

一日に何度となく呼び、呼ばれる名前ですから、発音のしやすさや、聞き取りやすさは大切な要素です。

音を大まかにわけると、硬く感じる音と柔らかく感じる音があります。たとえば、「タカハシサツキ」と「マルヤマナナミ」。声に出してみてください。前者の例は硬い音が続き、くっきりした印象で、後者は柔らかい音が続き、ほんわかした印象になります。

よりスムーズに発音しやすいのは、両方の音が入っている名前です。「タカハシミツキ」「マルヤマナナコ」など、1音変えるだけでもずいぶん違います。姓の音に偏りがあり、同じ性質の音の名前を考えている場合は、声に出してのチェックを忘れずに。発音しにくければ、名前には反対の性質の音を入れてみましょう。

愛称と呼びやすさを考えてみる

名前を呼ぶとき、そのまま呼ぶこともあれば、最初のほうの音だけを使った愛称で呼ぶこともあります。呼びやすい愛称を手がかりに、名前を考えることもできます。また、名前の候補を挙げたときにどんな愛称で呼べるかを考え、それが発音しやすいかどうかチェックしてみるのもおすすめです。

日常生活での利便性
呼びやすさ・聞き取りやすさでチェック

硬く感じる音と柔らかく感じる音

硬く感じる音

カ行（カ・キ・ク・ケ・コ）
サ行（サ・シ・ス・セ・ソ）
タ行（タ・チ・ツ・テ・ト）
ハ行（ハ・ヒ・フ・ヘ・ホ）

柔らかく感じる音

ア行（ア・イ・ウ・エ・オ）
ナ行（ナ・ニ・ヌ・ネ・ノ）
マ行（マ・ミ・ム・メ・モ）
ヤ行（ヤ・ユ・ヨ）
ラ行（ラ・リ・ル・レ・ロ）
ワ・ン

音のバランスは、姓も含めたフルネームでチェックしましょう。特に「ササキ」「タカハシ」のように硬く感じる音だけで構成されている姓や、「マルヤマ」「イノウエ」のように柔らかく感じる音だけで構成されている姓の場合、名は反対の音を中心にすると発音しやすくなります。

呼びやすさのチェック

名前の候補から

名前の候補を考えたら、声に出してチェックしてみましょう。発音しにくいと思ったら、音を一つ、反対の性質のものに入れ替えてみるのも一つの方法です。

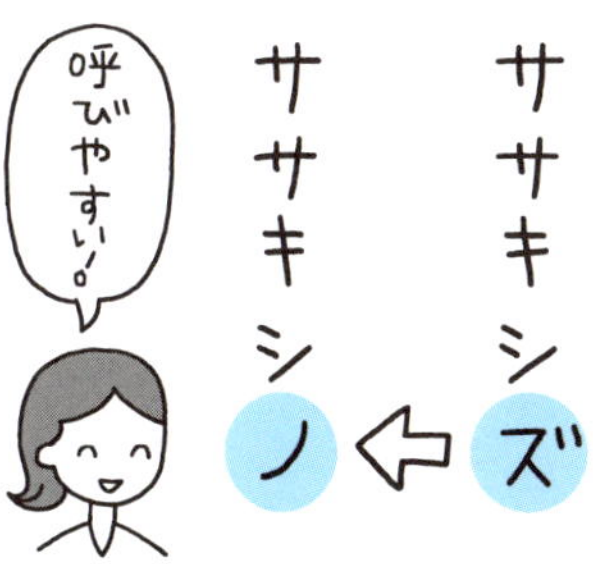

愛称から

どんな愛称が呼びかけやすいか考えることは、名前の最初にくる音を選ぶ手がかりになります。

例

まゆちゃん
↓マユ／マユミ／マユコ／マユカ／マユナ／マユリ

ゆりちゃん
↓ユリ／ユリア／ユリカ／ユリエ／ユリナ／ユリノ

読みやすさと覚えやすさ

なかなか一度では正しく読んでもらえない名前があります。漢字そのものが難しい場合もありますが、それだけではありません。

漢字には音読み、訓読みのほか「名のり」と呼ばれる、人名にだけ使われる読み方があります。

漢字によっては何種類もの名のりがあり、あまり知られていない読み方もあります。一般的でない名のりの場合、覚えにくさに加え、パソコンや携帯で変換しづらいという不便さも生じてしまいます。

難しい読み方になる漢字を無理に使うより、ひらがなやカタカナに、という選択肢を考えてみるのもよいでしょう。

日常生活での利便性

読みやすさでチェック

簡単な漢字でも読みにくいこともある

あまり一般的に使われない名のりや、英語の意味に漢字を当てた名前などは、正しく読んでもらえないことがあります。

例

恵子（サトミ）
美都（ハルカ）
一華（モトハ）
海生（マリン）
紅玉（ルビー）

複数の読み方ができる名前は混乱しやすい

複数の読み方ができる名前は、漢字と読み方の対応関係が記憶の中であいまいになりやすく、なかなか覚えてもらえないこともあります。

例

智世
→チセ／チヨ／トモヨ

悠葉
→ハルヨ／ヒサヨ／ユウハ

愛心
→アイコ／マナミ／メグミ

書きやすさ 説明しやすさ

名前は書いたり、言葉で説明したりする機会がよくあります。そういった面で、難しい漢字や旧字体ばかりの名前は注意が必要です。

書きやすさを左右するポイントは、画数と字形です。画数の多い漢字や学校で習わない漢字、字形が複雑になりがちな旧字体の場合は書くのに時間がかかったり、小さいうちは自分の名前を漢字で書けなかったりすることがあります。

また、電話などで名前の漢字を口頭で説明するとき、「朔椰（サクヤ）」のように難しい漢字だと、相手が漢字そのものを知らないこともあるので、説明で苦労する可能性があります。

日常生活での利便性
漢字の書きやすさでチェック

画数の多い漢字

小学校で習う漢字でも、画数が多いと書きにくく感じられます。小学校で習わない漢字になると知らない人もいるため、名前の漢字を言葉で説明しにくいというデメリットも増えます。

小学校で習う漢字

例

満積留（ミツル）　**操湖**（ミサコ）
衛美（ヒロミ）　**詩織**（シオリ）
優樹歩（ユキホ）

小学校で習わない漢字

例

燦馨（アキカ）　**慶慧**（ノリエ）
曙胡瑚(ショウコ)　**遼霞**（リョウカ）
磨徽（マキ）

旧字体

書き順がわかりにくいのも、書きにくさの原因に。「見たことがないから読めない」という人も多そうです。

例

禮香（アヤカ）　**萬璃亞**（マリア）
薫（カオル）　**曉穗**（アキホ）
圓（マドカ）

日常生活のことも イメージして

名前を決めるとき、日々の生活で使われる場面をイメージしてみることも大切です。

たとえば、人気が集まる名前。たしかに漢字も音の響きもかわいらしく、すてきなのですが、いっぽうで、クラスに同じ名前の子がいる可能性も高くなります。

特に、「ユイ」「ユイカ」「ユイナ」のように最初の音が重なる子が多いと、「ゆいちゃん」と、声をかけたら何人も振り返ってしまうことになるかもしれません。

あるいは、姉妹で「結衣」と「唯奈」。いくら違う漢字を使っていても、家の中に二人の「ゆいちゃん」がいては、やはり混乱しそうです。

日常生活での利便性
生活をイメージしてチェック

同姓同名の人が多いと区別がつけにくい

日本人に多い姓の人が人気の名を使うと、同姓同名の人と行き合う可能性も高くなります。漢字が違っても音が同じだと、日常生活では区別がつきにくいものです。

身近に同じ呼び方をする人はいないか

家族や行き来の多い親族の人と名前や愛称が重なってしまうと、周囲の人は呼び分けに迷ってしまう可能性があります。

ローマ字表記で知っておきたいこと

名前をローマ字で書くとどうなるか、ということもチェックしておきましょう。

ただし、一口にローマ字といっても、さまざまな規格があります。たとえば、「チ」を表すときにヘボン式を採用しているパスポートでは「chi」と書くのが原則ですが、学校では国内標準となっている訓令式の「ti」で教わります。

また、ローマ字は日本語の発音をアルファベットに置き換えただけのものであって、英語ではありません。そのため、英語の発音の法則性に従って読むと、名前によっては全然違う音になることもあります。

日常生活での利便性
ローマ字でチェック

同じローマ字でも表記方式の違いがある

学校で習うローマ字は、たとえばハ行ならば「ha、hi、hu、he、ho」と、同じ行はすべて同じ子音で表します。いっぽうヘボン式では、発音により近い書き方（hu→fu、si→shi tu→tsuなど）に変わっているものがあります。また、「キョウコ」の「キョウ」の部分の書き方も「kyo、kyô、kyou、kyoh」などに分かれます。

例

桃子（とうこ トーコ）
- **Toko** パスポートの原則的な書き方
- **Tôko** / **Touko** 学校で習う書き方
- **Tohko** 英語の法則性に合わせた書き方

英語読みで音が変わる

英語として読むと、たとえば「タケ－take」は「テイク」、「ヨウ－you」は「ユー」に。ほかにも、最初の母音はアルファベット読みにされやすい、「na」「mi」は「ネイ」「マイ」と読まれやすい、などがあります。

例

麗（ウララ）
Urara→「ユララ」と読まれやすい

那波（ナミ）
Nami→「ネイミ」と読まれやすい

今はこんな名前がカワイイ！ 人気の名前大集合

音の感じがかわいらしい2音の名前や、自然をモチーフにした漢字1文字の名前が増えています。

呼びやすい2文字の名前が人気

ここ10年ほどの傾向を見ると、「草花」「自然」「優しさ」「温かさ」「美しさ」がおもなキーワードとなっています。

特に最近は、桜、葵、陽菜、杏、愛梨、芽依など、草花をイメージさせる名前が人気です。もちろん草花だけでなく、月など自然に関連した漢字全般に人気がありますが、自然がもつ「優しさ」「美しさ」「温かさ」のイメージはやはり欠かせません。

また、パパやママの世代の名前でもよく見かける、美、優、愛、奈などの漢字は、時代の流れに左右されずに今でもよく使われています。それとは反対に、以前は定番だった止め字の「子」は、今ではあまり見かけなくなってしまいました。

読み方では、ユイ、ユア、メイ、リン、ヒナなど、音の響きがかわいらしくて呼びやすい、2音の名前が多く見られます。

漢字1文字の名前が増えている

もう一つ、最近の名づけの傾向には、男の子に多かった1文字が女の子の名前でも増えている、という特徴があります。

葵、桜、杏、茜、蘭、楓など、1字名も自然をモチーフにしたものが人気です。漢字の持つ意味やイメージに親の思いを託しやすく、読み方もわかりやすいところが、人気の理由なのかもしれません。

人気の名前＊セレクション

ここ数年で、漢字に対する読み方のアレンジや、自然をモチーフにした漢字を選ぶ傾向が強くなってきています。

名前（画数）	読み方の例	名前（画数）	読み方の例
愛莉（13 10）	あいり	美桜（9 10）	みお
愛梨（13 11）	あいり	美咲（9 9）	みさき
葵（12）	あおい	美月（9 4）	みづき
あかり（3 3 2）	あかり	芽依（8 8）	めい
杏（7）	きょう あん	結愛（12 13）	ゆあ
心春（4 9）	こはる	結衣（12 6）	ゆい
桜（10）	さくら	結菜（12 11）	ゆな
暖（13）	はる のん	莉子（10 3）	りこ
花（7）	はな	凛（15）	りん
陽菜（12 11）	ひな はるな	凜（15）	りん

※漢字の上の数字は画数です。

人気の漢字＊セレクション

今も昔も人気の字が多くあります。「音」を「オン」と読んだり、「愛」や「優」などを止め字として使用したりといった、少し前とは違う使い方も定番化してきました。

自然・四季・色

9 海	10 夏
8 空	9 春
4 月	14 碧
12 陽	11 彩

草花

12 葵	7 杏
11 菜	13 楓
10 桜	11 梨
8 芽	10 莉
10 桃	11 萌
7 花	9 柚

その他

12 結	9 音
8 奈	6 衣
15 凜	2 乃

人間性

9 美	4 心
17 優	13 愛

人気の読み方＊セレクション

濁音（ガ・ザ・ダ・バ行）や拗音（小さいャ・ュ・ョ）を使わず、2音か3音で発音できる名前が人気です。特にア、ナ、ミ、ユといった柔らかい音に人気が集まっています。

2音のパターン

サキ	ヒナ	ミオ	メイ	リオ
サラ	マオ	ミク	ユイ	リコ
ハナ	ミウ	ミユ	ユナ	リン

3音のパターン

アイリ	カレン	ハルカ	ミサキ
アオイ	クルミ	ハルナ	ミユウ
アカリ	ココナ	ヒナタ	モモカ
アヤカ	ココロ	ヒナノ	ユウカ
アヤネ	サクラ	ヒヨリ	ユウナ
カノン	ナナミ	ホノカ	ユヅキ

出生届の書き方・届け方

名前を決めたら、出生届を提出します。出生届は大切なもの。法律で定められた通りに届け出ましょう。

戸籍を得るために大切な届出

出生届は赤ちゃんが産まれたら必ず提出しなければなりません。赤ちゃんが戸籍を得るための大切な書類です。書き方や提出の方法を確認し、間違いのないように届け出ましょう。

出生届の用紙は多くの場合、病産院に用意されています。事前に確認しておき、病産院でもらえない場合は、市区町村役場の窓口でもらっておきます。

また、産後のママは安静が基本です。そのため、出生届はパパが記入して届け出ることも多いもの。パパとママの両方が、記入する内容を把握しておくことが大切です。なお、本籍地や戸籍の筆頭者が記載された住民票をあらかじめ取り寄せておくと出産後に慌てずにすみます。

記入するときは濃くにじまないペンで、ていねいな字で書きます。間違いのないように、別紙で練習しておくとよいでしょう。記入後はパパとママで最終チェックをすると安心です。また、何か不明な点があれば提出先の役場に相談するのが確実です。

届け出までにやっておきたい！

- □ 出生届の入手方法の確認
- □ 出生届の記入に必要な情報の確認

誰が届け出る？

出生届に署名捺印する人を「届出人」といい、原則として子どもの父か母です。それが難しい場合は法定代理人、同居人、出産に立ち会った医師・助産師、そのほかの出産立会人の順で届出人になることになります。

届出人が署名捺印した出生届を提出する人は誰でも構いません。

どこへ提出する？

下記のいずれかの市区町村役場

- 赤ちゃんの出生地
- 父か母の本籍地
- 両親の住民票がある場所
- 父か母の滞在地

出生届のほかに、国民健康保険への加入や児童手当の手続きなどを一緒に行う場合、両親の住民票がある地域の役所に提出しましょう。

いつまでに提出する？

赤ちゃんが生まれた日から14日以内が原則で、誕生した日を1日目として数えます。

たとえば、6月14日の23時30分に生まれた場合も6月14日を1日目として数えるので、6月27日が提出期限です。

海外で生まれた場合は3カ月以内になります。また、日本国籍を失わないための手続きも必要になる場合があります。事前に確認しておきましょう。

提出時に必要なものは？

- 出生届
- 母子健康手帳
  提出時に「出生届出済証明」欄に記入してもらいます。
- 印鑑（出生届に捺印したもの）
  訂正印として使用します。

□ 住民票の取り寄せ（本籍地や戸籍の筆頭者が記載されているもの）

□ 出産後、病産院で出生証明書に記入してもらう

□ 出生証明書に間違いがないかどうかの確認

□ 提出期限の確認（　年　月　日）

□ 名前を決める

□ 出生届に記入

□ 記入内容のチェック

□ 赤ちゃんの名前を辞書などで再確認
・名づけに使える漢字か？
・似たような字形と間違えていないか？

□ 役所に提出→受理

□ 「出生届出済証明」欄へ記入してもらう。必要であれば有料の「出生届受理証明書」を請求

出生届の記入例

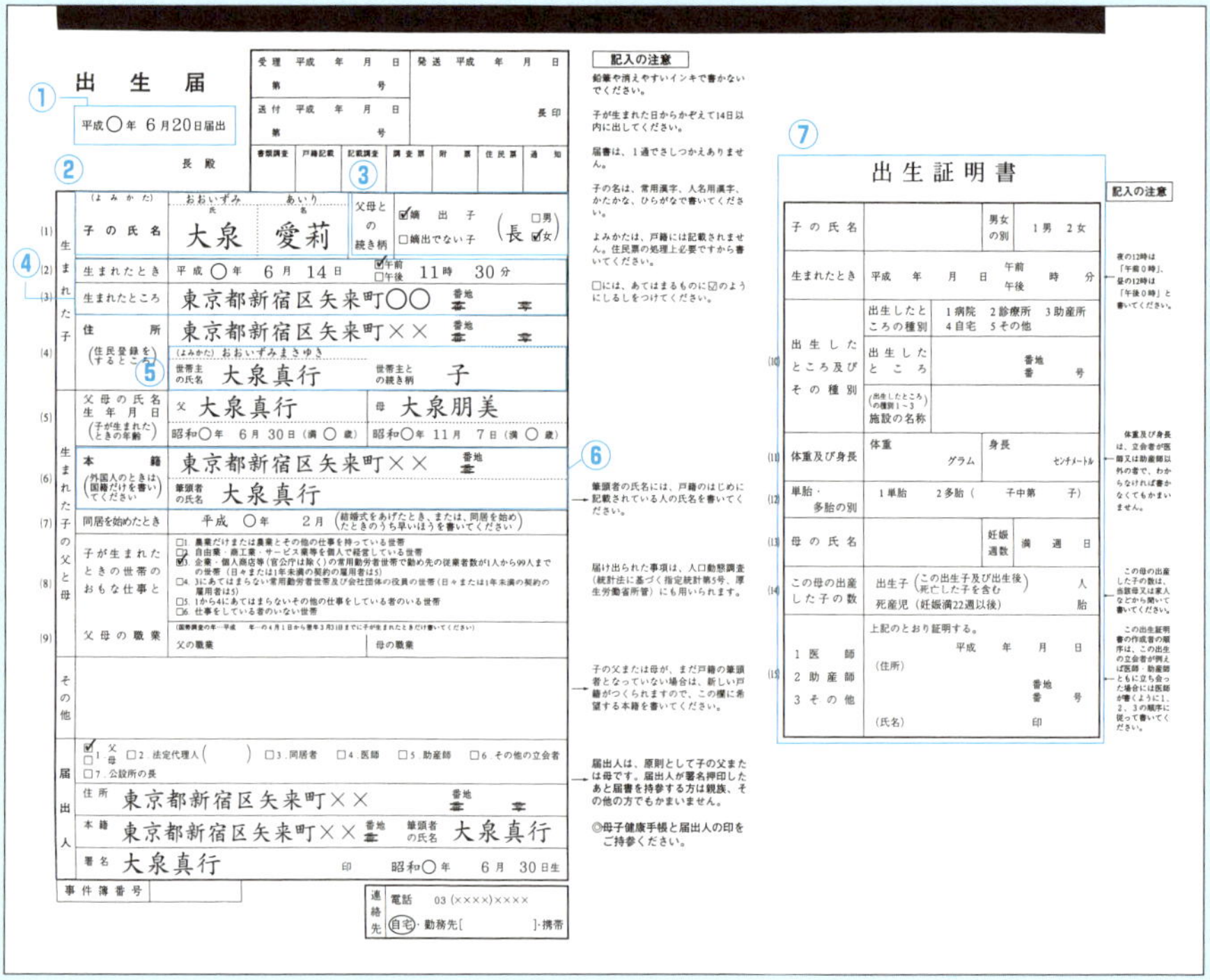

出生届にまつわるアクシデント

受付の時間内に提出できない

時間外や休日でも提出できますが、担当者が手続きをするのは翌日あるいは休み明けになります。届出に不備があった場合などは再度行く必要があるので、できるだけ受付時間内に提出しましょう。なお、14日目が土・日・祝日などの場合は、提出期限は休み明けの日まで延長されます。

14日目までに名前が決まらない

期限内に名前が決まらなかった場合、「子の氏名」は空欄で提出します。

その後、名前が決まったら「追

①年月日

「年」はすべて元号で記入します。外国籍の場合は西暦で記入します（例：西暦20XX年）。

②子の氏名

違う字に誤解されるような書き方は禁物。楷書で文字の細部までていねいに書きましょう。

③父母との続き柄

両親に婚姻関係があるなら「嫡出子」、シングルマザーなどは「嫡出子でない子」にチェック。右側のカッコには同性の兄弟の出生順に「長、二、三…」と記入します。

3番目に生まれた子でも、上がお兄さんばかりでお姉さんがいなければ、「長女」。性別のチェックも入れましょう。

④生まれたとき、生まれたところ

⑦の出生証明書に基づき記入します。

⑤世帯主

祖父母と同居している場合は、世帯主の確認を忘れずに。赤ちゃんの祖父母が世帯主の場合、世帯主との続き柄は「子の子」となります。

⑥本籍

提出するときに慌てないように戸籍の筆頭者や本籍地をあらかじめ確認しておきましょう。番地なども省略せずに書きます。

⑦出生証明書

出生届の右側が出生証明書になっています。出産に立ち会った医師、助産師などが作成します。

作成者以外は記入できないので、記入された内容を確認し、間違いがあれば作成者に訂正してもらいます。

また、「子の氏名」は空欄でも構いません。その場合、出生届の「その他」の欄に「出生証明書中、子の氏名欄は命名前につき空欄」と記載します。

完届」を提出し、戸籍の修正をすることになります。

また、出生届の提出が14日を過ぎてしまった場合は「戸籍届出期間経過通知書」を出生届と併せて提出します。ただし、正当な理由がなく提出が遅れた場合は簡易裁判所より過料を課せられることになるので気をつけましょう。

名前を変えたい

届出が受理されてしまうと、名前を簡単に変更することはできません。たとえケアレスミスであっても、名前の変更には家庭裁判所の許可が必要で、正当な理由がなければ許可されません。

家族とよく話し合い、出生届には間違いのないように正確に記入して提出しましょう。

先輩パパ・ママはこうやって決めた

名づけエピソード①

神話の「木花開耶姫（このはなのさくやびめ）」にあやかり命名

咲耶（さくや）ちゃん　麻理子ママ

富士山の神様に静岡県の両家も大賛成！

『古事記』や『日本書紀』など神話が大好きな私は、中学生の頃からずっと子どもには神様にちなんだ名前をつけたいと思っていました。女の子だったら「木花開耶姫」の「さくや」。妊娠して性別が女の子だと判明したとき、双方の両親に相談すると二つ返事で賛成してくれました。というのも、私も夫も静岡県の出身で、「木花開耶姫」は富士山の神様だから。安産、家庭円満の神様としても有名で、きっと末広がりに幸せが続くねとみんなで話していました。

読みやすい漢字をチョイス

悩んだのは漢字です。「開耶」や「桜耶」では、ほかの人が読むとき迷ってしまう。そこで誰でも読めるように「咲耶」としました。今度、男の子が誕生したら、「日本武尊（やまとたけるのみこと）」の「たける」をいただきたいと思います。

プロポーズ場所から突如ひらめいて名づけました

美湖（みこ）ちゃん　夏美ママ

イギリスの湖がテレビに映し出されて

のんびりタイプの私と夫は、おなかが大きくなっていっても、まだ子どもの名前については話し合っていませんでした。ただ、女の子の場合は、最後に「こ」がつくのもいいよね、と言っていたくらい。でもある日、テレビに映し出された映像を見て、突如、名前がひらめいたんです。映っていたのは、主人が留学していたイギリスのきれいな湖。遊びに行ったときに、そこでプロポーズされたことを思い出し、きれいの「麗」と「湖」の文字が頭に浮かびました。

「麗」を「美」に替えて

夫に相談すると、きれいという意味だったら「美」もいいのでは、と。漢字を組み合わせたときの印象もすっきりとし、何より「みこ」という響きが私も気に入りました。外国の友人にも説明しやすい名前です。

双子とわかるよう似た響きと漢字を想定

真琴（まこと）ちゃん　真咲（まさき）ちゃん　のどかママ

女の子でも男の子でも通用するような名前を

おなかに授かった子が双子だとわかってから、我が家は両家を巻き込んで準備におおわらわ。名前について相談しはじめたのは、7カ月も過ぎたころでした。双子の先輩ママに聞くと、ママとご主人のお母様の名前から一字ずつ取り、統一感は考慮しなかったとのこと。私たちは似たような響きと漢字を持ち、誕生する子どもたちが、女の子2人、男の子2人、女の子と男の子1人ずつでも通用する名前にしようと決めました。

漢字は女の子らしく

誕生したのは二卵性双生児で、2人とも女の子でした。呼び名は「まこと」と「まさき」と考えていたので、漢字は女の子らしい「真琴」と「真咲」に。当初、男の子と間違われるのではと心配もしましたが、まこ、まきと呼ばれかわいがられています。

P.272でも名づけエピソードを紹介しています。

第2章

音からアプローチする

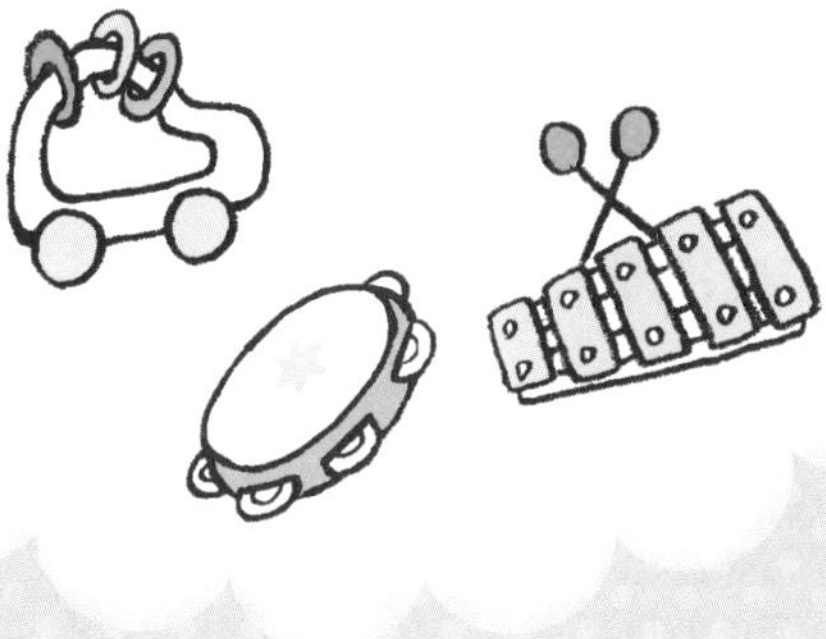

声に出してイメージ音から始める名づけ

まず音の響きからアプローチし、その音に合う漢字を探す。最近増えている名づけのスタイルです。

名前との最初の出会いは音から

子どもが自分の名前と最初に出会うのは音から。文字より先に音で自分の名前を知るわけです。

そう考えると、耳に心地よい名前は、子どもが自分の名前を好きになる大きなきっかけになる、といえるでしょう。

パパやママにとっても、呼びかけるのが楽しくなる音を選ぶことは大切です。毎日、何度も子どもに呼びかける自分たちをイメージして、考えてみましょう。

実際に声に出して、おなかの赤ちゃんに話しかけてみるのも楽しそうです。

（→P.6でも音からのアプローチについて紹介しています）

声に出してみることが大切

たとえば、江戸っ子は「ヒ」と「シ」の発音が入れ替わりやすいなど、地域によっても発音しやすい音、発音しにくい音があります。これは、文字を目で追っているだけでは気づきにくいものです。

呼びやすさ、聞き取りやすさを知るには、実際に声に出して呼んでみるのがいちばんです。

音にもイメージがある

　音の響きから感じられるイメージにもいろいろあります。

　たとえば、口をはっきり開いて発音するア段の音は、明るく開放的な感じ。「ジュリア」のような拗音（ようおん）（ゃ・ゅ・ょ）はアクセントになり、「リーナ」のように、伸ばして発音されやすい「イ」や「ウ」の音は、柔らかい感じがします。

「アイちゃん」など、呼びたい愛称が決まったら、アイミ、アイラ、というように、いろいろな音をつけ加えて発音してみて、音のイメージを確かめるとよいでしょう。

「○○ノ」のように、終わりの音をまず決めて、上に加える文字を考える方法もあります。

五十音表に当てはめてみる方法も

　使いたい音が名前の一部の場合、五十音表を利用して音を加えていく方法もあります。五十音順にたどり、名前に使えそうな音の組み合わせを探していきます。

ユウ ＋

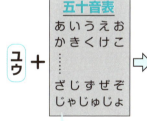

五十音表
あいうえお
かきくけこ
……
ざじずぜぞ
じゃじゅじょ

⇨

音の候補

ユウア	ユウミ
ユウカ	ユウヨ
ユウキ	ユウリ
ユウコ	ユウリン
ユウノ	ユウガ
ユウヒ	ユウビ
ユウホ	ユウジュ

⇩

次は漢字選びへ

清音（あ〜わ行）だけでなく、濁音（が・ざ・だ・ば行）や拗音（きゃ・ぎゃ、しゃ・じゃ行など）、撥音（ん）も忘れずにチェックを。

（→P.24〜25、P.34〜35で、音を組み合わせるときに気をつけたいポイントを紹介しています）

音から漢字を考えるヒント

音が決まったら、その音に合わせて漢字を考えます。このとき気をつけたいのは、音ばかりを意識して、漢字の意味を無視してしまうこと。候補を選んだら、悪い意味の漢字でないかどうか、漢和辞典できちんとチェックしましょう。

使う漢字や文字数によってさまざまな組み合わせが考えられます。たとえば「ハルカ」という音に漢字を当てていく場合、「遥」のような1字名、「春香」「春佳」などの2字名、「波琉加」のように1音に1字を当てた3字名があげられます。1音1字は、ひらがなやカタカナの元になった「万葉仮名」のようなやり方です。このとき、「葉留佳（葉の美しさを留める）」のように、全体を一つのイメージでつなげるような漢字の選び方ができると、より印象的な名前になります。

漢字以外の表現もOK

漢字だけではなく、ひらがなやカタカナも含めて考えてみましょう。見た目の印象が大きく変わってきます。前述の例でいえば、「はるか」とすれば柔らかな印象に、「ハルカ」ならシンプルでシャープな感じになります。

見た目の印象のほか、ひらがな・カタカナ名には読みやすく、書きやすいという利点もあります。字を書き始めた幼児でも、すぐに自分の名前を書くことができます。

音から文字へのアプローチいろいろ

例　「マユミ」の文字を考える

●使いたい漢字から

「真」→**真弓**／**真由美**

●ひらがなに→**まゆみ**

●カタカナに→**マユミ**

●字数から

1字に→**檀**

2字に→**茉弓**／**繭美**

3字に→**麻遊実**／**真結実**

（→P.26～33、P.36～37で、漢字を選ぶときに気をつけたいポイントを紹介しています）

万葉仮名（1音1字）の漢字の例

あ／ア
安 阿

い／イ
以 伊

う／ウ
宇 羽 有 卯

え／エ
衣 依 榎

お／オ
於 乙

か／カ
加 賀 歌 香

き／キ
伎 来 紀 綺

く／ク
久 九 玖 句

け／ケ
計 結 気

こ／コ
古 子 小 己

さ／サ
佐 沙 紗 瑳

し／シ
志 紫 子 詩

す／ス
須 州 素 栖

せ／セ
世 勢 西 瀬

そ／ソ
祖 素 曾

た／タ
大 多

ち／チ
知 智 千 茅

つ／ツ
都 通 津

て／テ
手

と／ト
都 杜 渡 登

な／ナ
那 奈 南 菜

に／ニ
仁 二 弐 丹

ぬ／ヌ
努

ね／ネ
禰 年

の／ノ
乃 野

は／ハ
波 播 羽 葉

ひ／ヒ
比 日 斐 妃

ふ／フ
布 富 甫 経

へ／ヘ
平 経

ほ／ホ
保 帆 穂

ま／マ
万 麻 満 真

み／ミ
美 三 水 実

む／ム
武 夢 霧 六

め／メ
梅 女

も／モ
茂 望

や／ヤ
也 野 耶 八

ゆ／ユ
由 弓 遊

よ／ヨ
与 予 世 代

ら／ラ
良 楽 羅

り／リ
利 里 理 梨

る／ル
留 流 琉 瑠

れ／レ
礼

ろ／ロ
呂 路 露

わ／ワ
和 輪

を／ヲ
小 緒

音から名前をさがす

ここでは、スタンダードな名前から個性的な名前まで、さまざまな名前の読み方とその漢字の例を50音順に挙げています。名前の候補を考える際のヒントとしてご活用ください。

あ

「あ」で始まる名前は、温かくのびのびとしたイメージに。

あい
愛13　藍18　ア2イ2　亜7以5　亜7衣6　阿8依8　阿8唯11　娃9伊6

あいか
娃9果8　挨10香9　挨10華10　愛13佳8　愛13果8　愛13珂9　愛13嘉14　藍18花7　藍18迦9　藍18嘉14　有6唯11花7　亜7衣6華10

あいき
亜7粋10　愛13幾12　藍18希7

あいこ
娃9子3　娃9瑚13　挨10子3　愛13子3　藍18子3　藍18瑚13　有6依8子3　亜7以5子3

あいご
愛13檎17　亜7衣6胡9

あいさ
藍18咲9　亜7衣6紗10

あいじゅ
娃9寿7　逢11樹16　愛13就12

あいせ
逢11世5　藍18瀬19

あいな
会6那7　合6奈8　阿8稲14　挨10菜11　逢11那7　愛13奈8　藍18菜11　亜7衣6名6

あいね
娃9祢9　挨10音9　逢11音9　愛13寧14　愛13禰19　安6衣6音9　有6衣6峰10　亜7惟11音9

あいの
挨10乃2　亜7依8乃2

あいは
逢11羽6　藍18葉12

あいみ
娃9美9　挨10美9　逢11実8　愛13心4　愛13海9　愛13美9　愛13深11　愛13彌17　藍18美9　藍18珠10　亜7衣6望11

あいら
娃9良7　愛13羅19　藍18楽13　有6衣6良7　亜7以5楽13

あいり
合6莉10　娃9李7　娃9梨11　逢11里7　愛13利7　愛13里7　愛13莉10　愛13理11　藍18浬10　藍18莉10　亜7衣6璃15

あいりん
愛13鈴13　愛13綸14　藍18琳12　藍18凛15　亜7衣6凛15

あえか
有6恵10香9　安6絵12加5　亜7江6佳8　亜7枝8果8　亜7慧15花7

あお
亜7緒14　蒼13央5

あおい
葵12　蒼13　青8依8　青8唯11　蒼13生5　蒼13居8　蒼13斐12　碧14泉9　ア2オ3イ2　亜7緒14衣6

あおぞら
青8空8　蒼13空8

あおの
蒼13乃2　亜7央5埜11

あおば
青8杷8　青8葉12　蒼13葉12　碧14羽6　碧14芭7　有6桜10葉12

あかね
茜9　朱6音9　朱6祢9　亜7錦16　亜7鐘20　茜9音9　茜9祢9　紅9音9　紅9寧14　有6香9寧14　亜7華10音9

あかねこ
茜9子3

あかり
灯6　明8　灯6里7　朱6莉10　朱6璃15　亜7雁12　明8李7　明8里7　明8浬10　明8理11　明8鯉18　紅9璃15　亜7華10利7　愛13果8莉10

あき
秋9　菊11　安6希7　安6芸7　安6綺14　亜7希7　亜7玖7　亜7貴12　亜7揮12　亜7畿15　亜7輝15　阿8樹16　愛13己3

あきえ
旦5恵10　旦5絵12　旭6恵10　旭6絵12　西6絵12　明8永5　明8絵12　秋9画8　秋9枝8　秋9栄9　昭9栄9　秋9絵12　亮9絵12　晄10笑10　晟10恵10　哲10絵12　紹11恵10　晶12江6　晶12恵10　暁12絵12　煌13恵10　彰14依8　燦17英8　燦17恵10　曜18永5　燿18瑛12　有6紀9枝8　亜7季8衛16　亜7貴12絵12　亜7綺14恵10

あきか
明8花7　明8嘉14　秋9華10　秋9歌14　晨11佳8　暁12歌14　誠13花7　輝15夏10　有6木4香9　有6紀9佳8　亜7季8果8　亜7喜12花7

あきこ
昂8子3　明8子3　秋9虹9　晃10子3　章11子3　晨11子3　暁12子3　晶12瑚13　煌13子3　輝15子3　燦17子3　顕18子3　あ3き4子3　有6希7子3　亜7埼11子3　亜7規11瑚13　愛13嬉15子3

あきな
旦5菜11　旭6菜11　吾7菜11　明8奈8　尭8奈8　昂8奈8　昌8奈8　明8菜11　秋9那7　秋9奈8　晃10奈8　晟10奈8　朗10菜11　晄10菜11　紹11奈8　晨11南9　章11菜11　彬11菜11　瑛12那7　暁12那7　暁12奈8　晶12奈8　陽12南9　誠13奈8　煌13菜11　彰14奈8　聡14奈8　瞭17那7　謙17奈8　燦17南9　顕18奈8　曜18奈8　燿18奈8　鏡19奈8　安6岐7菜11　有6季8奈8　安6紀9菜11　亜7記10奈8　亜7貴12奈8　愛13徽17奈8

あきね
光6音9　章11音9　亜7紀9峰10

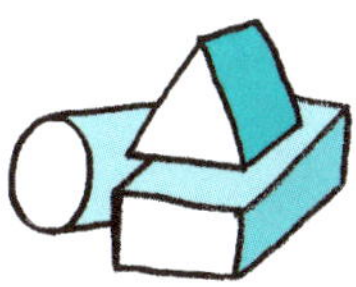

あきの
尭8乃2　明8埜11　秋9乃2　昭9乃2　秋9埜11　晃10乃2　暁12乃2　照13乃2

彰乃 14・2
輝乃 15・2
亜祇埜 7・9・11
亜樹乃 7・16・2

あきは
明羽 8・6
明波 8・8
明杷 8・8
昌葉 8・12
秋巴 9・4
彬葉 11・12
暁羽 12・6
瑛芭 12・7
照葉 13・12
燿葉 20・12
有綺羽 6・14・6

あきひ
昭妃 9・6
秋斐 9・12

あきほ
明帆 8・6
明保 8・9
尭穂 8・15
秋穂 9・15
晄帆 10・6
彬穂 11・15
暁帆 12・6
晶葡 12・12
揚穂 12・15
誠保 13・9

煌穂 13・15
燿歩 20・8
有希歩 6・7・8

あきみ
明美 8・9
秋実 9・8
晟実 10・8
秋深 9・11
晄美 10・9
彬実 11・8
晨美 11・9
暁海 12・9
晶珠 12・10
彰美 14・9
輝泉 15・9
謙弥 17・8
鏡美 19・9
有綺心 6・14・4
亜季実 7・8・8

あきよ
旭葉 6・12
昂世 8・5
明輿 8・17
秋夜 9・8
紹代 11・5
暁葉 12・12
聡代 14・5

あきら
旺 8
晶 12
翠 14
燦 17
昂良 8・7
朗良 10・7
晶良 12・7
瑛羅 12・19
煌羅 13・19
輝良 15・7
燿良 20・7
亜希良 7・7・7
亜紀楽 7・9・13

あきらこ
晶子 12・3
燦子 17・3
輝良子 15・7・3

あきる
秋瑠 9・14
彬留 11・10

あくあ
亜久阿 7・3・8

あぐり
有久璃 6・3・15
亜公哩 7・4・10
吾玖李 7・7・7
愛九里 13・2・7
愛久莉 13・3・10

あけの
朱乃 6・2
明乃 8・2
暁埜 12・11
緋乃 14・2
安華乃 6・10・2

あげは
揚羽 12・6
あげ葉 3・5・12
有芸葉 6・7・12
亜夏波 7・10・8

あけみ
旦美 5・9
朱美 6・9
明美 8・9
暁美 12・9
煌海 13・9
緋美 14・9

あこ
有瑚 6・13
亜子 7・3
亜虹 7・9
亜鼓 7・13
娃湖 9・12

あさ
朝 12
有爽 6・11

あさえ
安冴 6・7
麻絵 11・12
麻瑛 11・12
朝依 12・8
朝恵 12・10
有佐笑 6・7・10
有紗絵 6・10・12
亜佐衣 7・7・6
阿紗枝 8・10・8

あさか
旦果 5・8
旭夏 6・10
麻嘉 11・14
朝花 12・7
朝香 12・9
朝嘉 12・14
有紗花 6・10・7
亜左果 7・5・8

あさき
有咲 6・9
麻喜 11・12
朝希 12・7
有紗葵 6・10・12
安早綺 6・6・14
亜爽生 7・11・5

あさぎ
亜鷺 7・24
麻伎 11・6

あさこ
旭子 6・3
麻子 11・3
朝瑚 12・13
諒子 15・3
有咲子 6・9・3
亜紗瑚 7・10・13

あさの
麻乃 11・2
晨乃 11・2
諒乃 15・2
有沙乃 6・7・2
有紗埜 6・10・11
亜彩乃 7・11・2

あさひ
旭6　旦5陽12　朝12日4
朝12桧10　有6紗10斐12
亜7彩11妃6

あさみ
旭6海9　麻11未5
麻11美9　朝12海9
朝12美9　安6咲9美9
亜7紗10実8

あさよ
麻11世5　朝12葉12
有6紗10世5　亜7咲9代5

あじゅ
有6珠10　亜7寿7

あすか
飛9鳥11　亜7寿7香9
亜7栖10香9　明8日4花7
明8日4香9　明8日4嘉14

あずさ
梓11　梓11紗10
安6杜7咲9　安6寿7紗10
有6逗11沙7　亜7津9咲9
亜7鶴21早6

あすな
亜7素10奈8　明8日4那7
明8日4奈8

あずな
アズナ2 4 2　有6純10菜11
亜7珠10名6

あすの
安6諏15乃2

あすみ
亜7純10　有6守6美9

あずみ
安6泉9　有6純10
亜7澄15

あつえ
厚9恵10　敦12恵10
敦12絵12　斡14恵10

あつか
厚9香9　惇11香9
淳11華10　渥12花7
敦12佳8

あつき
有6月4　渥12希7
斡14希7　諄15妃6
醇15希7　有6津9季8
亜7都11綺14

あつこ
孜7子3　厚9子3
淳11子3　敦12子3
渥12子3　斡14子3
有6都11瑚13

あつな
陸11奈8　渥12那7
敦12那7　篤16奈8

あつね
渥12音9　醇15音9
篤16音9

あつの
温12乃2　惇11埜11
渥12乃2　諄15乃2
篤16乃2　安6津9乃2

あつは
温12羽6　敦12葉12

あつほ
斡14保9　諄15穂15

あつみ
安6積16　孜7美9
惇11実8　淳11美9
陸11美9　渥12珠10
温12心4　斡14美9
諄15美9　篤16海9
安6都11深11

あづみ
亜7摘14　愛13積16
あづみ3 3 3　安6鶴21美9

あつよ
淳11代5　敦12誉13
篤16世5

あてな
亜7手4那7

あど
亜7努7

あな
亜7那7

あなみ
有6浪10　亜7波8
有6七2美9　亜7奈8実8
阿8菜11美9

あにい
有6新13　亜7仁4依8
阿8二2衣6　愛13丹4唯11

あにか
安6仁4香9　有6弐6佳8
安6似7華10　亜7丹4花7
亜7仁4夏10

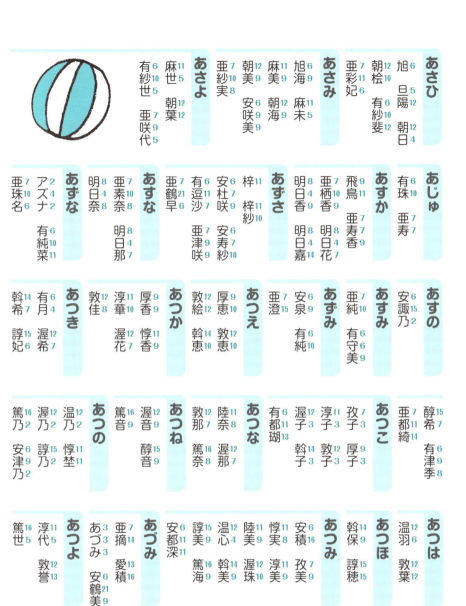

あまな
天4奈8

あまね
周8
天4祢9
天4音9
天4寧14
周8音9
海9祢9
有6真10音9
亜7茉8音9
亜7麻11祢9

あまめ
天4女3
亜7万3梅10

あみ
アミ2 3
安6望11
有6未5
亜7巳3
亜7海9
亜7美9
亜7扇10
亜7望11
亜7箕14
娃9泉9

あみい
安6実8伊6
有6美9泉9
安6珠10依8
亜7美9衣6

あみか
編15花7
編15佳8
有6実8果8
安6泉9歌14
有6深11花7

あみこ
編15子3
有6未5子3
有6美9子3
安6泉9子3
亜7美9子3
亜7珠10子3
娃9実8子3
愛13実8子3

あみの
有6美9埜11
安6望11乃2
亜7実8乃2
亜7美9乃2
亜7魅15乃2

あみん
亜7明8
娃9民5

あめり
天4梨11
天4莉10
安6芽8里7
有6芽8璃15

あもり
亜7森12
有6萌11里7

あや
文4
采8
彩11
絢12
斐12
綾14
安6耶9
亜7也3
亜7矢5

あやか
文4花7
文4香9
礼5香9
礼5夏10
礼5嘉14
采8香9
紋10花7
純10珈9
紋10香9
純10華10
彩11夏10
絢12加5
絢12果8
斐12佳8
絢12香9
綾14花7
綾14果8
綾14賀12
綾14嘉14
綾14馨20
亜7矢5佳8
亜7弥8花7

あやき
彩11輝15
絢12貴12
亜7也3希7

あやこ
文4子3
礼5子3
郁9子3
彩11子3
絢12子3
斐12湖12
綾14子3
安6弥8子3
亜7矢5子3

あやせ
彩11世5
彩11晴12
絢12瀬19
綺14世5
綾14瀬19
亜7也3聖13

あやな
文4菜11
采8奈8
紋10奈8
彩11名6
絢12那7
絢12菜11
有6椰13南9

あやね
文4音9
文4祢9
郁9音9
彩11音9
純10祢9
彩11寧14
彩11嶺17
絢12音9
斐12音9
絢12峰10
綾14音9
綺14音9
安6哉9音9
亜7耶9寧14

あやの
文4乃2
礼5乃2
郁9埜11
紋10乃2
彩11乃2
琢11乃2
絢12乃2
斐12乃2
綾14乃2
綺14乃2
綾14埜11
亜7矢5乃2
亜7弥8乃2

あやは
礼5葉12
朱6葉12
紋10葉12
彩11葉12
絢12羽6
有6也3杷8
亜7椰13巴4

あやほ
礼5帆6
彩11圃10

絢12穂15　綾14保9
亜7耶9歩8

あやみ
文4泉9　彩11海9
絢12美9　綾14実8
亜7也3泉9　亜7椰13実8

あやめ
菖11　文4芽8　礼5芽8
采8芽8　琢11女3
彩11女3　彩11梅10
菖11蒲13　絢12芽8
綾14女3　綾14芽8
亜7夜8梅10

あやり
綾14莉10　亜7矢5璃15

あゆ
歩8　鮎16　あ3ゆ3
安6祐9　亜7柚9
亜7結12　秋9夕3

あゆか
歩8華10　鮎16夏10
有6悠11花7　亜7友4佳8

あゆこ
歩8子3　鮎16子3
有6友4子3　亜7由5瑚13

あゆな
歩8那7　歩8奈8
鮎16奈8　安6由5奈8
有6結12菜11

あゆの
鮎16乃2　亜7夕3埜11

あゆみ
歩8　亜7弓3　歩8未5
歩8光6　歩8実8
歩8望11　娃9弓3
鮎16水4　鮎16美9
ア2ユ2ミ3　亜7有6未5
亜7諭16美9　亜7優17泉9
阿8夕3美9

あゆむ
歩8　歩8夢13　鮎16睦13
有6由5夢13　亜7結12夢13

ありか
有6華10　在6嘉14
安6里7香9　安6璃15佳8
亜7梨11花7

ありさ
在6咲9　有6紗10
有6彩11　安6里7紗10
有6梨11佐7　安6璃15沙7
亜7里7爽11　亜7梨11咲9
阿8理11紗10　愛13理11佐7

ありす
有6寿7　安6里7洲9
安6莉10素10　有6理11朱6
亜7李7守6　亜7里7諏15
亜7梨11須12　亜7璃15素10
愛13里7須12

ありな
有6那7　在6奈8
有6里7那7　安6梨11名6
亜7莉10菜11

ありほ
在6穂15

ありみ
在6美9　亜7理11実8

ありや
在6耶9　亜7璃15也3

あれん
安6廉13　亜7蓮13

あわね
沫8音9　亜7和8音9

あわの
沫8乃2　有6羽6乃2

あん
杏7　按9　晏10

あんじゅ
安6寿7　安6珠10
行6珠10　安6樹16
杏7寿7　杏7樹16
按9珠10　晏10寿7
晏10珠10　晏10樹16
庵11珠10

あんず
杏7　杏7子3

あんな
行6奈8　安6奈8
安6和8　杏7名6
杏7那7　按9那7
晏10南9　晏10菜11
庵11奈8

あんね
杏7音9　庵11音9

あんり
安6梨11　杏7里7
杏7璃15　按9梨11
按9理11　晏10莉10
庵11李7

い

「い」で始まる名前は、かわいらしく、ハツラツとした響きに。

いお
- 伊(6)緒(14)
- 唯(11)央(5)
- 維(14)央(5)

いおな
- 衣(6)於(8)那(7)
- 伊(6)桜(10)那(7)
- 衣(6)穂(15)菜(11)
- 惟(11)緒(14)七(2)
- 意(13)央(5)奈(8)

いおり
- 庵(11)
- 衣(6)織(18)
- 依(8)織(18)
- 居(8)織(18)
- 唯(11)央(5)里(7)

いく
- 育(8)
- 郁(9)
- 唯(11)久(3)
- 斐(12)玖(7)

いくえ
- 生(5)恵(10)
- 育(8)枝(8)
- 育(8)栄(9)
- 郁(9)絵(12)
- 郁(9)枝(8)
- 郁(9)英(8)
- 活(9)慧(15)
- 幾(12)恵(10)
- 惟(11)久(3)恵(10)

いくか
- 育(8)香(9)
- 育(8)華(10)
- 郁(9)花(7)
- 郁(9)夏(10)

いくこ
- 育(8)子(3)
- 郁(9)子(3)
- 伊(6)勾(4)子(3)
- 衣(6)玖(7)子(3)
- 伊(6)供(8)子(3)
- 衣(6)駒(15)子(3)
- 斐(12)久(3)子(3)

いぐさ
- 衣(6)草(9)
- いぐさ(2・3・3)

いくの
- 育(8)乃(2)
- 育(8)埜(11)
- 郁(9)乃(2)
- 活(9)乃(2)
- 伊(6)久(3)乃(2)
- 衣(6)功(5)乃(2)
- 衣(6)駈(15)乃(2)
- 唯(11)公(4)埜(11)

いくほ
- 活(9)歩(8)
- 郁(9)保(9)

いくみ
- 生(5)未(5)
- 育(8)実(8)
- 育(8)海(9)
- 育(8)珠(10)
- 育(8)望(11)
- 郁(9)心(4)
- 郁(9)海(9)
- 郁(9)美(9)
- 幾(12)実(8)
- 泉(9)久(3)美(9)
- 唯(11)玖(7)弥(8)

いくる
- 行(6)流(10)
- 郁(9)瑠(14)

いこ
- 衣(6)子(3)
- 依(8)瑚(13)
- 泉(9)子(3)
- 唯(11)湖(12)
- 斐(12)子(3)

いさえ
- 唯(11)冴(7)
- 伊(6)沙(7)恵(10)
- 衣(6)紗(10)絵(12)
- 衣(6)彩(11)枝(8)
- 泉(9)紗(10)映(9)

いさき
- 伊(6)咲(9)
- 唯(11)幸(8)

いさこ
- 沙(7)子(3)
- 以(5)沙(7)子(3)
- 伊(6)咲(9)子(3)
- 伊(6)紗(10)子(3)
- 衣(6)彩(11)子(3)
- 唯(11)爽(11)子(3)

いさと
- 惟(11)里(7)
- 衣(6)紗(10)都(11)

いさみ
- 功(5)美(9)
- 伊(6)咲(9)望(11)
- 衣(6)紗(10)実(8)
- 衣(6)瑳(14)美(9)
- 依(8)沙(7)海(9)

いすず
- 衣(6)紗(10)
- 泉(9)涼(11)
- 伊(6)鈴(13)
- 唯(11)鈴(13)
- 五(4)十(2)鈴(13)
- 惟(11)寿(7)々(3)

いすみ
- 泉(9)澄(15)
- 唯(11)守(6)美(9)

いずみ
- 泉(9)
- 伊(6)澄(15)
- 和(8)泉(9)
- 依(8)澄(15)
- 泉(9)水(4)
- 泉(9)美(9)
- 唯(11)澄(15)
- 稜(13)美(9)
- 維(14)澄(15)
- 伊(6)鶴(21)美(9)

いせな
- 衣(6)聖(13)奈(8)
- 伊(6)勢(13)奈(8)
- 依(8)世(5)奈(8)
- 泉(9)世(5)那(7)

いそね
- 磯(17)音(9)
- 衣(6)想(13)音(9)
- 唯(11)素(10)音(9)

いちか
- 一(1)花(7)
- 一(1)夏(10)
- 一(1)嘉(14)
- 市(5)花(7)
- 壱(7)華(10)
- 依(8)睦(13)
- 衣(6)千(3)珈(9)
- 衣(6)知(8)花(7)

いちこ
市子 5・3
壱瑚 7・13
伊智子 6・12・3
依知子 8・8・3
惟千子 11・3・3
唯知子 11・8・3

いちご
苺 8
一檎 1・17
壱檎 7・17
いちご 2・3・4
衣千瑚 6・3・13
唯知吾 11・8・7

いちな
市奈 5・8
椅千奈 12・3・8

いちの
壱乃 7・2
唯知乃 11・8・2

いちほ
一穂 1・15
壱歩 7・8

いちょう
伊蔦 6・14
銀杏 14・7

いちる
一瑠 1・14
市琉 5・11
衣千瑠 6・3・14
依智留 8・12・10

いちろ
壱櫓 7・19
唯千蕗 11・3・16

いつか
五華 4・10
逸佳 11・8
衣津香 6・9・9
唯都花 11・11・7

いつき
一綺 1・14
五希 4・7
泉月 9・4
唯月 11・4
逸妃 11・6
逸綺 11・14
逸輝 11・15
稜葵 13・12
唯都希 11・11・7

いつこ
一瑚 1・13
逸子 11・3
稜子 13・3
伊鶴子 6・21・3
依津子 8・9・3

いつな
五奈 4・8
衣都奈 6・11・8

いつね
五音 4・9
逸寧 11・14

いつみ
乙美 1・9
伊摘 6・14
逸美 11・9
稜水 13・4
唯都美 11・11・9

いづみ
唯積 11・16
いづみ 2・3・3
伊都実 6・11・8
衣都美 6・11・9
唯津美 11・9・9

いづも
出雲 5・12

いづる
出瑠 5・14
衣鶴 6・21

いと
糸 6
弦 8
絃 11
綸 14
伊留 6・10
泉富 9・12

いとか
糸佳 6・8
絃佳 11・8

いとな
絃奈 11・8
衣都那 6・11・7

いとね
糸寧 6・14
綸音 14・9

いとの
糸埜 6・11
綸乃 14・2

いとは
糸羽 6・6
惟留葉 11・10・12

いとほ
糸穂 6・15
弦歩 8・8

いなこ
衣那子 6・7・3
稲奈子 14・8・3

いなみ
斐波 12・8
稲美 14・9

いのり
祈 8
いのり 2・1・2
伊乃璃 6・2・15
衣埜梨 6・11・11
惟乃里 11・2・7

いぶき
伊吹 6・7
衣吹 6・7
唯吹 11・7
依蕗 8・16
衣葡紀 6・12・9
衣撫綺 6・15・14
泉芙貴 9・7・12

いまり
衣鞠 6・17
伊万里 6・3・7
衣真利 6・10・7
衣摩璃 6・15・15
依麻梨 8・11・11
唯茉里 11・8・7

いまる
今瑠 4・14
依丸 8・3

いよ
伊予 6・4
衣葉 6・12
委世 8・5
泉葉 9・12
唯誉 11・13

いよな
伊与奈 6・3・8
衣代那 6・5・7

いりあ
入亜 2・7
以璃有 5・15・6
衣莉亜 6・10・7
唯梨亜 11・11・7

いりや
- 入耶 2・9
- 依莉也 8・10・3

いるま
- 入茉 2・8
- 衣瑠麻 6・14・11
- 依琉真 8・11・10
- 維留満 14・10・12

いろは
- 色羽 6・6
- 色杷 6・8
- 紅葉 9・12
- 彩波 11・8
- 彩葉 11・12
- 温羽 12・6
- いろは 2・1・3
- 以露巴 5・21・4
- 衣呂葉 6・7・12
- 依芦波 8・7・8

いろみ
- 色未 6・5
- 衣呂美 6・7・9

う

「う」で始まる名前は、落ち着いた安定感のある印象になります。

ういか
- 初香 7・9
- 羽衣華 6・6・10

うきは
- 浮葉 10・12
- 宇希羽 6・7・6

うきょう
- 羽蕎 6・15
- 兎京 7・8

うさ
- 宇咲 6・9
- 宇紗 6・10
- 羽瑳 6・14

うさぎ
- 兎 7
- うさぎ 2・3・6

うさみ
- 兎美 7・9
- 卯紗美 5・10・9

うしお
- 潮 15
- 宇汐 6・6
- 羽潮 6・15
- 雨詩央 8・13・5

うた
- 唄 10
- 詩 13
- 謡 16
- うた 2・4
- 宇多 6・6
- 羽多 6・6

うたえ
- 唄江 10・6
- 唄絵 10・12
- 唱枝 11・8
- 詠絵 12・12
- 詩笑 13・10
- 歌恵 14・10
- 謡恵 16・10
- 有多笑 6・6・10

うたか
- 唄香 10・9
- 歌佳 14・8

うたこ
- 唄子 10・3
- 歌子 14・3
- 謡子 16・3
- 宇多子 6・6・3
- 有多瑚 6・6・13

うたね
- 唄音 10・9
- 唱音 11・9
- 謡祢 16・9
- 羽多寧 6・6・14

うたの
- 唄乃 10・2
- 詠乃 12・2
- 歌乃 14・2
- 謡乃 16・2

うたは
- 唄葉 10・12
- 歌羽 14・6

うたほ
- 唱歩 11・8
- 宇多穂 6・6・15

うたみ
- 歌美 14・9
- 謡美 16・9

うたよ
- 唄世 10・5
- 詩代 13・5
- 雨多葉 8・6・12

うづき
- 卯月 5・4
- 羽都希 6・11・7

うな
- 卯奈 5・8
- 有那 6・7
- 羽奈 6・8
- 宇菜 6・11

うね
- 卯音 5・9
- 有寧 6・14

うの
- 卯乃 5・2
- 羽乃 6・2
- 宇埜 6・11
- 兎野 7・11
- 雨乃 8・2

うみ
- 海 9
- 羽未 6・5
- 有実 6・8
- 宇美 6・9
- 有珠 6・10

うみの
- 海乃 9・2
- 洋乃 9・2
- 有実埜 6・8・11
- 宇美乃 6・9・2
- 羽望乃 6・11・2

うめか
- 梅花 10・7
- 梅佳 10・8
- 梅香 10・9
- 梅嘉 10・14
- 宇芽香 6・8・9
- 有萌華 6・11・10
- 雨芽花 8・8・7

うめな
梅那（10・7） 梅菜（10・11）

うめの
梅乃（10・2） 有梅埜（6・10・11）

うめは
梅葉（10・12）

うめみ
梅美（10・9）

うらら
麗（19） 麗良（19・7） 羽良々（6・7・3） 宇楽々（6・13・3） 宇羅々（6・19・3）

うらん
有藍（6・18） 宇蘭（6・19）

うるえ
閏江（12・6） 潤恵（15・10）

うるの
潤乃（15・2） 潤埜（15・11）

うるみ
閏海（12・9） 潤美（15・9）

「え」で始まる名前は、華やかさを感じる響きになります。

えい
絵依（12・8） 慧衣（15・6）

えいあ
英愛（8・13） 映亜（9・7）

えいか
永夏（5・10） 英花（8・7） 泳華（8・10） 映佳（9・8） 栄華（9・10） 詠加（12・5） 瑛加（12・5） 瑛佳（12・8） 詠嘉（12・14） 枝以花（8・5・7）

えいこ
泳子（8・3） 英子（8・3） 映湖（9・12） 瑛子（12・3） 詠子（12・3） 榮子（14・3） 叡子（16・3） 江伊子（6・6・3） 笑以子（10・5・3） 絵衣子（12・6・3）

えいな
永奈（5・8） 泳奈（8・8） 英奈（8・8） 映那（9・7） 栄奈（9・8） 栄菜（9・11） 詠奈（12・8） 叡奈（16・8） 衛奈（16・8）

えいの
映乃（9・2） 栄埜（9・11）

えいみ
永美（5・9） 泳実（8・8） 英実（8・8） 泳魅（8・15） 栄泉（9・9） 瑛望（12・11） 叡実（16・8） 瑛泉美（12・9・9）

えいむ
泳夢（8・13） 栄夢（9・13）

えいり
瑛李（12・7） 瑛莉（12・10）

えこ
永来（5・7） 依子（8・3） 恵子（10・3） 榎子（14・3） 慧瑚（15・13）

えつ
悦（10） 永都（5・11） 江鶴（6・21） 映津（9・9） 恵都（10・11） 慧津（15・9）

えつか
悦花（10・7） 悦香（10・9） 永都佳（5・11・8）

えつこ
悦子（10・3） 英都子（8・11・3） 恵津子（10・9・3）

えつよ
悦世（10・5） 悦葉（10・12）

えと
絵都（12・11）

えとな
栄留那（9・10・7） 枝都奈（8・11・8）

えな
えな（3・5） 英菜（8・11） 映那（9・7） 恵奈（10・8） 瑛名（12・6） 詠奈（12・8） 絵奈（12・8）

えなみ
英波（8・8） 枝那実（8・7・8） 恵奈美（10・8・9） 恵菜珠（10・11・10） 絵奈海（12・8・9）

えば
永波（5・8） 枝葉（8・12） 笑羽（10・6） 恵波（10・8） 絵羽（12・6） 慧葉（15・12）

えま
永5真10　江6麻11　栄9麻11　恵10茉8　恵10真10　笑10舞15　絵12真10　瑛12満12　絵12摩15
衣6麻11　画8麻11　映9磨16　笑10茉8　恵10満12　瑛12守6　絵12満12　絵12舞15　慧15麻11

えみ
永5美9　依8巳3　英8美9　恵10心4　恵10実8　詠12美9
会6美9　枝8実8　映9美9　笑10美9　瑛12泉9　絵12美9

えみい
笑10依8　江6美9惟11　恵10美9以5　瑛12弥8衣6
永5美9衣6　映9海9伊6　恵10深11衣6　絵12美9依8

えみか
江6美9華10　栄9未5佳8
枝8美9花7　笑10美9香9

えみこ
江6実8子3　映9美9子3　恵10視11子3
泳8美9子3　恵10美9瑚13

えみり
笑10里7　江6実8理11　枝8実8莉10　笑10美9利7　瑛12美9理11
笑10理11　江6美9里7　恵10三3梨11　恵10美9里7　絵12美9璃15

えみる
泳8実8琉11　映9実8瑠14　恵10心4留10
枝8美9琉11　絵12美9留10

えむ
英8夢13　栄9夢13
依8夢13　恵10夢13

えり
衿9　江6璃15　栄9里7
衣6里7　英8理11　廻9利7
江6梨11
恵10利7　恵10理11　絵12俐9
恵10里7　絵12莉10

えりい
襟18衣6　枝8里7依8　恵10莉10衣6　絵12里7依8
永5理11伊6　英8理11衣6　恵10李7唯11

えりか
衿9嘉14　エ3リ2カ2　会6莉10香9　江6梨11香9　枝8梨11果8　恵10里7迦9　恵10理11香9　絵12里7花7
襟18香9　江6里7花7　江6理11加5　英8里7珂9　廻9里7花7　笑10里7歌14　恵10梨11香9　絵12利7佳8
慧15李7佳8

えりこ
衿9子3　江6理11子3　枝8理11子3　瑛12里7子3
襟18子3　英8李7子3　恵10梨11子3　絵12莉10湖12

えりさ
衿9佐7　英8里7紗10　恵10璃15沙7　瑛12里7佐7
江6理11紗10　笑10莉10咲9　絵12利7沙7

えりな
襟18奈8　江6浬10奈8　栄9里7名6　絵12里7奈8
江6里7那7　英8理11菜11　恵10莉10名6

えりん
恵10林8　恵10綸14　慧15琳12
恵10鈴13　恵10凛15　慧15凜15

える
江6留10　枝8瑠14　瑛12瑠14
英8琉11　恵10琉11

えるざ
江6留10沙7　映9留10紗10
英8琉11紗10　恵10瑠14佐7

えるな
- 英8 瑠14 七2
- 栄9 琉11 名6
- 恵10 留10 奈8
- 絵12 留10 那7
- 瑛12 瑠14 菜11

えれな
- 江6 伶7 奈8
- 依8 怜8 那7
- 英8 玲9 菜11
- 映9 礼5 奈8
- 笑10 麗19 名6

えれん
- 江6 恋10
- 江6 蓮13
- 英8 廉13
- 英8 蓮13
- 映9 怜8
- 映9 漣14
- 恵10 怜8
- 恵10 恋10
- 笑10 連10
- 恵10 連10
- 恵10 廉13
- 恵10 蓮13
- 瑛12 怜8
- 絵12 蓮13
- 慧15 漣14

えんや
- 燕16 耶9

えんり
- 延8 梨11

お

「お」で始まる名前は、大らかで静かなイメージになります。

おうか
- 王4 花7
- 旺8 可5
- 旺8 伽7
- 旺8 香9
- 欧8 華10
- 皇9 花7
- 桜10 佳8
- 黄11 花7
- 凰11 佳8
- 凰11 歌14
- 鷗22 夏10

おうき
- 皇9 妃6
- 桜10 貴12

おうこ
- 欧8 子3

おうな
- 王4 那7
- 欧8 奈8
- 桜10 菜11
- 凰11 那7
- 鷗22 奈8

おうの
- 凰11 乃2

おうめ
- 凰11 女3

おうら
- 邑7 楽13
- 鷗22 良7

おうり
- 欧8 莉10

おおさ
- 大3 咲9

おおな
- 大3 菜11

おぎ
- 荻10

おきえ
- 恩10 依8
- 緒14 希7 恵10
- 緒14 喜12 江6

おぎこ
- 荻10 子3
- 荻10 瑚13
- 央5 芸7 子3
- 桜10 伎6 子3
- 緒14 技7 子3

おきの
- 沖7 乃2
- 恩10 乃2
- 桜10 貴12 乃2
- 緒14 希7 乃2
- 緒14 紀9 乃2

おぎの
- 荻10 乃2

おしみ
- 忍7 美9

おと
- 音9
- 韻19
- 於8 都11
- 桜10 音9
- 緒14 富12

おとえ
- 乙1 依8
- 乙1 笑10
- 音9 恵10
- 音9 絵12
- 頌13 枝8
- 響20 依8
- 緒14 斗4 恵10

おとか
- 乙1 夏10
- 乙1 歌14
- 音9 華10
- 音9 嘉14
- 韻19 佳8
- 桜10 留10 佳8
- 緒14 音9 加5

おとさ
- 韻19 紗10

おとせ
- 吟7 瀬19

おとな
- 音9 菜11

おとね
- 乙1 音9
- 吟7 音9
- 音9 祢9
- 韻19 祢9

おとの
吟7乃2

おとは
乙1羽6
乙1葉12
吟7葉12
音9羽6
音9芭7
音9杷8
音9葉12
律9葉12
頌13葉12
読14葉12
韻19羽6
央5留10葉12

おとみ
旺8都11美9

おとめ
乙1女3
乙1芽8

音9雨8
音9芽8
音9梅10
緒14富12
桜10富12芽8

おどり
踊14
躍21
躍21里7
躍21莉10
躍21理11
躍21璃15

おみ
丘5美9

おりえ
織18江6
織18恵10
丘5里7恵10
央5璃15枝8
於8李7枝8
桜10里7江6
緒14利7恵10

おりか
織18佳8
織18果8
織18華10
央5璃15花7

桜10理11佳8

おりな
織18名6
織18菜11
央5梨11那7
旺8里7奈8
緒14里7名6
緒14璃15奈8

おりは
織18巴4
織18芭7
織18葉12
央5莉10羽6
緒14里7波8

おんと
恩10音9

か

「か」で始まる名前は、明るく躍動感のある響きになります。

かいえ
櫂18絵12

かいき
櫂18輝15

かいや
恢9耶9

かいら
海9良7
廻9羅19
絵12羅19
櫂18良7

佳8唯11楽13
華10依8螺17
嘉14衣6良7

かいり
櫂18莉10
香9依8梨11

かえ
加5恵10
禾5絵12
花7枝8
花7恵10
果8枝8
香9映9
珂9絵12
夏10江6
歌14絵12

かえい
花7栄9

かえで
楓13
カ2エ3デ5
花7枝8出5
佳8英8出5
嘉14恵10手4

かえら
カ2エ3ラ2
花7恵10良7
果8江6羅19
佳8枝8良7
佳8絵12良7
香9英8羅19

かお
花7乙1
果8央5
佳8緒14
香9於8
香9桜10
夏10生5
華10緒14
歌14於8

かおう
海9鷗22

かおり
香9
馨20
花7織18
佳8織18
香9莉10
郁9璃15
香9織18
薫16里7
か3お4り2
可5緒14梨11
芳7央5理11

芳7桜10里7　果8均7利7　佳8緒14里7　珈9央5里7　香9央5梨11　香9絃11里7　香9緒14理11　夏10乙1里7　歌14緒14里7

かおる
郁9　香9　薫16　馨20　香9留10　華10織18

かおるこ
芳7子3　郁9子3　香9子3　薫16子3　馨20子3　香9瑠14子3

かおん
花7穏16　佳8音9　香9恩10

かきつ
花7橘16

かこ
果8子3　佳8子3　珂9子3　夏10瑚13　歌14子3

かさね
笠11祢9　笠11寧14　花7咲9音9　夏10砂9音9　華10紗10音9

かさの
笠11乃2

かざほ
風9帆6

かさみ
笠11美9

かざみ
風9美9

かず
寿7　和8　憲16　佳8鶴21　珂9津9　歌14寿7

かずえ
一1会6　一1枝8　一1恵10　壱7恵10　和8英8　和8笑10　葛12恵10　数13恵10　加5寿7江6　佳8寿7衣6

かずき
一1希7　和8紀9　和8貴12　和8喜12　和8綺14　花7寿7希7

かずこ
和8子3　加5寿7子3　夏10津9子3　歌14杜7子3　嘉14鶴21子3

かずさ
一1紗10　上3総14　和8沙7　和8砂9　和8紗10　和8彩11　兼10紗10　葛12紗10　香9津9沙7

かずな
一1菜11　九2奈8　壱7奈8　和8奈8　華10鶴21名6

かずね
一1音9　和8音9　和8寿7峰10

かずの
和8乃2

かずは
一1羽6　一1葉12　和8巴4　和8葉12　和8播15　加5逗11葉12

かずほ
和8穂15　数13帆6

かすみ
霞17　花7澄15　芳7澄15　佳8純10　佳8澄15　香9澄15　嘉14澄15　霞17澄15　か3す3み3　加5寿7美9　花7栖10美9　華10須12美9　歌14雀11美9

かずみ
一1美9　壱7美9　和8心4　和8美9　葛12実8　数13美9　可5寿7美9

かずよ
一1葉12　万3葉12　宗8世5　和8代5　紀9世5　葛12代5　積16世5　歌14寿7世5

かずら
葛12　一1羅19　寿7羅19　和8良7　和8蘭19　葛12羅19　嘉14寿7楽13　歌14津9良7

かぜは
風9波8

かつえ
曾12恵10

かつか
曾12嘉14

かつき
花7月4　佳8月4
香9月4　活9妃6
歌14月4　禾5都11紀9
庚8都11希7　夏10津9貴12

かづき
禾5月4　佳8月4
華10月4　歌14月4
霞17月4　花7都11希7
果8津9喜12　佳8津9綺14

かつこ
活9子3

かつな
曾12菜11

かつね
健11音9

かつの
克7乃2

かつほ
曾12歩8

かつみ
克7美9　花7摘14
果8摘14　佳8積16
独9美9　香9積16
捷11美9　曾12実8
佳8津9珠10　果8都11未5
夏10都11美9

かづみ
花7積16　佳8摘14
花7津9美9　香9都11美9
歌14津9海9

かつよ
克7世5　活9世5
曾12代5　滑13代5

かつら
桂10　克7良7

かな
花7菜11　佳8名6
果8那7　佳8奈8
佳8苗8　香9奈8
香9菜11　華10那7
夏10奈8　華10奈8
夏10南9　嘉14奈8

かなえ
叶5恵10　叶5瑛12
叶5絵12　花7苗8
協8恵10　哉9恵10
奏9恵10　華10苗8
花7那7枝8　香9奈8絵12
珈9南9衣6　夏10奈8江6

かなこ
協8子3　奏9子3
加5奈8子3　可5南9子3
佳8那7子3　果8奈8子3
香9名6子3　華10那7子3
夏10菜11子3　賀12奈8子3
樺14奈8子3　嘉14菜11子3

かなみ
可5波8　叶5実8
叶5美9　佳8波8
奏9深11　佳8奈8海9
庚8奈8美9　果8南9美9

かなめ
要9　要9芽8
華10奈8女3

かなよ
協8代5　奏9代5
花7菜11世5　佳8那7代5
香9奈8世5　夏10名6葉12

かなん
可5南9　花7南9
佳8南9　香9楠13
嘉14楠13

かねこ
兼10子3　錦16子3
果8峰10子3　佳8寧14子3
嘉14音9子3

かねほ
兼10帆6

かねみ
兼10実8　兼10美9
銀14美9　錦16美9

かねよ
銀14代5　佳8音9葉12

かの
花7乃2　佳8乃2

- 香9乃2
- 華10乃2
- 夏10乃2
- 嘉14乃2
- 榎14乃2
- 歌14野11

かのこ

- 叶5子3
- 芳7埜11子3
- 佳8乃2子3
- 華10乃2子3
- 夏10乃2湖12
- 鹿11乃2子3
- 歌14埜11子3

かのり

- 華10乃2里7

かのん

- 花7音9
- 花7暖13
- 佳8音9
- 香9音9
- 華10音9
- 嘉14音9

かほ

- 禾5穂15
- 花7宝8
- 花7穂15
- 佳8歩8
- 果8歩8
- 佳8蓬14
- 佳8穂15
- 河8穂15
- 珂9帆6
- 香9帆6
- 香9甫7
- 香9歩8
- 香9蒲13
- 香9穂15
- 珂9穂15
- 夏10帆6
- 夏10歩8
- 華10保9
- 歌14歩8
- 嘉14保9

かほこ

- 花7保9子3
- 佳8穂15子3
- 香9帆6子3
- 夏10甫7子3
- 華10穂15子3

かほり

- かほり3 5 2
- 花7歩8莉10
- 花7保9理11
- 花7穂15里7
- 佳8帆6里7
- 佳8歩8李7
- 香9葡12里7
- 華10帆6理11
- 夏10保9利7
- 嘉14歩8哩10
- 歌14保9利7

かもめ

- 鷗22

かや

- 花7也3
- 佳8矢5
- 佳8治7
- 佳8耶9
- 果8埜11
- 香9弥8
- 夏10椰13

かやこ

- 茅8子3
- 萱12子3
- 果8椰13子3
- 香9耶9子3
- 夏10矢5子3
- 華10弥8子3

かやな

- 茅8奈8
- 萱12名6
- 佳8矢5菜11
- 香9也3奈8
- 夏10耶9南9

かやの

- 茅8乃2
- 草9乃2
- 花7耶9乃2
- 果8也3乃2
- 香9矢5埜11
- 華10矢5乃2

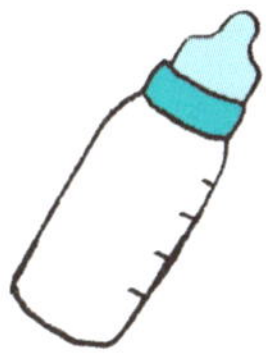

かよ

- 加5世5
- 加5葉12
- 佳8与3
- 佳8予4
- 果8世5
- 佳8代5
- 佳8誉13
- 佳8輿17
- 香9世5
- 珂9夜8
- 華10葉12

かよこ

- 日4葉12子3
- 加5代5子3
- 加5吉6子3
- 花7代5子3
- 花7頼16子3
- 佳8世5子3
- 佳8余7子3
- 香9代5子3
- 香9葉12子3
- 夏10代5子3
- 華10代5子3
- 夏10夜8子3
- 嘉14葉12子3

かよし

- 華10寵19

かよみ

- 果8読14
- 果8世5実8
- 佳8世5深11
- 華10代5美9
- 夏10葉12海9
- 歌14世5珠10

かり

- 花7璃15
- 果8梨11
- 佳8理11
- 夏10吏6
- 嘉14里7

かりな

- 雁12那7
- 加5莉10名6
- 花7李7奈8
- 花7里7菜11
- 佳8浬10南9
- 香9梨11奈8
- 華10梨11那7

かりの

- 雁12乃2

かりん

- 加5綸14
- 花7林8
- 花7梨11
- 花7琳12
- 花7稟13
- 花7綸14
- 花7凛15
- 果8林8
- 佳8倫10
- 果8鈴13
- 佳8鈴13
- 佳8凛15
- 果8凛15
- 果8臨18
- 佳8麟24
- 香9琳12
- 珂9鈴13
- 香9凛15

華10綸14
夏10鈴13
華10隣16
嘉14林8
歌14凜15

かるな

花7留10菜11
佳8留10奈8
果8瑠14菜11
華10琉11奈8
夏10瑠14名6

かれん

可5恋10
可5憐16
花7恋10
花7連10
花7廉13
花7蓮13
佳8恋10
佳8連10

佳8蓮13
果8漣14
香9蓮13
華10怜8
華10蓮13
夏10漣14
鹿11蓮13
歌14怜8
歌14連10

かん

莞10

かんえ

柑9映9
貫11恵10
貫11絵12

かんこ

貫11子3

かんな

完7奈8
柑9名6
柑9那7
柑9奈8
柑9南9
栞10七2
莞10名6
栞10那7
栞10奈8
莞10奈8
莞10南9
莞10菜11
貫11那7
貫11奈8
菅11奈8
菅11菜11
寛13奈8
幹13奈8
寛13菜11
歓15那7
歓15奈8
環17奈8

かんね

菅11音9

かんの

完7乃2
柑9乃2
栞10乃2

「き」で始まる名前は、若々しく、軽快なイメージになります。

きあら

伎6亜7楽13
希7有6来7
希7亜7良7
季8阿8来7
紀9有6良7
姫10亜7羅19
葵12安6羅19
貴12亜7良7
喜12亜7良7
輝15亜7良7
輝15亜7羅19

きい

紀9椅12
貴12唯11

きいな

きいな 4 2 5
紀9伊6那7
規11衣6奈8
暉13衣6奈8
樹16伊6菜11

きえ

伎6絵12
希7江6
希7笑10
希7恵10
紀9恵10
祇9恵10
貴12枝8
喜12映9
揮12絵12
嬉15英8
麒19恵10

きお

希7乙1
希7央5
紀9緒14
喜12央5
貴12桜10
徽17央5

きき

希7己3
希7生5

希7麒19
季8紀9
樹16希7

ききょう

希7享8
季8恭10
紀9叶5
紀9杏7
桔10梗11
喜12叶5
貴12響20
綺14京8

きく

菊11
掬11
希7駈15
喜12久3
葵12玖7
綺14玖7
畿15久3

きくえ

掬11江6
菊11映9
掬11笑10
菊11恵10
鞠17依8
貴12久3瑛12

きくお

掬11緒14

きくか
菊(11)佳(8)　掬(11)香(9)　希(7)玖(7)佳(8)　紀(9)久(3)香(9)

きくこ
菊(11)子(3)　妃(6)久(3)子(3)　貴(12)勾(4)子(3)　喜(12)空(8)子(3)

きくな
掬(11)那(7)　菊(11)奈(8)　希(7)句(5)奈(8)　黄(11)久(3)菜(11)

きくね
掬(11)音(9)

きくの
掬(11)乃(2)　菊(11)乃(2)　貴(12)久(3)乃(2)　喜(12)玖(7)乃(2)

きくみ
掬(11)実(8)　菊(11)美(9)　菊(11)珠(10)　希(7)玖(7)実(8)　貴(12)紅(9)美(9)

きくよ
掬(11)代(5)

きこ
妃(6)子(3)　希(7)子(3)　祈(8)子(3)　紀(9)子(3)　起(10)子(3)　貴(12)子(3)　貴(12)瑚(13)　輝(15)湖(12)

きさ
妃(6)沙(7)　希(7)紗(10)　紀(9)砂(9)　喜(12)早(6)　貴(12)砂(9)　貴(12)嵯(13)　綺(14)咲(9)　綺(14)紗(10)

きさき
妃(6)　希(7)咲(9)　紀(9)咲(9)　喜(12)咲(9)　貴(12)祥(10)　樹(16)咲(9)　伎(6)紗(10)貴(12)　希(7)早(6)紀(9)　希(7)早(6)喜(12)　紀(9)佐(7)希(7)

きさこ
季(8)爽(11)子(3)　紀(9)紗(10)子(3)　喜(12)早(6)子(3)　貴(12)咲(9)子(3)　輝(15)沙(7)子(3)

きさと
希(7)里(7)

きさの
紀(9)沙(7)乃(2)　貴(12)茶(9)乃(2)

きさら
貴(12)更(7)　喜(12)更(7)　季(8)紗(10)良(7)　紀(9)沙(7)良(7)　樹(16)沙(7)羅(19)

きさらぎ
如(6)月(4)

きずな
絆(11)　絆(11)菜(11)

きそら
希(7)空(8)

きたえ
北(5)慧(15)

きたか
北(5)香(9)

きつか
桔(10)花(7)　桔(10)佳(8)　桔(10)香(9)

きっか
橘(16)花(7)　橘(16)香(9)　橘(16)華(10)　橘(16)嘉(14)

きつこ
桔(10)子(3)

きっこ
橘(16)子(3)

きつな
橘(16)那(7)

きつの
桔(10)乃(2)　橘(16)乃(2)

きてき
希(7)笛(11)

きなつ
貴(12)夏(10)

きぬえ
衣(6)江(6)　衣(6)恵(10)　衣(6)絵(12)　絹(13)依(8)　絹(13)笑(10)　絹(13)絵(12)

きぬか
絹(13)佳(8)

きぬこ
絹(13)子(3)

きぬさ
絹(13)紗(10)

きぬは
絹(13)葉(12)

きぬほ
絹(13)帆(6)

きぬよ
衣(6)世(5)　衣(6)予(4)　衣(6)葉(12)　絹(13)代(5)　絹(13)世(5)

きの
妃6 乃2
希7 乃2
紀9 埜11
貴12 埜11
綺14 乃2

きほ
希7 穂15
季8 甫7
姫10 宝8
貴12 帆6
喜12 歩8
輝15 保9

きほう
希7 豊13

きみ
仗6 実8
希7 海9
貴12 美9
喜12 美9
綺14 実8

きみえ
后6 絵12
君7 江6
鉄13 絵12
公4 実8 恵10
仗6 実8 恵10
喜12 美9 慧15

きみお
王4 緒14
后6 緒14
君7 央5

きみか
后6 香9
君7 佳8
君7 夏10
卿12 香9
鉄13 華10
木4 実8 花7
希7 未5 歌14
希7 実8 果8
求7 美9 加5
祈8 美9 果8
紀9 美9 夏10

きみこ
君7 子3
希7 美9 子3
季8 実8 子3
其8 美9 子3
貴12 美9 子3
喜12 美9 子3
興16 美9 子3

きみな
公4 奈8
鉄13 奈8
稀12 実8 菜11

きみの
后6 埜11
君7 乃2
卿12 乃2
鉄13 乃2
希7 幹13 乃2

きみは
君7 葉12
鉄13 羽6

きみほ
公4 帆6
君7 歩8
鉄13 帆6

きみよ
王4 世5
后6 世5
君7 代5
卿12 代5
希7 見7 世5
希7 美9 代5
紀9 実8 葉12
仗6 美9 世5
綺14 実8 葉12
嬉15 美9 代5

きゃら
伽7 羅19

きやり
綺14 耶9 里7

きゆり
希7 由5 利7
紀9 友4 里7
貴12 百6 合6
樹16 遊12 里7

きよ
汐6
聖13
希7 代5
希7 誉13
貴12 代5
綺14 葉12

きょう
杏7
恭10

きょうか
叶5 佳8
匡6 花7
共6 佳8
匡6 香9
亨7 佳8
杏7 佳8
杏7 香9
協8 花7
享8 香9
京8 香9
京8 歌14
恭10 佳8
経11 佳8
教11 香9
梗11 香9
梗11 華10
喬12 香9
蕎15 香9
鏡19 佳8
鏡19 華10
響20 嘉14
饗22 佳8
饗22 香9
今4 日4 佳8

きょうこ
共6 子3
匡6 子3
杏7 子3
亨7 子3
享8 子3
供8 子3
恰9 子3
恭10 子3
教11 子3
郷11 子3
経11 子3
梗11 子3
卿12 子3
喬12 子3
蕎15 子3
興16 子3
鏡19 子3
響20 子3
饗22 子3
今4 日4 子3
居8 有6 子3
喬12 雨8 子3

きょうと
経11 杜7

きょうな
叶5 奈8
共6 奈8
杏7 名6
亨7 奈8
京8 奈8
協8 奈8
梗11 那7
郷11 奈8

蕎(15)奈(8)　響(20)奈(8)
今(4)日(4)奈(8)

きょうね
恰(9)音(9)

きょうの
京(8)乃(2)　梗(11)乃(2)
響(20)乃(2)　饗(22)乃(2)

きょうみ
協(8)美(9)　蕎(15)美(9)
響(20)美(9)　饗(22)美(9)

きよえ
斉(8)恵(10)　粋(10)慧(15)
清(11)恵(10)　希(7)葉(12)絵(12)
貴(12)夜(8)恵(10)

きよか
白(5)佳(8)　汐(6)香(9)
斉(8)夏(10)　清(11)花(7)
清(11)香(9)　清(11)華(10)
雪(11)華(10)　聖(13)華(10)
聖(13)歌(14)　潔(15)嘉(14)
妃(6)葉(12)夏(10)　希(7)代(5)佳(8)
喜(12)世(5)花(7)

きよこ
粋(10)子(3)　清(11)子(3)
聖(13)子(3)　喜(12)世(5)子(3)
葵(12)代(5)子(3)

きよさ
粋(10)紗(10)

きよな
研(9)那(7)　粋(10)奈(8)

きよね
清(11)音(9)　清(11)峰(10)
清(11)寧(14)　紀(9)代(5)祢(9)
伎(6)葉(12)音(9)　起(10)輿(17)音(9)
貴(12)夜(8)音(9)

きよの
汐(6)乃(2)　斉(8)乃(2)
粋(10)乃(2)　清(11)乃(2)
清(11)野(11)　聖(13)乃(2)
蒼(13)乃(2)　潔(15)埜(11)
希(7)世(5)乃(2)　綺(14)代(5)乃(2)

きよは
潔(15)葉(12)

きよみ
白(5)美(9)　汐(6)海(9)
青(8)美(9)　斉(8)美(9)
研(9)弥(8)　粋(10)美(9)
清(11)心(4)　清(11)見(7)
清(11)実(8)　淑(11)美(9)
清(11)泉(9)　清(11)美(9)
雪(11)美(9)　聖(13)美(9)
碧(14)海(9)　澄(15)水(4)
潔(15)美(9)　澄(15)美(9)
希(7)世(5)実(8)　貴(12)余(7)美(9)
綺(14)世(5)実(8)

きよら
白(5)羅(19)　清(11)礼(5)
清(11)良(7)　清(11)楽(13)
清(11)羅(19)　聖(13)良(7)
聖(13)羅(19)　潔(15)良(7)
祈(8)代(5)良(7)　貴(12)世(5)楽(13)

きより
研(9)璃(15)

きら
希(7)羅(19)　貴(12)羅(19)
綺(14)羅(19)　輝(15)螺(17)
麒(19)良(7)

きらら
雲(12)母(5)　煌(13)羅(19)
キ(3)ラ(2)ラ(2)　き(4)ら(2)ら(2)
求(7)良(7)々(3)　希(7)良(7)々(3)
祈(8)楽(13)々(3)　貴(12)良(7)々(3)
喜(12)羅(19)々(3)　綺(14)羅(19)々(3)
輝(15)楽(13)々(3)

きらり
貴(12)良(7)里(7)　暉(13)良(7)理(11)
綺(14)良(7)李(7)

きり
希(7)莉(10)　貴(12)璃(15)
綺(14)里(7)

きりあ
桐(10)亜(7)　希(7)里(7)有(6)
貴(12)利(7)亜(7)　稀(12)李(7)亜(7)

きりえ
桐(10)江(6)　桐(10)枝(8)
桐(10)恵(10)　希(7)理(11)絵(12)
霧(19)里(7)恵(10)

きりか
桐(10)花(7)　希(7)璃(15)佳(8)
紀(9)李(7)花(7)

きりこ
桐(10)子(3)　霧(19)子(3)
霧(19)湖(12)　紀(9)里(7)子(3)
揮(12)莉(10)子(3)　喜(12)理(11)子(3)
貴(12)理(11)子(3)

きりん
希(7)凜(15)　季(8)鈴(13)

喜鈴 12 13
貴鈴 12 13
綺凛 14 15
麒麟 19 24

きわ

希羽 7 6
希輪 7 15
季和 8 8
喜羽 12 6
貴和 12 8
葵和 12 8
綺羽 14 6

きわこ

際子 14 3
希和子 7 8 3
希輪子 7 15 3
紀羽子 9 6 3
紀和子 9 8 3
貴羽子 12 6 3
葵和子 12 8 3
喜環子 12 17 3
綺和子 14 8 3
輝羽子 15 6 3
嬉和子 15 8 3

きんか

菫花 11 7
菫香 11 9
菫歌 11 14
檎花 17 7
檎香 17 9

ぎんか

銀花 14 7

ぎんが

吟芽 7 8
銀河 14 8

ぎんこ

吟子 7 3
銀子 14 3

ぎんと

銀兎 14 7

きんの

菫乃 11 2

く

「く」で始まる名前は、一本、筋の通ったイメージになります。

くおん

句音 5 9

くすか

楠花 13 7
楠香 13 9
楠嘉 13 14

くすこ

樟子 15 3

くすな

楠南 13 9

くすの

楠乃 13 2
樟乃 15 2

くすは

楠葉 13 12
樟葉 15 12
玖素羽 7 10 6

くすほ

楠歩 13 8
樟保 15 9

くに

くに 1 3
来弐 7 6

くにえ

邦江 7 6
邦依 7 8
邦恵 7 10
那絵 7 12
国恵 8 10
国笑 8 10
晋絵 10 12
久仁瑛 3 4 12
駆仁恵 14 4 10

くにか

州夏 6 10
邦花 7 7
那果 7 8
那香 7 9
邦嘉 7 14
国華 8 10
晋香 10 9
紅仁花 9 4 7

くにこ

邦子 7 3
邑子 7 3
邦瑚 7 13
訓子 10 3
久仁子 3 4 3
勾仁子 4 4 3
公仁子 4 4 3

くにの

国乃 8 2

くにみ

国実 8 8

くによ

邦与 7 3
邦予 7 4
邦世 7 5
国代 8 5
国葉 8 12
玖仁葉 7 4 12

くみ

九実 2 8
久実 3 8
久美 3 9
功実 5 8
句美 5 9
功美 5 9
玖美 7 9
空美 8 9
來海 8 9
紅美 9 9
徠美 11 9

くみか

久実花 3 8 7
公美佳 4 9 8
句美夏 5 9 10
玖美佳 7 9 8
玖美香 7 9 9
紅実嘉 9 8 14
駆美花 14 9 7
駒美加 15 9 5

くみこ
九2美9子3　久3美9子3
久3珠10子3　公4望11虹9
玖7海9子3　玖7深11子3
紅9美9子3

くもみ
雲12美9

くらら
玖7羅19々3

くるみ
来7実8　来7美9
胡9桃10　く1る2み3
久3留10美9　玖7琉11実8
來8瑠14実8　紅9瑠14美9
駆14留10実8

くれあ
紅9亜7　く1れ3あ3
久3伶7亜7　玖7礼5亜7
紅9礼5有6

くれお
久3怜8央5　玖7麗19緒14

「け」で始まる名前は、強さと優しさを感じる名前になります。

けい
佳8　恵10　啓11　蛍11
景12　慶15　稽15
華10衣6

けいか
京8花7　奎9加5
奎9香9　桂10嘉14
渓11花7　蛍11佳8
啓11香9　蛍11夏10
渓11歌14　敬12佳8
詣13佳8　継13香9
慶15花7　稽15花7
繋19花7　繋19佳8

けいこ
圭6子3　京8子3
奎9子3　桂10子3
啓11子3　渓11子3
蛍11子3　景12子3
継13子3　詣13子3
慶15子3　慧15子3
稽15子3　繋19子3
繋19瑚13　ケ3イ2子3

けいと
佳8兎7　佳8都11
京8都11　桂10斗4
華10弦8　恵10都11
蛍11杜7　蛍11音9
渓11都11　卿12都11
慶15音9　稽15都11
慧15登12　馨20音9
華10衣6都11

けいな
圭6奈8　京8名6
佳8那7　京8奈8
恵10奈8　桂10奈8
渓11那7　蛍11奈8
敬12那7　継13奈8
稽15那7　慶15奈8
稽15奈8　慶15菜11
繋19奈8

けいは
京8葉12

けいほ
渓11帆6

けいら
渓11羅19　卿12羅19
敬12羅19

けいり
蛍11里7　渓11莉10

「こ」で始まる名前は、温和なイメージになります。

こう
光6　幸8　香9　虹9
恋10　皐11　煌13
瑚13宇6

こうか
黄11華10　港12花7
港12嘉14　閤14華10

こうき
恰9姫10　香9葵12

こうこ
功(5)子(3)　后(6)子(3)　亘(6)子(3)　庚(8)子(3)　昂(8)子(3)　昊(8)子(3)　皇(9)子(3)　香(9)子(3)　虹(9)子(3)　洸(9)子(3)　虹(9)瑚(13)　紘(10)子(3)　倖(10)子(3)　航(10)子(3)　皐(11)瑚(13)　港(12)子(3)　煌(13)子(3)　閤(14)子(3)

こうさ
光(6)咲(9)

こうじゅ
幸(8)就(12)

こうな
向(6)菜(11)　亘(6)菜(11)　庚(8)奈(8)　恰(9)奈(8)　皐(11)奈(8)　閤(14)奈(8)

こうね
梗(11)音(9)

こうは
亘(6)羽(6)

こうみ
光(6)海(9)　昊(8)美(9)　恰(9)心(4)　皇(9)珠(10)　紅(9)珠(10)　紘(10)美(9)　港(12)美(9)　煌(13)美(9)　閤(14)海(9)　閤(14)美(9)　縞(16)美(9)　瑚(13)右(5)海(9)

こうめ
小(3)梅(10)　向(6)芽(8)　皇(9)女(3)

こぎく
小(3)菊(11)

こくな
国(8)奈(8)

ここ
ココ(2)(2)　胡(9)々(3)　琥(12)子(3)　湖(12)々(3)　琥(12)々(3)　瑚(13)々(3)　瑚(13)子(3)

ここあ
心(4)愛(13)

ここな
ココナ(2)(2)(2)　胡(9)々(3)那(7)

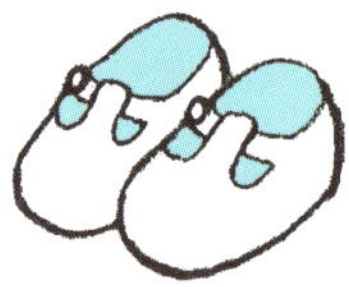

ここね
心(4)音(9)　心(4)寧(14)

ここみ
心(4)実(8)　心(4)美(9)　心(4)珠(10)　此(6)海(9)　此(6)美(9)　胡(9)々(3)実(8)　湖(12)々(3)美(9)

こころ
心(4)　心(4)路(13)　瑚(13)々(3)呂(7)

こさと
小(3)邑(7)

こずえ
梶(11)　梢(11)　槙(14)　梢(11)恵(10)　梢(11)笑(10)　梢(11)絵(12)　木(4)寿(7)恵(10)

こすず
小(3)鈴(13)　木(4)涼(11)　瑚(13)紗(10)　小(3)寿(7)々(3)　小(3)素(10)豆(7)

こすもす
秋(9)桜(10)

こそで
小(3)袖(10)

こちょう
胡(9)蝶(15)

こと
琴(12)　小(3)兎(7)　古(5)都(11)　湖(12)音(9)　瑚(13)都(11)

ことあ
琴(12)娃(9)

ことえ
言(7)絵(12)　琴(12)永(5)　琴(12)江(6)　琴(12)恵(10)　琴(12)慧(15)

ことこ
琴(12)子(3)

ことね
言(7)寧(14)　琴(12)音(9)　詞(12)音(9)　琴(12)寧(14)　肇(14)音(9)

ことの
琴(12)乃(2)

ことは
- 采葉（8・12）
- 琴杷（12・8）
- 琴葉（12・12）
- 詞葉（12・12）

ことみ
- 言美（7・9）
- 采実（8・8）
- 琴未（12・5）
- 琴実（12・8）
- 琴美（12・9）
- 詞美（12・9）
- 琴深（12・11）
- 胡都望（9・11・11）
- 瑚兎泉（13・7・9）

ことり
- 小鳥（3・11）
- 琴莉（12・10）

こなつ
- 小夏（3・10）
- 来夏（7・10）
- 瑚夏（13・10）
- 小名鶴（3・6・21）
- 瑚七津（13・2・9）

こなみ
- 小波（3・8）
- 瑚浪（13・10）

- 小南美（3・9・9）
- 木那実（4・7・8）

このか
- 此花（6・7）
- 好香（6・9）
- 木乃香（4・2・9）

このは
- 木葉（4・12）
- 此羽（6・6）
- 好波（6・8）
- 木乃葉（4・2・12）
- 来乃羽（7・2・6）
- 瑚乃巴（13・2・4）

このみ
- 好未（6・5）
- 好美（6・9）
- このみ（2・1・3）
- 木乃実（4・2・8）

こはぎ
- 小萩（3・12）

こはく
- 湖珀（12・9）
- 琥珀（12・9）

こばと
- 小鳩（3・13）

こはる
- 小春（3・9）
- 小栄（3・9）
- 小晴（3・12）
- 小遥（3・12）
- 小陽（3・12）
- 小暖（3・13）
- 湖晴（12・12）
- 瑚遼（13・15）
- こはる（2・4・2）
- 小杷瑠（3・8・14）
- 小華琉（3・10・11）

こまい
- 小舞（3・15）

こまき
- 小牧（3・8）
- 小蒔（3・13）

- 小眞紀（3・10・9）
- 小麻希（3・11・7）
- 瑚茉紀（13・8・9）

こまこ
- 駒子（15・3）
- 瑚真子（13・10・3）

こまち
- 小町（3・7）
- 瑚市（13・5）

こまの
- 小真知（3・10・8）
- 小麻智（3・11・12）
- 駒乃（15・2）

こまめ
- 小豆（3・7）

こまり
- 小毬（3・11）
- 小鞠（3・17）

こみち
- 小迪（3・8）
- こみち（2・3・3）
- 小美智（3・9・12）

こむぎ
- 小麦（3・7）

こもも
- 小桃（3・10）

こゆき
- 小雪（3・11）
- 小鵬（3・19）
- 仔雪（5・11）
- 来倖（7・10）
- 瑚幸（13・8）
- 小由紀（3・5・9）
- 小柚樹（3・9・16）

こんの
- 今埜（4・11）
- 紺乃（11・2）

さ

「さ」で始まる名前は、さわやかで、明るい響きになります。

さあや
- 早綾（6・14）
- 佐綾（7・14）
- 咲郁（9・9）
- 紗彩（10・11）
- 紗絢（10・12）
- 作亜矢（7・7・5）
- 沙亜椰（7・7・13）
- 沙阿矢（7・8・5）
- 紗有也（10・6・3）

さいか
- 才加（3・5）
- 采佳（8・8）
- 彩花（11・7）
- 彩佳（11・8）

彩11夏10　紗10衣6花7

さいこ

彩11子3

さいな

才3那7

さいみ

才3美9

さえ

早6英8　早6絵12　早6瑛12　佐7依8　冴7英8　冴7映9　冴7恵10　沙7絵12　咲9衣6　紗10恵10　紗10笑10　爽11英8

さえか

冴7花7　早6栄9香9　咲9英8佳8

さえこ

冴7子3　咲9枝8子3　沙7栄9子3　紗10恵10子3　紗10絵12子3　爽11笑10子3

さえら

冴7羅19　紗10恵10良7

さえり

佐7栄9里7

さお

沙7央5　佐7桜10　沙7渚11　紗10保9　紗10緒14

さおり

左5織18　佐7織18　沙7織18　紗10織18　さ3お4り2　沙7央5理11　佐7緒14梨11　紗10央5莉10

さかえ

栄9　栄9恵10　咲9佳8江6　紗10加5瑛12　紗10香9永5　爽11夏10依8

さかき

榊14　榊14希7　榊14祈8　榊14姫10　榊14貴12　榊14綺14

さき

咲9　サ3キ3　早6咲9　早6暉13　沙7希7　佐7貴12　沙7喜12　冴7輝15　幸8幾12　咲9己3　咲9生5　咲9希7　咲9祈8　紗10妃6　紗10希7　紗10貴12　紗10綺14　紗10畿15　紗10樹16　彩11紀9　彩11貴12　彩11葵12　爽11樹16

さきえ

咲9絵12　福13恵10　早6葵12江6　沙7伎6重9　佐7希7絵12　沙7記10江6　沙7基11枝8　紗10姫10絵12　彩11貴12恵10

さきこ

先6子3　咲9子3　祥10子3　佐7来7子3　佐7綺14子3　咲9麒19子3　爽11季8子3　紗10綺14子3

さきね

咲9寧14　埼11峰10

さきの

咲9乃2　咲9埜11　埼11乃2　早6嬉15乃2　佐7貴12乃2　佐7葵12乃2　紗10紀9埜11　紗10稀12乃2

さきほ

咲9穂15　早6葵12歩8　佐7季8葡12　沙7喜12歩8　咲9希7保9　紗10樹16保9　瑳14紀9歩8

さきめ

咲9梅10

さぎり

早6霧19　沙7霧19　紗10桐10　紗10霧19　佐7伎6理11

さく

咲9　紗10空8

さくえ

咲9絵12　朔10江6　佐7久3恵10　咲9紅9枝8

さくみ

咲9美9　早6鳩13美9　沙7玖7美9　彩11空8未5

さくも

紗10雲12

さくや

咲9矢5　咲9耶9　朔10耶9　早6玖7也3

咲9久3椰13　彩11久3耶9

さくよ
咲9輿17

さくら
桜10　咲9良7　朔10良7
さ3く1ら2　沙7久3良7
紗10久3良7　紗10玖7良7
彩11久3羅19

さくらこ
桜10子3　咲9良7子3
朔10良7子3

さこ
佐7瑚13　咲9子3
彩11子3　爽11子3

ささね
讃22音9　さ3さ3ね4

さだえ
貞9江6　貞9枝8
禎13恵10

さだか
究7佳8

さだこ
禎13子3

さだの
禎13乃2

さだみ
貞9美9

さだよ
貞9世5

さち
幸8　倖10　祥10
早6馳13　沙7知8
作7智12　咲9知8

紗10千3　紗10智12

さちえ
幸8恵10　征8恵10
幸8瑛12　倖10江6
祥10慧15　禄12絵12
早6知8会6　佐7知8恵10
咲9知8枝8　紗10千3恵10

さちか
早6実8　幸8花7
幸8果8　幸8佳8
幸8馨20　祥10花7
倖10夏10　紗10親16

禄12佳8　福13香9
早6知8果8　早6茅8夏10
佐7千3花7　沙7治8香9
紗10千3香9

さちこ
幸8子3　倖10子3
祥10子3　早6智12子3
佐7千3子3　彩11知8子3

さちな
幸8奈8　福13奈8

さちね
祥10音9　禄12音9
咲9千3寧14　紗10知8音9

さちの
倖10乃2　早6智12乃2

さちは
幸8葉12　祥10羽6

さちほ
幸8穂15　祥10帆6
祥10歩8　禄12穂15
早6千3保9

さちよ
幸8葉12　倖10代5
祥10世5　紗10千3世5
彩11知8葉12

さつか
颯14花7

さつき
皐11　五4月4　沙7月4
紗10月4　皐11月4
彩11月4　颯14希7
颯14紀9　颯14姫10

さっこ
颯14子3

さつみ
紗10摘14

さつよ
颯14代5

さてん
紗10展10

さと
里7　聖13　咲9都11
茶9都11　紗10富12

さとえ
邑7恵10　郷11絵12　惺12江6　智12恵10　聡14絵12　賢16慧15　識19江6　沙7富12重9

さとか
哲10香9　覚12歌14　聡14佳8　賢16花7

さとこ
邑7子3　郷11子3　理11鼓13　覚12子3　智12子3　聡14子3　諭16子3　沙7橙16子3

さとね
里7寧14　惺12音9　賢16音9

さとの
慧15乃2

さとは
賢16葉12

さとみ
里7美9　里7深11　怜8実8　俐9美9　紗10富12　郷11美9　覚12弥8　智12実8　覚12美9　聡14弥8　瑳14富12　慧15深11　隣16美9　さ3と2み3　早6登12実8　沙7兎7美9　紗10渡12美9

さとよ
里7代5　理11葉12　隣16世5

さとり
里7莉10　識19梨11

さな
早6菜11　沙7南9　咲9南9　紗10奈8

さなえ
早6苗8　沙7苗8　さ3な5え3　左5菜11枝8　沙7梛11江6　咲9奈8江6　紗10南9絵12

さなぎ
咲9凪6　沙7奈8伎6

さなみ
早6波8　紗10波8　沙7名6美9　紗10七2海9

さほ
左5保9　早6圃10　早6蓬14　沙7帆6　佐7保9　沙7蓬14　咲9蒲13　咲9穂15　紗10葡12　紗10穂15

さほこ
小3葡12子3　早6穂15子3　沙7帆6子3　咲9保9子3　彩11甫7子3

さほり
早6甫7璃15　早6穂15利7　沙7帆6浬10　爽11歩8理11　彩11保9里7

さや
爽11　鞘16　早6矢5　冴7耶9　沙7椰13　紗10也3　紗10耶9　彩11耶9

さやか
清11花7　清11香9　爽11香9　鞘16花7　早6矢5香9　沙7也3迦9　沙7矢5榎14　沙7耶9加5　咲9弥8花7　咲9夜8夏10　紗10耶9香9

さやこ
早6耶9子3　沙7椰13子3　咲9矢5子3　彩11也3子3

さやな
鞘16奈8　早6耶9奈8　沙7也3那7

さやの
清11埜11　鞘16乃2

さやみ
鞘16美9　沙7弥8海9

さゆ
沙7遊12　紗10結12

さゆか
早6柚9香9

さゆき
小3雪11　沙7雪11　紗10雪11　早6友4紀9　紗10由5姫10　彩11由5季8

さゆみ
佐7弓3　沙7弓3
紗10弓3　沙7由5深11
咲9優17実8　紗10佑7美9

さゆり
小3百6合6　早6由5璃15
沙7夕3浬10　咲9百6合6
紗10有6利7　紗10祐9理11

さよ
小3夜8　早6葉12
沙7世5　咲9世5
紗10代5　紗10夜8
彩11代5　爽11代5
瑳14世5

さよこ
小3夜8子3　咲9代5子3
紗10代5子3　爽11世5子3
彩11葉12子3

さより
紗10頼16　早6誉13莉10
佐7世5里7　沙7代5梨11
咲9夜8里7

さら
さ3ら2　沙7良7
冴7来7　沙7羅19
咲9良7　砂9楽13
咲9羅19　爽11良7
彩11楽13　彩11螺17
彩11羅19

さらさ
更7紗10　更7彩11
佐7良7沙7

さらな
更7奈8

さらの
更7乃2

さらは
更7芭7　更7葉12
彩11良7羽6

さらん
紗10蘭19

さり
早6璃15　沙7里7
沙7梨11　沙7理11
冴7璃15　咲9里7
咲9莉10　紗10李7
紗10浬10　彩11梨11
爽11理11

さりい
小3梨11衣6　沙7浬10衣6
佐7理11伊6　咲9梨11以5
紗10李7依8

さりな
沙7莉10奈8　作7梨11奈8
佐7璃15七2　茶9里7菜11
紗10理11那7　彩11利7奈8

されん
佐7恋10　沙7漣14
咲9連10　紗10蓮13

さわ
爽11　早6羽6　佐7和8
咲9和8　紗10環17

さわこ
爽11子3　佐7和8子3
沙7輪15子3　紗10羽6小3
彩11和8子3

さわな
爽11名6　爽11奈8
早6和8菜11　紗10羽6南9

さわの
爽11乃2　爽11野11
小3羽6乃2　咲9輪15乃2
瑳14和8乃2

さんか
燦17花7　讃22佳8

さんご
珊9子3　珊9瑚13
燦17胡9　讃22瑚13

さんな
讃22奈8

さんの
珊9乃2

「し」で始まる名前は、若々しく、軽快なイメージになります。

しい
糸6唯11　梓11依8

しいか
椎12香9　詩13衣6果8

しいな
椎奈 12 8
椎南 12 9
椎菜 12 11
志伊那 7 6 7
枝衣奈 8 6 8

しいの
椎乃 12 2
椎野 12 11
史衣乃 5 6 2

しいほ
椎穂 12 15

しいら
椎良 12 7
椎楽 12 13
糸惟良 6 11 7
詩以良 13 5 7

じう
慈雨 13 8

しえ
史瑛 5 12
志衣 7 6
紫永 12 5
詞笑 12 10
梓衣 11 6
詩栄 13 9

しえり
史枝理 5 8 11
志恵莉 7 10 10
思絵理 9 12 11
梓恵利 11 10 7
詩英梨 13 8 11

しお
史緒 5 14
志王 7 4
志央 7 5
枝桜 8 10
詩緒 13 14

しおう
詩欧 13 8

しおか
潮香 15 9

しおな
史音那 5 9 7
糸緒菜 6 14 11

しおね
汐音 6 9
潮音 15 9
詩央音 13 5 9

しおみ
汐見 6 7
汐美 6 9
潮美 15 9
史緒美 5 14 9
志央美 7 5 9

しおり
栞 10
史織 5 18
汐里 6 7
汐梨 6 11
此織 6 18
始織 8 18
栞理 10 11
梓織 11 18
紫織 12 18
詩織 13 18
潮李 15 7
潮里 15 7
志緒利 7 14 7
詩於里 13 8 7

しおん
至音 6 9
志穏 7 16
始恩 8 10
梓音 11 9
偲音 11 9
紫苑 12 8
詩音 13 9
詩恩 13 10
詩温 13 12

しかこ
史華子 5 10 3
詩果子 13 8 3

しき
四季 5 8
史輝 5 15
志妃 7 6
志規 7 11
枝紀 8 9
紫記 12 10
詩希 13 7

しきか
色花 6 7

しきほ
色穂 6 15

しげか
滋花 12 7
慈夏 13 10
繁佳 16 8

しげこ
茂子 8 3
習子 11 3
滋子 12 3
慈子 13 3
繁子 16 3
穣子 18 3

しげな
成奈 6 8
慈奈 13 8
穣菜 18 11

しげの
茂乃 8 2
習乃 11 2
董乃 12 2
滋乃 12 2
慈埜 13 11
繁乃 16 2
詩夏乃 13 10 2

しげほ
滋穂 12 15
穣穂 18 15

しげみ
木美 4 9
茂美 8 9
重美 9 9
習実 11 8
滋弥 12 8
滋美 12 9
慈美 13 9
慈深 13 11
調実 15 8
薫美 16 9
繁美 16 9
穣実 18 8
穣美 18 9

しげよ
滋世 12 5
穣代 18 5

しげる
慈瑠 13 14
繁瑠 16 14

しず
静 14
穏 16
史津 5 9
志都 7 11
志逗 7 11
詞豆 12 7
詩寿 13 7

しすい
知8粋10

しずか
静14
惺12花7
惺12香9
靖13華10
寧14香9
静14香9
静14夏10
静14華10
穏16花7
穏16香9

しずく
雫11
滴14
雫11久3
康11久3
惺12句5
靖13玖7
静14来7
寧14玖7
穏16空8
史5杜7玖7
志7寿7久3
紫12津9久3

しずこ
惺12子3
静14子3
司5津9子3
史5逗11子3
志7鶴21子3

しずね
靖13音9
静14音9
穏16峰10
史5寿7音9
詩13豆7寧14

しずの
静14乃2
穏16乃2
志7津9乃2

しずは
静14葉12
穏16羽6

しずほ
惺12穂15
寧14歩8
静14穂15
志7寿7保9
詩13津9帆6

しずる
康11瑠14
静14流10
静14留10
志7津9流10

したん
詩13丹4

しづ
史5都11
枝8津9
梓11都11
偲11鶴21
詩13津9

しづえ
静14恵10
史5津9絵12
志7津9栄9
梓11都11枝8
詩13都11永5

しづか
史5津9香9

しづき
詩13月4
志7都11希7

しづこ
思9津9子3

しづる
市5鶴21
糸6鶴21

しとら
シ3ト2ラ2
志7都11良7

しなの
孜7奈8乃2
梓11那7乃2

しの
篠17
史5埜11
志7乃2
志7野11
始8乃2
枝8乃2
思9乃2
偲11乃2
紫12乃2
嗣13乃2
詩13乃2
資13乃2

しのあ
信9有6

しのか
忍7佳8

しのは
忍7葉12

しのぶ
忍7
偲11
忍7富12
志7暢14
詩13延8
詩13叙9
詩13暢14
篠17舞15
此6乃2芙7
史5乃2芙7
紫12乃2葡12
詩13乃2舞15

しのり
篠17里7

しぶき
沫8

しふみ
紫12文4

しほ
史5穂15
司5穂15
至6歩8
志7帆6
志7歩8
志7蒲13
梓11帆6
偲11歩8
紫12葡12
資13歩8
詩13保9

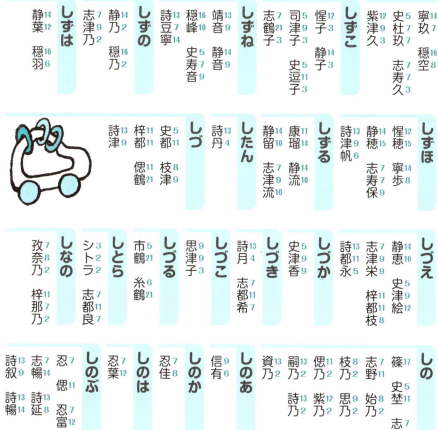

しほり
詩13彫11　史5帆6里7　志7歩8里7　視11帆6利7　詞12保9梨11

しま
縞16　司5真10　史5磨16　志7麻11　志7摩15　思9真10　梓11茉8　視11真10　紫12麻11　詩13茉8　嗣13真10

しまえ
嶋14恵10　縞16絵12

しまこ
嶋14子3　縞16子3　史5麻11子3　詩13麻11子3

しまの
嶋14乃2　縞16乃2　志7摩15乃2　詩13真10乃2

しまほ
嶋14帆6

しゅい
珠10衣6

しゅう
至6優17

しゅうか
柊9花7　柊9佳8　柊9果8　柊9香9　修10果8　袖10夏10　習11花7　脩11佳8

諏15有6花7

しゅうこ
舟6子3　秀7子3　周8子3　祝9子3　秋9子3　柊9子3　修10子3　袖10子3　脩11子3　習11子3　萩12子3　輯16子3

しゅうな
州6那7　秀7菜11　祝9奈8　袖10奈8　脩11奈8　就12那7

しゅうの
舟6乃2　柊9乃2　袖10乃2

しゅうほ
舟6帆6　習11穂15

しゅか
守6花7　朱6佳8

しゅな
守6南9

じゅな
寿7那7　寿7菜11　珠10名6　樹16奈8　樹16南9

じゅね
寿7音9　樹16音9

しゅり
朱6里7　朱6莉10　守6璃15　珠10璃15

じゅり
寿7理11　寿7璃15　珠10利7　珠10里7　珠10李7　樹16里7　樹16莉10

しゅりあ
朱6季8亜7

じゅりあ
寿7李7有6　寿7梨11亜7　珠10里7安6　珠10利7亜7　珠10里7彩11　就12理11亜7　樹16里7亜7　樹16李7亜7　樹16梨11阿8

しゅりな
朱6利7南9　守6莉10名6　修10里7奈8　珠10理11奈8

じゅりな
寿7理11奈8　珠10李7七2　珠10里7那7　樹16里7名6　樹16莉10奈8

じゅりん
樹16鈴13

じゅん
洵9　准10　純10　絢12　詢13　潤15　諄15

しゅんか
旬6香9　春9花7　俊9佳8　峻10花7　竣12果8　馴13佳8　馴13香9　駿17華10　瞬18佳8　瞬18夏10

じゅんか
旬6霞17　洵9夏10

准10香9
惇11佳8
閏12花7
準13嘉14

しゅんき
竣12希7
馴13姫10

じゅんき
閏12姫10
詢13貴12

しゅんこ
旬6子3
俊9子3
春9子3
隼10子3
峻10子3
竣12子3
瞬18子3

じゅんこ
旬6子3
洵9子3
准10子3
純10子3
隼10子3
淳11子3
惇11子3
絢12子3
準13子3
馴13子3

詢13子3
潤15子3
醇15子3
諄15子3

しゅんな
春9那7
俊9奈8
俊9菜11
舜13奈8
瞬18那7
瞬18奈8

じゅんな
旬6那7
洵9那7
洵9奈8
純10名6
准10奈8
純10菜11
淳11奈8
惇11奈8
閏12奈8
順12奈8
絢12菜11
詢13那7
馴13奈8
準13奈8
潤15那7
醇15那7
潤15奈8

じゅんの
馴13乃2

しゅんは
竣12波8

じゅんは
詢13葉12

じゅんほ
淳11帆6

しゅんり
竣12理11

じゅんり
閏12莉10
詢13理11

じょあ
如6亜7

しょうか
紗10香9
祥10香9
称10華10
笙11加5
章11佳8
唱11香9
梢11香9
湘12花7
翔12佳8
翔12果8
翔12香9
詔12歌14
彰14佳8
憧15花7
樟15香9
憧15香9

しょうこ
匠6子3
庄6子3
庄6仔5
抄7子3
尚8子3
昇8子3
昭9子3
省9子3
祥10子3
称10子3
称10瑚13
唱11子3
捷11子3
梢11子3

渉11子3
章11子3
紹11子3
菖11子3
笙11子3
晶12子3
湘12子3
詔12子3
翔12子3
湘12湖12
翔12瑚13
奨13子3
照13子3
頌13子3
奨13瑚13
彰14子3
樟15子3
憧15子3
憧15仔5
憧15瑚13
鞘16子3
篠17子3
鐘20子3

しょうな
庄6奈8
抄7奈8
松8南9
称10奈8
笙11那7
菖11奈8
捷11南9
渉11南9

唱11菜11
湘12奈8
頌13奈8
鐘20名6

しょうね
笙11音9

しょうの
匠6乃2
庄6乃2
抄7乃2
唱11乃2
紹11乃2
渉11乃2
菖11乃2
笙11乃2
梢11野11
湘12乃2
翔12埜11
奨13乃2
鐘20乃2

しょうは
抄7波8
詔12葉12

しょうほ
菖11帆6
笙11歩8
翔12穂15
奨13保9

しょうみ
祥美 10 9
湘実 12 8

しょうり
詔莉 12 10
奨理 13 11

しらほ
しらほ 1 2 5
思良帆 9 7 6
詩良歩 13 7 8

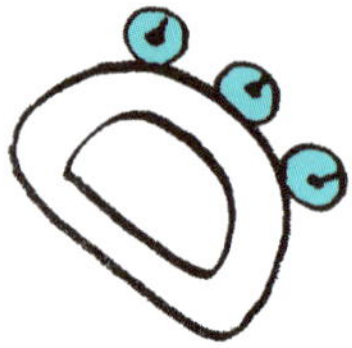

しらゆり
白百合 5 6 6

しるく
知紅 8 9
識久 19 3
しるく 1 2 1
史瑠久 5 14 3
志留空 7 10 8

しんか
芯香 7 9

しんく
芯玖 7 7
真玖 10 7
深紅 11 9

しんこ
芯子 7 3

しんじゅ
真珠 10 10
森樹 12 16

しんせ
芯世 7 5
清世 11 5

しんね
芯音 7 9

しんろ
真櫓 10 19

す

「す」で始まる名前は、さっぱりとしたイメージになります。

すいう
翠雨 14 8

すいか
粋香 10 9
翠華 14 10

すいせん
水仙 4 5
珀仙 9 5

すいな
彗菜 11 11
翠名 14 6
翠奈 14 8

すいほ
粋穂 10 15
彗帆 11 6

すいみ
彗美 11 9

すいむ
翠夢 14 13

すいや
彗耶 11 9

すいよ
彗代 11 5

すいり
彗理 11 11

すいれん
珀蓮 9 13
睡蓮 13 13
翠連 14 10

すえ
陶 11

すがえ
菅絵 11 12

すがこ
菅子 11 3

すがみ
菅美 11 9

すず
紗 10
涼 11
鈴 13
錫 16
寿々 7 3
素逗 10 11

すずえ
紗依 10 8
涼枝 11 8
鈴江 13 6
鈴画 13 8
鈴恵 13 10
鈴絵 13 12
錫恵 16 10
寿々恵 7 3 10
素鶴江 10 21 6

すずか
紗佳 10 8
涼花 11 7
鈴華 13 10
鈴夏 13 10
鈴鹿 13 11
鈴歌 13 14
鈴嘉 13 14
錫華 16 10
寿々加 7 3 5

すずこ
紗子 10 3
涼子 11 3
鈴子 13 3
錫子 16 3
寿々子 7 3 3
寿鶴子 7 21 3
珠逗子 10 11 3

すずな
紗奈 10 8
涼那 11 7
涼奈 11 8
鈴菜 13 11
珠洲名 10 9 6

すずね
紗寧 10 14
涼音 11 9
鈴音 13 9
錫音 16 9
寿々峰 7 3 10

すずの
紗10乃2　涼10乃2　鈴13乃2　錫16乃2　守6珠10乃2

すずは
涼11芭7　涼11葉12　鈴13葉12

すずほ
紗10保9　紗10穂15　涼11帆6　鈴13葡12　鈴13穂15　栖10寿7歩8

すずみ
紗10美9　紗10珠10　涼11美9　涼11泉9　鈴13弥8　素10逗11海9

すずむ
涼10夢13

すずめ
雀11

すずらん
鈴13蘭19

すずる
珠10々3琉11

すなお
直8　廉13　素10直8　珠10尚8　素10那7桜10　素10菜11緒14

すばる
昴9　昴9流10　昴9瑠14　す3ば6る2

すまこ
守6真10子3　寿7茉8子3　寿7真10子3　素10真10子3　須12磨16子3

すみ
純10　淑11　澄15　寿7実8　素10美9

すみえ
純10恵10　清11慧15　澄15重9　守6実8枝8　珠10美9絵12

すみか
純10花7　純10香9　菫11花7　清11華10　澄15果8　澄15香9　澄15珈9　素10美9歌14

すみこ
純10子3　淑11子3　守6美9子3　素10深11子3

すみな
究7奈8　珠10美9那7　須12美9奈8

すみの
究7埜11　純10乃2　洲9美9乃2

すみよ
純10代5　澄15世5　澄15葉12　珠10美9世5　雀11美9代5

すみれ
菫11　純10玲9　純10麗19　澄15礼5　澄15麗19　ス2ミ3レ1　守6美9玲9　素10美9怜8

すみれこ
菫11子3

すもも
李7

「せ」で始まる名前は、情熱的で強さをもつ響きになります。

せい
星9　晴12　惺12　聖13　静14　世5惟11

せいあ
省9亜7　聖13亜7

せいか
正5香9　西6香9　星9花7　星9香9　星9夏10　栖10歌14　清11佳8　清11河8　清11華10　清11嘉14　惺12夏10　棲12華10　勢13花7　聖13花7　聖13果8　靖13佳8　誠13香9　聖13華10　誓14花7　静14嘉14　醒16佳8　醒16花7　星9衣6歌14

せいこ
征8子3　青8瑚13　星9子3　星9胡9

- 晟10子3
- 清11子3
- 惺12子3
- 聖13子3
- 誠13子3
- 靖13子3
- 誓14子3
- 整16子3
- 醒16子3

せいな

- 成6奈8
- 星9南9
- 晟10奈8
- 栖10菜11
- 清11那7
- 棲12那7
- 惺12奈8
- 聖13那7
- 靖13奈8
- 聖13菜11
- 静14奈8
- 醒16那7
- 世5唯11名6

せいの

- 星9乃2
- 醒16乃2

せいは

- 星9葉12
- 惺12羽6

せいほ

- 星9帆6
- 清11保9

せいみ

- 惺12美9

せいや

- 清11耶9
- 惺12夜8

せいら

- 正5羅19
- 成6良7
- 西6良7
- 斉8螺17
- 省9来7
- 政9良7
- 星9螺17
- 星9羅19
- 栖10良7
- 清11羅19
- 棲12良7
- 晴12羅19
- 棲12羅19
- 聖13良7
- 聖13羅19
- 誓14良7
- 静14良7
- 整16良7

せいる

- 星9流10

せきの

- 積16乃2

せしる

- 世5志7瑠14
- 世5詩13留10
- 星9詩13流10
- 聖13志7瑠14
- 瀬19史5留10

せつ

- 雪11
- 節13
- せ3つ1
- 世5津9
- 聖13都11

せつこ

- 節13子3
- 綴14子3
- 世5都11子3
- 世5鶴21子3
- 聖13津9子3

せな

- 世5那7
- 世5奈8
- 世5菜11
- 星9南9
- 勢13那7
- 聖13奈8
- 瀬19名6
- 瀬19奈8
- 瀬19菜11

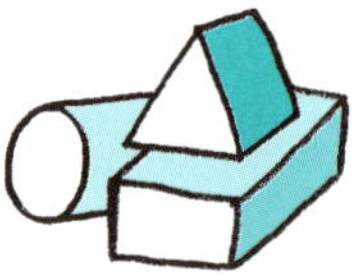

せり

- 芹7
- 世5里7
- 世5莉10
- 世5理11
- 世5璃15
- 瀬19里7
- 瀬19梨11

せりあ

- 芹7亜7
- 世5莉10亜7
- 世5理11亜7
- 世5梨11亜7
- 星9李7彩11
- 聖13里7亜7
- 聖13李7安6
- 瀬19利7亜7
- 瀬19里7綾14

せりえ

- 芹7枝8

せりか

- 芹7花7
- 芹7佳8
- 芹7香9
- 芹7嘉14
- 世5利7佳8
- 世5梨11果8
- 瀬19李7香9

せりな

- 芹7那7
- 芹7奈8
- 芹7菜11
- 世5哩10奈8
- 聖13理11奈8
- 瀬19里7那7

せりね

- 芹7祢9

せりの

- 芹7乃2

せりよ

- 芹7世5

せんか

- 扇10佳8
- 扇10華10
- 撰15香9

せんこ

- 撰15子3

せんの

- 先6乃2
- 扇10乃2
- 撰15乃2

せんり

- 千3里7
- 千3俐9
- 千3理11
- 千3璃15

先6莉10　染9里7　泉9浬10　茜9理11　泉9梨11　宣9莉10　宣9梨11　扇10里7　扇10莉10

そ

「そ」で始まる名前は、慎ましく穏やかなイメージになります。

そうか
走7夏10　草9佳8　荘9香9　草9夏10

想13香9　漕14花7　颯14花7　漱14佳8　颯14香9　漱14嘉14

そうこ
早6鼓13　走7子3　宗8子3　奏9子3　荘9仔5　爽11子3　窓11子3　想13子3　蒼13子3　蒼13湖12　漕14子3　漱14子3　颯14子3

そうな
走7南9　窓11奈8　漱14名6　漕14奈8　漱14奈8　漕14南9

そうの
走7乃2　蒼13乃2

漕14乃2

そうは
漕14葉12

そうほ
湊12帆6

そうま
走7麻11　蒼13麻11

そうみ
走7美9　窓11美9　漱14美9

そえか
添11歌14

そえね
添11音9

そえみ
添11美9　添11深11　素10枝8実8　楚13永5美9　想13恵10美9

そえり
添11理11

そくな
速10奈8

その
苑8　園13　薗16　素10埜11　想13乃2

そのえ
苑8永5　苑8枝8　苑8絵12　園13英8　園13恵10　薗16慧15

素10乃2笑10

そのか
苑8花7　苑8佳8　苑8香9　苑8嘉14　園13芳7　園13華10　園13歌14　薗16花7　薗16香9　其8乃2香9

そのこ
苑8子3　園13子3　薗16子3　そ3の1こ2　素10乃2子3　曽11野11子3

そのは
園13葉12

そのみ
苑8光6　苑8実8　苑8美9　園13実8　園13珠10　薗16己3

想13乃2美9

そばね
蕎15音9

そよか
そ3よ2か3　素10世5香9　素10夜8花7　楚13代5華10　想13葉12夏10

そよぎ
素10夜8伎6

そら
空8　宙8　昊8　素10良7　素10羅19　爽11来7　想13良7　楚13楽13　想13羅19

そらね
空8祢9

そらの
空8乃2

そらは
天4羽6
昊8羽6
空8波8

そらみ
空8弥8
空8実8
宙8実8
空8美9
宙8美9
宙8深11
素10良7美9

そらよ
昊8世5

た

「た」で始まる名前は、活動的で明るいイメージになります。

だいや
雫11依8弥8

たえ
妙7
多6枝8
多6栄9
多6映9
多6笑10
多6恵10

たえか
妙7華10

たえこ
妙7子3
た4え3こ2
多6笑10子3
多6瑛12子3
多6慧15子3

たお
多6央5
多6旺8
多6桜10
多6緒14
多6穂15

たかえ
天4恵10
考6枝8
竹6恵10
孝7江6
孝7絵12
孝7慧15
岳8恵10
卓8恵10
高10恵10
峻10恵10
崇11恵10
陸11絵12
喬12枝8
貴12依8
貴12恵10
敬12恵10
鳳14恵10
多6加5笑10
多6花7栄9
多6佳8瑛12
多6華10絵12

たかこ
天4子3
宇6子3
考6子3
孝7子3
昂8子3
空8子3
宝8子3
飛9子3
高10子3
峻10子3
崇11子3
貴12子3
喬12子3
尊12子3
誉13子3
鳳14子3
鷹24子3
多6香9子3
多6華10子3

たかな
竹6那7
考6菜11
孝7奈8
荘9菜11
高10奈8
峻10奈8
崇11那7
梢11奈8
崇11奈8
尊12奈8
喬12菜11

たかね
昂8音9
尭8音9
荘9音9
高10峯10
貴12音9
尊12音9
貴12嶺17
多6花7峰10
多6華10音9

たかの
考6乃2
孝7乃2
学8乃2
宝8乃2
卓8乃2
尭8埜11
崇11乃2
貴12乃2
尊12乃2
節13乃2
多6香9乃2

たかほ
孝7歩8
昂8帆6
卓8穂15
荘9穂15
峻10歩8
皐11帆6
渉11帆6
崇11歩8
貴12保9
尊12帆6
貴12穂15
鳳14保9

たかみ
天4美9
考6実8
竹6美9
孝7美9
尭8実8
岳8実8
空8実8
享8美9
尭8海9
昂8美9

高10美9　崇11実8　喬12実8　貴12弥8　敬12未5　敬12美9　尊12美9　鳳14美9　顕18泉9　多6佳8深11　汰7佳8美9

たかめ
崇11芽8

たかよ
孝7代5　孝7葉12　学8代5　岳8代5　皐11葉12　崇11世5　崇11代5　喬12世5　敬12世5　鳳14世5　多6花7世5　多6香9葉12

たから
宝8　考6楽13　竹6羅19

孝7良7　高10楽13　陵11良7　崇11良7　貴12良7　敬12羅19　節13良7　たから4 3 2　多6花7樂15　多6佳8良7　多6佳8楽13

たき
瀧19　多6岐7　多6希7　多6祈8　多6紀9　多6嬉15　汰7希7

たきこ
滝13子3　瀧19子3　多6希7子3　多6季8子3　多6葵12子3　多6綺14子3

たきな
滝13奈8

たきね
瀧19音9

たきの
滝13乃2　瀧19乃2　多6伎6乃2　多6祈8乃2　多6喜12乃2　多6揮12乃2

たきよ
滝13代5　瀧19代5

たくえ
擢17栄9

たくこ
擢17子3

たくと
托6都11　琢11音9

たくな
托6名6　琢11那7

たくの
托6乃2　啄10乃2

たくは
托6葉12

たくほ
啄10保9　櫂18帆6

たくみ
托6美9　拓8未5　卓8美9　拓8海9　拓8美9　啄10実8　啄10美9　琢11美9　擢17未5　擢17美9　櫂18美9　多6功5美9　多6玖7望11

たくよ
托6代5　卓8代5　拓8世5　擢17葉12

たけか
竹6佳8

たけこ
岳8子3　建9子3

たけな
岳8奈8

たけの
建9乃2

たけは
丈3葉12　竹6芭7

たけひ
竹6姫10

たけほ
丈3歩8　健11帆6

たけみ
岳8美9　健11美9　盛11美9

ただえ
忠8枝8

ただみ
忠8実8

ただよ
均7世5

たちばな
橘16

たつえ
建9絵12　達12慧15

たつか
達12果8

たつこ
達12子3
達12琥12

たづこ
たづこ4 3 2
多6津9子3
多6通10子3
多6都11子3
多6鶴21子3

たつな
達12南9

たつの
辰7乃2

たつみ
立5未5
建9実8
建9美9
樹16実8
多6都11美9
多6鶴21美9

たつよ
立5世5
建9世5

たまえ
丸3枝8
玉5栄9
玖7瑛12
珠10絵12
琳12依8
瑶13恵10
碧14映9

たまお
玉5緒14
玲9音9
珠10桜10
瑛12緒14
瑶13旺8
瑶13緒14
碧14緒14
環17央5
多6真10緒14
多6麻11央5

たまか
玉5佳8

たまき
環17
丸3紀9
玉5貴12
玉5綺14
多6牧8
多6蒔13
多6槙14
珊9希7
珠10希7
珠10稀12
珠10輝15
球11貴12
瑶13貴12
碧14希7
環17季8
環17輝15

たまこ
珀9子3
玲9子3
珠10子3
瑶13子3
多6摩15子3

たまね
玉5祢9

たまほ
球11帆6

たまみ
玉5美9
珊9海9
珊9美9
珀9美9
珠10美9
珠10深11
球11美9
瑶13美9
碧14美9
多6茉8実8

たまよ
珀9代5
玲9葉12
球11余7
瑛12代5
瑶13代5
瑶13葉12
碧14世5

たまり
球11莉10

たみ
民5
多6実8
多6光6
多6珠10
多6望11

たみえ
民5恵10
民5絵12
民5慧15
多6実8枝8
多6美9重9
多6珠10英8
多6望11絵12

たみこ
民5子3
多6光6子3
多6泉9子3
多6望11子3
多6魅15子3

たみね
民5寧14

たみよ
民5世5
民5代5
黎15世5
多6光6葉12
多6実8葉12
多6扇10世5
多6湊12代5

たゆみ
妙7実8
妙7美9
妙7深11
多6結12実8
多6優17美9

だりあ
ダ5リ2ア2
梛11里7亜7

たんな
丹4那7
檀17奈8
檀17菜11

ち

「ち」で始まる名前は、知的で、明るく強い響きになります。

ちあき
千3明8 / 千3秋9 / 千3信9 / 千3晄10 / 千3暁12 / 千3晶12 / 千3陽12 / 千3煌13 / 知8秋9 / 智12暁12 / 千3有6綺14 / 千3亜7貴12 / 知8有6希7 / 知8亜7季8 / 智12亜7喜12

ちいか
小3花7

ちいこ
チ3イ2コ2 / 千3衣6子3 / 茅8依8子3 / 知8祝9子3 / 智12泉9子3 / 智12唯11子3

ちえ
千3恵10 / 千3笑10 / 千3絵12 / 千3慧15 / 知8廻9 / 智12英8 / 智12恵10 / 智12絵12 / 智12慧15 / 馳13恵10 / 稚13絵12

ちえこ
千3枝8子3 / 千3恵10子3 / 知8映9子3 / 智12恵10子3 / 智12依8子3

ちえみ
千3笑10 / 千3永5美9 / 千3会6実8 / 千3栄9実8 / 千3映9美9 / 千3笑10美9 / 知8恵10美9 / 知8衛16美9 / 智12英8美9

ちえり
智12衿9 / 千3会6理11 / 千3画8梨11 / 千3英8璃15 / 知8栄9里7 / 知8絵12里7 / 智12恵10里7

ちか
千3花7 / 千3佳8 / 千3香9 / 千3華10 / 千3嘉14 / 千3歌14 / 知8花7 / 知8佳8 / 知8夏10 / 知8賀12 / 知8嘉14 / 智12佳8 / 智12果8 / 智12華10 / 馳13佳8 / 稚13華10

ちかえ
誓14恵10 / 千3花7英8 / 千3華10枝8 / 千3嘉14衣6 / 知8加5恵10 / 智12佳8映9

ちかげ
千3景12 / 知8景12 / 智12景12 / ち3か3げ5 / 知8香9夏10

ちかこ
恒9子3 / 慎13子3 / 慈13瑚13 / 誓14子3 / 實14子3 / 千3花7子3 / 千3嘉14子3 / 知8香9子3 / 知8夏10子3 / 智12果8子3

ちかな
親16奈8

ちかね
知8錦16 / 誓14音9 / 千3香9音9 / 知8圭6寧14 / 智12佳8音9

ちかの
隣16乃2

ちかみ
周8美9 / 知8駕15美9

ちかよ
恒9世5 / 誓14世5

ちぐさ
千3草9 / 千3種14 / 知8草9 / 智12草9 / 千3久3咲9 / 知8玖7紗10

ちこ
ち3こ2 / 知8子3 / 茅8子3 / 智12子3

ちさ
千3咲9 / 知8彩11 / 千3爽11 / 知8沙7 / 智12紗10 / 稚13爽11

ちさき
千3咲9 / 知8先6 / 知8咲9 / 智12咲9 / 千3紗10希7 / 千3爽11季8 / 智12紗10希7

ちさこ
千3紗10子3　知8咲9子3　智12早6子3

ちさと
千3里7　千3怜8　千3郷11　千3覚12　千3惺12　千3聡14　千3賢16　地6智12　茅8里7　知8里7　智12里7　智12慧15　千3沙7登12

ちしづ
知8司5津9

ちず
千3津9　千3逗11　茅8杜7　智12寿7　智12鶴21

ちすい
千3粋10　知8翠14

ちずこ
千3寿7子3　千3豆7子3　千3津9子3　茅8寿7子3　知8鶴21子3　智12逗11子3

ちせ
千3勢13　千3瀬19　知8世5　茅8世5　智12聖13

ちづえ
千3津9英8　千3鶴21笑10

知8津9江6　茅8津9恵10　智12津9絵12

ちづる
千3弦8　千3鶴21　千3津9瑠14　知8津9琉11　智12津9留10

ちとせ
千3歳13　ち3と2せ3　千3都11世5　千3登12勢13　知8留10世5

ちどり
千3鳥11

ちな
千3奈8　知8南9　知8菜11　智12南9　稚13菜11

ちなつ
千3夏10　茅8夏10　智12夏10　千3菜11都11　知8那7津9

ちの
千3乃2　千3埜11　知8之3　茅8埜11　智12乃2

ちはや
知8早6　千3速10　茅8駿17　智12早6　千3羽6耶9　知8杷8矢5

ちはる
千3春9　千3晴12　千3遥14　知8暖13　知8遼15　智12春9　稚13晴12　千3波8流10

ちひろ
千3拡8　千3拓8　千3洋9　千3浩10　千3絢12　千3尋12　千3寛13　知8宙8　知8洸9　知8紘10　知8博12　知8裕12　知8廣15　智12尋12　智12博12　智12滉13　馳13紘10　稚13容10　千3日4呂7　千3陽12蕗16　知8日4鷺24　知8斐12呂7　知8琵12路13

ちふね
知8舟6　千3富12音9　知8風9音9

ちふみ
千3郁9　知8史5　智12文4　千3芙7実8　知8風9望11

ちふゆ
茅8冬5　知8冬5　茅8布5由5　知8富12結12　智12芙7夕3

ちほ
千3帆6　千3歩8　千3保9　千3蒲13　千3穂15　知8歩8　茅8保9　智12穂15　馳13歩8

ちほみ
千3帆6海9　知8保9美9　智12歩8実8

ちや
千椰（3・13） 智耶（12・9）

ちやこ
千弥子（3・8・3） 茅矢子（8・5・3） 知夜子（8・8・3） 知哉子（8・9・3） 智也子（12・3・3）

ちゃこ
茶子（9・3）

ちゅうこ
宙子（8・3） 忠子（8・3）

ちゆき
千雪（3・11） 千薫（3・16） 千柚貴（3・9・12） 千優紀（3・17・9） 知悠希（8・11・7） 智由喜（12・5・12）

ちゆり
千友理（3・4・11） 千優李（3・17・7） 茅由李（8・5・7） 知百合（8・6・6） 知佑莉（8・7・10） 知悠利（8・11・7） 智由理（12・5・11） 稚由里（13・5・7） 稚百合（13・6・6） 智有里（12・6・7）

ちよ
千代（3・5） 茅世（8・5） 知代（8・5） 知世（8・5） 智葉（12・12）

ちょう
蝶（15）

ちょうか
鳥花（11・7） 跳夏（13・10） 蔦花（14・7） 蝶花（15・7） 調華（15・10） 寵花（19・7）

ちょうこ
跳子（13・3） 跳仔（13・5） 蔦子（14・3） 蝶子（15・3）

ちょうの
蝶乃（15・2）

ちょうは
跳羽（13・6） 蝶芭（15・7）

ちょうほ
跳歩（13・8）

ちょうみ
彫巳（11・3） 跳美（13・9） 蝶美（15・9）

ちよこ
千代子（3・5・3）

ちより
千頼（3・16） 千夜里（3・8・7）

ちり
知璃（8・15） 稚理（13・11）

ちりこ
千里子（3・7・3） 千梨瑚（3・11・13） 千璃子（3・15・3） 知里瑚（8・7・13） 知莉子（8・10・3） 智理子（12・11・3）

「つ」で始まる名前は、粘り強い信念を感じる響きになります。

つかさ
司（5） 津加彩（9・5・11） 津果爽（9・8・11） 都加沙（11・5・7） 都佳咲（11・8・9） 都嘉紗（11・14・10）

つきえ
月江（4・6） 都希衣（11・7・6）

つきか
月花（4・7） 月香（4・9） 都貴佳（11・12・8）

つきこ
月仔（4・5） 月湖（4・12） 槻子（15・3） 津季子（9・8・3）

つきな
月奈（4・8） 調奈（15・8）

つきね
月音（4・9） 月祢（4・9） 月寧（4・14） 槻音（15・9） 槻嶺（15・17） 津希音（9・7・9） 都綺音（11・14・9）

つきの
月乃（4・2） 月埜（4・11） 槻乃（15・2） 津希埜（9・7・11） 都喜乃（11・12・2）

つきほ
調歩（15・8） 津祈帆（9・8・6）

つきみ
月美（4・9） 月望（4・11）

つぐえ
継枝（13・8） 嗣恵（13・10）

つぐこ
亜子（7・3） 都弘子（11・5・3）

つくし
津玖志（9・7・7） 都久詩（11・3・13）

つぐね
紹音（11・9） 継音（13・9）

つぐは
嗣13羽6　継13葉12

つぐみ
亜7泉9　承8深11　紹11美9　嗣13未5　継13実8　嗣13実8　調15美9　津9弘5実8　都11宮10美9

つくよ
月4夜8

つたえ
蔦14枝8　蔦14恵10

つたき
蔦14来7　都11多6希7

つたせ
蔦14世5　津9多6聖13

つづみ
鼓13　つ1づ3み3

つづり
綴14　綴14里7

つねき
久3綺14　常11希7

つねみ
経11美9　常11美9

つばき
椿13　椿13希7　椿13季8　椿13紀9　椿13喜12　椿13貴12　つ1ば6き4　津9羽6貴12　津9芭7紀9　都11葉12希7

つばさ
翼17　翼17佐7　翼17彩11　翼17爽11　つ1ば6さ3　津9巴4爽11　都11羽6瑳14　都11葉12咲9

つばめ
燕16

つぼみ
蕾16

つむぎ
紡10　紬11　紬11希7　都11麦7　紬11紀9　紬11祇9　紬11喜12　紬11貴12　継13麦7　摘14伎6

つやこ
艶19子3　艶19瑚13　津9也3子3　津9椰13子3　都11弥8子3　鶴21矢5子3

つゆ
露21　津9由5　津9愉12　津9優17　都11結12

つゆこ
露21子3　津9夕3子3　津9由5子3　津9結12子3　都11悠11子3

つゆみ
露21実8　露21美9　露21深11　津9夕3海9　都11由5美9　都11有6未5

つるの
弦8乃2

つるみ
絃11美9　鶴21美9

つるよ
弦8葉12　鶴21世5

て

「て」で始まる名前は、元気で明るい感じのイメージになります。

ていか
汀5霞17　貞9佳8　貞9嘉14　禎13嘉14　綴14果8

ていこ
汀5子3　貞9子3　禎13子3　綴14子3　天4衣6子3

ていな
汀5南9　綴14那7　薙16那7

ていね
汀5音9

ていら
汀5羅19　綴14良7

ていり
汀5浬10　禎13梨11

てつこ
哲10子3　哲10湖12　綴14子3　徹15子3　豊13都11子3

てるえ
映9笑10　晃10恵10　瑛12依8　照13江6　煌13瑛12　輝15絵12

曜18 栄9
燿18 栄9
顕18 絵12

てるこ
昭9 子3
瑛12 胡9
照13 子3
輝15 湖12
燕16 子3
耀20 子3

てるは
映9 芭7
瑛12 波8
照13 波8
輝15 羽6
輝15 葉12

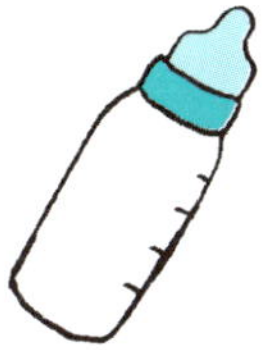

てるほ
毘9 帆6
照13 穂15

てるま
照13 麻11
輝15 麻11

てるみ
光6 実8
昭9 泉9
晃10 美9
晟10 美9
瑛12 海9
照13 実8
照13 美9
輝15 未5
輝15 泉9
輝15 美9
輝15 深11
曜18 美9
燿18 美9
耀20 美9
てるみ 2 2 3

てるよ
瑛12 誉13
照13 予4
照13 世5
輝15 世5
てるよ 2 2 2

てれさ
照13 紗10
天4 伶7 咲9

天4 麗19 佐7
天4 麗19 紗10
帝9 礼5 沙7

てんか
天4 花7
天4 河8
天4 香9
天4 夏10
天4 歌14
典8 香9
典8 嘉14
添11 果8
展10 歌14
展10 華10

てんし
天4 詩13
展10 詩13
添11 詩13

てんち
展10 智12
添11 知8

「と」で始まる名前は、一本、筋の通った、落ち着いた印象に。

とあ
十2 亜7
富12 亜7

とあき
杜7 秋9
兎7 晶12

とうあ
桃10 亜7
瞳17 亜7

とうか
冬5 華10
冬5 佳8
豆7 花7
柔9 佳8
透10 花7
陶11 佳8
萄11 香9
陶11 華10
藤18 香9
登12 香9
嶋14 佳8
橙16 花7
燈16 華10
藤18 佳8

とうき
桐10 紀9
登12 喜12

とうこ
冬5 子3
灯6 子3
柔9 子3
柊9 子3
桐10 子3
桃10 子3
透10 子3
桐10 仔5
陶11 子3
萄11 子3
塔12 子3
純10 子3
統12 子3
董12 子3
嶋14 仔5
憧15 子3
燈16 子3
橙16 子3
瞳17 子3
藤18 瑚13
兎7 宇6 子3

とうじゅ
桃10 寿7
萄11 樹16

とうな
冬5 奈8
萄11 奈8
董12 那7

とうの
萄11 乃2
藤18 埜11

とうほ
都11 羽6 保9

とうま
瞳17 真10
富12 有6 麻11

とうみ
萄(11)実(8)
逗(11)海(9)
陶(11)美(9)
菫(12)美(9)

とうよ
萄(11)葉(12)
塔(12)代(5)

とうり
菫(12)李(7)

とおか
十(2)香(9)
都(11)央(5)佳(8)

とおこ
卓(8)子(3)
遼(15)子(3)

とおね
十(2)音(9)

とき
祝(9)
暁(12)
朱(6)鷺(24)
兎(7)季(8)
都(11)綺(14)
登(12)貴(12)

ときえ
季(8)栄(9)
時(10)重(9)
晨(11)絵(12)
十(2)紀(9)絵(12)
年(6)希(7)恵(10)
都(11)希(7)江(6)
登(12)貴(12)笑(10)

ときか
時(10)花(7)
十(2)輝(15)加(5)

ときこ
時(10)子(3)
讃(22)子(3)
朱(6)鷺(24)子(3)
都(11)喜(12)子(3)
都(11)葵(12)子(3)
登(12)己(3)子(3)

ときな
朱(6)鷺(24)奈(8)

ときね
旬(6)音(9)
都(11)喜(12)音(9)

ときみ
季(8)実(8)
時(10)美(9)

ときよ
訓(10)代(5)
讃(22)世(5)

とくえ
啄(10)恵(10)
徳(14)恵(10)

とくこ
啄(10)子(3)
徳(14)子(3)
読(14)子(3)
篤(16)子(3)

とくみ
篤(16)実(8)

とし
寿(7)
伶(7)
淑(11)
都(11)思(9)
登(12)詩(13)
音(9)詩(13)

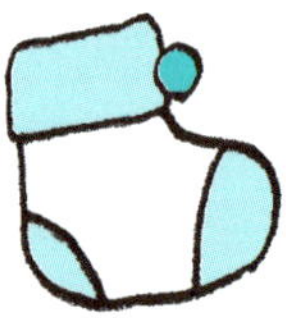

としえ
才(3)恵(10)
年(6)栄(9)
利(7)重(9)
伶(7)恵(10)
寿(7)絵(12)
季(8)恵(10)
要(9)江(6)
俊(9)瑛(12)
敏(10)枝(8)
敏(10)笑(10)
隼(10)恵(10)
淑(11)江(6)
淑(11)恵(10)
歳(13)絵(12)
稔(13)枝(8)
駿(17)恵(10)
都(11)司(5)恵(10)
冨(11)志(7)枝(8)

としか
迅(6)夏(10)
寿(7)花(7)
俊(9)香(9)
隼(10)佳(8)
敏(10)歌(14)
稔(13)歌(14)
稔(13)果(8)
肇(14)香(9)
駿(17)嘉(14)

としこ
才(3)瑚(13)
寿(7)子(3)
伶(7)子(3)
季(8)子(3)
俊(9)子(3)
隼(10)子(3)
淑(11)子(3)
歳(13)子(3)
稔(13)子(3)
肇(14)子(3)
駿(17)子(3)
渡(12)詩(13)子(3)

としの
俊(9)乃(2)
淑(11)乃(2)

としは
淑(11)羽(6)
歳(13)葉(12)

としほ
寿(7)歩(8)
敏(10)帆(6)
捷(11)歩(8)
稔(13)穂(15)
駿(17)穂(15)

としみ
才(3)美(9)
利(7)実(8)

季(8)深(11)
俊(9)巳(3)
俊(9)美(9)
隼(10)実(8)
峻(10)美(9)
敏(10)美(9)
歳(13)実(8)
駿(17)美(9)
音(9)紫(12)実(8)

とよ
寿(7)予(4)
俊(9)葉(12)
伶(7)葉(12)
淑(11)世(5)
稔(13)代(5)

とと
兎(7)々(3)
杜(7)斗(4)
富(12)留(10)
都(11)渡(12)
登(12)富(12)

とみ
富(12)
十(2)深(11)
杜(7)美(9)
登(12)実(8)
富(12)望(11)

とみえ

宝8恵10　富12衣6
富12枝8　富12依8
富12笑10　富12絵12
留10美9江6　渡12美9絵12

とみか

登12実8果8　橙16美9香9

とみこ

富12子3　とみこ2 3 2
杜7実8子3　留10実8子3
登12実8子3　富12美9子3
渡12望11子3

とも

友4　朋8　朝12　鵬19
音9茂8　富12萌11

ともい

朝12衣6　智12依8

ともえ

巴4　丈3恵10　友4絵12
巴4絵12　伴7江6
那7絵12　知8依8
朋8恵10　朋8笑10
皆9笑10　兼10絵12
智12恵10　豊13萌11
賑14恵10　僚14恵10
鵬19恵10

ともか

友4華10　叶5花7
伴7香9　宝8加5
供8香9　知8華10
朋8夏10　知8歌14
朋8歌14　朋8霞17
皆9歌14　兼10果8
朝12嘉14　智12香9
賑14佳8　僚14佳8
鵬19佳8　登12茂8華10

ともき

朋8希7　朝12希7

ともこ

友4子3　伴7子3
委8子3　知8子3
朋8子3　知8湖12
智12子3　朝12湖12
睦13子3　賑14子3
僚14子3　十2茂8子3
音9藻19子3　富12萌11子3

ともな

丈3菜11　友4奈8
呂7菜11　朋8那7
朋8名6　知8那7
朋8南9　朝12奈8
僚14奈8　諄15奈8

ともね

巴4音9　比4音9
友4音9　友4寧14
智12音9　朝12祢9
朋8峯10

ともの

巴4埜11　賑14乃2

ともは

巴4羽6　友4葉12
友4播15　朝12羽6
朋8芭7　朋8波8
智12杷8

ともほ

友4穂15　共6帆6

ともみ

巴4美9　友4海9
友4美9　共6美9
伴7美9　知8究7
宝8美9　朋8海9
朋8美9　朋8望11
昆9美9　智12美9
朝12美9　賑14実8
僚14美9　鵬19未5
登12茂8美9

ともよ

共6世5　伴7世5
朋8予4　知8世5
朋8世5　朋8余7
知8葉12　倫10世5
朝12代5　朝12世5
智12葉12　賑14代5

ともり

友4里7　巴4梨11
朋8李7　宝8理11
智12浬10　朝12梨11

とよえ

富12絵12　富12依8
豊13衣6　豊13笑10
登12葉12恵10

とよか

富12花7　富12香9
豊13佳8　豊13夏10
豊13嘉14

とよこ

富12子3　豊13子3
都11代5子3　富12世5子3

登葉子 12・12・3

とよの
富乃 12・2
豊乃 13・2

とよみ
富未 12・5
富泉 12・9
豊実 13・8
豊美 13・9
豊珠 13・10
豊望 13・11
豆代海 7・5・9

とわ
永遠 5・13
斗環 4・17
杜羽 7・6
杜和 7・8
都和 11・8
富和 12・8

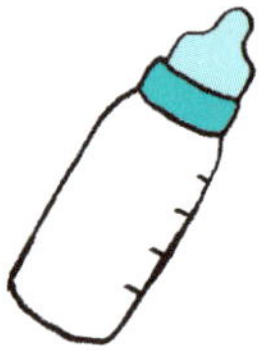

とわこ
十和子 2・8・3
都倭子 11・10・3
渡羽子 12・6・3
登和子 12・8・3
富環子 12・17・3

「な」で始まる名前は、穏やかさの中に強さをもつ響きになります。

なえ
苗 8
那恵 7・10
奈絵 8・12
南依 9・8
菜笑 11・10

なお
尚 8
ナオ 2・3
那生 7・5
那緒 7・14
奈央 8・5
奈生 8・5
奈桜 8・10
南緒 9・14
菜央 11・5

なおい
尚依 8・8

なおえ
均枝 7・8
尚衣 8・6
尚英 8・8
直恵 8・10
尚絵 8・12
尚慧 8・15
脩依 11・8
奈緒笑 8・14・10
菜央依 11・5・8

なおか
直花 8・7
直佳 8・8
尚香 8・9
直嘉 8・14
尚歌 8・14
菫佳 12・8
奈央華 8・5・10
奈峯花 8・10・7
菜保香 11・9・9
菜緒佳 11・14・8

なおこ
均子 7・3
尚子 8・3
直子 8・3
那桜子 7・10・3
奈央子 8・5・3
菜於子 11・8・3
梛緒子 11・14・3

なおみ
直己 8・3
直心 8・4
直実 8・8
尚美 8・9
直海 8・9
直美 8・9
脩美 11・9
奈央心 8・5・4
奈桜美 8・10・9
菜緒実 11・14・8

なかえ
仲恵 6・10
奈佳恵 8・8・10

なかこ
央子 5・3
仲子 6・3
那嘉子 7・14・3
奈花子 8・7・3
梛夏子 11・10・3
菜歌子 11・14・3

なかせ
仲瀬 6・19

なかほ
仲帆 6・6

なかよ
仲代 6・5

なぎ
凪 6
薙 16
なぎ 5・6

なぎか
凪夏 6・10
渚夏 11・10
薙佳 16・8

なぎこ
凪子 6・3
薙子 16・3

なぎさ
汀 5
渚 11
汀紗 5・10
凪沙 6・7
凪冴 6・7
凪紗 6・10
渚沙 11・7
梛砂 11・9
渚爽 11・11
薙沙 16・7

なぎね
渚音 11・9
椛音 11・9

なぎの
凪乃 6・2
薙乃 16・2

なぎは
凪葉 6・12
奈伎葉 8・6・12

なぎほ
凪帆 6・6
渚帆 11・6
南祇帆 9・9・6

なぐの
凪(6)埜(11)

なごみ
和(8)　なごみ(5・4・3)
名(6)檎(17)美(9)　那(7)心(4)美(9)
那(7)瑚(13)海(9)　奈(8)悟(10)美(9)
奈(8)檎(17)実(8)

なずな
名(6)砂(9)　奈(8)沙(7)
奈(8)砂(9)　南(9)沙(7)
棚(11)沙(7)　菜(11)砂(9)
奈(8)寿(7)南(9)　菜(11)津(9)棚(11)

なち
那(7)知(8)　那(7)智(12)
奈(8)千(3)　奈(8)茅(8)
南(9)智(12)

なつ
夏(10)　ナツ(2・3)
名(6)都(11)　那(7)津(9)
那(7)都(11)　南(9)都(11)

なつえ
夏(10)恵(10)　夏(10)絵(12)
七(2)都(11)笑(10)　奈(8)鶴(21)江(6)
南(9)津(9)恵(10)

なつか
夏(10)花(7)　夏(10)佳(8)
夏(10)河(8)　奈(8)都(11)花(7)
菜(11)津(9)香(9)

なつき
那(7)月(4)　奈(8)月(4)
夏(10)月(4)　奈(8)槻(15)
夏(10)生(5)　夏(10)希(7)
夏(10)紀(9)　夏(10)貴(12)
夏(10)記(10)　夏(10)姫(10)
夏(10)暉(13)　菜(11)月(4)
棚(11)月(4)　捺(11)紀(9)
奈(8)津(9)其(8)　奈(8)津(9)輝(15)
菜(11)都(11)喜(12)

なつこ
夏(10)子(3)　夏(10)瑚(13)
捺(11)子(3)　七(2)都(11)子(3)
名(6)津(9)子(3)　那(7)鶴(21)子(3)
菜(11)都(11)子(3)

なつね
夏(10)音(9)　夏(10)峯(10)
夏(10)嶺(17)　捺(11)音(9)
那(7)都(11)寧(14)　南(9)津(9)音(9)

なつの
夏(10)乃(2)　夏(10)埜(11)
七(2)鶴(21)乃(2)　那(7)津(9)乃(2)
奈(8)都(11)乃(2)

なつみ
那(7)積(16)　奈(8)摘(14)
夏(10)巳(3)　夏(10)海(9)
夏(10)美(9)　捺(11)美(9)
菜(11)摘(14)　那(7)津(9)深(11)
奈(8)津(9)巳(3)

なつめ
夏(10)芽(8)　捺(11)萌(11)
那(7)都(11)芽(8)　奈(8)津(9)萌(11)
菜(11)都(11)芽(8)

なつよ
夏(10)予(4)　捺(11)代(5)
七(2)都(11)代(5)　那(7)津(9)世(5)
奈(8)都(11)葉(12)　菜(11)津(9)与(3)

なでしこ
撫(15)子(3)

なとり
菜(11)鳥(11)

なな
七(2)奈(8)　那(7)菜(11)
奈(8)々(3)　奈(8)那(7)
南(9)那(7)　菜(11)々(3)
棚(11)々(3)　棚(11)奈(8)
棚(11)南(9)

ななえ
七(2)苗(8)　七(2)重(9)
奈(8)苗(8)　菜(11)苗(8)
奈(8)々(3)絵(12)　菜(11)々(3)笑(10)

ななお
七(2)緒(14)　那(7)々(3)央(5)
那(7)々(3)桜(10)　奈(8)々(3)保(9)
菜(11)七(2)緒(14)　菜(11)々(3)緒(14)

ななか
七(2)菜(11)香(9)　奈(8)々(3)花(7)

ななこ
七(2)虹(9)　七(2)瑚(13)
那(7)七(2)子(3)　那(7)名(6)子(3)
奈(8)々(3)子(3)　奈(8)菜(11)子(3)
菜(11)々(3)子(3)

ななせ
七(2)星(9)　七(2)聖(13)
名(6)々(3)聖(13)　奈(8)々(3)世(5)
奈(8)々(3)瀬(19)　奈(8)菜(11)世(5)

ななの
七(2)乃(2)　名(6)奈(8)埜(11)
奈(8)々(3)乃(2)　菜(11)奈(8)乃(2)
棚(11)南(9)乃(2)

ななほ
七(2)帆(6)　七(2)宝(8)

ななみ

七2実8
七2海9
七2美9
那7波8
奈8波8
奈8南9
南9波8
菜11波8
梛11浪10
菜11漣14
ナ2ナ2ミ3
七2々3魅15
那7七2実8
那7々3美9
那7菜11実8
奈8々3泉9
奈8々3珠10
奈8々3深11
奈8名6美9
南9奈8海9
菜11々3望11
菜11名6美9

なの

奈8乃2
菜11乃2

なのか

七2乃2嘉14
奈8乃2果8
奈8乃2夏10
南9乃2香9
菜11乃2花7

なふみ

奈8史5
菜11奎9

なほ

七2帆6
奈8穂15
南9帆6
南9保9
菜11穂15

なほこ

七2保9子3
那7歩8子3
奈8圃10子3
奈8穂15子3
南9帆6子3
菜11穂15子3

なほみ

七2保9美9
那7歩8実8
那7葡12弥8
南9帆6泉9
菜11甫7実8
菜11穂15深11

なみ

七2泉9
奈8水4
波8美9
奈8扇10
奈8深11
南9実8
梛11実8
菜11美9

なみえ

波8重9
波8笑10
浪10江6
浪10絵12
七2実8枝8
名6美9依8
奈8美9栄9
奈8美9恵10
南9実8恵10

なみか

波8夏10
菜11美9花7

なみき

南9幹13

なみこ

波8子3
浪10子3
漣14子3
七2実8子3
奈8美9子3
菜11未5子3

なみの

浪10乃2
南9美9乃2

なゆ

名6結12
那7由5
奈8優17
菜11夕3
梛11悠11

なよこ

名6夜8子3
那7与3子3
奈8代5子3
南9世5子3
菜11予4子3

なりほ

成6穂15
奈8里7穂15

なりみ

也3美9
成6美9
成6海9
苗8実8
柔9美9
音9美9
整16美9
名6璃15実8
那7梨11美9
奈8李7深11
奈8璃15実8
南9利7望11
菜11理11美9

なる

七2留10
那7瑠14
奈8留10
梛11琉11
菜11瑠14

なるこ

成6子3
那7留10子3

なるは

匠6羽6
愛13葉12
七2留10羽6
名6留10葉12
南9琉11波8
菜11瑠14琶12

なるみ

功5美9
匠6実8
成6実8
成6海9
成6美9
育8美9
稔13美9
親16美9
七2琉11美9
那7留10美9

菜11瑠14実8

なるよ

匠6世5
奈8瑠14世5

に

「に」で始まる名前は、温和で信頼感を感じる響きになります。

にいな

新13奈8
新13菜11
二2以5奈8
二2依8菜11
仁4伊6那7
仁4衣6奈8
仁4依8那7
丹4依8奈8

弐6衣6奈8

にいの

新13乃2

にこ

仁4己3
弐6瑚13

にじえ

虹9絵12

にじか

虹9花7
虹9果8
虹9佳8
虹9華10
虹9歌14
仁4慈13嘉14

にしき

錦16

にじこ

虹9子3
虹9己3
虹9湖12
虹9瑚13
丹4路13子3

にじの

虹9乃2
仁4寿7乃2

にじほ

虹9帆6
虹9甫7
虹9穂15
仁4路13歩8

にじみ

虹9美9

にちか

日4花7
丹4愛13
二2千3花7
二2千3翔12
二2茅8華10
仁4千3花7
丹4智12香9

にちほ

二2千3穂15
仁4知8帆6
弐6知8帆6

にんな

忍7奈8

ぬ

「ぬ」で始まる名前は、とても落ち着いたイメージになります。

ぬいか

縫16花7
縫16果8
縫16佳8
ぬ4い2か3

ね

「ね」で始まる名前は、協調性を感じるイメージになります。

ねい

寧14衣6
峰10依8

ねいろ

音9色6
音9彩11

ねお

音9央5
音9生5
祢9桜10
寧14央5
嶺17緒14
禰19生5

ねね

音9々3
祢9音9
峰10音9
寧14々3
嶺17々3

ねねか

音9々3佳8
音9寧14華10
寧14々3嘉14
寧14峰10花7
寧14音9歌14

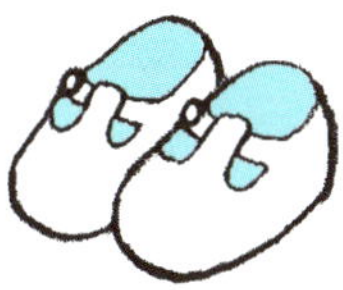

ねねこ

音9々3子3
祢9々3子3
峰10祢9子3
寧14峰10子3
嶺17音9子3
禰19々3子3

の

「の」で始まる名前は、ゆったりとしたイメージになります。

のあ
のあ 1・3　乃安 2・6　乃亜 2・7　之愛 3・13　埜有 11・6　野娃 11・9　埜愛 11・13　望愛 11・13

のい
乃泉 2・9　乃唯 2・11　之衣 3・6　埜生 11・5　野惟 11・11　野維 11・14

のえ
乃衣 2・6　乃江 2・6　乃栄 2・9　乃笑 2・10　乃絵 2・12　乃慧 2・15　之絵 3・12　埜恵 11・10　野絵 11・12

のえる
のえる 1・3・2　乃栄瑠 2・9・14　乃恵瑠 2・10・14　之笑留 3・10・10　埜江琉 11・6・11

のぎく
野菊 11・11

のぞみ
希 7　望 11　希実 7・8　希海 7・9　希美 7・9　希泉 7・9　希望 7・11　望実 11・8　望海 11・9　望美 11・9　望視 11・11　のぞみ 1・5・3

のぞむ
望夢 11・13　臨夢 18・13　のぞむ 1・5・4

のどか
和 8　温 12　和佳 8・8　和香 8・9　温嘉 12・14　のどか 1・4・3

のの
のの 1・1　乃之 2・3　野乃 11・2　埜乃 11・2　野埜 11・11

ののか
乃々佳 2・3・8　埜乃珂 11・2・9　埜々花 11・3・7　野々香 11・3・9　野々華 11・3・10　埜之夏 11・3・10　埜々歌 11・3・14

ののこ
のの子 1・1・3　野乃子 11・2・3

ののみ
乃々実 2・3・8　乃々美 2・3・9　野々実 11・3・8　埜々深 11・3・11　野乃珠 11・2・10

のぶ
暢 14　のぶ 1・6　乃歩 2・8　埜葡 11・12　野富 11・12

のぶえ
亘恵 6・10　伸枝 7・8　房枝 8・8　信江 9・6　恒枝 9・8　信笑 9・10　信恵 9・10　洵慧 9・15　展恵 10・10　暢絵 14・12　暢恵 14・10　撰恵 15・10　乃撫恵 2・15・10

のぶか
伸花 7・7　伸夏 7・10　宣伽 9・7　叙佳 9・8　信果 9・8　信香 9・9　書佳 10・8　進香 11・9　照花 13・7　頌佳 13・8　暢花 14・7　総佳 14・8　暢香 14・9　諄花 15・7　撰佳 15・8　埜舞花 11・15・7　乃葡嘉 2・12・14

のぶこ
伸子 7・3　延子 8・3　宜子 8・3　房子 8・3　叙子 9・3　宣子 9・3　恒湖 9・12　洵瑚 9・13　展子 10・3　暢子 14・3　のぶ子 1・6・3　乃歩子 2・8・3　乃芙子 2・7・3

のぶね
信音 9・9

のぶは
延葉 8・12　書葉 10・12　暢葉 14・12

のぶほ
亘帆 6・6　伸穂 7・15　恒穂 9・15　修帆 10・6

展10歩8　暢14穂15
喜12歩8　撰15穂15

のぶみ

延8美9　書10美9
宜8美9　総14実8

のぶよ

亘6世5　伸7世5　信9代5　常11代5　暢14葉12
伸7予4　延8代5　宣9代5　進11世5　養15代5

のり

紀9　寛13　乃2吏6
乃2李7　乃2梨11

のりあ

紀9亜7
乃2理11亜7

のりえ

成6絵12　法8笑10　紀9恵10　能10依8　書10恵10　悟10絵12　順12枝8　準13枝8　数13慧15　徳14恵10　憲16枝8
典8江6　昇8絵12　律9絵12　准10恵10　倫10恵10　教11恵10　統12恵10　慎13絵12　緑14枝8　範15恵10

のりか

行6香9　典8加5　宗8佳8　法8花7　忠8香9　則9花7　紀9佳8　紀9香9　紀9華10　訓10花7　益10香9　修10香9　倫10夏10　基11香9　詔12華10　節13花7
舟6香9　典8花7　典8佳8　周8香9　法8香9　紀9花7　紀9果8　則9香9　祝9夏10　准10花7　記10香9　記10華10　庸11花7　順12華10　統12嘉14　準13果8

慎13佳8　徳14夏10　範15佳8　賢16佳8　乃2莉10佳8　乃2梨11嘉14　野11梨11花7
数13佳8　緑14華10　憲16花7　識19花7　乃2浬10夏10　乃2璃15香9

のりこ

甫7子3　昇8子3　法8子3　祝9子3　悟10子3　規11子3　徳14子3　調15子3　憲16子3
尭8子3　典8子3　紀9子3　則9子3　能10子3　慎13子3　駕15子3　範15子3　頼16子3

乃2梨11子3
乃2璃15子3

のりさ

周8紗10　倫10沙7
紀9紗10　乃2里7紗10

のりせ

典8世5　緑14瀬19
紀9世5　憲16世5

のりな

昇8奈8　紀9那7　則9菜11　乃2里7奈8
典8菜11　紀9菜11　徳14名6

のりは

則9葉12　節13葉12
紀9葉12

のりほ

典8帆6　則9穂15
紀9歩8　教11歩8

のりみ

典8弥8　昇8美9　紀9美9　教11実8　徳14深11
法8美9　紀9実8　祝9美9　節13美9　埜11里7実8

のりよ

宜8世5　昇8世5　法8代5　律9代5
尭8代5　典8世5　紀9葉12　範15世5

範予 15 4　憲代 16 5
謙代 17 5　乃理葉 2 11 12
埜李世 11 7 5

は

「は」で始まる名前は、のびのびとした素直さを感じる響きに。

ばいか
培花 11 7

はぎ
萩 12　はぎ 4 6
巴祇 4 9　葉伎 12 6

はぎえ
萩絵 12 12　羽伎恵 6 6 10

はぎか
萩香 12 9

はぎこ
萩子 12 3

はぎな
萩奈 12 8

はぎの
萩乃 12 2

はぎよ
萩夜 12 8

はく
珀 9　箔 14

はくあ
白亜 5 7　箔久亜 14 3 7

はくひ
箔妃 14 6

はくみ
珀美 9 9

はぐみ
育実 8 8　育美 8 9
はぐみ 4 3 3　羽弘美 6 5 9
葉久実 12 3 8

はくや
箔耶 14 9

ばしょう
芭蕉 7 15

はすえ
芙絵 7 12　蓉恵 13 10

はすな
芙名 7 6　芙菜 7 11
蓉那 13 7　蓮奈 13 8
蓉奈 13 8　蓮南 13 9

はすね
芙寧 7 14　蓉音 13 9

はすみ
芙未 7 5　芙美 7 9
芭純 7 10　芙深 7 11
葉澄 12 15　羽純 6 10
蓉美 13 9　蓮美 13 9

はたえ
幡江 15 6　幡絵 15 12

はたな
幡奈 15 8

はたの
幡乃 15 2

はたみ
幡美 15 9

はつえ
初依 7 8　初笑 7 10
初絵 7 12　肇絵 14 12

はつか
初華 7 10　羽津花 6 9 7

はつき
琶都希 12 11 7

はづき
羽月 6 4　波月 8 4
春月 9 4　葉月 12 4
杷津嬉 8 9 15　羽都喜 6 11 12

はつこ
初子 7 3　初胡 7 9

肇子 14 3　巴鶴子 4 21 3
羽都子 6 11 3

はつね
初音 7 9　初峰 7 10
羽都祢 6 11 9　巴津音 4 9 9
華都峰 10 11 10

はつの
肇乃 14 2　羽都乃 6 11 2

はつみ
羽積 6 16　初弥 7 8
初美 7 9　初海 7 9
初深 7 11　葉摘 12 14
肇美 14 9　羽津泉 6 9 9
芭津美 7 9 9

はつよ
初代 7 5　波津代 8 9 5

はな
花7　英8　華10　は4な5　羽6那7　芭7奈8　花7菜11　杷8名6　波8那7　波8奈8　葉12那7　琶12奈8　葉12南9

はなえ
巴4苗8　花7枝8　花7重9　花7恵10　花7笑10　杷8苗8　英8絵12　英8恵10　華10恵10　華10絵12

はなか
花7圭6　花7佳8　花7夏10　華10花7　羽6菜11佳8　葉12奈8嘉14

はなこ
花7子3　華10子3　羽6那7子3　芭7菜11子3　葉12南9子3

はなの
花7埜11　芳7野11　英8乃2　華10乃2　華10埜11　波8梛11乃2　播15菜11乃2

はなみ
花7弥8　花7美9　英8実8　華10実8　波8奈8海9

はなよ
花7与3　花7代5　花7夜8　花7葉12　華10世5　羽6奈8世5　芭7那7世5

はの
羽6乃2　波8乃2

はのん
羽6暖13　杷8音9　波8音9　春9音9

はまの
波8茉8乃2　葉12舞15乃2

はや
羽6弥8　葉12耶9

はやか
速10香9　逸11佳8

はやせ
迅6世5

はやな
逸11奈8

はやね
迅6音9　隼10音9

はやの
迅6乃2　速10乃2

はやみ
早6実8　早6美9　速10水4　速10実8　逸11海9　羽6矢5深11　早6矢5美9　葉12也3珠10

はやる
迅6流10

はりの
梁11乃2　葉12里7乃2

はる
春9　暖13　巴4琉11　羽6瑠14　芭7瑠14　波8琉11　杷8瑠14　播15留10　波8瑠14

はるえ
春9依8　遥12栄9　陽12笑10　晴12恵10　晴12絵12　遙14永5　波8留10映9

はるか
遥12　遙14　遼15　立5佳8　合6花7　花7風9　明8花7　東8香9　治8華10　春9香9　春9霞17　敏10香9　温12佳8　晴12佳8　遥12香9　陽12香9　晴12夏10　榛14佳8　遙14佳8　遼15香9

はるき
春9喜12　晴12希7　遥12希7　晴12葵12　遥12貴12　暖13輝15

はるこ
明8湖12　春9子3　栄9子3　陽12子3　榛14子3　葉12留10子3

はるさ
青8紗10　春9咲9

はるな
始8奈8　青8奈8　東8奈8　春9奈8

春(9)菜(11)　敏(10)那(7)　浩(10)奈(8)　晏(10)奈(8)　悠(11)那(7)　温(12)那(7)　晴(12)奈(8)　晴(12)菜(11)　榛(14)名(6)　遥(14)那(7)　榛(14)奈(8)　遼(15)奈(8)　巴(4)瑠(14)奈(8)　羽(6)琉(11)那(7)

はるね

青(8)音(9)　春(9)寧(14)　栄(9)峯(10)　敏(10)音(9)　晴(12)音(9)　榛(14)音(9)　波(8)瑠(14)祢(9)

はるの

花(7)乃(2)　栄(9)乃(2)　春(9)乃(2)　悠(11)埜(11)　温(12)乃(2)　陽(12)乃(2)　遥(12)埜(11)　榛(14)乃(2)　葉(12)瑠(14)埜(11)

はるひ

春(9)斐(12)　春(9)陽(12)　栄(9)緋(14)　遥(12)陽(12)　晴(12)緋(14)　榛(14)日(4)　羽(6)留(10)妃(6)

はるほ

春(9)甫(7)　春(9)穂(15)　遥(12)帆(6)　晴(12)歩(8)　榛(14)保(9)

はるみ

治(8)美(9)　春(9)珠(10)　春(9)美(9)　浩(10)海(9)　遥(12)未(5)　遥(12)実(8)　晴(12)海(9)　晴(12)美(9)　暖(13)美(9)　遼(15)海(9)　は(4)る(2)美(9)　羽(6)流(10)美(9)　華(10)留(10)実(8)　葉(12)琉(11)美(9)

はるよ

明(8)世(5)　春(9)与(3)　陽(12)代(5)　晴(12)代(5)　晴(12)葉(12)　波(8)琉(11)予(4)

はんな

帆(6)南(9)　汎(6)那(7)　帆(6)棚(11)　伴(7)奈(8)　絆(11)那(7)　絆(11)菜(11)　幡(15)那(7)　播(15)奈(8)　範(15)奈(8)　繁(16)那(7)

はんの

絆(11)乃(2)

はんり

帆(6)浬(10)　絆(11)吏(6)　播(15)璃(15)

ひ

「ひ」で始まる名前は、明るく、軽快なイメージになります。

びあんか

枇(8)安(6)香(9)

ひいな

妃(6)以(5)奈(8)　枇(8)衣(6)奈(8)

ひいらぎ

柊(9)

ひいろ

日(4)彩(11)　陽(12)色(6)

びおら

ビ(4)オ(3)ラ(2)　毘(9)緒(14)良(7)

ひおり

日(4)織(18)　氷(5)織(18)　妃(6)織(18)　斐(12)織(18)　比(4)緒(14)莉(10)　灯(6)央(5)璃(15)　陽(12)央(5)里(7)

ひかり

光(6)　日(4)雁(12)　光(6)里(7)　光(6)理(11)　妃(6)雁(12)　ヒ(2)カ(2)リ(2)　日(4)花(7)梨(11)　日(4)河(8)里(7)　日(4)華(10)莉(10)　灯(6)加(5)里(7)　妃(6)華(10)李(7)　陽(12)花(7)理(11)　琵(12)佳(8)里(7)　緋(14)華(10)利(7)　燈(16)加(5)理(11)

ひかる

光(6)　光(6)琉(11)　光(6)瑠(14)　輝(15)留(10)　氷(5)香(9)流(10)　日(4)佳(8)瑠(14)　比(4)嘉(14)留(10)　灯(6)果(8)琉(11)　陽(12)夏(10)留(10)　飛(9)華(10)留(10)

ひさえ

久(3)江(6)　向(6)恵(10)　寿(7)栄(9)　玖(7)恵(10)　尚(8)依(8)　尚(8)恵(10)　学(8)恵(10)　恒(9)江(6)　恒(9)絵(12)　桐(10)絵(12)　常(11)恵(10)　悠(11)恵(10)　日(4)沙(7)絵(12)　比(4)紗(10)枝(8)　妃(6)紗(10)英(8)

ひさか
尚8香9　常11花7

ひさこ
久3子3　向6子3　寿7子3　悠11子3　彌17子3　日4瑳14子3　妃6佐7子3　枇8爽11子3　斐12沙7子3　陽12咲9子3

ひさの
久3乃2　尚8乃2　比4咲9乃2　氷5彩11乃2　飛9早6乃2　琵12紗10乃2

ひさみ
久3実8　久3海9　久3彌17　向6美9　尚8美9　日4沙7実8　緋14紗10美9

ひさよ
久3世5　久3与3　寿7世5　玖7代5　尚8葉12　桧10沙7世5　斐12紗10予4

ひしり
菱11利7

ひすい
日4粋10　妃6彗11　妃6翠14　斐12粋10　陽12翠14　緋14水4　日4寿7唯11

ひづる
日4鶴21　飛9鶴21　妃6鶴21　緋14都11留10　緋14津9瑠14

ひでか
秀7花7　秀7佳8　英8香9　秀7華10　英8夏10　季8嘉14　日4出5佳8

ひでこ
秀7子3　英8子3　栄9子3　淑11仔5　日4出5子3　妃6出5瑚13

ひでほ
秀7葡12　秀7穂15　英8穂15

ひでみ
禾5実8　秀7美9　秀7珠10　英8実8　日4出5美9　日4出5深11

ひでよ
秀7世5　秀7誉13　英8予4　英8代5　英8葉12　日4出5世5

ひとえ
一1恵10　一1慧15　仁4絵12　仁4重9　日4富12江6

ひとこ
仁4子3

ひとは
一1芭7　仁4葉12

ひとみ
眸11　瞳17　一1泉9　一1海9　一1美9　仁4珠10　仁4美9　均7美9　日4豊13実8

ひな
雛18　日4那7　日4南9　日4菜11　比4菜11　氷5奈8　灯6南9　陽12菜11

ひなか
雛18花7　日4奈8佳8

ひなき
雛18希7　日4南9希7

ひなぎく
雛18菊11　陽12菜11菊11

ひなこ
雛18子3　日4奈8子3　日4菜11子3　比4奈8子3　枇8菜11子3　毘9奈8子3　斐12名6子3　陽12奈8子3　緋14那7子3　燈16奈8子3

ひなた
日4向6　妃6向6　ひ2な5た4　日4那7多6　琵12奈8多6　陽12名6多6

ひなの
雛18乃2　ひ2な5の1　日4菜11乃2　妃6奈8乃2

妃6那7乃2　飛9奈8乃2
陽12那7乃2　斐12奈8乃2
緋14菜11乃2

ひなみ
雛18美9　日4奈8美9

ひのか
氷5乃2佳8

ひばり
雲12雀11

びび
美9々3

ひびき
響20　響20希7　響20貴12
響20輝15　妃6枇8希7
日4美9樹16

ひふみ
日4郁9　陽12文4

一1二2三3　日4富12実8
日4譜19美9　斐12布5珠10

ひまり
日4万3里7　陽12茉8梨11

ひまわり
向6日4葵12

ひみ
氷5見7　日4美9

ひみか
日4美9佳8　陽12実8花7
緋14美9香9

ひみこ
琵12実8子3　陽12深11子3
陽12美9子3　緋14弥8子3

ひめ
陽12芽8　緋14芽8

ひめか
妃6嘉14　姫10歌14
媛12花7　媛12夏10
媛12華10　日4萌11華10
妃6芽8佳8

ひめこ
媛12子3

ひめな
妃6那7　媛12奈8

ひめの
妃6埜11　姫10乃2
媛12乃2　緋14芽8乃2

ひめよ
媛12世5

ひよこ
比4世5子3

ひより
日4和8　氷5依8
妃6依8　桧10由5
陽12頼16

ひらり
日4良7里7　比4羅19莉10
妃6良7梨11　陽12楽13李7
緋14良7理11

ひろ
恢9　比4呂7　日4鷺24
妃6呂7　妃6芦7
陽12路13

ひろえ
広5衣6　広5枝8
弘5依8　弘5恵10

拓8枝8　厚9江6
洸9恵10　容10江6
展10枝8　啓11絵12
景12江6　尋12恵10
裕12江6　博12絵12
皓12絵12　滉13江6
寛13笑10　彌17栄9
比4芦7枝8

ひろお
広5緒14

ひろか
大3香9　広5加5
広5佳8　弘5香9
広5夏10　弘5歌14
汎6夏10　宏7可5
完7果8　洋9香9
浩10花7　泰10佳8

容10佳8　展10香9
啓11果8　博12伽7
皓12花7　尋12佳8
博12華10　寛13佳8
滉13果8　寛13華10
廣15香9　比4呂7佳8
妃6露21佳8

ひろこ
弘5子3　宏7子3
拡8子3　洸9子3
浩10子3　紘10子3
尋12子3　博12子3

皓子（12・3）　寛子（13・3）
寛湖（13・12）　滉湖（13・12）
廣子（15・3）　琵呂子（12・7・3）

ひろな
弘菜（5・11）　宏名（7・6）
宏菜（7・11）　拡奈（8・8）
宗奈（8・8）　恢那（9・7）
洋奈（9・8）　容奈（10・8）
尋那（12・7）　博奈（12・8）
寛那（13・7）　妃呂奈（6・7・8）

ひろね
弘音（5・9）　広峯（5・10）
恢寧（9・14）　洋嶺（9・17）
博音（12・9）　廣音（15・9）
ひろね（2・2・4）　日路音（4・13・9）
妃呂峯（6・7・10）

ひろの
丈埜（3・11）　弘乃（5・2）
宏乃（7・2）　宗乃（8・2）
拓乃（8・2）　宥乃（9・2）
洋乃（9・2）　浩乃（10・2）
容乃（10・2）　寛乃（13・2）
妃呂乃（6・7・2）

ひろは
恢羽（9・6）

ひろほ
弘帆（5・6）

ひろみ
大海（3・9）　広海（5・9）
広美（5・9）　弘美（5・9）
汎美（6・9）　宏美（7・9）
宗実（8・8）　昊実（8・8）
拡海（8・9）　拓美（8・9）
厚海（9・9）　宥美（9・9）
洋海（9・9）　洸海（9・9）
浩美（10・9）　紘海（10・9）
景実（12・8）　尋海（12・9）
博美（12・9）　裕美（12・9）
皓美（12・9）　滉美（13・9）
寛深（13・11）　廣美（15・9）
ひろみ（2・2・3）　日蕗美（4・16・9）

ひろむ
大夢（3・13）　弘夢（5・13）
恢夢（9・13）　尋夢（12・13）
寛夢（13・13）　日芦夢（4・7・13）
陽呂夢（12・7・13）

ひろよ
広代（5・5）　汎世（6・5）
宏世（7・5）　宏予（7・4）
拡世（8・5）　浩代（10・5）
浩葉（10・12）　啓世（11・5）
尋葉（12・12）　裕誉（12・13）
潤代（15・5）

びわ
枇杷（8・8）

ふ

「ふ」で始まる名前は、知的で落ち着いたイメージになります。

ふう
風羽（9・6）

ふうか
風花（9・7）　風佳（9・8）
風嘉（9・14）　風歌（9・14）
楓佳（13・8）　楓香（13・9）
楓華（13・10）　風羽香（9・6・9）
芙宇華（7・6・10）

ふうき
風妃（9・6）　風喜（9・12）
富希（11・7）　富季（12・8）
楓紀（13・9）　楓貴（13・12）

ふうこ
風子（9・3）　風胡（9・9）
風瑚（9・13）　楓子（13・3）
芙卯子（7・5・3）　富有子（12・6・3）

ふうじゅ
楓樹（13・16）

ふうな
楓奈（13・8）

ふうみ
楓実（13・8）

ふえ
布恵（5・10）　芙絵（7・12）

ふえか
- 笛佳 11・8

ふえこ
- 笛子 11・3

ふえね
- 笛音 11・9

ふえの
- 笛乃 11・2

ふえら
- 笛良 11・7

ふき
- 蕗 16
- 芙季 7・8
- 吹貴 7・12
- 風綺 9・14
- 富輝 12・15

ふきえ
- 扶貴枝 7・12・8
- 譜紀恵 19・9・10

ふきこ
- 蕗子 16・3
- 芙希子 7・7・3
- 吹季子 7・8・3
- 風貴子 9・12・3
- 富喜子 12・12・3
- 楓紀子 13・9・3

ふきの
- 蕗乃 16・2
- 双季乃 4・8・2
- 吹季乃 7・8・2
- 風希乃 9・7・2
- 富喜乃 12・12・2

ふきよ
- 吹代 7・5

ふくこ
- 福子 13・3
- 双公子 4・4・3
- 富功子 12・5・3
- 吹玖子 7・7・3
- 芙久子 7・3・3

ふくみ
- 富海 12・9
- 福実 13・8
- 福美 13・9
- 二公深 2・4・11
- 双玖美 4・7・9
- 芙玖弥 7・7・8
- 芙来美 7・7・9
- 芙空美 7・8・9
- 風久美 9・3・9
- 富玖珠 12・7・10

ふさ
- 英 8
- 芳 7
- 双咲 4・9
- 布砂 5・9
- 芙沙 7・7
- 風彩 9・11

ふさえ
- 布冴 5・7
- 芳恵 7・10
- 房江 8・6
- 房英 8・8
- 弦恵 8・10
- 英絵 8・12
- 房絵 8・12
- 富冴 12・7
- 総恵 14・10
- 双紗恵 4・10・10
- 芙佐映 7・7・9
- 歩咲恵 8・9・10
- 風彩笑 9・11・10
- 富紗枝 12・10・8

ふさか
- 房果 8・8
- 風沙花 9・7・7

ふさこ
- 房子 8・3
- 総子 14・3
- 布紗子 5・10・3
- 芙冴子 7・7・3
- 富咲子 12・9・3

ふさね
- 総音 14・9

ふさの
- 房乃 8・2
- 総乃 14・2
- 芙咲乃 7・9・2
- 富紗乃 12・10・2

ふさよ
- 房与 8・3
- 房世 8・5
- 布咲代 5・9・5
- 風紗世 9・10・5

ふじえ
- 藤絵 18・12

ふじこ
- 藤子 18・3
- 不二子 4・2・3
- 扶路子 7・13・3
- 風慈子 9・13・3
- 富士子 12・3・3

ふじの
- 藤乃 18・2
- 布治乃 5・8・2
- 芙爾乃 7・14・2
- 富士乃 12・3・2

ふじよ
- 藤代 18・5
- 扶路世 7・13・5
- 富士葉 12・3・12
- 富士予 12・3・4

ふそう
- 扶桑 7・10

ふたは
- 二羽 2・6

ふたば
- 双芭 4・7
- 二葉 2・12
- 双杷 4・8
- 双葉 4・12
- 富多葉 12・6・12

ぶどう
- 葡萄 12・11

ふぶき
- 風吹希 9・7・7

ふみ
- 文 4
- 史 5
- ふみ 4・3
- 布美 5・9
- 芙実 7・8
- 歩珠 8・10
- 風光 9・6
- 風美 9・9
- 冨美 11・9

ふみい
- 奎依 9・8

ふみえ
文(4)笑(10)　文(4)慧(15)
史(5)映(9)　史(5)恵(10)
風(9)美(9)江(6)　富(12)弥(8)依(8)

ふみお
郁(9)緒(14)　奎(9)緒(14)

ふみか
文(4)花(7)　文(4)香(9)
史(5)圭(6)　史(5)佳(8)
史(5)夏(10)　典(8)香(9)
郁(9)華(10)　書(10)香(9)
芙(7)壬(4)花(7)　芙(7)実(8)香(9)
風(9)美(9)佳(8)

ふみこ
文(4)子(3)　史(5)子(3)
風(9)美(9)子(3)　富(12)美(9)子(3)
芙(7)泉(9)子(3)

ふみな
書(10)奈(8)　冨(11)未(5)奈(8)

ふみね
富(12)美(9)祢(9)

ふみの
文(4)乃(2)　郁(9)乃(2)
章(11)乃(2)　記(10)乃(2)
芙(7)実(8)乃(2)　風(9)望(11)乃(2)
譜(19)美(9)乃(2)

ふみよ
文(4)世(5)　文(4)予(4)
史(5)世(5)　史(5)葉(12)
郁(9)与(3)　風(9)実(8)代(5)

ふゆ
布(5)有(6)　布(5)優(17)
芙(7)夕(3)　扶(7)由(5)
風(9)悠(11)　富(12)柚(9)

ふゆえ
芙(7)由(5)江(6)

ふゆか
冬(5)果(8)　冬(5)香(9)
冬(5)華(10)　冬(5)佳(8)
ふ(4)ゆ(3)か(3)　富(12)夕(3)嘉(14)

ふゆき
冬(5)希(7)　冬(5)喜(12)
富(12)雪(11)　扶(7)由(5)貴(12)
風(9)夕(3)希(7)

ふゆこ
冬(5)子(3)　冬(5)瑚(13)
富(12)友(4)子(3)　甫(7)夕(3)子(3)
扶(7)有(6)子(3)

ふゆね
冬(5)音(9)

ふゆの
冬(5)埜(11)

ふゆみ
冬(5)海(9)　冬(5)美(9)
双(4)由(5)巳(3)　風(9)裕(12)実(8)
富(12)悠(11)美(9)

ふよう
芙(7)蓉(13)

「へ」で始まる名前は、粘り強さが感じられる響きになります。

べに
紅(9)　平(5)丹(4)
紅(9)丹(4)　紅(9)仁(4)

べにか
紅(9)花(7)　紅(9)歌(14)
紅(9)果(8)　紅(9)嘉(14)
紅(9)華(10)

へれん
平(5)恋(10)　辺(5)連(10)
平(5)蓮(13)　辺(5)漣(14)
ヘ(1)レ(1)ン(2)

「ほ」で始まる名前は、ゆとりがあり、落ち着いた印象の響きに。

ほうか
邦(7)華(10)　峰(10)花(7)
峰(10)香(9)　鳳(14)佳(8)

ほうき
鵬(19)妃(6)

ほうこ
蓬子 14 3

ほうじゅ
宝珠 8 10　豊樹 13 16

ほうな
邦菜 7 11

ほうの
邦乃 7 2

ほかげ
穂景 15 12

ほくな
北菜 5 11

ほくね
北音 5 9

ほくり
北梨 5 11

ほしか
星花 9 7　星佳 9 8
星珂 9 9　星華 9 10
星嘉 9 14　星歌 9 14

ほしな
星七 9 2　星奈 9 8
星菜 9 11　星志南 9 7 9
穂史奈 15 5 8

ほしね
歩詩音 8 13 9

ほしの
星乃 9 2　ほしの 5 1 1
保偲乃 9 11 2　歩詩乃 8 13 2
葡紫乃 12 12 2

ほしみ
星心 9 4　星海 9 9

ほしよ
星代 9 5　星世 9 5
星夜 9 8　甫紫世 7 12 5
保枝葉 9 8 12

ほずみ
帆泉 6 9　保純 9 10
歩純 8 10　穂澄 15 15
帆寿美 6 7 9

ほたえ
穂妙 15 7

ほたか
穂崇 15 11　穂高 15 10

ほたる
蛍 11　ほたる 5 4 2
甫多瑠 7 6 14　歩多琉 8 6 11
保多留 9 6 10

ぼたん
牡丹 7 4

ほづき
穂月 15 4

ほつみ
帆積 6 16　穂摘 15 14

ほなみ
帆波 6 8　帆浪 6 10
穂波 15 8　穂浪 15 10
ほなみ 5 5 3　帆七海 6 2 9
帆那美 6 7 9　歩南実 8 9 8
保奈実 9 8 8　保奈美 9 8 9
葡奈美 12 8 9

ほのか
ほの香 5 1 9　帆乃可 6 2 5
帆乃果 6 2 8　帆乃夏 6 2 10
帆之香 6 3 9　葡乃香 12 2 9
蓬乃香 14 2 9　穂乃香 15 2 9
穂之佳 15 3 8

ほのみ
帆乃海 6 2 9　歩乃美 8 2 9
保乃珠 9 2 10　保乃望 9 2 11
穂埜美 15 11 9

ほまれ
誉 13　帆稀 6 12
保希 9 7　誉玲 13 9
ほまれ 5 4 3

ほるん
帆流 6 10　ほるん 5 2 2

ま

「ま」で始まる名前は、穏やかで優しいイメージになります。

まあ
茉娃 8 9　真有 10 6
真亜 10 7　麻亜 11 7
磨亜 16 7

まあこ
万亜子 3 7 3　茉愛子 8 13 3
真有子 10 6 3　真亜子 10 7 3
麻安子 11 6 3

まあさ
茉(8)朝(12)　真(10)旭(6)
真(10)有(6)咲(9)　真(10)有(6)紗(10)
麻(11)安(6)砂(9)　麻(11)亜(7)早(6)
麻(11)亜(7)咲(9)　摩(15)亜(7)沙(7)

まあや
茉(8)彩(11)　真(10)采(8)
真(10)彩(11)　眞(10)綾(14)
麻(11)文(4)　麻(11)絢(12)
万(3)亜(7)耶(9)　真(10)亜(7)也(3)
真(10)亜(7)矢(5)

まい
舞(15)　真(10)委(8)　真(10)依(8)
真(10)泉(9)　真(10)唯(11)
真(10)惟(11)　麻(11)依(8)
麻(11)唯(11)　舞(15)衣(6)

まいか
苺(8)花(7)　舞(15)花(7)
舞(15)佳(8)　舞(15)香(9)
茉(8)衣(6)香(9)　真(10)以(5)香(9)
真(10)衣(6)香(9)　麻(11)衣(6)伽(7)
麻(11)依(8)佳(8)

まいこ
苺(8)子(3)　舞(15)子(3)
舞(15)仔(5)　茉(8)伊(6)子(3)
茉(8)依(8)子(3)　真(10)衣(6)子(3)
真(10)位(7)子(3)　麻(11)以(5)子(3)
麻(11)衣(6)子(3)　麻(11)依(8)子(3)

まいな
舞(15)菜(11)　茉(8)衣(6)那(7)
真(10)衣(6)奈(8)　麻(11)依(8)奈(8)

まいね
真(10)稲(14)　舞(15)音(9)
真(10)以(5)寧(14)　真(10)衣(6)祢(9)
眞(10)泉(9)音(9)　麻(11)衣(6)祢(9)

まいの
舞(15)乃(2)　舞(15)衣(6)乃(2)

まいは
舞(15)巴(4)　舞(15)波(8)
舞(15)葉(12)　万(3)衣(6)杷(8)
真(10)衣(6)葉(12)

まいみ
舞(15)美(9)　眞(10)衣(6)美(9)
真(10)唯(11)美(9)

まいむ
舞(15)夢(13)

まいら
舞(15)良(7)

まうい
麻(11)宇(6)依(8)

まえ
万(3)恵(10)　茉(8)緒(14)
真(10)重(9)　真(10)笑(10)
麻(11)絵(12)

まお
ま(4)お(4)　真(10)央(5)
真(10)生(5)　真(10)桜(10)
麻(11)央(5)　麻(11)緒(14)

まき
牧(8)　蒔(13)　万(3)希(7)
万(3)紀(9)　万(3)喜(12)
茉(8)季(8)　真(10)己(3)
真(10)紀(9)　真(10)祇(9)
真(10)起(10)　真(10)姫(10)
真(10)貴(12)　真(10)葵(12)
真(10)暉(13)　真(10)綺(14)
真(10)樹(16)　真(10)徽(17)
麻(11)希(7)　麻(11)芸(7)
麻(11)紀(9)　舞(15)希(7)
磨(16)輝(15)

まきえ
牧(8)衣(6)　牧(8)恵(10)
槙(14)江(6)　槙(14)恵(10)
真(10)希(7)笑(10)　真(10)紀(9)江(6)
麻(11)綺(14)永(5)

まきか
蒔(13)華(10)

まきこ
牧(8)瑚(13)　蒔(13)子(3)
槙(14)子(3)　万(3)起(10)子(3)
茉(8)季(8)子(3)　真(10)葵(12)子(3)
満(12)喜(12)子(3)

まきな
牧(8)菜(11)　槙(14)奈(8)
真(10)伎(6)名(6)

まきね
槙(14)音(9)　茉(8)希(7)音(9)

まきの
牧(8)乃(2)　蒔(13)乃(2)
真(10)綺(14)乃(2)

まきほ
蒔(13)穂(15)　槙(14)保(9)　万(3)綺(14)保(9)

まきみ
蒔(13)美(9)　槙(14)実(8)　茉(8)希(7)美(9)

まきよ
槙(14)世(5)　槙(14)代(5)　万(3)貴(12)葉(12)　真(10)喜(12)世(5)　麻(11)紀(9)代(5)

まこ
茉(8)子(3)　真(10)子(3)　真(10)湖(12)　真(10)鼓(13)　眞(10)瑚(13)　麻(11)子(3)　磨(16)子(3)

まこと
真(10)　茉(8)琴(12)　真(10)琴(12)　真(10)詞(12)　麻(11)琴(12)

まさ
聖(13)　雅(13)　茉(8)沙(7)　真(10)紗(10)　真(10)彩(11)

まさえ
正(5)枝(8)　庄(6)枝(8)　政(9)枝(8)　晶(12)絵(12)　雅(13)永(5)　雅(13)江(6)　誠(13)恵(10)　雅(13)絵(12)　叡(16)恵(10)　整(16)恵(10)　真(10)沙(7)笑(10)

まさき
正(5)妃(6)　柾(9)季(8)　真(10)咲(9)　麻(11)埼(11)　雅(13)貴(12)　綿(14)希(7)　万(3)紗(10)貴(12)　茉(8)紗(10)紀(9)　真(10)咲(9)喜(12)　麻(11)彩(11)貴(12)

まさこ
政(9)子(3)　荘(9)子(3)　柾(9)子(3)　雅(13)子(3)　真(10)咲(9)子(3)

まさな
政(9)奈(8)

まさね
庄(6)音(9)

まさの
昌(8)乃(2)　柾(9)乃(2)　政(9)乃(2)　真(10)乃(2)　雅(13)埜(11)　麻(11)紗(10)乃(2)

まさほ
匡(6)穂(15)　柾(9)穂(15)　雅(13)歩(8)

まさみ
正(5)美(9)　匡(6)実(8)　旬(6)美(9)　庄(6)美(9)　完(7)美(9)　均(7)美(9)　昌(8)美(9)　征(8)美(9)　政(9)未(5)　柾(9)実(8)　真(10)実(8)　滋(12)美(9)　雅(13)美(9)　誠(13)美(9)　諒(15)美(9)　万(3)咲(9)実(8)　万(3)彩(11)美(9)　真(10)佐(7)美(9)　真(10)沙(7)箕(14)

まさよ
正(5)世(5)　匡(6)葉(12)　昌(8)葉(12)　柾(9)世(5)　雅(13)代(5)　雅(13)世(5)　整(16)代(5)　万(3)沙(7)世(5)　茉(8)紗(10)与(3)

ましお
真(10)潮(15)

ましの
真(10)篠(17)

まじゅ
真(10)珠(10)

ましろ
茉(8)城(9)　眞(10)白(5)　麻(11)白(5)　茉(8)志(7)路(13)　真(10)詩(13)呂(7)

ますこ
培(11)子(3)　鱒(23)子(3)

ますね
培(11)根(10)

ますほ
培(11)穂(15)

ますみ
丈(3)美(9)　益(10)美(9)　真(10)純(10)　真(10)澄(15)　培(11)美(9)　麻(11)純(10)　増(14)美(9)　鱒(23)美(9)　真(10)珠(10)美(9)　麻(11)素(10)実(8)

ますよ
培(11)代(5)　鱒(23)世(5)　万(3)寿(7)代(5)　真(10)須(12)世(5)　麻(11)素(10)葉(12)

まそら
真宙 10 8

まち
万智 3 12
まち 4 3
茉知 8 8
真智 10 12
麻稚 11 13

まちか
真睦 10 13
茉智嘉 8 12 14
真千夏 10 3 10
真智華 10 12 10
麻智果 11 12 8

まちこ
街子 12 3
万智子 3 12 3
真千子 10 3 3
真知子 10 8 3
麻知子 11 8 3

まつこ
松子 8 3
沫子 8 3

まつの
松乃 8 2

まつみ
松実 8 8
沫美 8 9

まつよ
松代 8 5

まつり
松莉 8 10
沫莉 8 10
茉莉 8 10
まつり 4 1 2

まどか
円 4
円香 4 9
円嘉 4 14
円歌 4 14
窓夏 11 10
窓華 11 10
まどか 4 4 3
万努花 3 7 7

まどな
円奈 4 8

まどの
窓埜 11 11

まどは
窓葉 11 12

まな
真 10
愛 13
万那 3 7
茉菜 8 11
眞那 10 7
真奈 10 8
麻菜 11 11
麻奈 11 8
愛奈 13 8

まなえ
真苗 10 8
麻苗 11 8
愛英 13 8
茉菜絵 8 11 12
真那枝 10 7 8

まなお
愛直 13 8

まなか
茉仲 8 6
真花 10 7
愛佳 13 8
愛嘉 13 14
万奈佳 3 8 8
真七華 10 2 10
麻那香 11 7 9

まなみ
真波 10 8
真実 10 8
麻波 11 8
愛美 13 9
マナミ 2 2 3
真那泉 10 7 9
真奈海 10 8 9
麻那実 11 7 8
麻奈美 11 8 9
満奈美 12 8 9
磨奈珠 16 8 10

まひな
真雛 10 18

まひる
万斐留 3 12 10
茉妃瑠 8 6 14
真日琉 10 4 11
真陽留 10 12 10

まひろ
万宏 3 7
万宙 3 8
万尋 3 12
守紘 6 10
真宙 10 8
真洸 10 9
真皓 10 12
真裕 10 12
麻宥 11 9
麻洸 11 9
麻紘 11 10
万陽呂 3 12 7
麻灯呂 11 6 7

まほ
茉保 8 9
真帆 10 6
真歩 10 8
真保 10 9
真葡 10 12
真穂 10 15
麻甫 11 7
麻穂 11 15
満帆 12 6
舞帆 15 6

まみ
万実 3 8
茉実 8 8
真実 10 8
麻美 11 9
満実 12 8
磨美 16 9

まみか
万美花 3 9 7
茉海香 8 9 9
真心佳 10 4 8
真実華 10 8 10
麻未嘉 11 5 14
麻美歌 11 9 14

まみこ
万実子 3 8 3
茉弥子 8 8 3
真珠子 10 10 3
真美湖 10 9 12
麻望子 11 11 3
麻深子 11 11 3

まや
茉也 8 3
茉弥 8 8
真矢 10 5
真谷 10 7
真埜 10 11
麻也 11 3
麻矢 11 5
麻哉 11 9
麻耶 11 9
摩耶 15 9
磨耶 16 9

まやこ
万也子 3 3 3
茉矢子 8 5 3
真夜子 10 8 3
真哉子 10 9 3
麻耶子 11 9 3

まやみ
真矢爾 10 5 14

まゆ
繭 18
マユ 2 2
万由 3 5
万友 3 4
万結 3 12
万優 3 17
真柚 10 9
真結 10 12
麻夕 11 3
麻悠 11 11
麻愉 11 12
麻優 11 17
満愉 12 12
摩由 15 5

まゆう
麻祐 11 9
繭宇 18 6
真由宇 10 5 6

まゆか
繭花 18 7
繭華 18 10
万友佳 3 4 8
万由香 3 5 9
茉佑花 8 7 7
真夕歌 10 3 14
真優夏 10 17 10

まゆき
茉雪 8 11
真幸 10 8
真倖 10 10
真雪 10 11
繭貴 18 12
真有希 10 6 7
麻結喜 11 12 12

まゆこ
繭子 18 3
万由子 3 5 3
万優子 3 17 3
茉結子 8 12 3
真祐子 10 9 3
真癒子 10 18 3

まゆな
万友那 3 4 7
茉優奈 8 17 8
真侑菜 10 8 11
真柚菜 10 9 11
麻由奈 11 5 8

まゆの
万夕乃 3 3 2
茉祐乃 8 9 2
真裕乃 10 12 2
麻柚乃 11 9 2
麻悠乃 11 11 2

まゆみ
檀 17
茉弓 8 3
真弓 10 3
麻弓 11 3
繭未 18 5
繭実 18 8
繭美 18 9
万有美 3 6 9
万結実 3 12 8
茉由美 8 5 9
真夕実 10 3 8
真悠美 10 11 9
真遊美 10 12 9
真結美 10 12 9
麻弓美 11 3 9

まゆら
万柚良 3 9 7
茉優良 8 17 7
真佑良 10 7 7
麻結良 11 12 7

まゆり
繭利 18 7
万有梨 3 6 11
茉由里 8 5 7
真由理 10 5 11
真百合 10 6 6
麻夕璃 11 3 15
麻優里 11 17 7

まよ
万世 3 5
茉夜 8 8
茉葉 8 12
真世 10 5
真夜 10 8
麻予 11 4
麻世 11 5
麻代 11 5
麻誉 11 13

まよこ
万予子 3 4 3
真与子 10 3 3
真夜子 10 8 3
真葉子 10 12 3
麻世子 11 5 3

まり
毬 11
鞠 17
万里 3 7
万莉 3 10
万理 3 11
万裡 3 12
茉利 8 7
茉莉 8 10
茉鯉 8 18
真梨 10 11
真理 10 11
満璃 12 15

まりあ
毬愛 11 13
毬娃 11 9
毬亜 11 7
鞠亜 17 7
鞠愛 17 13
万莉亜 3 10 7
茉莉亜 8 10 7
茉梨亜 8 11 7
真里有 10 7 6
真理亜 10 11 7
麻里亜 11 7 7

まりあん
毬安 11 6
鞠杏 17 7
万理杏 3 11 7
真利安 10 7 6
真里庵 10 7 11
麻里安 11 7 6
麻理杏 11 11 7

まりい
毬依 11 8
茉莉衣 8 10 6
真里衣 10 7 6
麻里唯 11 7 11

まりえ
球恵 11 10
毬絵 11 12
鞠江 17 6
万利英 3 7 8
万里絵 3 7 12
万莉江 3 10 6
真里笑 10 7 10
真莉江 10 10 6
麻利絵 11 7 12
麻理枝 11 11 8

まりお
鞠央 17 5
万理桜 3 11 10
麻里緒 11 7 14

まりか
毬花 11 7
毬佳 11 8
鞠香 17 9
茉里夏 8 7 10
茉莉花 8 10 7
茉莉香 8 10 9
眞李香 10 7 9
真利嘉 10 7 14
麻利佳 11 7 8
満里香 12 7 9
磨里花 16 7 7

まりこ
鞠子 17 3
万里子 3 7 3
万理子 3 11 3
茉莉子 8 10 3
麻利子 11 7 3
真里琥 10 7 12
真莉子 10 10 3
真梨子 10 11 3

まりさ
鞠咲 17 9
万利沙 3 7 7
真里紗 10 7 10
真理彩 10 11 11
麻梨早 11 11 6

まりな
球奈 11 8
毬奈 11 8
鞠奈 17 8
万李奈 3 7 8
万理那 3 11 7
真里梛 10 7 11
麻里菜 11 7 11
満里奈 12 7 8

まりね
鞠音 17 9
万莉音 3 10 9
真里稲 10 7 14
真里禰 10 7 19
麻利音 11 7 9

まりの
毬乃 11 2
マリ乃 2 2 2
真里乃 10 7 2
真璃乃 10 15 2
満理乃 12 11 2

まりは
万浬羽 3 10 6
茉里葉 8 7 12
真浬波 10 10 8
麻利羽 11 7 6

まりも
毬藻 11 19

まりや
鞠耶 17 9
茉里也 8 7 3
満里椰 12 7 13

まりら
毬良 11 7
鞠羅 17 19
万里良 3 7 7
真理螺 10 11 17

まりりん
毬林 11 8
鞠凜 17 15
万里鈴 3 7 13
真里琳 10 7 12
真利綸 10 7 14

まりん
万鈴 3 13
万綸 3 14
万凛 3 15
茉琳 8 12
真倫 10 10
真稟 10 13
真鈴 10 13
真凜 10 15
真臨 10 18
真麟 10 24
麻稟 11 13
麻凛 11 15

まるの
円埜 4 11

まるほ
丸穂 3 15
円歩 4 8

まるみ
丸美 3 9
円美 4 9

まるよ
丸世 3 5
円世 4 5

まろみ
真芦美 10 7 9

まわた
真綿 10 14

「み」で始まる名前は、明るさと感性の鋭さを感じる響きに。

みあ
弥亜 8 7
実亜 8 7
美有 9 6
海亜 9 7
深亜 11 7

みあき
水晶 4 12
弥秋 8 9

実秋 8・9　美明 9・8
美秋 9・9　美晶 9・12
美彰 9・14　実亜綺 8・7・14
美有希 9・6・7

みあみ
美編 9・15

みあや
美紋 9・10　美彩 9・11
美絢 9・12

みあん
美杏 9・7　美按 9・9
美晏 9・10　美庵 9・11

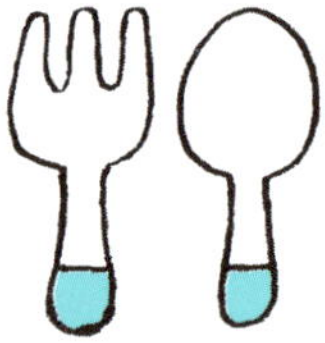

みい
ミイ 3・2　弥衣 8・6
美伊 9・6　美依 9・8
深唯 11・11

みいこ
弥衣子 8・6・3　実衣子 8・6・3
美伊子 9・6・3　美唯子 9・11・3
深惟子 11・11・3

みいつ
美逸 9・11

みいと
美絃 9・11

みいな
美稲 9・14　実以奈 8・5・8
実衣那 8・6・7　海以那 9・5・7
美衣那 9・6・7　美伊奈 9・6・8
美位奈 9・7・8　美唯菜 9・11・11
深惟奈 11・11・8

みいや
未衣椰 5・6・13　泉以耶 9・5・9
美衣矢 9・6・5　美唯也 9・11・3
深伊弥 11・6・8

みいろ
美色 9・6　望色 11・6
深色 11・6

みいん
美韻 9・19

みう
実羽 8・6　実宇 8・6
美宇 9・6　美羽 9・6
望宇 11・6　魅羽 15・6

みうな
実右那 8・5・7　美羽奈 9・6・8
美雨奈 9・8・8

みうみ
美海 9・9　美洋 9・9
みうみ 3・2・3　美宇深 9・6・11

みうめ
美梅 9・10

みえ
実枝 8・8　実絵 8・12
海江 9・6　美依 9・8
海映 9・9　美栄 9・9
美笑 9・10　美恵 9・10
美慧 9・15　深枝 11・8

みえい
美泳 9・8　美英 9・8
美映 9・9　美瑛 9・12
美叡 9・16

みえか
美枝花 9・8・7　美画佳 9・8・8

みえこ
実永子 8・5・3　美枝湖 9・8・12
美映子 9・9・3　深恵子 11・10・3

みえり
光衿 6・9　泉映理 9・9・11

みえん
美燕 9・16

みお
澪 16　水緒 4・14　未央 5・5
実緒 8・14　美央 9・5
美於 9・8　美桜 9・10
美緒 9・14　望央 11・5
深緒 11・14

みおう
未皇 5・9　美欧 9・8
美桜 9・10　美凰 9・11

みおか
美岳 9・8　美陸 9・11

みおぎ
美荻 9・10

みおこ
澪子 16・3　澪瑚 16・13
実緒子 8・14・3　実桜子 8・10・3
美央子 9・5・3

みおな
澪奈 16・8　澪菜 16・11
未緒奈 5・14・8　実乙菜 8・1・11
美央奈 9・5・8　美丘菜 9・5・11
美桜那 9・10・7　美絃七 9・11・2
梶央那 11・5・7

みおね
澪音 16・9　美央音 9・5・9
美桜寧 9・10・14　美渚音 9・11・9

みおり
実8織18　澪16梨11　美9音9理11　美9緒14莉10

みおん
美9苑8　美9恩10　美9温12　美9穏16

みか
心4佳8　未5加5　未5果8　光6香9　見7花7　実8香9　実8華10　実8歌14　泉9佳8　美9果8　美9佳8　美9香9　美9夏10　美9賀12　美9榎14　美9嘉14　美9歌14　美9駕15　深11果8　幹13花7　幹13華10

みかげ
実8景12　美9景12　弥8佳8夏10　実8華10夏10　深11花7夏10

みかこ
実8可5子3　実8香9子3　弥8嘉14子3　美9花7子3　美9佳8子3　美9歌14子3　魅15夏10子3

みかぜ
美9風9

みかね
美9鐘20　実8禾5音9

みかり
美9雁12　実8果8理11　美9加5璃15　美9花7梨11　美9佳8梨11　美9珂9莉10　海9香9理11　美9歌14里7　深11佳8吏6

みかん
実8柑9　実8莞10　美9栞10　美9貫11　蜜14柑9

みき
巳3貴12　未5希7　未5来7　未5紀9　実8希7　実8綺14　実8樹16　美9伎6　美9妃6　深11希7　美9希7　美9季8　美9紀9　美9姫10　美9起10　美9規11　美9葵12　美9幾12　美9揮12　美9貴12　美9綺14　海9輝15　美9畿15　美9興16　美9樹16　美9麒19

みきこ
幹13子3　未5来7子3　実8紀9子3　実8基11子3　美9芸7子3　美9喜12子3　美9稀12子3　美9箕14子3　美9輝15子3

みきの
幹13乃2　美9起10乃2　海9喜12乃2

みきは
美9黄11葉12

みきほ
幹13穂15　実8希7穂15　美9己3保9　美9綺14歩8　深11祈8帆6

みきよ
幹13代5　樹16世5　美9貴12代5　美9輝15世5

みぎわ
汀5　みぎわ3 6 2　実8芸7和8　美9伎6羽6

みく
未5玖7　未5来7　美9來8　海9空8　美9空8　美9紅9　美9鳩13　美9駈15　深11空8　深11紅9

みくに
美9宋7　美9邦7

みくも
美9雲12

みくる
未5来7　実8来7　実8久3留10　美9久3琉11　美9玖7瑠14　深11紅9留10

みこ
実8子3　美9子3　泉9虹9　美9瑚13　珠10子3　望11子3

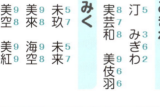

みこと
美9琴12　美9己3都11

みさ
み3さ3　光6彩11　実8咲9　美9沙7　美9砂9　美9紗10　美9彩11　美9爽11　深11咲9

みさえ
美9冴7　実8佐7枝8　美9沙7依8　海9咲9映9　美9紗10絵12　美9彩11恵10

みさお
操16　節13央5　実8紗10桜10　美9左5緒14　美9紗10穂15　美9彩11央5　深11沙7緒14

みさき
岬8　岬8妃6　岬8希7　実8咲9　海9咲9　美9咲9　美9埼11　美9福13　望11咲9　操16紀9　ミ3サ3キ3

みさこ
未5紗10子3　実8咲9子3　美9佐7子3　美9沙7湖12　泉9紗10子3　美9瑳14子3　深11紗10子3

みさと
実8里7　美9郷11　美9惺12　美9覚12　美9智12　美9沙7都11

みさの
実8紗10乃2　海9沙7乃2　美9紗10乃2　美9瑳14乃2　深11砂9乃2

みさほ
実8佐7穂15　実8彩11帆6　美9佐7歩8　海9沙7保9　美9紗10保9

みさよ
実8佐7葉12　美9咲9代5　美9紗10代5　深11佐7世5

みさら
実8更7

みずあ
瑞13娃9

みずえ
水4江6　水4絵12　泉9枝8　瑞13依8　瑞13映9　瑞13恵10　瑞13絵12　美9寿7笑10

みずか
泉9夏10　瑞13華10

みずき
水4妃6　水4葵12　水4貴12　水4綺14　泉9希7　瑞13喜12　瑞13葵12　瑞13輝15　瑞13樹16　実8津9貴12

みすじ
実8須12時10

みすず
実8鈴13　美9涼11　泉9鈴13　美9鈴13　美9寿7々3

みずな
水4那7　水4奈8　泉9菜11　瑞13奈8　瑞13名6

みすの
美9棲12乃2

みずは
瑞13羽6　瑞13葉12　美9寿7羽6

みずほ
壬4帆6　水4帆6　瑞13保9　瑞13葡12　瑞13穂15　未5逗11帆6

美9寿7圃10　美9鶴21歩8

みせい
実8西6　美9斉8

みそで
美9袖10

みその
実8苑8　美9苑8　美9圃10　美9園13　深11苑8　実8素10乃2　美9楚13乃2

みそら
美9天4　美9空8　美9宙8　美9昊8　深11空8

みたか
美9崇11

みち
充6
倫10
未5知8
実8茅8
美9地6
美9知8
美9智12
美9馳13

みちえ
宝8恵10
迪8恵10
訓10恵10
倫10絵12
進11絵12
満12笑10
道12絵12
路13江6
路13恵10
実8千3栄9
美9智12江6
深11智12恵10

みちか
迪8花7
迪8香9
宝8香9
美9誓14
倫10果8
倫10夏10
路13華10
徹15華10
三3千3嘉14
実8千3翔12
美9千3佳8
美9知8歌14
美9智12加5
深11知8花7
爾14千3花7

みちこ
路13子3
みちこ3 3 2
実8茅8子3
実8知8子3
海9千3子3
美9知8子3
深11智12湖12

みちな
道12奈8
美9智12奈8

みちね
迪8音9

みちの
迪8乃2
倫10乃2
満12乃2
道12埜11
実8千3乃2
美9智12乃2

みちほ
享8歩8
迪8歩8
道12穂15

みちよ
迪8世5
宙8代5
迪8代5
倫10代5
道12世5
満12代5
路13世5
徹15世5
美9智12予4
深11千3世5

みちる
迪8留10
迪8瑠14
進11流10
満12留10
道12瑠14
路13琉11
海9千3琉11
美9智12留10
美9稚13瑠14
美9千3留10
深11知8瑠14
満12知8留10

みつ
光6
満12
弥8津9
実8都11
美9鶴21

みつえ
三3依8
光6江6
充6枝8
光6映9
充6恵10
光6絵12
益10絵12
満12笑10
弥8都11英8
深11津9恵10
美9都11枝8
美9鶴21江6

みづえ
実8都11笑10
美9津9栄9
美9津9慧15
美9鶴21依8
珠10津9江6

みつき
水4月4
允4希7
充6希7
光6希7
光6祈8
光6季8
光6輝15
光6樹16
美9月4
光6伎6
美9槻15
満12月4
満12希7
蜜14希7
蜜14紀9
三3津9輝15
美9津9貴12
美9都11希7

みづき
美9月4
実8月4
深11月4
実8津9希7
美9都11喜12
美9津9綺14
美9鶴21希7
深11津9貴12

みつこ
光6子3
充6子3
蜜14子3
泉9津9子3
美9鶴21子3
珠10津9湖12
深11都11子3

みつさ
蜜14沙7

みつせ
充6世5

みつな
允4菜11
光6奈8
蜜14奈8
美9通10奈8
美9都11那7

みつね
光6音9
充6音9
美9津9音9
美9都11音9

みつの
光乃 6 2
充乃 6 2
蜜乃 14 2
深都乃 11 11 2

みつは
光波 6 8
充葉 6 12
海都波 9 11 8

みつほ
允帆 4 6
光保 6 9
光穂 6 15
充穂 6 15
苗穂 8 15
満歩 12 8
美津帆 9 9 6
美津甫 9 9 7
美都歩 9 11 8
美都穂 9 11 15
美鶴保 9 21 9

みつみ
光実 6 8
充望 6 11
美摘 9 14
蜜美 14 9
美津深 9 9 11

みつよ
光予 6 4
完世 7 5
秀代 7 5
晄世 10 5
満代 12 5
実津世 8 9 5
美都予 9 11 4
美鶴葉 9 21 12

みつる
光弦 6 8
美弦 9 8
叙琉 9 11
美鶴 9 21
蜜留 14 10
実都瑠 8 11 14
深津留 11 9 10

みてい
美綴 9 14

みと
実音 8 9
実登 8 12
美乙 9 1
海音 9 9
美兎 9 7
美富 9 12
深杜 11 7

みとせ
美歳 9 13

みとり
美鳥 9 11
実音璃 8 9 15
実都李 8 11 7
美留里 9 10 7
美富理 9 12 11

みどり
翠 14
碧 14
緑 14
美鳥 9 11
碧李 14 7
みどり 3 4 2
美土里 9 3 7
美留利 9 10 7
美留梨 9 10 11
美登里 9 12 7

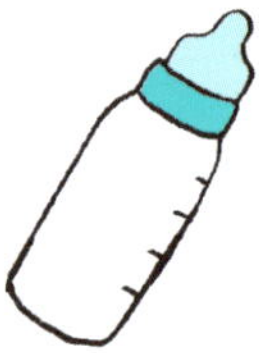

みどりこ
翠子 14 3
碧子 14 3
緑子 14 3
翠胡 14 9
碧瑚 14 13

みな
未南 5 9
実那 8 7
実菜 8 11
海那 9 7
美那 9 7
美奈 9 8
美梛 9 11

みなえ
水絵 4 12
実苗 8 8
皆恵 9 10
実奈恵 8 8 10
海南枝 9 9 8
美菜絵 9 11 12
深那江 11 7 6

みなお
美直 9 8

みなき
皆喜 9 12

みなこ
南子 9 3
皆子 9 3
海那子 9 7 3
美奈子 9 8 3
深菜子 11 11 3

みなせ
汎瀬 6 19

みなと
港 12
湊 12
港都 12 11
未奈留 5 8 10
実奈都 8 8 11
美菜斗 9 11 4

みなの
皆乃 9 2

みなほ
汎帆 6 6
皆歩 9 8

みなみ
南 9
水美 4 9
汎美 6 9
海波 9 8
美波 9 8
美南 9 9
美浪 9 10
未那美 5 7 9
美奈実 9 8 8

みなも
汎萌 6 11
皆守 9 6
みなも 3 5 3
実奈百 8 8 6

みなよ
南葉 9 12
美奈代 9 8 5
美菜世 9 11 5

みね
峯 10
嶺 17
実祢 8 9
実音 8 9
美祢 9 9
深峰 11 10

みねか
峯佳 10 8
峰香 10 9

峰嘉 10・14
嶺花 17・7
実祢歌 8・9・14
美音香 9・9・9

みねこ

峰子 10・3
峻子 10・3
嶺仔 17・5
三音子 3・9・3
実祢子 8・9・3
深音子 11・9・3

みねの

美峯乃 9・10・2

みねよ

峰世 10・5

みの

弥乃 8・2
実乃 8・2
美乃 9・2
泉乃 9・2

みのり

未統 5・12
実芸 8・7
実廻 8・9
実紀 8・9
実莉 8・10
実詔 8・12
美宜 9・8
美典 9・8
美紀 9・9
美宣 9・9
美則 9・9
美教 9・11
美慎 9・13
美緑 9・14
美範 9・15
美憲 9・16
美識 9・19
稔里 13・7
稔莉 13・10
穣理 18・11
みのり 3・1・2
充乃莉 6・2・10
実乃梨 8・2・11
実乃理 8・2・11
実之莉 8・3・10
美乃李 9・2・7

みのる

実流 8・10

みはく

美箔 9・14

みはな

美華 9・10

みはや

実早 8・6
弥隼 8・10
美速 9・10
美逸 9・11
美羽耶 9・6・9
美葉也 9・12・3

みはる

三春 3・9
美東 9・8
美春 9・9
美晴 9・12
美遥 9・12
美榛 9・14
美遼 9・15
望春 11・9
深晴 11・12
実葉瑠 8・12・14
美巴留 9・4・10
美杷琉 9・8・11
美琵瑠 9・12・14

みひろ

水洸 4・9
水滉 4・13
実裕 8・12
美央 9・5
美広 9・5
美拓 9・8
美洋 9・9
美浩 9・10
美尋 9・12
美博 9・12
美寛 9・13
深皓 11・12
美陽路 9・12・13

みふえ

実笛 8・11

みふじ

美藤 9・18

みふね

美舟 9・6
美富音 9・12・9

みふゆ

美冬 9・5
海冬 9・5
実甫結 8・7・12
美芙夕 9・7・3

みほ

三保 3・9
実葡 8・12
美帆 9・6
美歩 9・8
美保 9・9
美圃 9・10
美葡 9・12
美蒲 9・13
美蓬 9・14
美穂 9・15

みほう

美豊 9・13

みほく

美北 9・5

みほこ

実甫子 8・7・3
美歩子 9・8・3
美宝子 9・8・3
美保子 9・9・3
深穂子 11・15・3

みまり

実鞠 8・17
美毬 9・11
実茉里 8・8・7
美真李 9・10・7
美麻理 9・11・11

みみ

弥美 8・9
実美 8・9
美々 9・3
泉美 9・9
深美 11・9

みみか

実美香 8・9・9
美々佳 9・3・8

みむか

美六花 9・4・7

みむら

美邑 9・7

みもり

弥守 8・6
美森 9・12
深杜 11・7
実茂李 8・8・7
美萌理 9・11・11

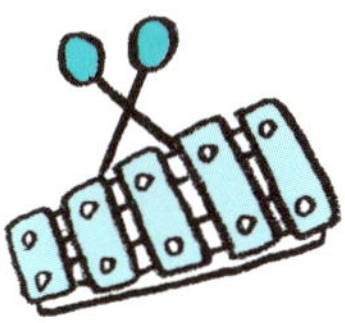

みや
末5夜8
実8矢5
実8弥8
実8椰13
美9也3
美9谷7
美9哉9
海9耶9
美9椰13

みやこ
京8
洛9
都11
宮10子3
弥8也3子3
実8耶9子3
美9矢5子3
美9谷7子3
海9弥8子3
深11耶9子3

みやの
宮10乃2

みやび
雅13
実8椰13美9
美9也3枇8
泉9也3美9
海9耶9美9

みゆ
みゆ3 3
巳3由5
心4結12
水4優17
心4優17
実8結12
美9由5
美9佑7
美9柚9
美9祐9
美9裕12
美9結12
美9優17
深11由5
深11愉12

みゆう
心4侑8
水4湧12
実8夕3
実8湧12
実8檜13
美9佑7
美9侑8
美9祐9
海9悠11
美9結12
美9釉12
海9優17
美9優17
美9癒18宇6

みゆき
美9幸8
美9透10
美9雪11
美9詣13
美9薫16
美9鵬19
珠10雪11
深11雪11
実8結12貴12
海9夕3綺14
美9友4妃6
美9有6希7
美9由5喜12
美9由5綺14
美9柚9季8
美9優17祇9

みゆみ
美9弓3

みよ
実8葉12
泉9世5
美9世5
美9代5
美9輿17

みよう
美9躍21

みよこ
みよこ3 2 2
実8世5子3
美9予4子3
美9夜8子3
美9葉12子3

みよし
実8芳7
泉9好6
美9好6
美9陶11
美9義13
美9寵19
深11佳8
美9代5詩13

みより
未5予4莉10
見7世5莉10

みら
巳3螺17
未5良7
美9来7
美9良7
海9羅19
望11楽13

みらい
未5来7
未5來8
未5徠11
未5蕾16
美9礼5
美9来7
美9徠11
美9萊11
美9蕾16
美9良7依8

みらん
未5藍18
美9藍18
泉9蘭19
美9蘭19
深11藍18

みり
未5梨11
実8里7
海9利7
美9李7
泉9莉10
美9裡12
美9璃15

みりあ
美9里7有6
美9莉10亜7
泉9理11亜7
美9理11亜7
美9梨11亜7

みりか
実8理11佳8
美9里7花7
美9梨11香9
美9利7嘉14
深11里7夏10

みりょう
美9椋12

みる
実琉（8・11）　海留（9・10）
美瑠（9・14）　泉瑠（9・14）
深流（11・10）

みるく
弥留玖（8・10・7）　実留紅（8・10・9）
美留玖（9・10・7）　泉琉久（9・11・3）
美瑠久（9・14・3）

みれい
実礼（8・5）　実玲（8・9）
美令（9・5）　美伶（9・7）
美励（9・7）　泉怜（9・8）
美羚（9・11）　美零（9・13）
美黎（9・15）　美澪（9・16）
美麗（9・19）

みろ
未呂（5・7）　美櫓（9・19）
美露（9・21）　美鷺（9・24）

みろく
美麓（9・19）

みわ
三和（3・8）　壬和（4・8）
弥和（8・8）　実和（8・8）
泉羽（9・6）　美羽（9・6）
美輪（9・15）　美環（9・17）

みわこ
みわこ（3・2・2）　三和子（3・8・3）
美羽子（9・6・3）　海和子（9・8・3）
美和子（9・8・3）　美環子（9・17・3）
珠和子（10・8・3）　深和子（11・8・3）

みわた
美綿（9・14）

む

「む」で始まる名前は、落ち着きのあるイメージになります。

むぎ
麦（7）

むぎか
麦夏（7・10）　麦歌（7・14）

むぎな
麦奈（7・8）

むぎほ
麦穂（7・15）

むく
霧玖（19・7）

むつえ
陸英（11・8）　睦笑（13・10）
睦恵（13・10）　輯絵（16・12）
陸奥絵（11・12・12）

むつか
六香（4・9）

むつき
眸月（11・4）　睦月（13・4）
睦季（13・8）　睦喜（13・12）
輯希（16・7）　霧月（19・4）

むつこ
睦子（13・3）　輯子（16・3）
六津子（4・9・3）　陸奥仔（11・12・5）
夢都子（13・11・3）

むつみ
睦（13）　六実（4・8）　陸海（11・9）
睦弥（13・8）　睦実（13・8）
睦海（13・9）　睦美（13・9）
輯美（16・9）　六都美（4・11・9）
夢津実（13・9・8）

むつよ
陸代（11・5）　睦予（13・4）
睦世（13・5）　夢津世（13・9・5）
夢都葉（13・11・12）

め

「め」で始まる名前は、静かさの中に強さを秘めたイメージに。

めあり
芽有利（8・6・7）　芽亜梨（8・7・11）
芽亜理（8・7・11）　梅有里（10・6・7）
萌亜璃（11・7・15）

めい
盟（13）　芽以（8・5）

芽生 8 5　芽衣 8 6
芽位 8 7　明依 8 8
芽惟 8 11　芽維 8 14
梅衣 10 6　萌依 11 8

めいか
明花 8 7　明香 8 9
明華 8 10　盟果 13 8
芽衣佳 8 6 8

めいこ
明子 8 3　芽維子 8 14 3
萌衣子 11 6 3

めいさ
盟紗 13 10　芽衣早 8 6 6
芽伊彩 8 6 11　芽依咲 8 8 9

めいな
盟那 13 7　芽依菜 8 8 11

めいみ
明実 8 8　盟美 13 9
芽衣実 8 6 8　芽依弥 8 8 8

めぐ
恵 10　愛 13　芽玖 8 7
芽倶 8 10　芽宮 8 10

めぐみ
仁 4　恩 10　恵 10　萌 11
恵実 10 8　愛弥 13 8
芽久美 8 3 9　芽久深 8 3 11
芽玖弥 8 7 8　梅玖美 10 7 9
萌玖美 11 7 9

めぐむ
恵 10　愛 13　恵務 10 11
恵夢 10 13　めぐむ 2 3 3
芽久夢 8 3 13

めのう
芽乃宇 8 2 6

めぶき
芽吹 8 7

めもり
芽守 8 6　萌森 11 12
芽百莉 8 6 10　芽茂璃 8 8 15
芽萌理 8 11 11

めり
芽里 8 7　芽理 8 11
芽梨 8 11　梅利 10 7
萌里 11 7

めりあ
芽利有 8 7 6　芽李亜 8 7 7
梅里亜 10 7 7　萌理有 11 11 6
萌梨亜 11 11 7

めりい
芽里衣 8 7 6　芽梨依 8 11 8
芽璃以 8 15 5　萌利衣 11 7 6
萌梨伊 11 11 6

めりか
芽理華 8 11 10　芽璃花 8 15 7
萌里嘉 11 7 14

めりさ
芽里爽 8 7 11　梅理咲 10 11 9
萌利紗 11 7 10

めりな
芽理南 8 11 9　梅里奈 10 7 8
萌璃那 11 15 7

めるも
女流雲 3 10 12

も

「も」で始まる名前は、温かさの感じられる響きになります。

もあ
茂愛 8 13　苺愛 8 13

もえ
萌 11　百恵 6 10　百笑 6 10
百絵 6 12　茂永 8 5
茂栄 8 9　苺恵 8 10
苺笑 8 10　茂絵 8 12
萌笑 11 10

もえか
萌花 11 7　萌耶 11 9
萌香 11 9　萌華 11 10
萌嘉 11 14

もえぎ
萌芸 11 7　萌黄 11 11
百江伎 6 6 6　萌依貴 11 8 12

もえこ
萌子 11 3　萌胡 11 9
百栄子 6 9 3　茂依子 8 8 3
萌絵子 11 12 3

もえな
萌那 11 7　萌奈 11 8
萌菜 11 11　百恵那 6 10 7
萌笑奈 11 10 8

もえは
萌11 芭7

もえみ
萌11 弥8　萌11 実8
萌11 美9　百6 笑10 美9
萌11 映9 海9

もえり
苺8 襟18　萌11 里7
萌11 莉10　萌11 璃15
百6 依8 理11

もえる
萌11 琉11

もか
百6 佳8　百6 香9
茂8 香9　茂8 華10
萌11 花7　萌11 嘉14

もてき
茂8 擢17

もと
芳7　苺8 留10　萌11 斗4
萌11 音9　望11 富12

もとえ
元4 恵10　元4 慧15
求7 恵10　素10 依8
素10 笑10　素10 絵12
朔10 絵12　基11 恵10
統12 絵12　源13 江6
資13 江6

もとか
元4 佳8　元4 霞17
扶7 華10　泉9 花7
朔10 花7　素10 花7
素10 佳8　素10 果8
素10 香9　素10 夏10
基11 佳8　基11 嘉14
統12 佳8　源13 果8
資13 佳8　百6 登12 佳8
萌11 都11 花7

もとこ
元4 子3　元4 瑚13
如6 子3　求7 子3
素10 子3　倫10 子3
源13 子3　樂15 子3
茂8 富12 子3

もとな
元4 奈8　元4 菜11
素10 那7　素10 菜11
萌11 斗4 那7

もとの
元4 埜11　輪15 乃2

もとは
元4 波8　初7 羽6

もとほ
初7 歩8

もとみ
元4 実8　素10 弥8
朔10 美9　素10 美9
素10 深11　資13 美9
百6 富12 実8

もとよ
元4 代5　素10 予4
素10 世5　基11 葉12
萌11 都11 代5

もな
百6 菜11　茂8 那7
苺8 奈8　茂8 奈8
茂8 菜11　萌11 那7
萌11 菜11

もなみ
茂8 南9　萌11 波8
モ3 ナ2 ミ3　百6 那7 美9
萌11 菜11 実8

もにか
百6 仁4 華10　茂8 仁4 佳8
茂8 爾14 香9　萌11 丹4 果8
萌11 丹4 嘉14

もね
百6 音9　茂8 祢9
茂8 音9　茂8 嶺17
萌11 音9

もみじ
椛11　紅9 葉12
も3 み3 じ3　百6 美9 滋12
萌11 実8 路13

もも
百6　李7　桃10
も3 も3　萌11 茂8

ももえ
百6 枝8　百6 重9

百恵 6 10　百絵 6 12
桃江 10 6　桃笑 10 10

ももか

百花 6 7　百果 6 8
李華 7 10　桃花 10 7
桃佳 10 8　桃香 10 9
ももか 3 3 3

ももこ

百瑚 6 13　桃子 10 3
桃仔 10 5　桃胡 10 9
萌々子 11 3 3

ももな

百奈 6 8　百菜 6 11
桃名 10 6　桃那 10 7
桃奈 10 8

ももね

百音 6 9　百祢 6 9

桃音 10 9　桃祢 10 9
萌々祢 11 3 9

ももの

桃乃 10 2

ももは

百葉 6 12　李葉 7 12
桃葉 10 12　茂々羽 8 3 6
萌々葉 11 3 12

ももみ

百実 6 8　百弥 6 8
桃実 10 8　桃弥 10 8
桃美 10 9

ももよ

李代 7 5　百葉 6 12
桃世 10 5　桃代 10 5
桃葉 10 12

もゆ

百結 6 12　百優 6 17
萌夕 11 3　萌佑 11 7
萌愉 11 12

もり

杜 7

もりえ

杜恵 7 10

もりか

森香 12 9

もりな

杜奈 7 8　森奈 12 8

もりよ

森世 12 5

「や」で始まる名前は、明るく積極的なイメージになります。

やいこ

矢以子 5 5 3　弥生子 8 5 3
夜依子 8 8 3　耶唯子 9 11 3
椰衣子 13 6 3

やえ

八重 2 9　矢慧 5 15

谷栄 7 9　弥笑 8 10
弥恵 8 10　耶江 9 6

やえか

八重花 2 9 7

やえこ

八重子 2 9 3　矢絵子 5 12 3
耶枝子 9 8 3　耶重子 9 9 3
哉恵子 9 10 3

やえの

八恵乃 2 10 2　也絵乃 3 12 2
耶英乃 9 8 2　耶依乃 9 8 2
哉笑乃 9 10 2

やくの

躍乃 21 2

やこ

矢子 5 3　耶子 9 3
埜瑚 11 13　椰子 13 3

やすえ

安恵 6 10　欣絵 8 12
柔英 9 8　保恵 9 10
恭依 10 8　泰枝 10 8
康枝 11 8　健恵 11 10
靖江 13 6　楊依 13 8
寧絵 14 12　穏絵 16 12

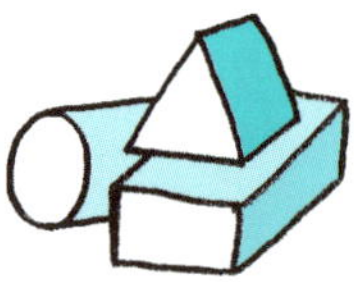

やすか

保夏 9 10　恭佳 10 8
泰香 10 9　泰華 10 10
康佳 11 8　康香 11 9
楊佳 13 8　靖香 13 9
暖香 13 9　靖嘉 13 14

寧14花7　綿14夏10
燕16花7　八2寿7夏10

やすき
行6姫10

やすこ
育8子3　欣8子3
保9子3　泰10子3
健11子3　康11子3
靖13子3　廉13子3
寧14子3

やすな
安6菜11　恭10那7
泰10菜11　康11奈8

庸11奈8　靖13那7
靖13菜11　縁15奈8
燕16奈8　穏16奈8

やすの
叶5乃2　欣8乃2
恭10乃2　泰10乃2
靖13埜11

やすは
欣8葉12　泰10巴4
泰10羽6　恭10葉12
泰10葉12　健11羽6
康11羽6　康11波8
庸11葉12　靖13葉12
廉13羽6　暖13葉12
靖13葉12　楊13葉12
寧14葉12　穏16波8
八2州6羽6　八2寿7波8

やすひ
綿14妃6

やすほ
保9穂15　泰10歩8
泰10保9　恭10穂15
康11帆6　靖13葡12
楊13穂15

やすみ
安6実8　安6美9
柔9心4　庸11美9
靖13実8　楊13美9

やすよ
安6世5　安6代5
行6代5　育8代5
欣8世5　恭10予4
泰10世5　康11与3
康11代5　庸11代5

康11葉12　靖13世5

やちほ
八2千3葡12　矢5知8穂15
哉9知8歩8　耶9智12穂15
椰13智12保9

やちよ
八2千3代5　八2智12代5
也3知8誉13　弥8智12代5
耶9知8世5

やなぎ
柳9希7

やなせ
梁11世5

やひろ
弥8紘10

やや
谷7椰13　弥8矢5

耶9也3　耶9々3
椰13也3

ややこ
八2弥8子3　弥8々3子3
弥8埜11子3　哉9也3子3
耶9々3子3　椰13々3子3
椰13弥8子3

やよい
弥8生5　耶9嘉14
や3よ2い2　弥8代5衣6
哉9世5依8　椰13葉12伊6

やわね
柔9祢9

やわら
柔9　や3わ2ら2

「ゆ」で始まる名前は、温和でゆったりとした印象になります。

ゆあ
由5亜7　結12愛13

ゆあん
由5庵11　祐9杏7
優17按9　優17晏10

ゆい
唯11　結12　ユ2イ2
夕3惟11　由5依8
由5緯16　有6唯11

柚衣（9・6）
祐惟（9・11）
悠泉（11・9）
結衣（12・6）
諭衣（16・6）
優衣（17・6）
優惟（17・11）
優椅（17・12）

ゆいか

由香（5・9）
唯花（11・7）
唯嘉（11・14）
結華（12・10）
由衣果（5・6・8）
祐衣夏（9・6・10）

ゆいこ

唯子（11・3）
結子（12・3）
結虹（12・9）
夕衣子（3・6・3）
柚以子（9・5・3）
裕衣子（12・6・3）
優依子（17・8・3）

ゆいな

唯那（11・7）
唯奈（11・8）
唯南（11・9）
結奈（12・8）
結菜（12・11）
由衣菜（5・6・11）

柚伊奈（9・6・8）
優依菜（17・8・11）

ゆいね

結音（12・9）

ゆいの

唯乃（11・2）
祐衣乃（9・6・2）
癒衣乃（18・6・2）

ゆいほ

唯歩（11・8）
結穂（12・15）
結帆（12・6）
夕伊帆（3・6・6）
祐依保（9・8・9）

ゆいみ

唯美（11・9）
結実（12・8）

ゆいり

唯里（11・7）
唯莉（11・10）
結里（12・7）
結梨（12・11）
結璃（12・15）
柚衣理（9・6・11）

ゆう

祐（9）
悠（11）
遊（12）
優（17）
夕雨（3・8）
木綿（4・14）
由宇（5・6）
由雨（5・8）
悠宇（11・6）
裕羽（12・6）
優羽（17・6）

ゆうあ

夕亜（3・7）
祐愛（9・13）
楢亜（13・7）
優亜（17・7）

ゆうい

宥衣（9・6）

ゆうか

夕花（3・7）
夕果（3・8）
夕珈（3・9）
夕夏（3・10）
尤花（4・7）
友樺（4・14）
右香（5・9）
佑華（7・10）
侑果（8・8）
侑香（8・9）

柚花（9・7）
勇佳（9・8）
柚香（9・9）
悠花（11・7）
結花（12・7）
結河（12・8）
裕佳（12・8）
裕香（12・9）
湧夏（12・10）
釉華（12・10）
楢夏（13・10）
優花（17・7）
優華（17・10）
優歌（17・14）
ゆうか（3・2・3）
祐雨果（9・8・8）

ゆうき

夕貴（3・12）
尤希（4・7）
友希（4・7）
友紀（4・9）
友幾（4・12）
由葵（5・12）
有希（6・7）
佑妃（7・6）
佑輝（7・15）
侑紀（8・9）
侑貴（8・12）
勇希（9・7）
柚季（9・8）
宥綺（9・14）
悠希（11・7）
悠姫（11・10）

結希（12・7）
裕希（12・7）
遊希（12・7）
湧葵（12・12）
裕喜（12・12）
優葵（17・12）
優喜（17・12）
優貴（17・12）
由有起（5・6・10）
由雨希（5・8・7）

ゆうこ

夕湖（3・12）
有子（6・3）
佑子（7・3）
勇子（9・3）
悠子（11・3）
湧子（12・3）
裕子（12・3）
結子（12・3）
優子（17・3）
木綿子（4・14・3）
由優子（5・17・3）

ゆうな

夕那（3・7）
夕南（3・9）
尤菜（4・11）
由奈（5・8）
邑奈（7・8）
佑菜（7・11）
侑奈（8・8）
勇奈（9・8）

湧奈（12・8）
釉奈（12・8）
楢奈（13・8）
優菜（17・11）

ゆうね

優嶺（17・17）

ゆうの

佑乃（7・2）
侑乃（8・2）
柚乃（9・2）
悠乃（11・2）
楢埜（13・11）
優乃（17・2）
柚羽乃（9・6・2）

ゆうは

佑葉（7・12）
柚葉（9・12）
悠羽（11・6）
裕葉（12・12）
優羽（17・6）
優波（17・8）

ゆうひ

夕3斐12
友4陽12
宥9緋14
悠11日4
悠11妃6
裕12妃6
優17灯6

ゆうほ

夕3穂15
友4歩8
侑8帆6
祐9保9
悠11帆6
優17穂15

ゆうま

夕3麻11
湧12真10
釉12真10

ゆうみ

夕3海9
友4実8
佑7実8
勇9美9
悠11美9
結12泉9
優17実8

ゆうゆ

夕3結12
友4柚9
友4結12
悠11柚9
結12愉12
優17佑7
悠11宇6由5

ゆうら

佑7良7
裕12良7
結12羅19
優17楽13

ゆうり

夕3莉10
尤4里7
友4理11
右5莉10
祐9莉10
柚9理11
勇9梨11
悠11李7
釉12里7
裕12莉10
楢13里7
優17里7
優17莉10
優17璃15

ゆえ

夕3瑛12
由5栄9
柚9絵12
悠11恵10
結12笑10

ゆか

友4歌14
由5香9
有6佳8
柚9香9
愉12花7
結12嘉14
諭16華10

ゆかこ

夕3駕15子3
友4歌14子3
由5佳8子3
有6花7子3
佑7夏10子3

ゆかり

紫12
縁15
夕3雁12
友4雁12
由5雁12
ユ2カ2リ2
夕3華10里7
夕3夏10里7
友4花7理11
由5圭6梨11
由5鹿11里7
由5嘉14里7
柚9香9利7
結12花7李7

ゆき

征8
倖10
雪11
夕3喜12
友4紀9
友4綺14
由5希7
由5紀9
由5喜12
有6妃6
有6紀9
有6葵12
有6樹16
佑7姫10
侑8妃6
雪11輝15
愉12季8
遊12季8
裕12希7
遊12喜12
結12揮12
結12貴12
優17木4
優17暉13

ゆきえ

行6恵10
幸8恵10
通10江6
倖10枝8
晋10恵10
透10絵12
雪11依8
雪11映9
順12江6
詣13恵10
友4希7依8
由5岐7絵12
由5祈8恵10
由5起10江6
結12紀9枝8

ゆきこ

行6子3
至6子3
幸8子3
雪11子3
友4生5子3
由5徽17子3
有6希7子3
祐9貴12子3
裕12紀9子3

ゆきな

行6奈8
如6奈8
幸8那7
幸8奈8
征8奈8
幸8菜11
倖10奈8
晋10奈8
透10奈8
倖10菜11
雪11名6
雪11那7
進11奈8
順12那7
詣13菜11
徹15奈8
ユ2キ3菜11
夕3綺14奈8
由5己3奈8
由5宜8菜11

由貴菜 5 12 11　柚希奈 9 7 8
結貴奈 12 12 8

ゆきね
幸音 8 9　幸寧 8 14
倖音 10 9　雪音 11 9
雪峯 11 10　悠希音 11 7 9

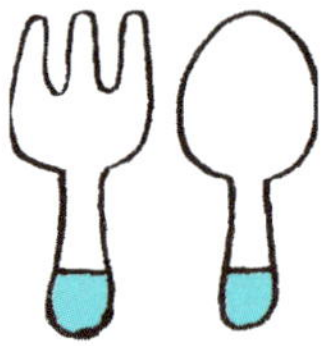

ゆきの
行乃 6 2　如乃 6 2
至野 6 11　幸乃 8 2
倖乃 10 2　透乃 10 2
敏埜 10 11　雪乃 11 2
雪埜 11 11　詣乃 13 2
徹乃 15 2　薫乃 16 2

由綺乃 5 14 2　由樹乃 5 16 2

ゆきは
先波 6 8　幸羽 8 6
倖葉 10 12　晋葉 10 12
雪葉 11 12　夕希羽 3 7 6
由喜葉 5 12 12

ゆきほ
幸保 8 9　倖穂 10 15
雪帆 11 6　雪穂 11 15
道歩 12 8　詣歩 13 8
有輝穂 6 15 15　裕希歩 12 7 8

ゆきみ
志海 7 9　幸実 8 8
幸美 8 9　進未 11 5
雪美 11 9　雪深 11 11
薫美 16 9　由貴実 5 12 8
有希美 6 7 9

ゆきよ
幸予 8 4　倖世 10 5
雪世 11 5　徹代 15 5
夕祈葉 3 8 12　由綺代 5 14 5
有喜世 6 12 5

ゆきこ
詣子 13 3

ゆくこ
由駈子 5 15 3

ゆくも
愉雲 12 12

ゆさ
夕咲 3 9　友瑳 4 14
由彩 5 11　有紗 6 10
優沙 17 7

ゆさこ
夕彩子 3 11 3　友紗子 4 10 3

由咲子 5 9 3　侑佐子 8 7 3
優佐子 17 7 3

ゆず
柚 9　夕津 3 9　由寿 5 7
由鶴 5 21　柚子 9 3
優珠 17 10

ゆずか
柚花 9 7　柚佳 9 8
柚果 9 8　柚香 9 9
夕鶴華 3 21 10　由寿花 5 7 7

ゆずき
柚希 9 7　柚祈 9 8
柚喜 9 12　柚綺 9 14
夕津紀 3 9 9　友鶴希 4 21 7

ゆずな
柚名 9 6　柚那 9 7
柚菜 9 11　友津奈 4 9 8

優珠菜 17 10 11

ゆずは
柚羽 9 6　柚杷 9 8
柚葉 9 12　夕珠波 3 10 8
由寿羽 5 7 6

ゆたか
結天 12 4

ゆづき
弓月 3 4　友月 4 4
祐槻 9 15　悠月 11 4
結月 12 4　優月 17 4
侑津希 8 9 7

ゆづる
優鶴 17 21

ゆな
夕那 3 7　友奈 4 8
悠奈 11 8　結那 12 7
愉奈 12 8　結南 12 9
結菜 12 11　優奈 17 8

ゆの
夕乃 3 2　友乃 4 2
由乃 5 2　悠乃 11 2
遊乃 12 2　裕埜 12 11

ゆふこ
夕甫子 3 7 3　由布子 5 5 3
由扶子 5 7 3　悠富子 11 12 3
結芙子 12 7 3　優風子 17 9 3

ゆま
夕真 3 10　由茉 5 8

由磨 5 16
侑真 8 10
祐真 9 10
悠茉 11 8
裕麻 12 11
遊麻 12 11
優茉 17 8

ゆみ

弓 3
夕実 3 8
夕美 3 9
友泉 4 9
由実 5 8
由美 5 9
佑心 7 4
悠未 11 5
裕実 12 8
諭美 16 9
優美 17 9

ゆみえ

弓依 3 8
弓恵 3 10
夕美映 3 9 9
由泉絵 5 9 12
悠実栄 11 8 9

ゆみか

弓佳 3 8
弓香 3 9
夕美夏 3 9 10
由実嘉 5 8 14

有民花 6 5 7
悠未佳 11 5 8
優心花 17 4 7

ゆみこ

弓子 3 3
友弥子 4 8 3
有美子 6 9 3
悠未子 11 5 3
愉美子 12 9 3
遊美子 12 9 3
優実子 17 8 3

ゆみな

弓奈 3 8
夕実椰 3 8 11
由水奈 5 4 8
由湊奈 5 12 8
有美菜 6 9 11
祐見南 9 7 9
優実那 17 8 7

ゆみほ

弓帆 3 6
夕美帆 3 9 6
有究帆 6 7 6
佑美保 7 9 9
悠実穂 11 8 15

ゆめ

夢 13
ゆめ 3 2
夕芽 3 8
友芽 4 8
由梅 5 10
有萌 6 11
結女 12 3
結芽 12 8

ゆめか

夢佳 13 8
夢果 13 8
夢華 13 10
夢嘉 13 14
由梅花 5 10 7
有芽花 6 8 7

ゆめこ

夢子 13 3
夕芽子 3 8 3
由萌子 5 11 3
悠芽子 11 8 3

ゆめの

夢乃 13 2
夢野 13 11
友芽乃 4 8 2
由萌乃 5 11 2
有梅乃 6 10 2
侑芽乃 8 8 2
優芽乃 17 8 2

ゆめは

夢琶 13 12

ゆめみ

夢実 13 8
夢美 13 9
夢深 13 11
有芽美 6 8 9
優芽弥 17 8 8

ゆゆき

結雪 12 11

ゆら

夕羅 3 19
由楽 5 13
由羅 5 19
侑良 8 7
悠良 11 7
悠羅 11 19

結楽 12 13

ゆり

夕梨 3 11
友莉 4 10
友理 4 11
由梨 5 11
由璃 5 15
百合 6 6
有里 6 7
有裡 6 12
侑莉 8 10
侑理 8 11
祐里 9 7
祐理 9 11
悠李 11 7
悠鯉 11 18
結里 12 7
愉梨 12 11
裕梨 12 11
優里 17 7
優鯉 17 18

ゆりあ

友李亜 4 7 7
由理有 5 11 6
百合亜 6 6 7
侑莉亜 8 10 7
優里亜 17 7 7

ゆりい

夕梨伊 3 11 6
友理衣 4 11 6
由莉依 5 10 8
百合唯 6 6 11
結李衣 12 7 6

ゆりえ

夕璃江 3 15 6
友里恵 4 7 10
友理栄 4 11 9
由李枝 5 7 8
由梨会 5 11 6
由理笑 5 11 10
百合依 6 6 8

ゆりか

夕莉花 3 10 7
友里歌 4 7 14
由利佳 5 7 8
由里嘉 5 7 14
百合佳 6 6 8
百合歌 6 6 14
優里香 17 7 9

ゆりこ

由利子 5 7 3
百合子 6 6 3
有梨子 6 11 3
祐里子 9 7 3

悠11 里7 子3

ゆりな

夕3 璃15 那7
由5 里7 梛11
百6 合6 奈8
友4 理11 菜11
由5 梨11 奈8
結12 李7 名6

ゆりの

夕3 里7 乃2
友4 理11 乃2
結12 梨11 乃2
夕3 莉10 乃2
百6 合6 乃2

ゆわ

優17 和8

よ

「よ」で始まる名前は、優しく、落ち着いた響きになります。

よう

容10
遥12
陽12
楊13
瑶13
燿20

ようえ

躍21 恵10

ようか

要9 花7
陽12 花7
葉12 夏10
容10 香9
揚12 夏10
楊13 花7
瑶13 花7
蓉13 香9
謡16 佳8
燿18 華10
躍21 佳8
瑶13 果8
遙14 佳8
曜18 佳8
耀20 花7

ようこ

洋9 子3
容10 子3
揚12 子3
遥12 子3
瑶13 子3
遙14 子3
曜18 子3
よ2 う2 子3
要9 子3
庸11 子3
葉12 子3
蓉13 子3
踊14 子3
謡16 子3
耀20 子3

ようの

躍21 乃2

よくこ

翼17 子3

よくみ

翼17 美9

よしえ

布5 江6
由5 笑10
好6 恵10
良7 枝8
佳8 江6
桂10 恵10
称10 恵10
淑11 江6
善12 恵10
新13 恵10
葦13 絵12
慶15 絵12
由5 枝8
吉6 恵10
克7 枝8
芳7 恵10
叔8 恵10
祥10 恵10
悦10 絵12
陶11 恵10
義13 枝8
滝13 恵10
歓15 恵10
編15 絵12
艶19 江6
世5 至6 恵10

よしか

由5 迦9
芳7 花7
克7 香9
欣8 華10
佳8 歌14
美9 夏10
祝9 歌14
桂10 香9
善12 伽7
読14 果8
艶19 香9
世5 志7 花7
吉6 香9
芦7 香9
宜8 香9
叔8 華10
昌8 歌14
俊9 華10
省9 嘉14
淑11 加5
善12 佳8
慶15 佳8
寵19 香9

よしき

由5 綺14
芳7 喜12
好6 希7
佳8 伎6
淑11 貴12
頌13 希7

よしこ

由5 子3
佳8 子3
叔8 子3
淑11 子3
賀12 子3
義13 子3
源13 子3
潔15 子3
寵19 子3
芳7 子3
欣8 子3
益10 子3
喜12 子3
善12 仔5
新13 子3
歓15 子3
謙17 子3

よしな

吉6 奈8

よしね
葦13音9

よしの
允4乃2　吉6乃2　好6乃2　芳7乃2　妙7乃2　孝7埜11　佳8乃2　叔8乃2　昌8乃2　典8乃2　省9乃2　宣9乃2　悦10乃2　容10乃2　啓11乃2　淑11乃2　彬11乃2　善12乃2　葦13乃2　源13乃2　嘉14乃2　徳14乃2　読14乃2　壽14乃2　縁15乃2　歓15乃2　慶15乃2　潔15乃2　叡16乃2　賢16乃2　整16乃2　燦17乃2　艶19乃2　寵19乃2

よしは
允4葉12　由5波8　如6葉12　芳7葉12　佳8杷8　美9葉12　称10羽6　淑11巴4　善12葉12　慎13葉12

よしほ
叔8穂15　省9穂15　淑11帆6

よしみ
允4美9　吉6美9　好6弥8　芳7美9　良7美9　佳8泉9　欣8美9　叔8美9　到8美9　美9泉9　泰10巳3　桂10実8　哲10美9　能10美9　容10美9　啓11美9　淑11望11　善12美9　慎13実8　源13美9　新13美9　滝13美9　禎13美9　徳14美9　読14美9　縁15美9　歓15美9　嬉15美9　慶15美9　撫15美9　艶19美9　瀧19美9　よ2し1み3

よな
余7奈8

よもぎ
蓬14

よりえ
依8恵10　依8慧15　順12恵10　頼16江6　親16恵10　頼16枝8

よりか
依8佳8　依8香9　順12嘉14　頼16花7　頼16華10

よりこ
依8子3　頼16子3　世5理11子3　夜8璃15子3　葉12里7子3

「ら」で始まる名前は、明るく強い響きになります。

らいあ
礼5亜7　萊11亜7　徠11愛13

らいえ
徠11恵10

らいか
礼5花7　礼5佳8　来7歌14　萊11花7　徠11果8　蕾16花7　頼16香9　蕾16歌14

らいざ
來8沙7　蕾16沙7

らいち
萊11知8

らいほ
萊11歩8

らいむ
礼5夢13　来7夢13　徠11夢13　萊11夢13　頼16夢13　蕾16夢13

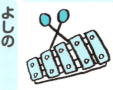

楽13衣6夢13

らいら
礼5来7　礼5良7
来7良7　萊11来7
徠11良7　萊11羅19
蕾16来7　頼16楽13
蕾16楽13　禮18良7
ライラ2 2 2

らくあ
楽13亜7

らくか
洛9花7

らくき
洛9輝15

らくな
洛9奈8

らくの
洛9乃2

らな
らな2 5　良7奈8
羅19奈8

らむ
良7夢13　良7睦13
螺17務11　羅19夢13

らら
らら2 2　良7々3
螺17良7　羅19々3
羅19楽13

らん
藍18　蘭19
らん2 2

らんか
藍18花7　蘭19佳8
蘭19香9

らんこ
藍18子3　藍18瑚13
蘭19子3　蘭19仔5

らんみ
蘭19美9

「り」で始まる名前は、若々しく、軽快なイメージになります。

りあ
李7安6　里7亜7
莉10有6　梨11亜7
璃15亜7

りあん
里7杏7　李7按9
莉10庵11　梨11安6
理11晏10　璃15安6

りい
里7衣6　莉10惟11
梨11伊6　理11唯11
璃15依8

りいこ
利7衣6子3　理11葦13子3

りいな
理11稲14　りいな2 2 5
李7伊6那7　利7衣6奈8
里7衣6椰11　李7唯11奈8
梨11以5菜11　璃15衣6奈8

りいん
梨11韻19

りえ
リエ2 3　利7枝8
李7枝8　李7栄9
里7絵12　莉10瑛12
浬10絵12　梨11笑10
理11恵10　梨11絵12
理11絵12　裡12江6
璃15英8

りえこ
里7恵10子3　李7絵12子3
莉10江6子3　梨11依8子3

りえな
李7恵10菜11　里7絵12奈8
理11江6那7　璃15枝8名6

りお
里7緒14　李7緒14
莉10桜10　梨11央5
理11桜10　璃15央5

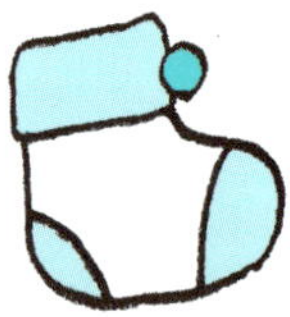

りおこ
利7桜10子3　李7緒14子3
梨11央5子3　璃15央5子3

りおな
李7央5那7　梨11央5菜11
理11緒14奈8

りおん
里7音9　里7温12
李7温12　理11苑8

- 梨11音9
- 璃15恩10

りか
- 立5佳8
- 里7加5
- 里7花7
- 李7果8
- 里7香9
- 里7珈9
- 莉10佳8
- 莉10架9
- 梨11花7
- 梨11香9
- 理11夏10
- 裡12佳8
- 鯉18佳8

りかこ
- 李7歌14子3
- 里7華10子3
- 理11花7子3
- 理11嘉14子3
- 璃15香9子3

りく
- 里7鳩13

りくほ
- 陸11歩8

りこ
- 莉10子3
- 浬10子3
- 梨11子3
- 理11子3
- 理11瑚13
- 璃15子3
- 璃15仔5

りさ
- 吏6沙7
- 里7佐7
- 李7咲9
- 里7紗10
- 里7瑳14
- 俐9紗10
- 哩10沙7
- 莉10彩11
- 梨11佐7
- 理11沙7
- 梨11咲9
- 理11紗10
- 梨11紗10
- 梨11爽11
- 理11爽11

りさこ
- 李7爽11子3
- 利7彩11子3
- 梨11佐7子3
- 理11咲9子3
- 里7紗10子3

りさの
- 里7咲9乃2
- 李7紗10乃2
- 浬10砂9乃2
- 理11佐7乃2
- 璃15沙7乃2

りさら
- 莉10更7

りす
- 理11須12

りせ
- 李7世5
- 里7世5
- 李7聖13
- 里7瀬19
- 利7瀬19
- 莉10世5
- 莉10聖13
- 梨11世5
- 理11星9
- 理11聖13
- 理11勢13
- 理11瀬19
- 璃15世5

りち
- 李7知8
- 莉10智12
- 理11茅8
- 梨11智12
- 璃15智12

りつ
- 律9
- 李7都11
- 理11津9
- 璃15津9

りつか
- 立5香9
- 律9花7
- 律9佳8
- 律9夏10
- 梨11都11花7

りっか
- 六4花7
- 立5夏10

りつき
- 立5希7

りつこ
- 律9子3
- 里7都11子3
- 李7都11子3
- 璃15津9子3

りつせ
- 立5瀬19

りつは
- 立5羽6

りな
- 里7名6
- 莉10菜8
- 梨11名6
- 理11奈8
- 理11菜11
- 梨11菜11
- 裡12奈8
- 鯉18那7

りなこ
- 李7奈8子3
- 莉10南9子3
- 理11那7子3
- 梨11菜11子3
- 璃15名6子3

りの
- 吏6乃2
- 李7乃2
- 莉10乃2
- 理11乃2
- 梨11乃2
- 璃15乃2

りほ
- 里7穂15
- 李7穂15
- 浬10帆6
- 哩10歩8
- 梨11保9
- 理11圃10
- 理11葡12
- 璃15保9
- 鯉18帆6

りほこ
- 里7葡12子3
- 浬10帆6子3

莉10保9子3　理11歩8子3　璃15甫7子3

りま

里7茉8　里7麻11　理11万3　梨11真10　璃15真10

りまこ

李7真10子3　莉10万3子3　理11麻11子3

りみ

利7美9　俐9実8　莉10実8　理11海9　理11深11

りみか

里7美9嘉14　莉10美9香9　理11実8果8

りむ

里7夢13　理11夢13　梨11夢13

りや

里7耶9　莉10也3　梨11耶9　理11哉9　璃15矢5

りやこ

里7哉9子3　理11弥8子3　璃15也3子3

りゅう

柳9

りゅうか

柳9佳8　柳9香9　柳9歌14　笠11香9

りゅうこ

柳9子3　笠11子3

りよ

李7代5　莉10世5　梨11代5　理11葉12　梨11誉13　璃15世5

りょう

良7　亮9　菱11　涼11　椋12　綾14　諒15　凌10羽6

りょうか

良7華10　亮9華10　亮9歌14　凌10花7　涼10花7　凌10香9　凌10華10　凌10嘉14　梁11花7　陵11花7　涼11香9　涼11華10　椋12華10　稜13佳8　僚14花7　諒15花7　諒15華10　瞭17佳8　旅10宇6果8

りょうこ

良7子3　亮9子3　凌10子3　涼10子3　菱11子3　梁11子3　涼11子3　陵11子3　椋12子3　稜13子3　僚14子3　綾14子3　諒15子3　遼15子3　瞭17子3　旅10卯5子3　旅10宇6子3

りょうな

亮9菜11　凌10奈8　梁11名6　涼11那7　菱11奈8　椋12那7　稜13那7

りょうね

菱11音9

りょうの

菱11乃2　涼11乃2

りょうは

菱11葉12　椋12葉12

りょうわ

梁11和8

りよこ

李7世5子3　梨7葉12子3　莉10代5子3　理11世5子3　璃15代5子3

りら

利7良7　李7羅19　莉10楽13　理11螺17　梨11羅19

りり

莉10々3　理11李7　梨11里7　梨11璃15　璃15々3

りりあ

里7々3亜7　莉10里7有6　理11々3亜7　理11李7亜7　梨11里7亜7

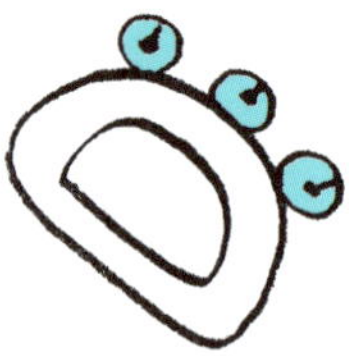

りりあん

梨11々3杏7

りりい
李(7)里(7)伊(6)　莉(10)々(3)依(8)　梨(11)々(3)依(8)　理(11)梨(11)衣(6)　璃(15)々(3)依(8)

りりか
里(7)々(3)花(7)　里(7)々(3)佳(8)　俐(9)李(7)花(7)　哩(10)々(3)花(7)　莉(10)里(7)歌(14)　梨(11)々(3)香(9)　理(11)々(3)嘉(14)　梨(11)里(7)加(5)　理(11)利(7)花(7)

りりこ
李(7)々(3)子(3)　莉(10)々(3)子(3)　梨(11)理(11)子(3)　璃(15)々(3)子(3)　璃(15)里(7)子(3)

りりん
莉(10)麟(24)　理(11)鈴(13)

りるか
李(7)留(10)香(9)　里(7)琉(11)夏(10)　莉(10)留(10)香(9)　梨(11)留(10)花(7)　理(11)瑠(14)加(5)

りん
倫(10)　琳(12)　鈴(13)　稟(13)　綸(14)　凛(15)　凛(15)　麟(24)　リ(2)ン(2)

りんか
林(8)加(5)　林(8)夏(10)　倫(10)花(7)　梨(11)花(7)　琳(12)香(9)　琳(12)華(10)　稟(13)佳(8)　鈴(13)歌(14)　綸(14)佳(8)　凛(15)圭(6)　凛(15)花(7)　凛(15)佳(8)　凛(15)華(10)　隣(16)嘉(14)　臨(18)佳(8)　麟(24)香(9)

りんこ
林(8)子(3)　林(8)胡(9)　倫(10)子(3)　琳(12)子(3)　鈴(13)子(3)　稟(13)子(3)　綸(14)子(3)　輪(15)子(3)　凛(15)子(3)　凛(15)子(3)　凛(15)瑚(13)　隣(16)子(3)　麟(24)子(3)

りんご
林(8)檎(17)　鈴(13)檎(17)

りんな
琳(12)南(9)　鈴(13)那(7)　稟(13)菜(11)　凛(15)奈(8)

りんの
凛(15)乃(2)

りんり
稟(13)理(11)

「る」で始まる名前は、一本、筋の通ったイメージになります。

るあん
琉(11)安(6)

るい
留(10)衣(6)　琉(11)衣(6)　琉(11)依(8)　琉(11)泉(9)　瑠(14)衣(6)　瑠(14)依(8)　瑠(14)葦(13)

るいこ
類(18)子(3)　留(10)依(8)子(3)　留(10)唯(11)子(3)　琉(11)依(8)子(3)　瑠(14)衣(6)子(3)

るいざ
留(10)衣(6)彩(11)　留(10)依(8)咲(9)　琉(11)伊(6)佐(7)　瑠(14)以(5)紗(10)

るいな
塁(12)那(7)　類(18)奈(8)　瑠(14)衣(6)奈(8)

るう
留(10)宇(6)　琉(11)羽(6)　琉(11)雨(8)　瑠(14)有(6)　瑠(14)兎(7)

るうな
留(10)宇(6)那(7)　留(10)羽(6)奈(8)　琉(11)宇(6)名(6)　瑠(14)有(6)菜(11)　瑠(14)羽(6)名(6)

るか
留(10)佳(8)　留(10)架(9)　留(10)華(10)　琉(11)香(9)　琉(11)華(10)　琉(11)歌(14)　瑠(14)花(7)　瑠(14)果(8)　瑠(14)佳(8)　瑠(14)賀(12)　瑠(14)嘉(14)

るきあ
流(10)季(8)亜(7)

るしあ
留(10)史(5)亜(7)　留(10)司(5)亜(7)　流(10)詩(13)有(6)　瑠(14)史(5)亜(7)

るしな

留10志7奈8　留10枝8奈8　琉11史5南9　瑠14司5菜11　瑠14史5棚11

るせ

流10勢13

るそう

瑠14創12

るな

流10那7　流10奈8　留10那7　留10奈8　琉11名6　琉11奈8　琉11菜11　瑠14名6　瑠14那7　瑠14奈8

るの

留10乃2　琉11埜11　瑠14乃2　瑠14之3

るびい

琉11枇8依8

るみ

留10弥8　留10美9　琉11泉9　琉11美9　瑠14美9　瑠14深11

るみか

留10弥8華10　流10海9加5　留10泉9花7　留10美9佳8　琉11海9夏10　琉11美9歌14　瑠14実8果8

るみこ

留10実8子3　留10海9子3　琉11水4子3　琉11実8子3　瑠14未5子3　瑠14魅15子3

るみな

琉11水4奈8　瑠14実8奈8

るみね

留10峰10

るみの

留10泉9乃2　琉11実8乃2　琉11深11乃2　琉11湊12乃2　瑠14美9乃2

るもい

留10萌11

るり

留10璃15　琉11莉10　琉11梨11　瑠14利7　瑠14璃15

るりか

留10里7歌14　留10理11佳8　琉11李7花7　琉11理11夏10　瑠14璃15佳8

るりこ

琉11利7子3　瑠14璃15子3

るりは

留10里7羽6　留10理11葉12　琉11璃15羽6　瑠14里7巴4　瑠14璃15波8

るる

留10々3　瑠14々3　瑠14留10

るるか

留10々3果8　留10々3香9　琉11々3花7　琉11留10華10　瑠14々3歌14

るるな

留10々3奈8　留10々3棚11　琉11留10菜11　瑠14々3那7　瑠14々3南9

「れ」で始まる名前は、華やかで明るく、強いイメージになります。

れあ

麗19亜7

れい

礼5　怜8　玲9　羚11　鈴13　澪16　麗19

れいあ

礼5愛13　励7亜7　怜8有6　玲9亜7　羚11亜7　鈴13有6　麗19有6

れいか

礼5花7　令5佳8　礼5華10　伶7佳8　伶7香9　励7華10　怜8佳8　怜8華10

玲9加5　玲9香9　玲9華10　羚11花7　零13加5　黎15佳8　澪16花7　澪16華10　嶺17架9　嶺17夏10　禮18佳8　麗19花7　麗19佳8　麗19画8　麗19香9

れいこ

礼5子3　伶7子3　励7子3　怜8子3　玲9子3　鈴13子3　零13湖12　黎15子3　澪16子3　禮18子3　麗19子3

れいな

礼5那7　礼5菜11　令5菜11　伶7那7　励7那7　励7奈8　怜8奈8　怜8菜11　玲9奈8　玲9菜11　玲9稲14　羚11奈8　鈴13那7　零13奈8　黎15名6　澪16那7　澪16奈8　禮18奈8　麗19名6　麗19奈8

れいの

励7乃2

れいは

令5葉12　麗19羽6

れいみ

礼5未5　礼5美9　伶7深11　怜8扇10　玲9美9　零13実8　嶺17美9　禮18美9　麗19実8

れいや

玲9弥8　羚11耶9　嶺17耶9

れいら

令5良7　礼5良7　励7良7　伶7楽13　怜8良7　玲9来7　玲9羅19　羚11良7　羚11楽13　零13羅19　黎15羅19　澪16良7　澪16羅19　嶺17良7　麗19楽13　麗19良7

れお

礼5央5　礼5緒14　励7桜10　玲9音9　麗19生5　麗19央5

れおな

令5緒14名6　礼5緒14奈8　玲9央5奈8　澪16央5那7　麗19央5名6

れおん

玲9音9

れな

礼5名6　令5奈8　礼5奈8　伶7那7　玲9那7　玲9奈8　鈴13那7　麗19名6　麗19奈8

れの

伶7乃2　玲9乃2　澪16乃2　嶺17乃2　麗19乃2

れみ

礼5実8　玲9水4　玲9泉9　玲9美9　澪16美9　麗19未5　麗19実8

れもん

礼5紋10　玲9紋10　麗19文4

れん

恋10　蓮13　漣14

れんか

恋10花7　恋10香9　連10香9　恋10華10　連10夏10　蓮13花7　廉13佳8　蓮13佳8　漣14香9　漣14嘉14

れんこ

怜8子3　恋10子3　蓮13子3　漣14子3　錬16子3

れんな

恋10那7　連10奈8　連10南9　連10菜11　廉13那7　蓮13奈8　漣14名6

ろ

「ろ」で始まる名前は、責任感と安定感のあるイメージになります。

ろうさ
朗10咲9
浪10彩11
楼13沙7
瀧19彩11
露21紗10

ろうら
浪10良7
朗10楽13
朗10羅19
浪10羅19
楼13来7
楼13良7
滝13羅19
楼13羅19
蕗16浦10
瀧19良7
瀧19楽13
露21楽13
芦7有6良7

ろか
呂7花7
櫓19歌14
露21華10
鷺24花7
鷺24歌14

ろくか
麓19花7

ろくは
麓19葉12

ろくほ
麓19穂15

ろこ
芦7子3
呂7瑚13
蕗16子3
櫓19子3
鷺24子3

ろまん
呂7万3

わ

「わ」で始まる名前は、落ち着きがあり信頼感のあるイメージに。

わお
和8央5

わか
羽6佳8
和8花7
和8歌14
環17花7

わかえ
若8枝8
若8恵10
若8絵12
稚13恵10
和8花7江6

わかこ
若8子3
雀11子3
稚13子3
羽6佳8子3
和8嘉14子3
和8歌14子3

わかな
若8名6
若8那7
若8奈8
和8奏9
雀11菜11
稚13奈8
わ2か3な5
羽6架9南9
羽6歌14名6
和8花7那7
和8香9菜11
和8霞17菜11

わかの
若8乃2
雀11乃2
羽6佳8乃2
羽6華10乃2
和8嘉14乃2

わかば
若8羽6
若8杷8
和8椛11
若8葉12
和8樺14
稚13芭7
和8夏10波8

わかほ
若8穂15
和8歌14穂15

わかみ
若8実8
和8歌14未5
環17花7美9

わき
和8喜12

わくえ
羽6玖7恵10
和8久3恵10
和8玖7永5

わこ
羽6子3
和8子3
輪15子3
環17子3

わたる
渉11
わ2た4る2

外国語の響きの名前

おしゃれな雰囲気で個性的な名前になります。

英語圏風

日本人にとって聞きなじみのある名前になります。ひらがな、カタカナにしても。

アリス・ありす

有寿 6 7
安里洲 6 7 9
安莉素 6 10 10
有理朱 6 11 6
亜李守 7 7 6
亜璃守 7 15 6
愛里須 13 7 12
愛梨素 13 11 10

エレナ・えれな

江麗那 6 19 7
栄伶南 9 7 9
映怜奈 9 8 8
絵礼奈 12 5 8
絵玲名 12 9 6

エレン・えれん

英漣 8 14
映廉 9 13
恵恋 10 10
笑連 10 10
瑛恋 12 10
絵蓮 12 13

カレン・かれん

花蓮 7 13
佳連 8 10
果漣 8 14
香蓮 9 13
華恋 10 10
歌連 14 10

クララ・くらら

久良々 3 7 3
玖来々 7 7 3
紅楽々 9 13 3

ケイト　けいと

恵(10)都(11)　啓(11)杜(7)　敬(12)音(9)

景(12)都(11)　慶(15)音(9)　慧(15)登(12)

サラ　さら

冴(7)来(7)　沙(7)羅(19)　砂(9)楽(13)

咲(9)羅(19)　紗(10)良(7)　彩(11)良(7)

サリー　さりい

沙(7)里(7)唯(11)　冴(7)璃(15)衣(6)

咲(9)莉(10)衣(6)　砂(9)理(11)衣(6)

紗(10)里(7)以(5)　彩(11)梨(11)依(8)

マーサ　まあさ

麻(11)朝(12)　真(10)有(6)紗(10)

真(10)亜(7)砂(9)　麻(11)有(6)佐(7)

麻(11)亜(7)沙(7)

メアリ　めあり

芽(8)有(6)璃(15)　芽(8)亜(7)梨(11)

梅(10)有(6)里(7)　萌(11)亜(7)莉(10)

ローラ　ろうら

朗(10)楽(13)　浪(10)羅(19)　楼(13)良(7)

楼(13)来(7)　楼(13)羅(19)　滝(13)羅(19)

フランス風

あか抜けた雰囲気になります。セシルはカトリックの聖人・セシリアのフランス語読みです。

アメリ　あめり

天(4)莉(10)　天(4)梨(11)　雨(8)璃(15)

有(6)芽(8)里(7)　安(6)梅(10)利(7)

有(6)萌(11)梨(11)　亜(7)芽(8)理(11)

エミリ・えみり

笑10理11　映9海9浬10
恵10深11利7　瑛12弥8李7
絵12美9梨11　愛13満12里7

ジュリ・じゅり

寿7利7　寿7梨11　寿7璃15
珠10莉10　樹16里7　樹16理11

セシル・せしる

世5志7瑠14　星9詩13流10
聖13思9琉11　瀬19紫12留10

ドイツ風

安心感のある名前になります。アンナはイタリアやフランスなどでも使われる女性名です。

アンナ・あんな

安6和8　行6菜11　杏7奈8
杏7梛11　晏10菜11

イルマ・いるま

入2茉8　衣6瑠14麻11
依8琉11真10　維14留10満12

マリア・まりあ

毬11綾14　鞠17娃9　鞠17愛13
茉8莉10彩11　麻11里7亜7

ユリア・ゆりあ

夕3里7亜7　友4里7安6
百6合6亜7　祐9理11亜7

イタリア風

響きのよさが魅力的です。リズム感があり、快活なイメージの名前になります。

エバ・えば

- 永波 (5 8)
- 枝葉 (8 12)
- 笑羽 (10 6)
- 恵波 (10 8)
- 絵羽 (12 6)
- 愛葉 (13 12)

キアラ・きあら

- 希有来 (7 6 7)
- 季阿来 (8 8 7)
- 紀亜楽 (9 7 13)
- 葵安良 (12 6 7)
- 貴亜羅 (12 7 19)
- 輝亜良 (15 7 7)

ジュリア・じゅりあ

- 寿李有 (7 7 6)
- 珠利亜 (10 7 7)
- 珠里彩 (10 7 11)
- 樹里亜 (16 7 7)

ルチア・るちあ

- 留智亜 (10 12 7)
- 琉知亜 (11 8 7)
- 瑠千安 (14 3 6)

オリエンタル風

神秘的なイメージが漂う名前。ラ行の音を多く使うと、オリエンタルな雰囲気になります。

レイラ・れいら

- 礼良 (5 7)
- 伶羅 (7 19)
- 玲来 (9 7)
- 羚楽 (11 13)
- 澪良 (16 7)
- 麗楽 (19 13)

ライラ・らいら

- 礼来 (5 7)
- 莱来 (11 7)
- 徠羅 (11 19)
- 蕾良 (16 7)
- 頼来 (16 7)

呼びたい愛称からさがす

どんな愛称で呼びたいか、というところから名前の候補を考えてみましょう。

あいちゃん

あいか　あいこ
あいせ　あいな
あいね　あいの
あいみ　あいら
あいり

あきちゃん

あきえ　あきか

あきこ　あきな
あきね　あきの
あきは　あきほ
あきら　あきらこ

あこちゃん

あきこ　あつこ

あー・あっちゃん

あかね　あかり

あくあ　あぐり
あけの　あげは
あけみ　あさえ
あさか　あさぎ
あさこ　あさの
あさひ　あさみ
あすか　あずさ
あずな　あすの
あすみ　あずみ
あつこ　あつの
あつほ　あつみ
あづみ　あにか
あまな　あまね
ありさ　ありす
あわね　あわの

あみちゃん

あみい　あみか
あみこ　あみの

あやちゃん

あやえ　あやか
あやこ　あやせ
あやな　あやね
あやの　あやは
あやめ　あやり

あゆちゃん

あゆか　あゆこ
あゆな　あゆの
あゆみ　あゆむ

あんちゃん

あんじゅ　あんず
あんな　あんね
あんり

いくちゃん

いくえ　いくこ
いくの　いくみ

いー・いっちゃん

いすず　いずみ
いちか　いちこ
いちご　いちの
いちほ　いつき
いつみ　いづみ
いなみ　いのり
いぶき　いまり
いまる　いりあ
いるま　いろは

うーちゃん

うぃか　うきは
うしお　うづき
うらら　うらん

うさちゃん

うさぎ　うさみ

うたちゃん

うたか　うたこ
うたね　うたの
うたは　うたみ

えいちゃん

えいか　えいこ
えいな　えいの
えいみ　えいむ
えいり

えっちゃん

えこ　えつこ
えなみ　えれな
えれん　えんや

えみちゃん

えみい　えみか
えみこ　えみり
えみる

えりちゃん

えりい　えりか
えりこ　えりさ
えりす　えりな
えりん

おとちゃん

おとえ　おとか
おとね　おとの
おとは　おとめ

かえちゃん

かえい　かえで
かえら

かおちゃん

かおり　かおる
かおるこ　かおん

かず かづちゃん

かずさ　かずね
かずは　かずほ
かずみ　かずら
かづき　かづみ

かなちゃん

かなえ　かなこ
かなつ　かなめ
かなん

かのちゃん

かのこ　かのり
かのん

きくちゃん

きくえ　きくお
きくか　きくこ
きくな　きくね
きくの　きくみ

きこちゃん

きつこ　きっこ

きょうちゃん

きょうか　きょうこ
きょうと　きょうな
きょうね　きょうの

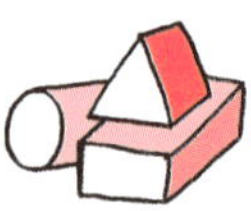

きよちゃん

きよか　きよな
きよね　きよの
きよは　きよみ
きよら　きより

きりちゃん

きりあ　きりえ
きりか　きりこ
きりん

くーちゃん

くおん　くすの
くずは　くらら
くるみ　くれあ
くれお

けいちゃん

けいか　けいこ
けいと　けいな
けいは　けいり

こうちゃん

こうか　こうき
こうこ　こうさ
こうな　こうね
こうみ　こうめ

こっちゃん

こさと　こずえ
こと　ことあ
ことえ　ことこ
ことね　ことの
ことは　ことみ
ことり　こなつ

ここちゃん

ここあ　ここな
ここね　ここみ
こころ

さえちゃん

さえか　さえこ
さえら　さえり

さきちゃん

さきえ　さきか
さきこ　さきね
さきの　さきは
さきほ　さきみ

さくちゃん

さくえ　さくみ
さくも　さくや

さちちゃん

さちえ　さちか
さちこ　さちな
さちね　さちの
さちは　さちほ

さーちゃん さっちゃん

さあや　さおり
さかえ　さかき
さぎり　さくら
さくらこ　さそら
さつか　さつき
さっこ　さてん

さとちゃん

さとか　さとね
さとの　さとは
さとみ　さとり

さなちゃん

さなえ　さなぎ
さなみ

さやちゃん

さやか　さやこ
さやな　さやの
さやみ

さらちゃん

さらさ　さらな
さらの　さらは
さらん

さゆちゃん

さゆか　さゆき
さゆみ　さゆり

さりちゃん

さりい　さりな

さんちゃん

さんか　さんご
さんな　さんの

しいちゃん

しいか　しいな
しいの　しいら
しとら　しなの
しぶき　しふみ
しらほ

しおちゃん

しおか　しおね
しおみ　しおり
しおん

しず しづちゃん

しずく　しずこ
しずね　しずの
しずは　しずる
しづえ　しづか
しづき　しづこ
しづる

しのちゃん

しのあ　しのか
しのは　しのぶ
しのり

しゅり じゅりちゃん

しゅりあ　じゅりあ
しゅりな　じゅりな
じゅりん

すいちゃん

すいう　すいか
すいせん　すいな
すいほ　すいみ
すいむ　すいや
すいり　すいれん

すずちゃん

すずえ　すずか
すずこ　すずな
すずね　すずの
すずは　すずほ
すずみ　すずむ
すずめ　すずらん
すずる　みすず

すみちゃん

すみえ　すみか
すみこ　すみな
すみの　すみよ
すみれ　すみれこ

せいちゃん

せいあ　せいか
せいこ　せいな
せいの　せいは
せいほ　せいみ
せいや　せいら
せいる

せりちゃん

せりあ　せりえ
せりか　せりな
せりね　せりの
せりよ

そうちゃん

そうか　そうこ
そうな　そうの
そうほ　そうみ

そのちゃん

そのえ　そのか
そのこ　そのは
そのみ

そらちゃん

そらね　そらの
そらは　そらみ
そらよ　みそら

たかちゃん

たかえ　たかこ
たかな　たかね
たかの　たかほ
たかみ　たから

たあちゃん

たくと　たくみ
たけの　たけひ
ただえ　たつこ
たつみ　たまお
たまき　たまり

ちいちゃん

ちいか　ちいこ
ちぐさ　ちずこ

ちすず　ちづえ
ちづる　ちとせ
ちどり　ちなつ
ちはや　ちはる
ちひろ　ちふね
ちふゆ　ちやこ
ちゆき　ちゆり
ちょう　ちよこ
ちより

ちえちゃん

ちえこ　ちえみ
ちえり

ちかちゃん

ちかげ　ちかこ
ちかな　ちかね
ちかの　ちかみ

ちさちゃん

ちさき　ちさこ
ちさと

つーちゃん

つかさ　つくし
つぐみ　つたせ
つづみ　つづり
つばき　つばさ
つばめ　つぼみ
つむぎ　つやこ
つゆみ　つるの

つきちゃん

つきえ　つきか
つきこ　つきな
つきね　つきの
つきほ　つきみ

てんちゃん

てんか　てんし
てんじゅ　てんち

ときちゃん

ときえ　ときか
ときこ　ときな
ときね　ときみ

としちゃん

としえ　としか
としこ　としの
としは　としみ

ともちゃん

ともい　ともえ
ともか　ともき
ともこ　ともな
ともね　ともの
ともは　ともほ
ともみ　ともよ
ともり

なおちゃん

なおい　なおえ
なおか　なおこ
なおみ

なぎちゃん

なぎか　なぎこ
なぎさ　なぎね
なぎの　なぎは
なぎほ

なっちゃん

なつえ　なつお
なつか　なつき
なつこ　なつね
なつの　なつは
なつほ　なつみ
なつめ　なつよ

ななちゃん

ななえ　ななお
ななか　ななこ
ななせ　ななの
ななほ　ななみ

なみちゃん

なみえ　なみか
なみき　なみこ
なみの

のりちゃん

のりあ　のりえ
のりか　のりこ
のりさ　のりせ
のりな　のりは
のりほ　のりみ
のりよ

のんちゃん

のあ　のい
のぎく　のぞみ
のぞむ　のどか

はなちゃん

はなえ　はなか
はなこ　はなの
はなみ　はなよ

はるちゃん

はるえ　はるか
はるき　はるこ
はるな　はるね
はるの　はるひ
はるほ　はるみ

ひいちゃん

ひいな　ひいらぎ
ひいろ　ひおり
ひかり　ひかる
ひさえ　ひさか
ひさの　ひしり
ひすい　ひでみ
ひとえ　ひとこ
ひとは　ひとみ
ひのか　ひばり
ひびき　ひふみ
ひまり　ひまわり
ひよこ　ひより
ひらり

ひなちゃん

ひなか　ひなき
ひなぎく　ひなこ
ひなた　ひなの
ひなみ

ひめちゃん

ひめか　ひめこ
ひめな　ひめの
ひめよ

ひろちゃん

ひろえ　ひろお
ひろか　ひろこ
ひろな　ひろね
ひろの　ひろは
ひろほ　ひろみ
ひろむ

ふうちゃん

ふうか　ふうき
ふうこ　ふうな
ふうみ　ふえか
ふえね　ふえの
ふえら　ふきの
ふさか　ふさこ
ふさの　ふじえ
ふじこ　ふそう
ふたば　ふぶき
ふよう

ふゆちゃん

ふゆえ　ふゆか
ふゆき　ふゆこ
ふゆね　ふゆの
ふゆみ

まあちゃん

まあこ　まあさ
まあや　まじゅ
ましろ　まそら
まちこ　まつこ
まつの　まつみ
まつり　まどか
まどな　まどの
まどは　まひな
まひる　まひろ
まろみ　まわた

まいちゃん

まいか　まいこ
まいな　まいね
まいの　まいは
まいほ　まいみ
まいむ　まいら
まいる

まきちゃん

まきえ　まきか
まきこ　まきな
まきね　まきの
まきほ　まきみ
まきよ

まさちゃん

まさえ　まさき
まさこ　まさな
まさね　まさの
まさほ　まさみ
まさよ

まなちゃん

まなえ　まなお
まなか　まなほ
まなみ

まみちゃん

まみか　まみこ

まゆちゃん

まゆう　まゆか
まゆき　まゆこ
まゆな　まゆは
まゆほ　まゆみ
まゆら　まゆり

まりちゃん

まりあ　まりあん
まりい　まりえ
まりお　まりか
まりこ　まりさ
まりな　まりね
まりの　まりも
まりや　まりりん
まりん

みあちゃん

みあき　みあみ
みあや　みあん

みいちゃん　みっちゃん

みいこ　みいつ
みいと　みいな
みいろ　みいん
みぎわ　みすじ
みすず　みすの
みずは　みその
みそら　みたか
みちえ　みちか
みちこ　みちな
みちね　みちの
みちほ　みちよ
みちる　みつえ
みづえ　みつか
みつき　みづき
みつこ　みつさ
みつせ　みつな
みつね　みつの
みつは　みつほ
みづほ　みつみ
みつよ　みつる
みのり　みのる
みはな　みはる
みひろ　みふじ
みふね　みふゆ
みむら　みもり
みやこ　みやの
みやび　みらい
みらん　みりあ
みれい　みろく
みわこ　みわた

みうちゃん

みうな　みうみ
みうめ

みえちゃん

みえい　みえか
みえこ　みえり
みえん

みおちゃん

みおう　みおか
みおぎ　みおこ
みおな　みおね
みおり　みおん

みかちゃん

みかげ　みかこ
みかぜ　みかね
みかほ　みかり

みきちゃん

みきえ　みきこ
みきの　みきは
みきほ　みきよ

みくちゃん

みくに　みくも
みくる

みさちゃん

みさえ　みさお
みさき　みさこ
みさと　みさほ
みさよ　みさら

みなちゃん

みなえ みなお
みなき みなこ
みなせ みなと
みなの みなほ
みなみ みなも
みなよ

みねちゃん

みねか みねこ
みねの みねよ

みほちゃん

みほう みほか
みほく みほし
みほな

みゆちゃん

みゆう みゆき
みゆみ

みよちゃん

みよう みよこ
みよし みより

むぎちゃん

こむぎ むぎか
むぎな むぎほ

めいちゃん

めいか めいこ
めいさ めいみ

もえちゃん

もえか もえぎ
もえこ もえな
もえみ もえり

ももちゃん

こもも すもも
ももえ ももか
ももこ ももな
ももね ももの
ももは ももほ
ももみ ももよ

ゆいちゃん

ゆいか ゆいこ
ゆいな ゆいの
ゆいほ ゆいり

ゆうちゃん

ゆうあ ゆうか
ゆうき ゆうこ
ゆうな ゆうの
ゆうは ゆうひ
ゆうほ ゆうま
ゆうみ ゆうゆ
ゆうら ゆうり

ゆかちゃん

ゆかこ ゆかり

ゆきちゃん

ゆきえ ゆきか
ゆきこ ゆきな
ゆきね ゆきの
ゆきは ゆきほ
ゆきみ ゆきよ

ゆず ゆづちゃん

ゆずか ゆずき
ゆずな ゆずは
ゆづき

ゆみちゃん

ゆみえ ゆみか ゆみこ ゆみな ゆみほ

ゆめちゃん

ゆめか ゆめこ ゆめの ゆめは ゆめみ

ゆりちゃん

ゆりあ ゆりえ ゆりか ゆりこ ゆりな ゆりの ゆりは

よしちゃん

よしえ よしか よしき よしこ よしの よしは よしほ よしみ

らいちゃん

らいあ らいか らいち らいむ らいら

りいちゃん

りいこ りいな

りおちゃん

りおこ りおな

りこちゃん

りおこ りかこ りさこ りつこ

りょうちゃん

りょうか りょうこ りょうな

りりちゃん

りりあ りりあん りりい りりか りりこ りりん

りんちゃん

えりん かりん きりん じゅりん まりん りりん りんか りんこ りんご りんな りんの りんり

るうちゃん

るあん るきあ るそう るびい

るみちゃん

るみか るみこ るみな るみね るみの

れいちゃん

れいあ れいか れいこ れいな れいの れいは れいみ れいや れいら

れんちゃん

れんか れんこ れんな

わかちゃん

わかえ わかこ わかな わかの わかば わかほ わかみ

人気の音からさがす

特に「か」「な」「み」「り」で終わる、ふんわりした雰囲気の名前が人気です。

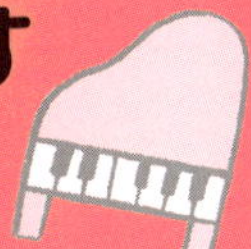

終わりが「い」

あい　あおい
まい　めい
ゆい

終わりが「う」

みう　みゆう

終わりが「お」

なお　まお
みお　りお

終わりが「か」

あいか　あやか
いちか　のどか
ののか　はるか
ふうか　ほのか
まどか　ももか
ゆいか　ゆうか
りりか　るか

終わりが「こ」

まこ　りこ

終わりが「き」

さき　たまき
なつき　みさき
みずき　みづき
ゆずき　ゆづき

終わりが「さ」

ありさ　なぎさ
みさ　りさ

終わりが「な」

あやな　あんな
ここな　さな
なな　はな
はるな　ひな
まな　ゆうな
ゆきな　ゆな
りな　るな
れいな　わかな

終わりが「の」

ひなの　りの

終わりが「ほ」

かほ　しほ
まほ　りほ

終わりが「ね」

あかね　あやね
ここね　ことね
ねね

終わりが「み」

あみ　くるみ
ここみ　なつみ
ななみ　のぞみ
まなみ　みなみ

終わりが「や」

あや　さあや
さや　まあや

終わりが「ゆ」

まゆ　みゆ

終わりが「ら」

さくら　さら
そら　ゆら

終わりが「り」

あいり　あかり
しおり　ひかり
ひより　みのり
ゆうり　ゆり

終わりが「ん」

かのん　かれん

4音の名前

個性的な4音の名前。音の選び方で、古風にも、外国語風にもなります。

あいりん
愛13 鈴13
藍18 琳12

あきらこ
晶12 子3
燦17 子3

かおるこ
薫16 子3
香9 瑠14 子3

こすもす
秋9 桜10

さくらこ
桜10 子3
咲9 良7 子3

しらゆり
白5 百6 合6

すずらん
鈴13 蘭19

すみれこ
菫11 子3

ひなぎく
雛18 菊11
陽12 菜11 菊11

ひまわり
向6 日4 葵12

ひいらぎ
柊9

なでしこ
撫15 子3

まりあん
鞠17 杏7

まりりん
毬11 林8
真10 梨11 鈴13

ひらがなも候補に！

漢字だと画数が多くなりすぎて重い印象になる場合や、キツイ印象になる場合はひらがなにすることも考えてみましょう。特に4音の名前にしたい場合、ものの名前をそのまま使うと難しい字になることも多いもの。たとえば、同じ響きでも「ひなぎく」と「雛菊」ではイメージが違ってきます。

うしろの音からさがす

名前を上から順に考える以外にも、「どんな音で終わるとしっくりくる響きになるかな」と考えてみるのも一つの方法です。

あ行

ーあ

あくあ
いりあ
えいあ
きりあ
くれあ
ここあ
ことあ
しのあ
しゅりあ
じゅりあ
じょあ
せいあ
せりあ
とあ
とうあ
のあ
のりあ
はくあ
まあ
まりあ
みあ
みずあ
みりあ
もあ
ゆあ
ゆうあ
ゆりあ
らいあ
らくあ
りあ
りりあ
るきあ
れあ
れいあ

ーい

あい
あおい
あにい
あみい
えい
えみい
えりい
かえい
きい
きゃりい
けい
こまい
さりい
しい
しすい
しゅい
せい
ちすい
ともい
なおい
ねい
のい
ひすい
ふみい
まい
まうい
まりい
みい
みえい
みせい
みてい
みらい
みれい
めい
めりい
やよい
ゆい
ゆうい
りい
りりい
るい
るびい
るもい
れい

ーう

いちょう
うきょう
かおう
ききょう
きほう
きょう
こう
こちょう
じう
しおう
しゅう
すいう
ちょう
ばしょう
ふう
ふそう
ぶどう
ふよう
まゆう
みう
みおう
みほう
みゆう
みよう
みりょう
めのう
ゆう
よう
りゅう
りょう
るう
るそう

ーえ

あきえ
あさえ
あつえ
いくえ
いさえ
うたえ
うるえ
おきえ
おとえ
おりえ
かいえ
かえ
かずえ
かつえ
かなえ
かんえ
きえ
きくえ
きたえ
きぬえ
きみえ
きよえ
きりえ
くにえ
こずえ
ことえ
さえ
さかえ
さきえ
さくえ
さだえ
さちえ
さとえ
さなえ
しえ
しづえ
しまえ
すえ
すがえ
すずえ
すみえ
せりえ
そのえ
たえ
たかえ
たくえ
ただえ
たつえ
たまえ
たみえ
ちえ
ちかえ
ちづえ
つきえ
つぐえ
つたえ
てるえ
ときえ
とくえ
としえ
とみえ
ともえ
なえ
なおえ
なかえ
なつえ
ななえ
なみえ
にじえ
のえ
のぶえ
のりえ
はぎえ
はすえ
はたえ
はつえ
はなえ
はるえ
ひさえ
ひとえ
ひろえ
ふえ
ふきえ
ふさえ
ふじえ
ふみえ
ふゆえ
ほたえ
まきえ
まさえ
まなえ
まりえ
みえ
みさえ
みずえ
みちえ
みつえ
みづえ
みなえ
みふえ
むつえ
もえ
もとえ
ももえ
もりえ
やえ
やすえ
ゆきえ
ゆみえ
ゆりえ
ようえ
よしえ
よりえ
らいえ
りえ
ろくえ
わかえ

ーお

あお
いお
うしお
かお
きお
きくお
きみお
くれお
しお
すなお
たまお
なお
ななお
ねお
ひろお
ふみお
まお
ましお
まなお
みお
みさお
みなお

りお
れお

か行

ーか

あいか
あきか
あさか
あすか
あつか
あにか
あみか
あやか
あゆか
ありか
いくか
いちか
いつか
いとか
ういか
うたか
うめか
えいか
えつか
えみか
えりか
おうか
おとか
かつか
きくか
きたか
きつか
きっか
きぬか
きみか
きょうか
きよか
きりか
きんか
ぎんか
くすか
くにか
くみか
けいか
こうか
このか
さいか
さえか
さだか
さちか
さつか
さとか
さやか
さゆか
さんか
しいか
しおか
しきか
しげか
しずか
しづか
しのか
しゅうか
しゅか
しゅんか
じゅんか
しょうか
しんか
すいか
すずか
すみか
せいか
せりか
せんか
そうか
そえか
そのか
そよか
たえか
たけか
たつか
たまか
ちいか
ちか
ちょうか
つきか
ていか
てんか
とうか
とおか
ときか
としか
とみか
ともか
とよか
なおか
なぎか
なつか
ななか
なのか
なみか
にじか
にちか
のどか
ののか
のぶか
のりか
ばいか
はぎか
はなか
はやか
はるか
びあんか
ひさか
ひでか
ひなか
ひのか
ひみか
ひめか
ひろか
ふうか
ふえか
ふさか
ふみか
ふゆか
べにか
ほうか
ほしか
ほたか
ほだか
ほのか
まいか
まきか
まどか
まなか
まみか
まゆか
まりか
みえか
みおか
みか
みずか
みたか
みちか
みねか
みみか
みむか
むぎか
むつか
めいか
もえか
もか
もとか
もにか
ももか
もりか
やえか
やすか
ゆいか
ゆうか
ゆか
ゆずか
ゆたか
ゆみか
ゆめか
ゆりか
ようか
よしか
らいか
らくか
らんか
りか
りつか
りっか
りゅうか
りょうか
りりか
りんか
るか
るみか
るりか
るるか
れいか
れんか
ろか
ろくか
わか

ーが

きんが
ぎんが

ーかげ

ちかげ
ほかげ
みかげ

ーき

あいき
あき
あさき
あつき
あやき
いさき
いつき
いぶき
うづき
おうき
かいき
かつき
かづき
きき
きてき
こうき
こまき
こゆき
さかき
さき
さつき
さゆき
しき
しづき
しぶき
しゅんき
じゅんき
たき
たまき
ちあき
ちさき
ちゆき
つたき
つねき
つばき
とあき
とうき
とき
ともき
なつき
なみき
にしき
はつき
はづき
はるき
ひなき
ひびき
ふうき
ふき
ふぶき
ふゆき
ほうき
ほづき
まき
まさき
まゆき
みあき
みき
みさき
みずき
みつき
みづき
みなき
みゆき
むつき
めぶき
もてき
やすき
ゆうき
ゆき
ゆずき
ゆづき
ゆゆき
よしき
らくき
りつき
わき

ーぎ

あさぎ
うさぎ
おぎ
きさらぎ
こはぎ
こむぎ
さなぎ
そよぎ
つむぎ
なぎ
ひいらぎ
みおぎ
むぎ
もえぎ
やなぎ
よもぎ

ーく

いく
きく
こぎく
こはく
さく
しずく
しるく
しんく
のぎく
はく
ひなぎく
みく
みはく
みほく
みろく
むく
りく

ーぐ

めぐ

—こ

あいこ
あかねこ
あきこ
あきらこ
あこ
あさこ
あつこ
あみこ
あやこ
あゆこ
いくこ
いさこ
いちこ
いつこ
いなこ
うたこ
えいこ
えつこ
えみこ
えりこ
おうこ
おぎこ
かおるこ
かこ
かずこ
かつこ
かなこ
かねこ
かのこ
かほこ
かやこ
かよこ
かんこ
きくこ
きこ
きっこ
きつこ
きぬこ
きみこ
きょうこ
きよこ
きりこ
きわこ
ぎんこ
くすこ
くにこ
くみこ
けいこ
こうこ
ここ
ことこ
こまこ
さいこ
さえこ
さきこ
さくらこ
さだこ
さちこ
さっこ
さとこ
さほこ
さやこ
さよこ
さわこ
しかこ
しげこ
しずこ
しづこ
しまこ
しゅうこ
しゅんこ
じゅんこ
しょうこ
しんこ
すがこ
すずこ
すまこ
すみこ
すみれこ
せいこ
せつこ
せんこ
そうこ
そのこ
たえこ
たかこ
たきこ
たくこ
たけこ
たつこ
たまこ
たみこ
ちいこ
ちえこ
ちかこ
ちさこ
ちずこ
ちやこ
ちゃこ
ちゅうこ
ちょうこ
ちよこ
ちりこ
つきこ
つぐこ
つやこ
つゆこ
ていこ
てつこ
てるこ
とうこ
とおこ
ときこ
とくこ
としこ
とみこ
ともこ
とよこ
とわこ
なおこ
なかこ
なぎこ
なつこ
なでしこ
ななこ
なほこ
なみこ
なるこ
にこ
ねねこ
ののこ
のぶこ
のりこ
はぎこ
はつこ
はなこ
はるこ
ひさこ
ひでこ
ひとこ
ひなこ
ひみこ
ひめこ
ひよこ
ひろこ
ふうこ
ふえこ
ふきこ
ふさこ
ふじこ
ふみこ
ふゆこ
ほうこ
まあこ
まいこ
まきこ
まこ
まさこ
ますこ
まちこ
まつこ
まみこ
まゆこ
まよこ
まりこ
みいこ
みえこ
みおこ
みかこ
みきこ
みこ
みさこ
みちこ
みつこ
みどりこ
みなこ
みねこ
みやこ
みよこ
みわこ
むつこ
めいこ
もえこ
もとこ
ももこ
やいこ
やえこ
やすこ
ややこ
ゆいこ
ゆうこ
ゆかこ
ゆきこ
ゆくこ
ゆふこ
ゆみこ
ゆめこ
ゆりこ
ようこ
よくこ
よしこ
よりこ
らんこ
りいこ
りえこ
りおこ
りかこ
りこ
りさこ
りつこ
りなこ
りゅうこ
りょうこ
りりこ
りんこ
るいこ
るみこ
るりこ
れいこ
ろくこ
わかこ

—ご

あいご
いちご
さんご
りんご

さ行

—さ

あいさ
あがさ
あさ
あずさ
ありさ
いぐさ
うさ
えりさ
おおさ
おとさ
かずさ
きさ
きぬさ
きよさ
こうさ
さらさ
ちぐさ
ちさ
つかさ
つばさ
てれさ
なぎさ
のりさ
はるさ
ふさ
まあさ
まさ
みさ
みつさ
めいさ
りさ
ろうさ

—ざ

えるざ
らいざ
るいざ

—し

かよし
つくし
てんし
みよし

—じ

みすじ
みふじ
もみじ

—じゅ

あいじゅ
あじゅ
あんじゅ
こうじゅ
しんじゅ
てんじゅ
とうじゅ
ふうじゅ
ほうじゅ
まじゅ

—す

ありす
こすもす
りす

—ず

あんず
いすず
しず
すず
ちず
みすず
ゆず

—せ

あいせ
あやせ
おとせ
しんせ
ちとせ
ちせ
つたせ
なかせ
ななせ
のりせ
はやせ
みつせ
みとせ
みなせ
やなせ
りつせ
りせ

るせ
みかぜ

ーぜ

た行

ーた

うた
ひなた
まわた
みわた

ーち

こまち
こみち
さち
てんち
なち
まち
みち
らいち

ーつ

えつ
かきつ
きなつ
こなつ
ちなつ
なつ
みいつ
みつ
りつ

ーづ

じづ
ちしづ

ーで

かえで
こそで
みそで

ーと

いさと
いと
えと
おんと
きさと
きょうと
けいと
こさと
こと
こばと
さと
たくと
ちさと
まこと
みいと
みこと
みさと
みと
みなと

ーど

あど

な行

ーな

あいな
あきな
あすな
あずな
あつな
あてな
あな
あまな
あやな
あゆな
ありな
あんな
いおな
いせな
いちな
いつな
いとな
いよな
うな
うめな
えいな
えな
えりな
えれな
おうな
おおな
おとな
おりな
かずな
かつな
かな
かばな
かやな
かりな
かんな
きいな
きくな
きずな
きつな
きみな
きょうな
きよな
くすな
けいな
こうな
こくな
ここな
さいな
さちな
さな
さやな
さらな
さりな
さんな
しいな
しおな
しげな
しゅうな
しゅな
じゅな
しゅりな
じゅりな
しゅんな
じゅんな
しょうな
すいな
すずな
すみな
せいな
せな
せりな
そうな
そくな
たかな
たきな
たくな
たけな
たちばな
たつな
たんな
ちかな
つきな
ていな
とうな
ときな
ともな
なずな
なな
にいな
にんな
のりな
はぎな
はすな
はたな
はな
はやな
はるな
はんな
ひいな
ひな
ひめな
ひろな
ふうな
ふみな
ほうな
ほくな
ほしな
まいな
まきな
まさな
まどな
まな
まひな
まりな
みいな
みうな
みおな
みずな
みちな
みつな
みな
みはな
むぎな
めいな
もえな
もとな
もな
ももな
もりな
やすな
ゆいな
ゆうな
ゆきな
ゆずな
ゆな
ゆみな
ゆりな
よしな
よな
らくな
らな
りえな
りおな
りな
りょうな
りんな
るいな
るな
るみな
れいな
れおな
れな
れんな
わかな

ーに

くに
べに
みくに

ーね

あいね
あかね
あきね
あつね
あまね
あやね
あわね
あんね
いそね
いつね
いとね
うたね
うね
おとね
かさね
かずね
かつね
かんね
きくね
きょうね
きよね
こうね
ここね
ことね
さきね
ささね
さちね
さとね
しおね
しずね
じゅね
しょうね
しんね
すずね
せりね
そえね
そばね
そらね
たかね
たきね
たまね
たみね
ちかね
ちふね
つきね
つぐね
ていね
とおね
ときね
ともね
なぎね
なつね
ねね
のぶね
はすね
はつね
はやね
はるね
ひろね
ふえね
ふさね
ふみね
ふゆね
ほくね
ほしね
まいね
まきね
まさね
ますね
まりね
みおね
みかね
みちね
みつね
みね
みふね
もね
ももね
やわね
ゆいね
ゆうね
ゆきね
よしね
りょうね
るみね

―の

あいの
あおの
あきの
あけの
あさの
あすの
あつの
あみの
あやの
あゆの
あわの
いくの
いちの
いとの
うたの
うの
うみの
うめの
うるの
えいの
おうの
おぎの
おとの
かさの
かずの
かつの
かの
かやの
かりの
かんの
きくの
きさの
きつの
きの
きみの
きょうの
きよの
きんの
くすの
くにの
ことの
こまの
こんの
さきの
さだの
さちの
さとの
さやの
さらの
さんの
しいの
しげの
しずの
しなの
しの
しまの
しゅうの
じゅんの
しょうの
すずの
すみの
せいの
せきの
せりの
せんの
そうの
その
そらの
たかの
たきの
たくの
たけの
たつの
ちかの
ちょうの
つきの
つるの
とうの
としの
ともの
とよの
なぎの
なぐの
なつの
ななの
なの
なみの
にいの
にしの
にじの
のの
はぎの
はたの
はつの
はなの
はの
はやの
はりの
はるの
はんの
ひさの
ひなの
ひめの
ひろの
ふえの
ふきの
ふさの
ふみの
ふゆの
ほうの
ほしの
まいの
まきの
まさの
ましの
まつの
まどの
まりの
まるの
みきの
みすの
みその
みちの
みつの
みなの
みねの
みやの
もとの
ももの
やくの
やすの
ゆいの
ゆうの
ゆきの
ゆの
ゆめの
ゆりの
ようの
よしの
らくの
りの
りょうの
りんの
るみの
れいの
れの

は行

―は

あいは
あきは
あげは
あつは
あやは
いとは
いろは
うきは
うたは
うめは
おとは
おりは
かずは
かぜは
きぬは
きみは
きよは
くすは
くずは
けいは
こうは
ことは
このは
さちは
さとは
さらは
しずは
しのは
しゅんは
じゅんは
しょうは
すずは
せいは
そうは
そのは
そらは
たくは
たけは
ちょうは
つぐは
てるは
としは
ともは
なぎは
なるは
のぶは
のりは
ひとは
ひろは
ふたは
まどは
みきは
みずは
みつは
もえは
もとは
ももは
やすは
ゆうは
ゆきは
ゆずは
ゆめは
よしは
りつは
れいは
ろくは

―ば

あおば
えば
ふたば
わかば

―ひ

あきひ
あさひ
たけひ
はくひ
はるひ
やすひ
ゆうひ

―び

びび
みやび

―ぶ

いぶ
しのぶ

―ほ

あきほ
あつほ
ありほ
いくほ
いちほ
いとほ
うたほ
かざほ
かずほ
かつほ
かねほ
かほ
きぬほ
きほ
きみほ
くすほ
けいほ
さきほ
さちほ
さほ
しいほ
しきほ
しげほ
しほ
しまほ
しゅうほ
じゅんほ
しょうほ
しらほ
すいほ
すずほ
せいほ
そうほ
たかほ
たくほ
たけほ
たまほ
ちほ
ちょうほ
つきほ
てるほ
とうほ
としほ
ともほ
なかほ
なぎほ
ななほ
なほ
なりほ
にじほ
にちほ
のぶほ
のりほ
ひでほ
ひろほ
まきほ
まさほ
ますほ
まほ
まるほ
みきほ
みずほ
みちほ
みつほ
みづほ
みなほ
みほ
むぎほ
もとほ
やすほ
やちほ
ゆうほ
ゆきほ
ゆみほ
よしほ
らいほ
りくほ
りほ
ろくほ
わかほ

ま行

ーま

いるま
えま
しま
そうま
てるま
ゆうま
ゆま
りま

ーみ

あいみ
あきみ
あけみ
あさみ
あすみ
あずみ
あつみ
あづみ
あみ
あやみ
あゆみ
ありみ
いくみ
いすみ
いずみ
いつみ
いづみ
いなみ
いろみ
うさみ
うたみ
うみ
うめみ
うるみ
えいみ
えなみ
えみ
おしみ
おとみ
おみ
かさみ
かざみ
かすみ
かずみ
かつみ
かづみ
かなみ
かねみ
かよみ
きくみ
きょうみ
きよみ
くにみ
くみ
くもみ
くるみ
こうみ
ここみ
ことみ
こなみ
このみ
さいみ
さくみ
さだみ
さつみ
さとみ
さなみ
さやみ
さゆみ
しおみ
しげみ
しふみ
しょうみ
すいみ
すがみ
すずみ
せいみ
そうみ
そえみ
そのみ
そらみ
たかみ
たくみ
たけみ
ただみ
たつみ
たまみ
たゆみ
ちえみ
ちかみ
ちほみ
ちょうみ
つきみ
つぐみ
つづみ
つねみ
つぼみ
つゆみ
つるみ
てるみ
とうみ
ときみ
とくみ
としみ
とみ
ともみ
とよみ
なおみ
なごみ
なつみ
ななみ
なふみ
なほみ
なみ
なりみ
なるみ
にじみ
のぞみ
のぶみ
のりみ
はくみ
はぐみ
はすみ
はたみ
はつみ
はなみ
はやみ
はるみ
ひさみ
ひでみ
ひとみ
ひなみ
ひふみ
ひみ
ひろみ
ふうみ
ふくみ
ふみ
ふゆみ
ほしみ
ほずみ
ほつみ
ほなみ
まいみ
まきみ
まさみ
ますみ
まつみ
まなみ
まみ
まやみ
まゆみ
まるみ
まろみ
みあみ
みうみ
みつみ
みなみ
みみ
みゆみ
むつみ
めいみ
めぐみ
もえみ
もとみ
ももみ
やすみ
ゆいみ
ゆうみ
ゆきみ
ゆみ
ゆめみ
よくみ
よしみ
らんみ
りみ
るみ
れいみ
れみ
ろみ

ーむ

あゆむ
えいむ
えむ
すいむ
すずむ
のぞむ
ひろむ
まいむ
めぐむ
らいむ
らむ

ーめ

あかひめ
あまめ
あやめ
おうめ
おとめ
かなめ
かもめ
こうめ
こまめ
さきめ
すずめ
たかめ
つばめ
なつめ
ひめ
みうめ
ゆめ

ーも

いづも
こもも
さくも
すもも
とも
まりも
みくも
みなも
めるも
もも
ゆくも

や行

ーや

あや
ありや
いりや
えんや
かいや
かや
さあや
さくや
さや
すいや
せいや
だいや
ちはや
ちや
ねや
はくや
まあや
まや
まりや
みあや
みはや
みや
やや
れいや

ーゆ

あゆ
さゆ
ちふゆ
つゆ
ふゆ
まゆ
みふゆ
みゆ
もゆ
ゆうゆ

ーよ

あきよ
あつよ
いよ
かずよ
かつよ
かなよ
かねよ
かよ
きくよ
きぬよ
きみよ
きよ
くによ
さくよ
さだよ
さつよ
さとよ
さよ
しげよ
すいよ
すみよ
せりよ
そらよ
たかよ
たきよ
たくよ
ただよ
たつよ
たまよ
たみよ
ちかよ
つくよ
つるよ
とうよ
ときよ
ともよ
なかよ
なつよ
なるよ
のぶよ
のりよ
はぎよ
はつよ
はなよ
はるよ
ひさよ
ひでよ
ひめよ
ひろよ
ふきよ
ふさよ
ふじよ

ふちよ
ふみよ
ほしよ
まきよ
まさよ
ますよ
まつよ
まよ
まるよ
みちよ
みつよ
みなよ
みねよ
みよ
むつよ
もとよ
ももよ
もりよ
やすよ
やちよ
ゆきよ
りよ

ら行

ーら

あいら
あおぞら
あきら
うらら
おうら
かいら
かえら
かずら
かつら
きあら
きさら
きそら
きゃら
きよら
きら
きらら
くらら
けいら
さえら
さくら
さそら
さら
しいら
しとら
せいら
そら
たから
ていら
びおら
ふえら
まいら
まそら
まゆら
みさら
みそら
みむら
みら
やわら
ゆうら
ゆら
らいら
らら
りら
れいら
ろうら

ーり

あいり
あかり
あぐり
あめり
あもり
あやり
あんり
いおり
いのり
いまり
えいり
えみり
えり
えんり
おうり
おどり
かいり
かおり
かのり
かほり
きゆり
きより
きらり
きり
けいり
ことり
こまり
さえり
さおり
さぎり
さとり
さほり
さゆり
さより
さり
しえり
しおり
しのり
しほり
しゅり
じゅり
しゅんり
じゅんり
しょうり
しらゆり
すいり
せり
せんり
そえり
たまり
ちえり
ちどり
ちゆり
ちより
ちり
つづり
ていり
とうり
ともり
なとり
のり
はんり
ばんり
ひおり
ひかり
ひしり
ひばり
ひまり
ひまわり
ひより
ひらり
ほくり
まつり
まゆり
まり
みえり
みおり
みかり
みどり
みのり
みもり
みより
みり
めあり
もえり
もり
ゆいり
ゆうり
ゆかり
ゆり
りり
りんり
るり

ーる

あきる
いくる
いづる
いまる
えみる
える
かおる
こはる
しげる
しずる
しづる
すずる
すばる
せいる
せしる
ちづる
ちはる
のえる
はやる
はる
ひかる
ほたる
まひる
みくる
みちる
みつる
みのる
みはる
みる
もえる
ゆづる
るる

ーれ

すみれ

ーろ

いちろ
こころ
しんろ
ちひろ
ねいろ
ひいろ
ひろ
ましろ
まひろ
みいろ
みひろ
みろ
やひろ

わ

ーわ

きわ
さわ
とわ
びわ
みぎわ
みわ
ゆわ
りょうわ

ん

ーん

あいりん
あみん
あれん
あん
うらん
えりん
えれん
かおん
かなん
かのん
かりん
かれん
かん
きりん
くおん
さてん
さらん
されん
しおん
したん
じゅりん
じゅん
すいせん
すいれん
すずらん
はのん
へれん
ぼたん
ほるん
まりあん
まりりん
まりん
みあん
みいん
みえん
みおん
みかん
みらん
ゆあん
らん
りあん
りいん
りおん
りりあん
りりん
りん
るあん
れおん
れもん
れん
ろまん

読み方から漢字をさがす

使いたい読み方から漢字を探すときの参考にしてください。読み方だけではなく、漢字を組み合わせたときに変な意味やイメージにならないかどうかのチェックも忘れずに。

あ … A

- **あ** 安6 有6 亜7 吾7 阿8 娃9 愛13
- **ああ** 於8
- **あい** 会6 合6 和8 娃9 挨10 逢11 愛13 藍18
- **あう** 会6 合6 逢11
- **あえ** 饗22
- **あお** 青8 蒼13 碧14
- **あおい** 葵12
- **あか** 丹4 朱6 赤7 明8 紅9 緋14
- **あかざ** 萊11
- **あかつき** 暁12
- **あかね** 茜9
- **あかり** 灯6 明8
- **あき** 日4 文4 右5 旦5 白5 礼5 旭6 光6 在6 西6 成6 壮6 亨7 吾7 見7 旺8 尭8 昂8 昌8 招8 知8 茅8 明8 映9 紀9 研9 秋9 昭9 信9 亮9 晃10 晋10 晟10 哲10 紋10 朗10 菊11 啓11 郷11 淳11 紹11 章11 晨11 彬11 瑛12 覚12 卿12 暁12 敬12 皓12 晶12 揚12 陽12 暉13 義13 煌13 照13 誠13 彰14 聡14 輝15 璃15 諒15 謙17 燦17 瞭17 顕18 燿18 曜18 麒19 鏡19 耀20 鑑23
- **あきら** 旺8 昌8 明8 映9 玲9 爽11 瑛12 景12 晶12 斐12 翠14 燦17 瞳17 麗19 耀20
- **あく** 空8 明8 渥12
- **あくる** 明8
- **あけ** 旦5 朱6 明8 南9 暁12 煌13 緋14
- **あけみ** 朱6
- **あげ** 揚12
- **あさ** 元4 旦5 旭6 晨11 麻11 滋12 朝12 諒15
- **あざ** 字6
- **あさひ** 旭6
- **あし** 芦7 葦13
- **あした** 旦5 晨11 朝12
- **あずさ** 梓11
- **あずま** 東8
- **あたか** 恰9
- **あつ** 功5 充6 孝7 宏7 孜7 京8 昌8 忠8 厚9 重9 春9 純10 淳11 惇11 陸11 涼11 渥12 温12 敬12 暑12

※旧字体などの異体字は原則的に省略しています（「野」の「埜」、「凜」の「凛」など）。

	貴12 富12 敦12 暖13 豊13 徳14 幹14 醇15 諄15 積16 篤16
あて	宛8
あま	天4 雨8 海9
あまね	周8
あみ	編15
あむ	編15
あめ	天4 雨8
あや	文4 礼5 朱6 采8 英8 郁9 恵10 純10 紋10 彩11 章11 琢11 彬11 理11 絢12 順12 斐12 綺14 彰14 綾14 操16
あやめ	菖11
あやる	斐12
あゆ	歩8 鮎16
あゆみ	歩8
あゆむ	歩8
あらた	新13
あり	也3 可5 生5 在6 有6 作7 茂8 益10 惟11 順12 満12 照13
ある	在6 存6 有6
あわ	沫8
あん	安6 行6 杏7 按9 案10 晏10 庵11
あんず	杏7

い

い	五4 以5 伊6 衣6 位7 委8 居8 依8 祝9 泉9 惟11 唯11 偉12 椅12 斐12 意13 葦13 維14 緯16
いお	庵11
いおり	庵11
いき	粋10
いく	生5 行6 如6 育8 郁9 活9 幾12
いぐさ	莞10
いけ	池6
いさ	功5 伊6 沙7 勇9
いさご	砂9
いず	五4 出5 泉9 稜13
いずみ	泉9
いそ	磯17
いたる	至6 詣13
いち	一1 市5 壱7 都11
いちご	苺8
いつ	一1 乙1 五4 逸11 稜13
いつき	樹16
いつつ	五4
いと	糸6 弦8 純10 紘11 綸14
いな	稲14
いね	禾5 稲14
いのり	祈8
いのる	祈8
いばら	楚13
いま	今4 未5
いや	弥8
いり	入2
いる	入2 居8 要9
いろ	色6 紅9 彩11 温12
いわい	祝9
いん	允4 音9 韻19

う U

う	右5 卯5 生5 宇6 羽6 有6 兎7 雨8 胡9
うい	初7
うえ	上3 高10
うく	浮10
うさ	兎7
うさぎ	兎7
うしお	汐6 潮15
うすぎぬ	紗10
うた	吟7 唄10 唱11 詠12 詩13 頌13 歌14 謡16
うたい	謡16
うち	内4 裡12
うつ	打5
うな	海9
うね	采8 畝10
うぶ	初7
うま	馬10
うみ	海9 洋9
うめ	梅10
うら	浦10 裡12
うらら	麗19
うる	閏12 潤15
うるう	閏12 潤15
うるむ	潤15
うん	雲12 運12

え E

え	永5 衣6 江6 会6 守6 英8 画8 枝8 依8 杷8 苗8 栄9 映9 廻9 重9 柄9 恵10 笑10 瑛12 詠12 絵12 榎14 慧15 衛16
えい	永5 英8 泳8 映9 栄9 哉9 営12 瑛12 詠12 影15 鋭15 叡16 衛16
えき	易8 益10
えだ	枝8 幹13 繁16
えつ	悦10 越12 閲15 謁15
えのき	榎14
えびす	胡9
えみ	笑10
えむ	笑10
えり	衿9 襟18
える	得11
えん	円4 苑8 延8 沿8 宛8 宴10 援12 媛12 遠13 園13 鳶14 縁15 燕16 艶19

お O

お	乙1 小3 大3 王4 央5 丘5 広5 弘5 生5 壮6 百6 均7 良7 阿8 於8 旺8 弦8 房8 和8 音9 保9 勇9 桜10 峰10 朗10 紘11 渚11 麻11 陽12 緒14 綸14 穂15 輿17
おう	王4 央5 生5 欧8 旺8 皇9 桜10 黄11 凰11 鷗22
おうぎ	扇10

※旧字体などの異体字は原則的に省略しています（「野」の「埜」、「凜」の「凛」など）。

おお	大3
おおとり	凰11 鳳14 鵬19
おか	丘5 岳8 岡8 陸11 陵11
おき	沖7 宋7 居8 宙8 典8 恩10 起10 興16
おぎ	荻10
おさ	令5 吏6 長8 政9 修10 脩11 理11 廉13
おし	忍7
おす	捺11
おつ	乙1
おと	乙1 己3 吟7 呂7 音9 律9 頌13 読14 韻19 響20
おどり	踊14 躍21
おどる	踊14 躍21
おび	帯10
おもい	重9
おもう	思9 惟11 想13
おや	親16
おり	居8 織18
おる	居8 織18
おん	苑8 音9 恩10 温12 御12 遠13 穏16

か Ka

か	日4 加5 可5 禾5 圭6 伽7 花7 芳7 河8 茄8 果8 佳8 庚8 郁9 科9 架9 珂9 迦9 香9 珈9 哉9 耶9 夏10 華10 鹿11 菓11 賀12 嫁13 榎14 嘉14 歌14 樺14 稼15 駕15 霞17 蘭19 馨20
が	瓦5 伽7 我7 画8 芽8 賀12 俄9 雅13 駕15
かい	会6 合6 快7 廻9 皆9 恢9 海9 絵12 街12 魁14 櫂18
がい	涯11 凱12 街12 該13
かいり	浬10
かえで	楓13
かお	薫16
かおり	芳7 郁9 香9 薫16 馨20
かおる	芳7 郁9 香9 薫16 馨20
かがみ	鏡19
かき	画8 柿9
かく	此6 画8 拡8 客9 格10 覚12 鶴21
がく	岳8 学8 楽13
かげ	景12 蔭14 影15
かける	翔12 駆14
かさ	笠11 嵩13
かざ	風9
かさね	重9
かし	播15 樫16
かじ	梶11
かしら	頭16
かしわ	柏9
かす	春9
かず	一1 九2 七2 十2 八2 三3 千3 万3 円4 五4 司5 主5 冬5 会6 多6 年6

壱7 寿7 利7 良7
宗8 知8 法8 和8
紀9 計9 研9 重9
春9 政9 員10 起10
兼10 教11 葛12 順12
量12 数13 算14 憲16
積16 麗19

かすみ　霞17

かずら　葛12

かぜ　吹7 風9

かた　才3 方4 名6 形7
兼10 容10 崇11 結12
朝12 謙17

かち　捷11 勝12

かつ　一1 万3 且5 仔5
功5 克7 活9 亮9
桂10 健11 捷11 葛12
曾12 勝12 達12 徳14
賢16 積16 優17

かっ　合6

がつ　月4

がっ　合6

かつみ　克7

かつら　桂10 葛12 藤18

かど　圭6 葛12 稜13 暢14

かな　協8 哉9 奏9

かない　叶5

かなう　叶5 協8

かなえ　鼎13

かなめ　要9

かね　金8 周8 宝8 兼10
詠12 統12 鉄13 銀14
錦16 謙17 鏡19 鐘20

かのう　叶5 協8

かのえ　庚8

かば　椛11 樺14

かま　蒲13

がま　蒲13

かみ　上3 天4 甫7 昇8
神9 省9

かめ　亀11

かも　鴨16

かもしか　羚11

かもめ　鷗22

かや　茅8 草9 萱12

から　空8 唐10 樺14

かり　雁12

かわ　川3 河8

かん　甘5 完7 侃8 柑9
冠9 莞10 栞10 菅11
貫11 閑12 勧13 寛13
幹13 緩15 歓15 環17
観18 鑑23

かんば　樺14

がん　丸3 元4 雁12

き … Ki

き　己3 王4 木4 生5
伎6 妃6 岐7 希7
求7 芹7 玖7 芸7
来7 其8 祈8 季8
枝8 宜8 東8 林8
紀9 祇9 記10 起10
姫10 基11 規11 黄11
埼11 章11 棋12 葵12
喜12 幾12 揮12 稀12
貴12 幹13 暉13 箕14
旗14 綺14 嬉15 畿15
輝15 槻15 熙15 興16
樹16 徽17 磯17 麒19

※旧字体などの異体字は原則的に省略しています（「野」の「埜」、「凜」の「凛」など）。

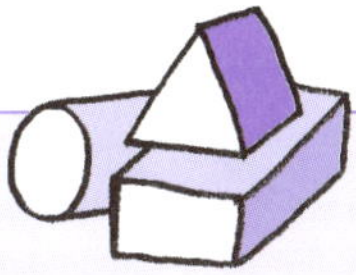

ぎ	伎6 技7 芸7 宜8 祇9 義13 儀15 誼15 議20
きく	利7 菊11 掬11 鞠17
きさき	后6 妃6
きざし	萌11
きし	岸8 研9
きずな	絆11
きた	北5 朔10
きち	吉6
きつ	吉6 桔10 橘16
きぬ	衣6 絹13
きのこ	茸9
きのと	乙1
きみ	王4 公4 仁4 正5 江6 后6 君7 林8 淑11 卿12 鉄13
きゃ	伽7
きゃく	客9
きゅう	九2 弓3 久3 丘5 究7 玖7 求7 宮10 球11 毬11 鳩13
きよ	心4 玉5 白5 氷5 圭6 汐6 青8 斉8 浄9 研9 政9 洋9 粋10 健11 淑11 淳11 清11 雪11 陽12 聖13 廉13 静14 潔15 澄15 摩15 磨16 燦17 馨20
きょ	居8
ぎょ	御12
きよい	清11
きょう	叶5 匡6 共6 杏7 亨7 協8 享8 供8 京8 恰9 香9 恭10 教11 経11 郷11 梗11 喬12 卿12 境14 蕎15 興16 鏡19 響20 馨20 饗22
ぎょう	行6 形7 尭8 暁12
きょく	旭6 曲6 極12
ぎょく	玉5
きよみ	雪11 澄15
きら	晃10 煌13
きり	桐10 霧19
きりん	麟24
きわみ	究7 極12
きん	公4 今4 君7 均7 芹7 欣8 金8 衿9 菫11 琴12 筋12 錦16 謹17 檎17 襟18
ぎん	吟7 銀14

く Ku

く	九2 久3 工3 公4 勾4 句5 功5 玖7 来7 供8 空8 紅9 倶10 宮10 貢10 琥12 鳩13 駆14 駒15
ぐ	弘5 具8 倶10
くう	空8
ぐう	宮10
くき	茎8
くさ	色6 草9 種14
くす	楠13 樟15
くすのき	楠13 樟15
くず	葛12

読み	漢字（画数）
くに	乙1 州6 宋7 邦7 邑7 国8 洲9 訓10 晋10 都11 葉12
くま	阿8
くみ	与3 綸14
くも	雲12
くら	倉10 椋12 蔵15
くり	栗10
くる	来7 徠11 繰19
くれ	紅9
くれない	紅9
くろ	黎15
くん	君7 訓10 勲15 薫16

け Ke

読み	漢字（画数）
け	圭6 華10 稀12
げ	夏10
けい	圭6 系7 形7 佳8 京8 径8 茎8 計9 契9 奎9 恵10 桂10 掲11 啓11 渓11 経11 蛍11 卿12 敬12 景12 継13 詣13 境14 慶15 慧15 稽15 憩16 警19 繋19 馨20
げい	芸7
けさ	祇9
けつ	決7 桔10 結12 傑13 潔15 蕨15
げつ	月4
けん	見7 建9 研9 栞10 兼10 倹10 菅11 健11 絢12 検12 絹13 献13 憲16 賢16 謙17 繭18 顕18
げん	元4 玄5 言7 弦8 原10 絃11 舷11 現11 源13

こ Ko

読み	漢字（画数）
こ	己3 三3 子3 小3 女3 木4 仔5 古5 君7 来7 胡9 教11 黄11 湖12 琥12 鼓13 瑚13
ご	五4 午4 心4 冴7 吾7 胡9 悟10 梧11 御12 瑚13 碁13 語14 醐16 檎17 護20
こい	恋10 鯉18
こう	公4 勾4 功5 巧5 広5 弘5 匡6 交6 光6 向6 后6 好6 江6 考6 行6 亘6 亨7 孝7 宏7 更7 効8 幸8 庚8 昂8 昊8 洸9 恰9 厚9 皇9 香9 紅9 恒9 虹9 郊9 倖10 晃10 浩10 紘10 耕10 貢10 高10 航10 恋10 黄11 康11 梗11 皐11 皓12 港12 滉13 幌13 煌13 閤14 興16 縞16 鴻17 講17
ごう	合6 昂8 郷11
こえ	声7 吟7
こく	克7 谷7 国8

※旧字体などの異体字は原則的に省略しています（「野」の「埜」、「凜」の「凛」など）。

こぐ　漕14
ごく　極12
こけ　苔8
ここ　九2 心4 此6
こころ　心4
こし　輿17
こずえ　梢11 梶11 槙14 櫂18
こち　東8
こと　功5 言7 画8 采8 紀9 思9 信9 殊10 琴12 詞12 肇14
ことぶき　寿7
この　好6 此6
このみ　好6
このむ　好6
こま　駒15
こよみ　暦14
これ　之3 也3 伊6 此6 惟11
ころも　衣6
こん　今4 建9 紺11
ごん　言7 欣8

さ Sa

さ　二2 小3 左5 早6 佐7 沙7 作7 砂9 査9 咲9 茶9 紗10 皐11 彩11 爽11 善12 朝12 嵯13 瑳14 総14 聡14 積16
さい　才3 西6 幸8 采8 斉8 哉9 祭11 斎11 彩11 菜11 最12 裁12 歳13
ざい　在6
さいわい　幸8 倖10
さえ　冴7 朗10
さかえ　秀7 昌8 栄9 富12 潤15
さかき　榊14
さかん　旺8 盛11
さき　先6 早6 幸8 咲9 祥10 崎11 埼11 福13 興16
さぎ　鷺24
さきがけ　魁14
さく　作7 咲9 朔10 策12
さくら　桜10
ささ　小3 笹11 楽13 篠17 讃22
さざなみ　漣14
さだ　安6 完7 究7 定8 貞9 真10 晏10 渉11 覚12 節13 禎13 寧14 憲16
さち　吉6 幸8 征8 祐9 倖10 祥10 葛12 禄12 禎13 福13
さつ　颯14 察14 薩17
さっ　早6
さつき　皐11
さと　公4 仁4 吏6 邑7 利7 里7 学8 知8 怜8 俐9 恵10 哲10 悟10 敏10 郷11 都11 理11 覚12 惺12 達12 智12 聖13 誠13 聡14 徳14 慧15 叡16 賢16 隣16 諭16 識19
さとい　怜8 敏10 智12 惺12 聡14 慧15

さとる　悟10
さね　学8　実8　嗣13
さめ　雨8　醒16
さや　居8　爽11　清11　鞘16
さやか　爽11
さら　更7
さわ　沢7　爽11
さん　三3　山3　参8　珊9　算14　賛15　燦17　纂20　讃22

し Si

し　子3　之3　巳3　仔5　史5　四5　仕5　市5　司5　白5　矢5　此6　至6　糸6　旨6　守6　西6　孜7　志7　枝8　始8　祉8　祇9　思9　梓11　偲11　視11　崇11　詞12　紫12　詩13　嗣13　資13
じ　二2　字6　弐6　寿7　治8　時10　滋12　慈13　路13　爾14
しあわせ　幸8
しい　椎12
しお　入2　汐6　潮15
しおり　栞10
しか　鹿11　爾14
しき　布5　式6　色6　織18　識19
じき　直8
しく　滋12
じく　竺8
しげ　十2　木4　以5　卯5　成6　林8　茂8　重9　草9　恵10　習11　賀12　滋12　董12　森12　義13　慈13　維14　蓬14　諄15　調15　薫16　樹16　篤16　繁16　穣18
しげみ　茂8
しげる　茂8
しこ　色6
しず　康11　惺12　靖13　静14　寧14　穏16　謙17
しずか　康11　惺12　静14
しずく　雫11　滴14
しずめ　鎮18
しち　七2
じつ　日4　実8
じっ　十2
しな　色6　枝8
しの　忍7　信9　要9　篠17
しのぐ　凌10
しのぶ　忍7　偲11
しば　芝6　柴10
しぶき　沫8
しま　洲9　嶋14　縞16
しゃ　沙7　柘9　砂9　紗10
しゃく　錫16
じゃく　若8　雀11　寂11
しゅ　朱6　守6　珠10　殊10　修10　須12　種14　諏15　趣15
じゅ　寿7　珠10　授11　就12　樹16　儒16

※旧字体などの異体字は原則的に省略しています（「野」の「埜」、「凜」の「凛」など）。

- しゅう：収4 州6 舟6 秀7 宗8 周8 秋9 洲9 柊9 祝9 修10 袖10 脩11 習11 就12 集12 萩12 輯16 繍19
- じゅう：十2 充6 重9 柔9
- しゅく：叔8 祝9 淑11
- じゅく：熟15
- しゅつ：出5
- しゅん：旬6 俊9 春9 隼10 峻10 竣12 馴13 舜13 駿17 瞬18
- じゅん：旬6 洵9 隼10 准10 純10 淳11 惇11 絢12 順12 閏12 準13 馴13 詢13 諄15 醇15 潤15
- しょ：初7 書10 渚11 緒14
- じょ：女3 如6 助7 叙9 恕10
- しょう：小3 生5 正5 庄6 匠6 抄7 昌8 尚8 昇8 松8 青8 昭9 省9 星9 政9 将10 祥10 称10 笑10 菖11 章11 笙11 紹11 捷11 梢11 唱11 渉11 清11 晶12 湘12 翔12 詔12 奨13 照13 聖13 頌13 彰14 嘗14 樟15 憧15 鞘16 篠17 鐘20
- じょう：丈3 允4 成6 定8 城9 浄9 常11 嘗14 静14 穣18 譲20
- しょく：色6 植12 飾13 織18
- しら：白5
- しらべ：調15
- しる：知8 識19
- しるし：印6 徽17
- しろ：代5 白5 城9 素10
- しろい：白5 皓12
- しん：心4 芯7 伸7 信9 津9 晋10 真10 晨11 進11 深11 清11 森12 新13 慎13 槙14 賑14 榛14 親16
- じん：人2 仁4 壬4 迅6 尋12 稔13

す
Su

- す：子3 朱6 守6 州6 寿7 沙7 治8 春9 津9 洲9 珠10 栖10 素10 雀11 須12 棲12 数13 諏15
- ず：寿7 杜7 豆7 治8 津9 逗11 鶴21
- すい：水4 出5 吹7 珀9 粋10 彗11 翠14 穂15
- ずい：瑞13
- すう：崇11 嵩13 数13 雛18
- すえ：与3 末5 秀7 居8 季8 淑11 梢11 陶11 梶11
- すが：菅11 清11 廉13
- すき：透10
- すぎ：杉7
- すく：好6 透10 宿11
- すけ：佐7
- すげ：菅11
- すじ：筋12
- すす：進11

すず　紗10 涼11 鈴13 錫16
すすぐ　漱14
すずし　涼11
すすむ　晋10 進11
すずむ　涼11
すずめ　雀11
すな　沙7 砂9
すなお　忠8 直8 素10 純10 淳11 惇11 廉13
すばる　昴9
すます　澄15
すみ　好6 在6 有6 究7 邑7 宜8 紀9 恭10 純10 栖10 淑11 清11 逗11 統12 遥12 維14 澄15 篤16
ずみ　泉9
すみれ　菫11
すむ　栖10 清11 棲12 澄15
すもも　李7
すん　寸3

せ Se

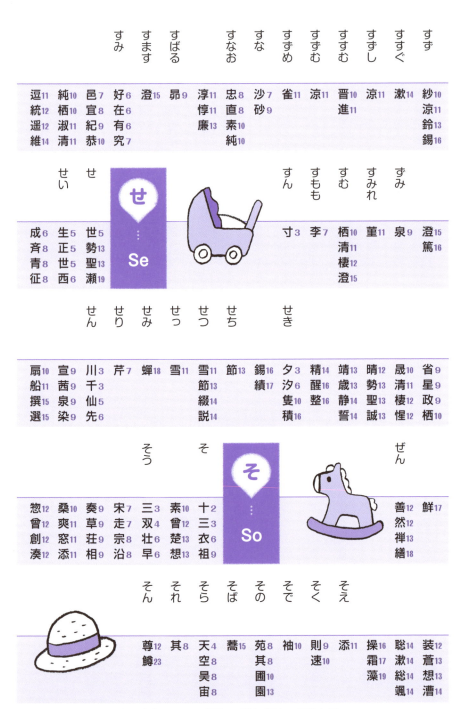

せ　世5 勢13 聖13 瀬19
せい　生5 正5 世5 西6 成6 斉8 青8 征8 省9 星9 政9 栖10 晟10 清11 棲12 惺12 晴12 勢13 聖13 誠13 靖13 歳13 静14 誓14 精14 醒16 整16
せき　夕3 汐6 隻10 積16 錫16 績17
せち　節13
せつ　雪11 節13 綴14 説14
せっ　雪11
せみ　蟬18
せり　芹7
せん　川3 千3 仙5 先6 宣9 茜9 泉9 染9 扇10 船11 撰15 選15 鮮17
ぜん　善12 然12 禅13 繕18

そ So

そ　十2 三3 衣6 祖9 素10 曾12 楚13 想13
そう　三3 双4 壮6 早6 宋7 走7 宗8 沿8 奏9 草9 荘9 相9 桑10 爽11 窓11 添11 惣12 曾12 創12 湊12 装12 蒼13 想13 漕14 聡14 漱14 総14 颯14 操16 霜17 藻19
そえ　添11
そく　則9 速10
そで　袖10
その　苑8 其8 圃10 園13
そば　蕎15
そら　天4 空8 昊8 宙8
それ　其8
そん　尊12 鱒23

※旧字体などの異体字は原則的に省略しています（「野」の「埜」、「凜」の「凛」など）。

た Ta

- た　大3 田5 北5 多6 汰7
- だ　打5 雫11 梛11
- たい　大3 代5 泰10 帯10
- だい　乃2 大3 内4 代5
- だいだい　橙16
- たう　忍7 妙7
- たえ　才3 布5 糸6 克7 妙7 紗10
- たか　乙1 子3 女3 万3 王4 公4 天4 比4 正5 右5 丘5 立5 宇6 好6 共6 考6 行6 竹6 孝7 位7 良7 学8 岳8 宜8 尭8 享8 昂8 空8 尚8 卓8 宝8 茂8 香9 荘9 俊9 宣9 飛9 恭10 高10 峻10 能10 峰10 教11 啓11 皐11 章11 梢11 渉11 崇11 琢11 理11 陸11 陵11 貴12 喬12 敬12 尊12 登12 揚12 陽12 嵩13 誠13 節13 楚13 誉13 稜13 鳳14 賢16 顕18
- たから　宝8
- たき　瀧19
- たく　托6 卓8 拓8 啄10 琢11 擢17 櫂18
- たくみ　匠6
- たけ　丈3 広5 壮6 竹6 宝8 岳8 建9 高10 健11 貴12 義13 節13 嵩13 瀧19
- たず　鶴21
- だす　出5
- ただ　一1 也3 允4 矢5 正5 由5 伊6 匡6 江6 考6 旬6 均7 伸7 妙7 斉8 周8 忠8 迪8 直8 按9 紀9 祇9 貞9 政9 祥10 真10 粋10 理11 惟11 規11 渉11 唯11 覚12 喬12 渡12 董12 雅13 資13 禎13 彰14 維14 肇14 賢16 叡16 隣16
- ただす　正5 匡6
- たち　立5
- たちばな　橘16
- たつ　立5 辰7 建9 起10 健11 経11 達12 樹16
- だち　達12
- たて　立5 建9 健11 達12 縦16
- たに　谷7 渓11
- たね　苗8 種14
- たま　丸3 玉5 圭6 玖7 珂9 珊9 珀9 玲9 珠10 球11 瑛12 琥12 琳12 瑞13 瑶13 碧14 環17
- たまき　環17
- たみ　民5 彩11 黎15
- ため　糸6
- たもつ　保9
- たゆ　妙7
- たよる　頼16
- たん　丹4 旦5 檀17
- だん　暖13 檀17

ち Chi

ち 千3 市5 地6 池6 治8 知8 茅8 祐9 智12 道12 稚13 馳13

ちか 九2 子3 允4 元4 比4 央5 史5 考6 至6 年6 亨7 見7 京8 実8 周8 知8 直8 哉9 恒9 信9 恭10 時10 真10 峻10 速10 規11 悠11 幾12 尋12 愛13 寛13 義13 慈13 新13 慎13 睦13 爾14 静14 誓14 畿15 慶15 隣16 親16

ちく 竹6 筑12 築16

ちゃ 茶9

ちつ 秩10

ちゅう 中4 仲6 沖7 宙8 忠8 紐10 紬11

ちょ 緒14

ちょう 丁2 兆6 長6 町7 重9 鳥11 彫11 張11 朝12 超12 跳13 暢14 蔦14 肇14 蝶15 潮15 調15 澄15 寵19

ちょく 直8

ちん 椿13

つ Tsu

つ 津9 通10 都11 藤18

つ 鶴21

つい 椎12

つう 通10

つか 緑14

つかさ 司5 吏6

つき 月4 調15 槻15

つぎ 乙1 二2 月4 世5 次6 亜7 速10 連10 紹11 継13 嗣13

づき 月4

つく 委8 就12

つぐ 二2 壬4 世5 亜7 更7 庚8 知8 治8 倫10 紹11 継13 嗣13 禎13 頌13 緒14 調15 諭16 鞠17 麗19 繋19 譜19

つた 蔦14

つち 椎12

つづみ 鼓13

つづら 葛12

つづり 綴14

つづる 綴14

つと 朝12

つな 統12 維14 緑14 繋19

つね 久3 典8 法8 則9 恒9 倫10 経11 常11 道12 継13 積16 識19 庸11 尋12 曾12 統12

つばき 椿13

つばさ 翼17

つばめ 燕16

つぶら 円4

つぼみ 蕾16

つみ 祇9 摘14 積16

つむ 万3 摘14 積16

つむぎ 紬11

つむぐ 紡10

つや 釉12 艶19

つゆ 露21

※旧字体などの異体字は原則的に省略しています（「野」の「埜」、「凜」の「凛」など）。

つよ 健11
つら 忠8 享8 連10 貫11 葛12 綿14 羅19 麗19
つる 弦8 絃11 敦12 鶴21

て Te

て 手4 豊13
で 出5
てい 丁2 汀5 定8 貞9 禎13 綴14 薙16
でい 祢9
てき 迪8 的8 荻10 笛11 摘14 擢17
てつ 哲10 鉄13 綴14 徹15
てる 央5 旭6 光6 明8 映9 栄9 珂9 昭9 昆9 晃10 晟10 瑛12 皓12 晶12 晴12 暉13 煌13 照13 彰14 輝15 燕16 顕18 曜18 燿18 耀20
でる 出5
てん 天4 典8 展10 添11 槙14
でん 鮎16

と To

と 乙1 十2 仁4 年6 百6 兎7 杜7 利7 亨7 東8 音9 留10 都11 渡12 登12 富12 豊13 聡14 橙16
ど 土3 努7 度9
とう 仔5 広5 冬5 灯6 豆7 延8 東8 柔9 桐10 純10 透10 桃10 速10 陶11 逗11 萄11 塔12 董12 統12 登12 道12 稲14 嶋14 読14 橙16 瞳17 櫂18 藤18
どう 同6 桐10 萄11 堂11 道12 憧15 瞳17
とお 十2 昊8 治8 卓8 廻9 深11 野11 遥12 遼15
とおる 亨7 通10
とき 可5 世5 旬6 迅6 季8 国8 宗8 斉8 林8 怜8 秋9 祝9 春9 信9 則9 訓10 時10 常11 晨11 暁12 朝12 節13 睦13 聡14 稽15 讃22
とぎ 伽7
ときわ 松8
とく 啄10 得11 徳14 読14 篤16
とぐ 研9
どく 読14
とこ 常11
とし 才3 子3 世5 代5 冬5 考6 迅6 年6 亨7 寿7 利7 伶7 英8 季8 宗8 斉8 紀9 哉9 秋9 俊9 星9 要9 記10 隼10 峻10 敏10 倫10 逸11 健11 淑11 淳11 章11 捷11 惇11 捺11 理11 暁12 敬12 棲12 智12

- 禄12 幹13 歳13 資13
- 準13 照13 聖13 馳13
- 鉄13 稔13 福13 聡14
- 読14 肇14 叡16 穏16
- 賢16 憲16 繁16 駿17
- 鏡19

とせ 年6 歳13

とち 栃9

となう 唱11

とび 鳶14

とぶ 飛9 跳13

とみ 十2 吉6 幸8 宝8 / 美9 智12 登12 富12 / 禄12 福13 寛13 賑14 / 聡14 徳14 読14

とむ 富12

とめ 留10 倈11

とも 丈3 大3 与3 公4 / 巴4 比4 文4 友4 / 以5 叶5 共6 有6 / 作7 那7 呂7 伴7 / 委8 供8 幸8 始8 / 知8 宝8 朋8 茂8 / 和8 皆9 栄9 昆9 / 兼10 倫10 流10 智12 / 朝12 寛13 幹13 義13 / 誠13 節13 禎13 睦13 / 賑14 僚14 諄15 興16 / 類18 鵬19

ともえ 巴4

とよ 茂8 晨11 富12 豊13

とり 鳥11

とる 采8

とん 惇11 敦12

な
Na

な 七2 己3 水4 多6 / 名6 那7 来7 奈8 / 林8 南9 梛11 菜11 / 樹16

ない 乃2 内4

なえ 苗8

なお 三3 矢5 正5 如6 / 多6 有6 亨7 均7 / 君7 作7 実8 若8 / 尚8 斉8 直8 真10 / 通10 梗11 脩11 野11 / 順12 董12 類18

なか 心4 中4 央5 仲6 / 良7 尚8 陽12 肇14

なが 久3 永5 市5 呂7 / 延8 直8 長8 祥10 / 脩11 詠12 温12 遊12 / 暢14 隣16

なぎ 凪6 渚11 椛11 梛11 / 薙16

なぎさ 汀5 渚11

なぐ 凪6 薙16

なごみ 和8

なごむ 和8

なし 梨11 類18

なす 成6

なず 摩15

なだ 灘22

なつ 夏10 捺11

なな 七2

なの 七2

なみ 双4 比4 甫7 波8 / 並8 南9 洋9 浪10 / 漣14

なら 楢13

※旧字体などの異体字は原則的に省略しています（「野」の「埜」、「凜」の「凛」など）。

- なり：入2 也3 功5 令5 考6 成6 位7 克7 均7 孝7 作7 育8 周8 尚8 斉8 忠8 苗8 音9 柔9 容10 規11 教11 詞12 就12 晴12 曾12 登12 雅13 慈13 誠13 勢13 稔13 調15 整16 響20
- なる：功5 匠6 成6 完7 育8 忠8 愛13 稔13 燕16 親16
- なれ：馴13
- なわ：苗8
- なん：南9 楠13

に Ni

- に：二2 仁4 丹4 弐6 爾14
- にい：新13
- にし：西6
- にじ：虹9
- にしき：錦16
- にち：日4
- にな：螺17
- にゃく：若8
- にゅう：入2 柔9
- にょ：如6
- にょう：女3
- にん：人2 仁4 任6 忍7 認14

ぬ Nu

- ぬ：野11
- ぬいとり：繍19
- ぬう：縫16
- ぬき：貫11
- ぬく：擢17
- ぬくむ：温12
- ぬの：布5

ね Ne

- ね：子3 年6 音9 祢9 根10 峰10 寧14 稲14 嶺17
- ねい：寧14
- ねこ：猫11
- ねつ：熱15
- ねる：練14
- ねん：年6 念8 然12 稔13

の No

- の：乃2 之3 野11
- のう：能10 納10
- のき：宇6
- のぎ：禾5
- のぞみ：希7 望11
- のぞむ：希7 望11 臨18
- のっと：浬10
- のどか：和8 温12
- のびる：伸7 延8 暢14
- のぶ：一1 与3 之3 円4 文4 永5 正5 布5 江6 亘6 更7 寿7 伸7 延8 宜8 治8

房8 恒9 宣9 重9 洵9 叙9 信9 政9 毘9 悦10 修10 書10 展10 惟11 経11 脩11 常11 進11 庸11 喜12 喬12 順12 惣12 達12 董12 敦12 遥12 揚12 葉12 寛13 照13 頌13 誠13 靖13 睦13 総14 暢14 諄15 撰15 薫16 整16

のぼる　昇8 登12

のみ　爾14

のり　仁4 文4 以5 永5 功5 生5 代5 礼5 令5 考6 行6 至6 舟6 成6 位7 孝7 芸7 甫7 利7 里7 学8 宜8 尭8 実8 昇8 宗8 周8 知8 忠8 典8 法8 廻9 紀9 祇9 祝9 政9 宣9 則9 律9 益10 恭10 記10 訓10 悟10 修10 准10 書10 哲10 能10 倫10 規11 基11 教11 郷11 啓11 経11 視11 章11 庸11 理11 賀12 幾12 敬12 卿12 詞12 詔12 順12 尋12 智12 朝12 統12 登12 道12 遥12 愛13 雅13 寛13 義13 準13 慎13 数13 誠13 節13 稚13 誉13 路13 徳14 緑14 駕15 慶15 稽15 調15 範15 賢16 憲16 頼16 謙17 識19

のん　暖13

は Ha

は　巴4 羽6 芭7 波8 杷8 春9 華10 琶12 葉12 播15

ば　芭7 馬10 葉12

ばい　苺8 唄10 倍10 梅10 培11

はえ　栄9

はえる　生5 映9 栄9

はか　博12

はぎ　萩12

はく　白5 珀9 博12 箔14

ばく　麦7 博12

はげむ　励7

はしばみ　榛14

はじめ　初7 甫7

はす　芙7 蓉13 蓮13

はた　果8 幡15

はち　八2

はちす　蓮13

はつ　初7 肇14

はっ　法8

ばつ　沫8 茉8

はて　果8

はと　鳩13

はとり　織18

はな　花7 芳7 英8 華10

はね　羽6

はま　浜10

※旧字体などの異体字は原則的に省略しています（「野」の「埜」、「凜」の「凛」など）。

はや　迅6 早6 勇9 速10 敏10 隼10 逸11 捷11 敬12
はやし　林8
はやぶさ　隼10
はら　原10
はり　梁11 榛14
はる　大3 元4 日4 立5 令5 会6 合6 花7 良7 始8 治8 青8 知8 東8 明8 栄9 春9 昭9 美9 晏10 華10 浩10 時10 敏10 流10 啓11 脩11 温12 喜12 晴12 陽12 遥12 暖13 榛14 遼15
はるか　永5 悠11 遥12 遼15
はれ　晴12
はん　汎6 帆6 伴7 絆11 榛14 播15 範15 幡15 繁16
ばん　万3 伴7 絆11 晩12 播15

ひ
Hi

ひ　日4 比4 氷5 灯6 妃6 枇8 飛9 毘9 桧10 啓11 菊11 斐12 琵12 陽12 緋14
び　枇8 弥8 毘9 美9 梶11 琵12
ひいらぎ　柊9
ひがし　東8
ひかり　光6 曜18
ひかる　光6 晃10 皓12 輝15
ひく　渥12
ひさ　九2 久3 比4 永5 央5 向6 玖7 寿7 学8 尚8 弥8 栄9 胡9 恒9 宣9 修10 桐10 能10 留10 常11 悠11 喜12 富12 藤18
ひし　菱11
ひじり　聖13
ひだり　左5
ひつじ　未5
ひで　一1 之3 禾5 未5 成6 求7 秀7 英8 季8 幸8 東8 栄9 毘9 淑11 愛13 継13 嗣13 穂15 薫16
ひと　一1 人2 仁4 史5 民5 倫10
ひとみ　眸11 瞳17
ひな　穂15 雛18
ひのき　桧10
ひびき　響20
ひびく　響20
ひめ　妃6 姫10 媛12
ひも　紐10
ひゃく　百6
びゃく　白5
ひょう　氷5
びょう　苗8
ひら　永5 平5 行6 旬6 位7 均7 拓8 迪8
ひらく　拓8
ひろ　丈3 大3 公4 央5 広5 弘5 礼5 光6 先6 托6 汎6 完7 宏7 谷7 寿7 拡8

昊8 宗8 拓8 弥8
明8 栄9 恢9 祇9
洸9 厚9 祐9 宥9
洋9 浩10 紘10 泰10
展10 容10 啓11 康11
都11 野11 賀12 敬12
景12 皓12 尋12 達12
博12 裕12 寛13 滉13
豊13 嘉14 潤15 播15
衛16 優17

ひろい　広5 弘5 汎6 宏7
恢9 浩10

ひん　浜10 彬11 稟13 賓15
頻17 瀕19

びん　敏10

ふ Hu

ふ　二2 双4 布5 吹7
扶7 芙7 甫7 歩8
風9 浮10 経11 富12
蒲13 撫15 譜19

ぶ　分4 歩8 武8 葡12
撫15 舞15

ふう　風9 富12 楓13

ふえ　呂7 笛11

ふか　深11 興16

ふき　吹7 蕗16

ふく　吹7 富12 福13

ふけ　吹7

ふさ　成6 芳7 英8 弦8
房8 林8 重9 宣9
亮9 記10 紘11 幾12
滋12 惣12 葉12 維14
総14 興16

ふし　節13

ふじ　葛12 藤18

ふた　二2 双4

ふち　縁15

ふな　舟6

ふね　舟6 船11

ふの　史5

ふみ　文4 史5 良7 典8
迪8 郁9 奎9 美9
記10 書10 章11 詞12

ふもと　麓19

ふゆ　冬5 那7

ふる　雨8

ぶん　文4

へ He

へい　平5 併8 並8 柄9
陛10 幣15

へき　碧14

べし　可5

べに　紅9

へる　経11

へん　辺5 遍12 編15

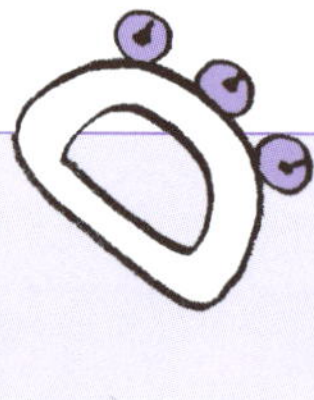

ほ Ho

ほ　帆6 秀7 甫7 歩8
保9 浦10 圃10 葡12
蒲13 蓬14 穂15

ぼ　母5 戊5 牡7 菩11
募12 慕14 暮14 模14
簿19

ほう　方4 芳7 邦7 宝8
朋8 法8 峰10 逢11

※旧字体などの異体字は原則的に省略しています（「野」の「埜」、「凜」の「凛」など）。

萌11 豊13 鳳14 蓬14 縫16 鵬19

ぼう 卯5 茅8 房8 苺8 昴9 紡10 眸11 望11

ほがらか 朗10

ほく 北5

ぼく 木4 牧8 睦13

ほし 星9

ほだし 絆11

ほたる 蛍11

ほっ 法8

ほど 高10

ほまれ 誉13

ほろ 幌13

ほん 本5 誉13

ま Ma

ま 万3 守6 実8 茉8 真10 馬10 麻11 満12 摩15 磨16

まい 苺8 舞15

まいる 哩10

まう 舞15

まえ 前9

まき 在6 牧8 巻9 蒔13 槙14

まく 巻9 蒔13 播15

まこと 一1 允4 丹4 充6 実8 卓8 洵9 信9 純10 真10 惇11 淳11

董12 詢13 慎13 誠13 睦13 諄15 諒15

まさ 大3 允4 公4 仁4 元4 予4 正5 礼5 匡6 旬6 庄6 成6 壮6 多6 完7 求7 均7 芸7 甫7 利7 斉8 征8 直8 若8 尚8 昌8 祇9 信9 政9 荘9 毘9 柾9 祐9 修10 真10 容10 連10 晟10 逸11 理11 温12 順12 晶12 董12 道12 裕12 雅13 幹13 絹13 聖13 誠13 維14

暢14 綿14 縁15 諒15 叡16 薫16 賢16 整16 優17

まさき 柾9

ます 丈3 加5 昌8 松8 弥8 益10 培11 賀12 滋12 曾12 満12 増14 綿14 潤15 錫16 鱒23

また 又2 也3 加5 岐7 俣9

まち 市5 町7 街12

まつ 末5 松8 茉8 沫8 待9 須12

まつり 祭11

まと 的8

まど 円4 窓11

まどか 円4

まな 真10 愛13

まなぶ 学8

まめ 豆7

まもる 守6 護20

まゆ 繭18

まゆみ 檀17

まり 球11 毬11 鞠17

まる 丸3 円4

まるい 丸3 円4

まれ 希7 稀12

まろ 満12

まん 万3 満12 漫14

み Mi

み
己3 子3 三3 巳3 王4 心4 仁4 壬4 水4 史5 生5 未5 民5 后6 光6 充6 位7 究7 見7 甫7 実8 弥8 海9 皆9 省9 泉9 美9 洋9 益10 珠10 扇10 規11 梶11 視11 深11 望11 湊12 登12 御12 幹13 誠13 箕14 爾14 魅15 親16 臨18 鏡19

みお
澪16

みき
幹13 樹16

みぎ
右5

みぎわ
汀5

みさ
操16

みさお
貞9 節13 操16

みさき
岬8

みず
壬4 水4 泉9 瑞13

みずうみ
湖12

みずのえ
壬4

みち
礼5 至6 充6 成6 有6 花7 岐7 亨7 吾7 芳7 利7 学8 庚8 享8 典8 宝8 宙8 迪8 皆9 信9 祐9 訓10 修10 峻10 通10 倫10 教11 康11 進11 庸11 理11 陸11 菱11 惣12 達12 道12 満12 裕12 遥12 義13 路13 総14 慶15 徹15

みちる
満12

みつ
十2 三3 允4 円4 広5 弘5 光6 充6 完7 秀7 実8 苗8 弥8 映9 泉9 叙9 則9 美9 益10 恭10 晃10 通10 温12 尋12 満12 富12 照13 慎13 暢14 蜜14 潤15 鞠17

みつぐ
貢10

みつる
充6 爾14

みどり
翠14 碧14 緑14

みな
水4 汎6 南9 皆9

みなと
港12 湊12

みなみ
南9

みなもと
源13

みね
峻10 峰10 嶺17

みのり
実8 稔13 穣18

みのる
秀7 実8 登12 稔13 穂15 穣18

みや
宮10

みやこ
京8 洛9 都11 畿15

みやび
雅13

みゆき
幸8

みょう
名6 妙7 明8

みる
三3 見7 省9 視11

みん
民5 明8

む Mu

む
六4 武8 眸11 陸11 睦13 夢13 霧19

むい
六4

むか
向6

むぎ
麦7

むく
向6 椋12

※旧字体などの異体字は原則的に省略しています（「野」の「埜」、「凜」の「凛」など）。

むつ 六4 陸11 睦13 輯16
むつみ 睦13
むつむ 睦13
むね 心4 至6 旨6 志7 宗8 能10 梁11 統12 縁15
むら 邑7 祐9 紫12 樹16
むらさき 紫12

め Me

め 女3 芽8 要9 梅10 萌11
めい 名6 芽8 明8 盟13 銘14
めぐみ 仁4 恩10 恵10 萌11 愛13
めぐむ 恵10 愛13
めぐる 廻9
めみ 萌11
めん 綿14

も Mo

も 百6 委8 茂8 苺8 萌11 雲12 裳14 模14 藻19
もう 望11
もえ 萌11
もく 木4
もち 才3 以5 茂8 卓8 保9 望11 須12 操16
もつ 尤4
もと 一1 与3 心4 尤4 元4 司5 本5 民5 如6 花7 求7 志7 孝7 初7 扶7 甫7 芳7 始8 征8 宗8 東8 茂8 林8 紀9 祇9 泉9 朔10 修10 素10 倫10 基11 規11 喬12 智12 統12 雅13 楽13 寛13 幹13 源13 資13 誠13 福13 誉13 輪15 親16
もとい 基11
もみ 紅9
もみじ 椛11
もも 百6 李7 桃10
もゆ 萌11
もり 司5 守6 壮6 托6 名6 杜7 典8 林8 保9 容10 彬11 森12 豊13 衛16 積16
もれ 守6
もろ 壱7
もん 文4 紋10
もんめ 匁4

や Ya

や 八2 也3 矢5 谷7 弥8 夜8 哉9 耶9 野11 陽12 椰13

やく 益10 躍21

やぐら 櫓19

やし 椰13

やす 予4 叶5 安6 考6 行6 求7 那7 育8 宜8 居8 協8 欣8 庚8 弥8 夜8 和8 柔9 毘9 保9 要9 晏10 益10 恭10 恵10 祥10 泰10 能10 容10 連10 逸11 健11 康11 庸11 温12 裕12 鳩13 資13 慈13 靖13 暖13 誉13 楊13 廉13 静14 徳14 寧14 綿14 縁15 慶15 撫15 燕16 穏16 賢16 錫16

やつ 八2

やな 梁11

やなぎ 柳9 楊13

やね 梁11

やま 山3

やわ 和8

やわら 柔9

ゆ Yu

ゆ 弓3 夕3 水4 友4 由5 有6 佑7 侑8 柚9 祐9 悠11 愉12 結12 裕12 遊12 諭16 優17 癒18

ゆい 由5 唯11 結12

ゆう 夕3 友4 尤4 右5 由5 有6 佑7 邑7 侑8 柚9 勇9 祐9 宥9 悠11 裕12 結12 釉12 遊12 湧12 楢13 優17

ゆかり 紫12 縁15

ゆき 之3 千3 元4 文4 五4 以5 由5 礼5 行6 至6 如6 先6 亨7 孝7 志7 来7 享8 幸8 征8 侑8 政9 起10 恭10 倖10 時10 晋10 通10 透10 敏10 教11 康11 章11 進11 雪11 喜12 敬12 就12 順12 道12 遊12 詣13 廉13 路13 維14 潔15 徹15 薫16 鵬19

ゆく 之3 水4 行6 征8 路13

ゆず 柚9

ゆずる 譲20

ゆたか 裕12 豊13

ゆみ 弓3

ゆめ 夢13

よ Yo

よ 与3 予4 四5 生5 世5 代5 吉6 余7 昌8 夜8 美9 淑11 葉12 誉13 頼16 輿17

よい 良7 敦12 善12 嘉14

※旧字体などの異体字は原則的に省略しています（「野」の「埜」、「凜」の「凛」など）。

よう
八2 洋9 要9 浩10 容10 庸11 湧12 揚12 葉12 遥12 陽12 瑶13 蓉13 楊13 踊14 暢14 謡16 曜18 燿18 耀20

よく
翌11 翼17

よし
女3 之3 与3 允4 元4 仁4 壬4 文4 可5 正5 布5 由5 令5 礼5 伊6 合6 吉6 圭6 考6 好6 至6 如6 成6 君7 芸7 孝7 克7 佐7 秀7 寿7 甫7 芳7 妙7 利7 良7 芦7
英8 佳8 宜8 欣8 幸8 治8 若8 尚8 昌8 叔8 斉8 典8 宝8 弥8 林8 栄9 香9 紀9 研9 祝9 俊9 省9 宣9 毘9 美9 南9 祐9 亮9 益10 悦10 記10 恭10 恵10 桂10 時10 修10 敏10 純10 祥10 称10 泰10 哲10 能10 容10 惟11 啓11 康11 淑11 淳11 陶11 彬11 理11 温12 椅12 賀12 覚12 貴12 喜12 敬12 善12
達12 董12 富12 斐12 裕12 禄12 愛13 葦13 楽13 寛13 幹13 義13 資13 慈13 慎13 新13 頌13 誠13 節13 禎13 福13 豊13 睦13 誉13 嘉14 静14 徳14 縁15 歓15 嬉15 慶15 稽15 潔15 撫15 編15 賢16 叡16 衛16 燕16 親16 整16 頼16 徽17 謙17 燦17 繕18 類18 艶19 瀧19 寵19 麗19 馨20

よしみ
好6 美9 睦13 嘉14 親16

よつ
四5

よみ
読14

よむ
詠12 頌13 読14

よもぎ
蓬14

より
之3 可5 代5 由5 糸6 利7 依8 居8 若8 尚8 典8 亮9 保9 時10 賀12 順12 道12 幹13 義13 資13 縁15 親16 頼16 麗19

よる
依8 夜8

よろず
万3

よん
四5

ら Ra

ら
良7 楽13 螺17 羅19

らい
礼5 来7 莱11 徠11 頼16 蕾16

らく
洛9 楽13

らん
藍18 蘭19

り Ri

り
有6 吏6 利7 里7 李7 俐9 莉10 浬10

- り（前ページから続く）：哩10 理11 梨11 裡12 璃15 鯉18
- りく：六4 陸11
- りち：律9
- りつ：立5 律9
- りゅう：立5 柳9 留10 流10 竜10 笠11 琉11 瑠14
- りょ：呂7 旅10
- りょう：良7 亮9 凌10 涼11 梁11 菱11 陵11 椋12 稜13 僚14 領14 綾14 遼15 諒15 瞭17
- りょく：力2 緑14
- りん：林8 倫10 琳12 稟13 鈴13 綸14 凜15 輪15 隣16 臨18 麟24

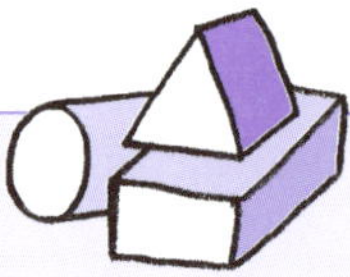

る Ru

- る：留10 流10 琉11 瑠14
- るい：類18
- るり：瑠14

れ Rr

- れ：礼5 玲9 麗19
- れい：令5 礼5 伶7 励7 怜8 玲9 羚11 零13 鈴13 黎15 澪16 嶺17 麗19
- れき：暦14 歴14
- れつ：列6 烈10
- れん：怜8 恋10 連10 廉13 蓮13 漣14 練14 憐16 簾19

ろ Ro

- ろ：呂7 芦7 亮9 路13 蕗16 櫓19 露21 鷺24
- ろう：良7 浪10 朗10 稜13 楼13 瀧19 露21
- ろく：六4 鹿11 禄12 緑14
- ろん：麓19 論15

わ Wa

- わ：八2 羽6 沫8 和8 倭10 娃9 輪15 環17
- わか：王4 若8 雀11 湧12 新13 稚13
- わが：吾7
- わき：湧12
- わく：若8 湧12 稚13
- わざ：伎6 技7
- わた：綿14
- わたる：亘6 渉11 道12 渡12
- わね：羽6
- わらび：蕨15
- われ：余7 吾7

※旧字体などの異体字は原則的に省略しています（「野」の「埜」、「凜」の「凛」など）。

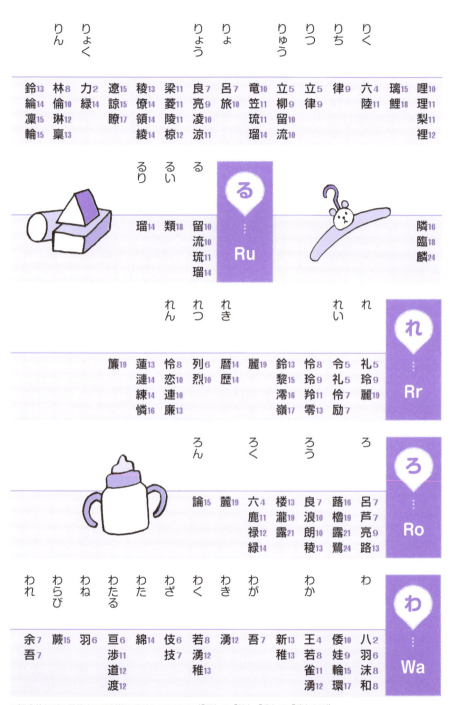

第3章

イメージからアプローチする

短い音と文字の中に込める思い
イメージから名前をつける

キーワードという目安があると、考え方の枠が広がり、イメージに合った名前も見つけやすくなります。

キーワードを書き出すことから

イメージから名前を考えるときには、キーワードを書き出すことから始めてみましょう。

キーワードのない思いつきを並べるだけでは、アイデアの幅を広げることも、たくさん考えた名前の候補の中から一つだけを選ぶことも難しいものです。

キーワードには、大きく分けて二つの出発点があります。

一つは、「優しさ」や「元気」のように、わが子への思いや願いを表す言葉。もう一つは、「青空」や「春」のように、具体的なモチーフです。もちろん後者も、最終的には「青空――のように透明でさわやか」というように、モチーフ

キーワードのない候補選びは難しい

キーワードを決めずに思いつくままだと……

名前の候補
明美　安奈　友海
渚　華乃　温美
陽菜　夏月　優子

どれかを選ぼうにも決め手がない……

キーワードを決めてみると

これでいこう！

優しさ	明るい	夏
優子　温美　安奈	明美　陽菜　華乃	夏月　友海　渚

どんな路線でイメージを広げればいいかの目安ができる

から連想されるイメージに結びついていきます。（→P.7でも、イメージからアプローチするときのポイントを紹介しています）

納得できるイメージに近づくために

たとえば「優しさ」をキーワードにします。そこからイメージを広げるときには、「親切」「愛情」のような、意味の広い言葉だけでなく、「『大地』のような優しさ」など、具体的なモチーフになぞらえてみましょう。

意味の広い言葉からだけでは見つからなかった、「無償の愛で人々を幸せにした歴史上の人物から1字あやかってみよう」などのアイデアも浮かびやすくなります。

反対に、具体的なキーワード、たとえば「秋」を出発点にしたら、秋に関連するモチーフを列挙するだけでなく、どうして「秋」を出発点にしたのか考えてみることも大切です。もしかすると、「秋」そのものではなく、秋らしい「澄んだ空気」の一点がこだわりのポイントになっているかもしれないからです。

こだわるポイントがはっきり見えてくれば、イメージを広げる方向も、よりしっくりくるものへと向けやすくなります。

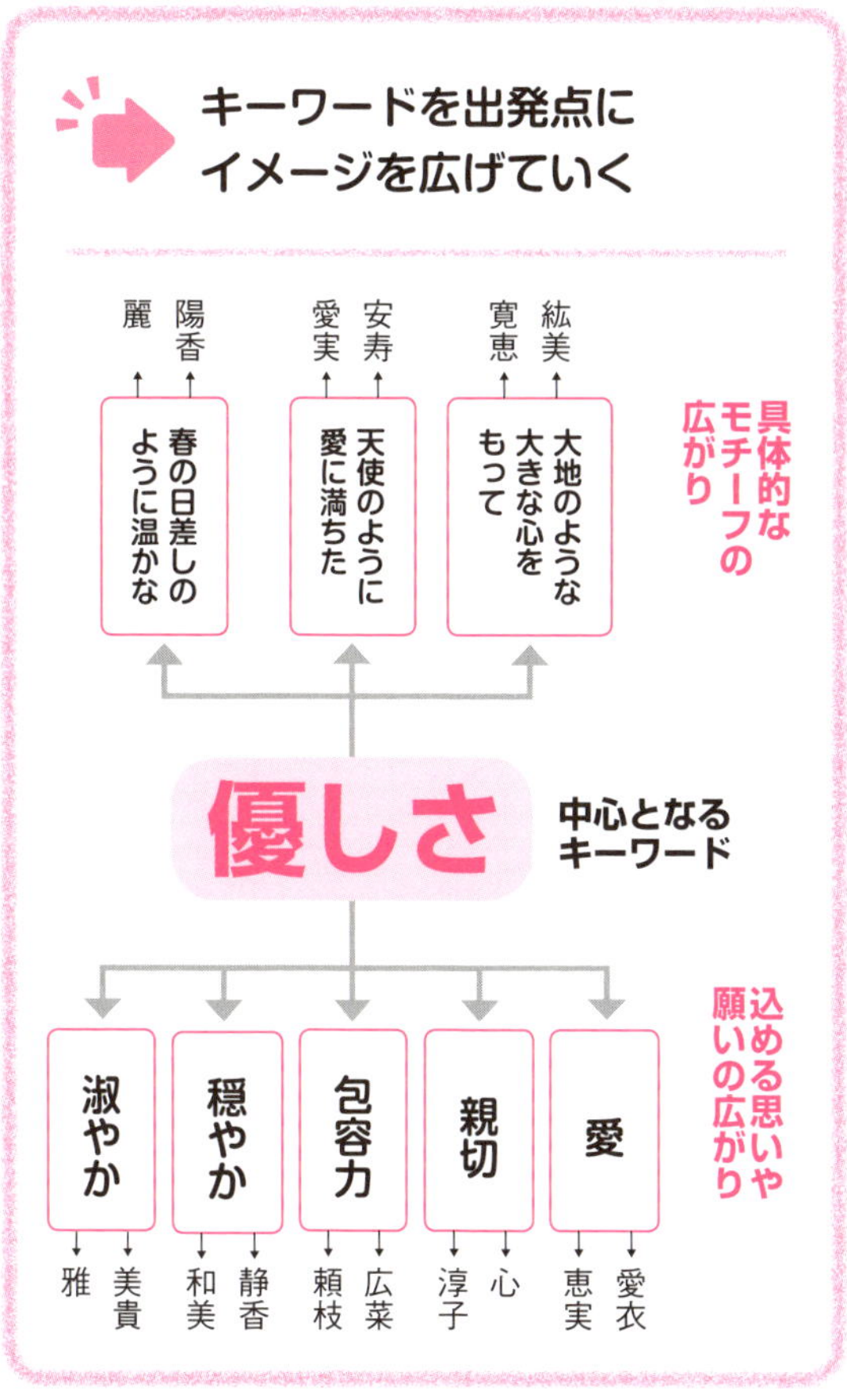

こんな性格になってほしい

何色にも染まっていない赤ちゃん。これからどんな子に育っていってほしいのか、「こんな性格の子に」とイメージをふくらませて、すてきな名前をつけてあげましょう。

大らかに

大空や広い海のように、ゆったりと大らかに育ってほしいとの願いを込めて。

杏奈（7 8）	あんな	穏やかな、心の広い女の子に成長するよう願って。
心寧（4 14）	ここね	心がいつも和やかで、笑顔をたやさない女の子であるように。
和香（8 9）	のどか	名前の通りの、気持ちの大らかな子になってほしいから。
広美（5 9）	ひろみ	大らかで、広い心をもった女の子になってほしいから。
円香（4 9）	まどか	まあるい心で、女の子らしくかわいい子に。
美空（9 8）	みそら	大空のように、包容力にあふれた子であるよう願って。
悠奈（11 8）	ゆな	のんびりとした子に。かわいらしい響きの名前。
裕梨（12 11）	ゆり	心にゆとりをもった子にと願って。気品のある女性らしい名前。

イメージ漢字

心4 円4 広5 安6 宏7 空8 和8 海9 泰10 悠11 裕12 寛13

明るく

いつも明るいオーラを放ち、誰からも愛される女の子になってほしいから。

晶奈（12 8）	あきな	キラキラと光り輝く女性になってほしいから。
笑美（10 9）	えみ	笑顔がよく似合う朗らかな女の子になってほしいから。
陽香（12 9）	はるか	太陽のように明るく、温かい心をもった女の子に。
晴望（12 11）	はるみ	晴れやかな青空のように、明るく希望に満ちた子に。
光琉（6 11）	ひかる	輝く太陽のように、活発な女の子になるようにと願って。
日奈（4 8）	ひな	お日様のような満面の笑みをたやさないで、と願って。
晄世（10 5）	みつよ	一筋の光がさすように、明るさを放ってほしいから。
明花（8 7）	めいか	美しく輝く花のように、まわりを明るくする女の子に。

イメージ漢字

日4 旭6 光6 明8 晃10 晄10 笑10 晴12 陽12 晶12 輝15 瞭17

優しく

困っている人にはすすんで手を差し伸べる、心優しい女の子にと願って。

画数	名前	読み	由来
12 12	敦絵	あつえ	思いやりをもって人と接することのできる子に。
12 9	温海	あつみ	海のように大きく温かい心の人であるように。
13 3	慈子	しげこ	大きな愛情をもった優しい女の子に育ってほしいから。
13 2 7	想乃花	そのか	想像力があり、人の欲していることがわかる子に。
13 13	慈瑚	ちかこ	あふれるような愛情をもった女の子に。
9 7	美佑	みゆ	困っている人を助けられる(佑)、優しい人に。
10 8	恵実	めぐみ	人のために親身になり、行動できる女性に。
17 7	優花	ゆうか	優しく美しい、女性らしい子になるよう願って。
8 9	侑紀	ゆうき	思いやりの気持ちをもち続けてほしいから。
17 7	優佑	ゆうゆ	優しい「優」と助ける「佑」を組み合わせた名前。
8 10	侑莉	ゆり	多くの人に優しくし、愛される女性に。
7 9	励香	れいか	相手の気持ちをくみ、励ますことが上手な人に。

イメージ漢字

佑7 励7 侑8 恭10 恵10 泰10
敦12 温12 慈13 靖13 想13 優17

穏やかに

まわりの人に安心感を与える、いつも穏やかな女の子になってほしい。

画数	名前	読み	由来
10 10	晏珠	あんじゅ	穏やかな「晏」と美しい「珠」を組み合わせて。
6 7	江里	えり	心が川のように広く、田舎のように温かい女性に。
7 13	邑楽	おうら	楽しく穏やかな子に。温かい印象の名前。
9 7	香甫	かほ	美しく広がる苗代(甫)をイメージして。
10 11	莞菜	かんな	温和な性格で、いつも笑顔をたやさない人に。
14 12	静葉	しずは	心を研ぎ澄ませ、状況にすぐ対応できる女性に。
11 4	菜月	なつき	月のように優しい光で人の心を和ませる子に。
9 12	恒絵	ひさえ	いつまでも穏やかで心の美しい子でいてほしいから。
9 6	美宇	みう	どんなときでも大きくて(宇)静かな心の持ち主に。
4 12	水絵	みずえ	水のように透明な心の女の子になってほしいから。
9 8	美苑	みその	花が咲く苑のように美しく、豊かな心をもった人に。
16 6	穏江	やすえ	穏やかで、広く大きな心をもった人に育つよう願って。

イメージ漢字

月4 水4 宇6 江6 甫7 邑7
苑8 恒9 晏10 莞10 静14 穏16

エレガントに

美しい容姿と、美しい心と、女性の美点を兼ね備えて。

画数	名前	読み	意味
12 2	絢乃	あやの	きらびやかに輝き、人を魅了する美しい人に。
14 10	綺紗	きさ	綺麗で、繊細な女性をイメージして。
12 19	貴羅	きら	きらきらと輝く女の子にと願って。個性的な名前。
6 11	妃理	きり	お妃様の威厳をもった、美しく気品を感じさせる名前。
11 12	彩貴	さき	華やかで、上品な雰囲気をもった女性に。
3 11	千彩	ちあや	幾重にも重なったあざやかな色をイメージして。
7 13	芙蓉	ふよう	花のイメージにあやかり、愛らしく成長するように。
9 8	美佳	みか	外見も美しく、内面もすぐれた才色兼備な人に。
9 14	美綺	みき	美しさに満ちた女性を思わせる名前。
11 2	淑乃	よしの	品性を感じさせる。和風の美しい名前。
9 10	玲華	れいか	清らかな心をもった、美しい女性にと願って。
19 8	麗佳	れいか	「麗しの佳人」から。皆から愛される魅力的な女性に。

イメージ漢字

妃6 芙7 佳8 玲9 紗10 彩11
淑11 貴12 絢12 雅13 綺14 麗19

友だちと仲よく

切磋琢磨し、ともに成長していける仲間に多く恵まれるように。

画数	名前	読み	意味
7 12	亜結	あゆ	人と人との結びつきを大切にする子に。
7 10	花連	かれん	人とのつながりをイメージ。響きも美しい名前。
6 3	共子	きょうこ	誰とでも平等に付き合える子にと願って。
8 10	朋華	ともか	大勢の仲間(朋)に引き立てられ、伸びてほしいから。
10 5	倫世	ともよ	人の輪を大切にし、切磋琢磨できる子に。
11 8	絆奈	はんな	絆を大切にする人に。個性的で印象に残る名前。
9 11	美規	みき	人としての約束や規則を守り、信頼で結ばれる人に。
13 8	睦実	むつみ	いつも和やかに楽しく、友だちと過ごせる子に。
5 4	由比	ゆい	よい仲間に恵まれるように、と願って。
4 11	友梨	ゆり	友だちに囲まれた人に。清楚で落ち着いた印象の名前。
6 10	好恵	よしえ	多くの人に好感をもたれる人気者に。
8 14 3	和歌子	わかこ	大勢の人と交わり、楽しく過ごせる人に。

イメージ漢字

比4 友4 好6 共6 朋8 和8
連10 倫10 絆11 規11 結12 睦13

純粋で素直に

きれいな心で、誰に対してもまっすぐに心を開いていける素直な性格の子に。

名前	画数	読み	説明
和紗	8 10	かずさ	いつも和やかな人に。音のスマートな名前。
佳澄	8 15	かすみ	美しく澄んだ心の持ち主になってほしいから。
純香	10 9	すみか	穢れを知らない、純粋な子にと願って。
直美	8 9	なおみ	素直で純粋な心をもった子に育つように。
慎子	13 3	のりこ	立場をわきまえ、慎ましやかで素直な性格の子に。
真緒	10 14	まお	まっすぐな(真)気持ちを大切にしてほしいから。
真純	10 10	ますみ	女の子らしく柔らかで、きれいな印象の名前。
愛直	13 8	まなお	素直で愛らしい子に成長するようにと願って。
真矢	10 5	まや	的に向かう矢のように、まっすぐな(真)心の持ち主に。
真由美	10 5 9	まゆみ	思惑にとらわれず、自由にまっすぐ伸びてほしいから。
素子	10 3	もとこ	素直な心を何よりも大切にしてほしいから。
恭依	10 8	やすえ	慎み深く(恭)、人の意見も素直に聞ける人に。

イメージ漢字

圭6 直8 和8 恭10 恵10 純10
真10 素10 淳11 敦12 慎13 澄15

真面目に

どんなことにも本気で対応し、確実に人生を歩んでいける人に。

名前	画数	読み	説明
節子	13 3	せつこ	節度のある、真面目で賢い女性のイメージ。
貞嘉	9 14	ていか	貞淑で美しい人にと願って。上品な印象の名前。
信代	9 5	のぶよ	信用、信頼を得られる人になってほしいから。
則子	9 3	のりこ	規則、約束事をきちんと守る、模範となる女性に。
真湖	10 12	まこ	うそや偽りのない(真)、純粋な女の子であるように。
真琴	10 12	まこと	美しい音を奏でる琴のような、濁りのない心の子に。
正美	5 9	まさみ	真面目そのものをイメージ。しっかりした女の子に。
実花	8 7	みか	真実に生きる、まっすぐでひたむきな女の子に。
節穂	13 15	みさほ	節度を守る、どんなときも頼りになる女性にと願って。
義枝	13 8	よしえ	正義感があり、多くの人から信頼される人に。
善佳	12 8	よしか	模範となるような善い人に。和風の個性的な名前。
善美	12 9	よしみ	行いの美しい、正直な女性になるようにと願って。

イメージ漢字

正5 良7 実8 信9 貞9 是9
省9 則9 真10 善12 義13 範15

誠実に

誰に対しても、どんなときでも、真心で接していける誠実な女性に。

画数	名前	読み	由来
16 2	篤乃	あつの	何よりも思いやりを大切にする人になってほしいから。
9 9	厚美	あつみ	人の気持ちになってあげられる人情の厚い人に。
11 7	清花	きよか	誰に対しても、純粋で清らかな心でいてほしいから。
11 3	経子	きょうこ	筋道(経)をきちんと通す人になってほしいと願って。
13 3	誠子	せいこ	いつでも誠実であってほしいと願って。
3 14	千聡	ちさと	多く(千)の人情を知る、聡い女性であるように。
4 9	仁美	ひとみ	仁徳をもって、まっすぐに歩んでほしいから。
10 8	真実	まさみ	「まみ」と読んでも、女の子のかわいい名前に。
13 9	誠美	まさみ	「名は体を表す」ので、ストレートに。
8 14	実緒	みお	情が深く、実のある子に育ってほしいと願って。
9 16	美薫	みゆき	薫風のようにさわやかに人と接していける女性に。
9 3	律子	りつこ	揺るがず、ひたむきに人のために尽くせるように。

イメージ漢字

仁4 実8 厚9 律9 真10 経11
清11 誠13 聡14 潔15 薫16 篤16

向上心のある人に

新しいことにチャレンジしていく、向上心をもった人であるように。

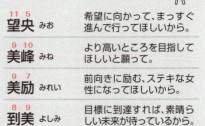

画数	名前	読み	由来
8 5	歩未	あゆみ	未来に向かって、着実に知識を深めていく女性に。
8 11	育望	いくみ	希望を育む、活発な女の子のイメージで。
1 15	一穂	いちほ	一つひとつ、自分のものにして前進していく人に。
7 8	志歩	しほ	目標に向かって歩いて行くイメージで。
10 9	高美	たかみ	高い希望、大きな夢をもって、生きてほしいから。
5 8	立佳	はるか	目標を立て、それをかなえていってほしいと願って。
1 2 3	一二三	ひふみ	元気よく目標に向かう、のびのびとした印象の名前。
15 5	摩由	まゆ	自分の才能を磨(摩)いていってほしいから。
11 5	望央	みお	希望に向かって、まっすぐ進んで行ってほしいから。
9 10	美峰	みね	より高いところを目指してほしいと願って。
9 7	美励	みれい	前向きに励む、ステキな女性になってほしいから。
8 9	到美	よしみ	目標に到達すれば、素晴らしい未来が待っているから。

イメージ漢字

一1 立5 至6 志7 育8 歩8
高10 峰10 望11 徹15 摩15 磨16

前向きに

いつも自分をしっかりもって、前向きに歩いて行ける女の子に。

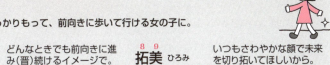

名前	画数	読み	説明
晋子	10 3	あきこ	どんなときでも前向きに進み(晋)続けるイメージで。
壮美	6 9	あきみ	あふれる活力(壮)で、どんな困難にも立ち向かう人に。
櫂良	18 7	かいら	荒海を、櫂で上手に漕ぎ渡るイメージで。
克美	7 9	かつみ	困難を克服し打ち勝っていく、強くて美しい女性に。
志緒	7 14	しお	どんなことがあっても志をやり遂げる人に。
梓織	11 18	しおり	アズサの木のように強く、しなやかであるように。
志野	7 11	しの	強い意志をもった女性に。和風の美しい名前。
千歩	3 8	ちほ	どこまでもくじけず歩く、根性を感じさせる名前。
拓美	8 9	ひろみ	いつもさわやかな顔で未来を切り拓いてほしいから。
未果	5 8	みか	未来には必ずすてきな結果が待っていると信じて。
百果	6 8	ももか	苦労すればその分、たくさん(百)の成果があるから。
凌子	10 3	りょうこ	どんな困難でも凌ぐ。のびやかなイメージの名前。

イメージ漢字

壮6 克7 志7 果8 拓8 歩8
晋10 凌10 梓11 貫11 蕾16 櫂18

礼儀正しく

人として欠くことのできない礼儀正しさをもち、さわやかな人であるように。

名前	画数	読み	説明
謙子	17 3	あきこ	謙虚さを、明るいイメージで表した名前。
諄希	15 7	あつき	手厚く、礼儀正しいイメージの名前に。
礼佳	5 8	あやか	格調の高さや気品を感じさせる、「礼」「佳」を使って。
敬恵	12 10	たかえ	人を敬える、礼節をわきまえた人になってほしいから。
典花	8 7	のりか	人としての基本(典)が揺るがない、優しい子に。
憲子	16 3	のりこ	模範(憲)となるような人になってほしいから。
典世	8 5	のりせ	奥ゆかしく典雅で、優しい雰囲気のある名前。
真有	10 6	まあ	真心をもって人と接するイメージで。現代的な響き。
慎季	13 8	みつき	規範をおろそかにせず(慎)、いつでも礼儀正しい人に。
美礼	9 5	みれい	礼節をわきまえた、美しく気品のある女性をイメージ。
淑江	11 6	よしえ	淑やかで落ち着きのある、女性らしい人に。
義子	13 3	よしこ	人として正しいという意味のある「義」を使って。

イメージ漢字

正5 礼5 典8 恭10 真10 淑11
敬12 義13 慎13 節13 諄15 謙17

思慮深く

物事についてよく考え本質を見極められる、思慮深い性格になってほしい。

名前	画数	読み	由来
哲美	10 9	あきみ	見識がある、賢い(哲)人に育ってほしいと願って。
案奈	10 8	あんな	よく調べ、よく考えられる、落ち着いた女性に。
按梨	9 11	あんり	一つひとつ順を追いながら、物事を考えられる女性に。
覚美	12 9	さとみ	本質を見定められる、しっかりした人に。
考実	6 8	たかみ	考えて行動し、実りの多い人生を歩いてほしいから。
千覚	3 12	ちさと	広く深い視点で、しっかりと現実を悟(覚)れる人に。
知穂	8 15	ちほ	多くの知識を得て、正しい判断のできる人に。
真惟	10 11	まい	まっすぐに物事を考えられる(惟)、強い意志の持ち主に。
美惟	9 11	みい	女性らしいしなやかさで、物事を考えられる(惟)人に。
秀花	7 7	みつか	すぐれた考えのできる、落ち着いた子に。
理絵	11 12	りえ	理知的で、かわいい女の人になるよう願って。
怜奈	8 8	れいな	さわやかで冷静、静かなイメージの名前。

イメージ漢字

考6 秀7 知8 怜8 按9 俊9
案10 哲10 惟11 理11 覚12 聡14

努力家に

コツコツと目標に向かって努力し、最後までがんばり続けられる人に。

名前	画数	読み	由来
明莉	8 10	あかり	明るい希望を胸に抱いて、ひたすらにがんばる子に。
亜努	7 7	あど	努力する子に。元気で明るいイメージの名前。
歩実	8 8	あゆみ	一歩一歩、着実に歩む子になってほしいから。
貫奈	11 8	かんな	意志を貫いていける女の子になるようにと願って。
志磨	7 16	しま	自分がやりたいことを、やり通せる女性に。
琢美	11 9	たくみ	努力して、自分を磨き(琢)、高めていってほしいから。
真依	10 8	まい	いつもまっすぐに努力していける子に。
磨輝	16 15	まき	自分を磨き、輝いてほしいから。
真歩	10 8	まほ	何かの道を究められる(真)ようながんばり屋さんに。
磨耶	16 9	まや	努力とともに、才能に磨きがかかるように。
徹華	15 10	みちか	強い意志と華やかさを併せもつ魅力的な子に。
美務	9 11	みむ	どんな困難があっても、乗り越えようとする(務)子に。

イメージ漢字

克7 努7 歩8 真10 凌10 貫11
渉11 琢11 務11 徹15 凛15 磨16

協調性のある人に

人との和を大切にし、たくさんの友だちに恵まれるような協調性のある性格に。

画数	名前	読み	意味
8 9	和泉	いずみ	穏やかな泉のような気持ちで、協調していける人に。
7 10	花連	かれん	花が咲きそろうように、周囲と協調していける子に。
17 15	環輝	たまき	人とのつながり、輪(環)を明るいイメージで。
7 9	伴美	ともみ	一緒に行動し、よいほうにと導いていける人に。
4 8	比奈	ひな	誰からも好かれる、かわいらしい響きの名前。
4 7	比呂	ひろ	人とのつながりを象徴する、シンプルな名前。
9 9	宥美	ひろみ	大きな心をもち、よい人間関係が結べる人に。
4 9	円香	まどか	広く人を受け入れていける、柔和な人に。
9 12	皆喜	みなき	喜びを皆で共有できる、温かな子に育つよう願って。
9 12	美結	みゆ	誰とでも、よい関係を結んでいける人に。
10 11	連菜	れんな	人と歩調を合わせられる子に。新感覚の名前。
8 14	和歌	わか	人を和ませ、くつろがせることができる人に。

イメージ漢字

円4 比4 民5 共6 伴7 和8
宥9 皆9 連10 結12 詢13 環17

思いやりのある人に

温かい思いやりの気持ちで、家族や周囲を大事にする人になってほしいから。

画数	名前	読み	意味
13 7	愛里	あいり	大きな愛で包み込む、母性的な女性に。
11 14	彩寧	あやね	安らぎを表す「寧」を使った、美しく優しい印象の名前。
7 18	佐織	さおり	助けるを意味する「佐」を使った、和風の名前。
7 8	佐和	さわ	和やかで人の気持ちを大事にできる人にと願って。
22 3	讃子	ときこ	周囲を助ける(讃)思いやりに満ちた人に。
9 12	美温	みおん	まわりの人を温かな気持ちにさせる人に。
9 7 6	美佐江	みさえ	優しく大らかな、人の気持ちを癒せる女の子に。
9 8	美侑	みゆう	思いやりをもって助け(侑)合える人に。
7 10	佑華	ゆうか	古典的で華やかな雰囲気をもつ、上品な印象の名前。
8 9	侑香	ゆうか	深い思いやりと、女性らしさを併せもった人に。
7 15	佑輝	ゆうき	耀きに満ちた、明るく優しい子になるよう願って。
8 12	侑貴	ゆうき	誇りに富んだ高貴なイメージの名前。

イメージ漢字

仁4 佐7 佑7 侑8 恵10 惇11
敦12 温12 愛13 寧14 護20 讃22

こんな人生を歩んでほしい

親なら誰でも、子どもには幸せな人生を送ってほしいと願うもの。これから歩む人生でどんなことに恵まれてほしいかという、親心が伝わってくる名前です。

健康にすくすくと

心身ともに健康ですくすくと育ってほしいという願いを込めて。

画数	名前	読み	説明
8 12	育瑛	いくえ	健康に恵まれ、美しい女の子に育つように期待を込めて。
9 5	咲生	さき	女の子らしく、大輪の花を咲かせてほしいから。
11 9	盛美	たけみ	「しげみ」とも読める。生命力にあふれる名前。
8 5	奈生	なお	心身ともに充実して、すくすくと大きくなってほしいから。
15 5	養代	のぶよ	一生懸命愛情を込めて育てていこうという親の決意を名前に。
12 9	滋美	まさみ	草木が茂る（滋）ように、元気いっぱいな子になってほしいから。
3 9	丈美	ますみ	丈夫でどんなことにも挑戦できる、明るい未来を期待して。
13 7	幹花	みか	生命力を感じさせる、エネルギッシュで個性的な名前。

イメージ漢字

丈 3　生 5　育 8　茂 8　活 9　健 11　康 11　盛 11　滋 12　幹 13　養 15　繁 16

元気はつらつ

エネルギーに満ちあふれ、いつも明るく前向きに生きていく子に。

画数	名前	読み	説明
10 3	晃子	あきこ	きらきらと輝く日の光のように、明るい女の子に。
8 7	旺花	おうか	いるだけで周囲を元気にしてくれる、活力にあふれた子に。
4 11	日菜	ひな	太陽を浴びて育つナノハナ（菜の花）のように、明るく美しい子に。
6 9	壮美	まさみ	元気いっぱいの「壮」に女の子らしく「美」をつけて。
8 8	明依	めい	周囲の雰囲気を盛り上げてくれる、明るくかわいい女性に。
4 8	元佳	もとか	みんなの元気の源となるような、いつも明るい人気者に。
11 11	萌菜	もな	草木の芽生えを表す「萌」を使った、しゃれた響きの名前。
20 3	耀子	ようこ	太陽に負けないくらい、元気で光り輝くような女の子に。

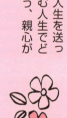

イメージ漢字

元 4　壮 6　旺 8　明 8　晃 10　萌 11　喜 12　晶 12　晴 12　陽 12　輝 15　耀 20

幸せに満ちた人生に

いつも明るい笑顔で、幸せいっぱいの日々を送ってほしいから。

画数	名前	読み	説明
12 9	温美	あつみ	温かで優しい、幸せに包まれた人生を願って。
9 3	栄子	えいこ	たくさんの花が咲く（栄）、希望に満ちた人生に。
10 3	悦子	えつこ	前向きに人生を楽しんでほしいから。
15 7	慶花	けいか	幸せの花があふれる、慶びの多い人生でありますように。
10 3	祥子	しょうこ	めでたさを表す「祥」を使った縁起のよい名前。
9 14	美嘉	みか	よいこと（嘉）への願いを女の子らしい音の響きで。
13 10	瑞恵	みずえ	「瑞」と「恵」を組み合わせ、幸運を招く名前に。
9 8	美幸	みゆき	幸せが訪れますようにと願いを込めて。
12 12	裕喜	ゆうき	あらゆるよいことが手に入り、幸せになれるように。
8 11	幸菜	ゆきな	幸せいっぱいの人生を願って。優しい印象の名前。
10 8	倖奈	ゆきな	気品を感じさせる、古風なイメージの名前。
6 12	吉葉	よしは	よいことを意味する「吉」をそのまま名前にして。

イメージ漢字

吉6 幸8 栄9 倖10 悦10 祥10
温12 喜12 裕12 瑞13 嘉14 慶15

裕福に

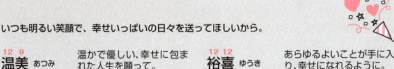

苦労せずに、恵まれた豊かな暮らしができますようにと願って。

画数	名前	読み	説明
15 3	潤子	じゅんこ	潤いのある人生への願いをスタンダードに表現。
13 8	豊実	とよみ	豊かな収穫が得られる、実りある人生であることを願って。
12 9	裕美	ひろみ	裕福な人生を過ごせるようにと願って。
13 9	福美	ふくみ	幸多く、大きな福に恵まれるようにと。
12 9 3	富美子	ふみこ	財産を得て幸せな人生をと願って。古風な響きの名前。
12 15	満璃	まり	財が満ちてたまるような、恵まれた人生を願って。
15 16	穂積	ほずみ	たくさんの収穫が得られるようにと願って。
9 15	美穂	みほ	稲穂が実るように、実りの豊かな人生を願って。
9 12	美湧	みゆ	湧き出てくるような幸運を手にすること願って。
12 8	裕佳	ゆうか	「裕」と「佳」を組み合わせて、縁起のよい名前に。
12 8	湧奈	ゆうな	時流に後押しされる、勢いと栄えのある人生に。
12 7	裕希	ゆき	いつまでも幸せに恵まれた人生を送れるようにと願って。

イメージ漢字

昌8 隆11 富12 裕12 満12 湧12
福13 豊13 稔13 増14 潤15 穂15

活躍してほしい

もっている能力を磨き、誰よりも光り輝く活躍をすることを期待して。

明里	8 7	あかり	やりたいことを、達成できる人になってほしい。
旭恵	6 10	あきえ	朝日が輝くように、恵まれた才能を活かしてほしい。
昂子	8 3	あきこ	高い目標や希望に向かい、たゆまず努力する人に。
昂奈	8 8	あきな	高いところを目指し、着実に成長してほしいから。
晶羅	12 19	あきら	水晶のように透明で澄んだ、輝きある人生を願って。
飛鳥	9 11	あすか	夢に向かって飛んでいける行動力のある女性に。
明日香	8 4 9	あすか	明日に向かって努力し、必ず成功してほしいから。
冴映	7 9	さえ	周囲にも認められる、冴えた働きができる人に。
志歩	7 8	しほ	志をもって、力強く歩んでいってほしい。
珠輝	10 15	たまき	才能を磨き輝かせて、その輝きを増していける人に。
珠美	10 9	たまみ	ノスタルジックだが、かわいらしい名前。
昇子	8 3	のりこ	大きな目標に向かい、階段を昇っていける人に。

イメージ漢字

旭6 光6 冴7 志7 明8 昂8
昇8 飛9 珠10 捷11 晶12 輝15

夢がかなうように

夢をかなえて、満たされた人生が送れることを願って。

歩夢	8 13	あゆむ	夢に向かって自分らしく歩いて行ける女の子に。
叶瑛	5 12	かなえ	夢や希望がかない、幸運を手にできるようにと願って。
希恵	7 10	きえ	夢を諦めずに、がんばっていける女の子に。
咲子	9 3	さきこ	夢という大きな花を咲かせられる人に。
志麻	7 11	しま	目標を高くもって、自分の手で夢をつかめる子に。
達果	12 8	たつか	夢を達成するために行動を起こせる人に。
憧子	15 3	とうこ	憧れを諦めないで、まっすぐに向かっていける子に。
希望	7 11	のぞみ	あふれる可能性をそのままストレートに名前にして。
侑果	8 8	ゆうか	夢や希望がかない、結果を手にできるように。
結花	12 7	ゆうか	目指した夢がしっかりと花開くことを願って。
結希	12 7	ゆうき	夢をかなえられる強い意志をもった女性に。
由希	5 7	ゆき	夢をもち、実行できるようになってほしい。

イメージ漢字

叶5 至6 来7 希7 志7 果8
望11 結12 創12 達12 夢13 憧15

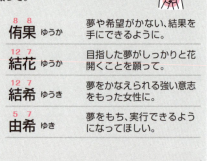

大きく飛び立て

自分の力で、新しい世界に向かって羽ばたいていける女の子に。

画数	名前	読み	意味
9 3	郁子	いくこ	華やかな(郁)未来を切り開いていける女の子に。
9 9	独美	かつみ	時代の先端を行く、自立した女性になってほしいから。
16 3	興子	きょうこ	会社を興すような、チャレンジ精神あふれる女性に。
11 9	徠美	くみ	「来」を表す「徠」を使うことで個性的な印象に。
7 5	志央	しお	志をもって、まっすぐに人生を歩いてほしいから。
9 3	飛子	たかこ	目標に向かって自由に飛んでいける行動派の子に。
8 5	拓未	たくみ	自分の未来は自分で拓いていってほしいから。
14 9	遙海	はるみ	遥かな海の向こうでも活躍できる女性に。
3 10 3	万起子	まきこ	どんなことがあっても起き上がって、前に進める子に。
5 8	立佳	りか	自分の足でしっかりと立ち、大きく成長してほしい。
15 7	凜花	りんか	美しさと芯の強さを感じられる格好のよい名前。
15 3	凜子	りんこ	誰かに頼るのではなく「凜」と生きてほしいから。

イメージ漢字

未5 向6 拓8 飛9 郁9 起10
展10 徠11 開12 遙14 凜15 興16

成功し豊かに

努力したことが成功し、華やかな地位を得られますように。

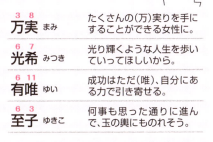

画数	名前	読み	意味
6 10	有紗	ありさ	いつか「有名」になってほしいと願って。
9 3	栄子	えいこ	華やかに生きていってほしいから。
9 7	栄里	えり	いつまでも栄え続ける人生であるように。
12 15	貴璃	きり	貴重な瑠璃玉のように輝かしい人生を願って。
5 9	功美	くみ	望むままにサクセスへの道が開けるように。
13 3	誉子	たかこ	名誉を得て、充実した人生を歩んでほしい。
6 9	成海	なるみ	海の大きさにも勝るような成功を手にできるように。
10 9	浩美	ひろみ	大きな(浩)幸せを得て、華やかな人生を。
3 8	万実	まみ	たくさんの(万)実りを手にすることができる女性に。
6 7	光希	みつき	光り輝くような人生を歩いていってほしいから。
6 11	有唯	ゆい	成功はただ(唯)、自分にある力で引き寄せる。
6 3	至子	ゆきこ	何事も思った通りに進んで、玉の輿にものれそう。

イメージ漢字

万3 功5 成6 至6 有6 充6
光6 実8 栄9 浩10 貴12 誉13

希望に満ちた人生に

多くの可能性をもち、自分らしく花を開かせることができる子に。

6 5	有未	あみ	未来への可能性を感じる、スケールの大きな名前。
11 15	逸輝	いつき	輝く未来に向けてしなやかに疾走する女の子に。
8 5	旺可	おうか	光を放つという意味の「旺」に願いを込めて。
5 9 3	可南子	かなこ	光が差し込む「南」を使い、明るい未来を期待して。
15 3	樟子	しょうこ	大きなクスノキにちなみ、のびやかな成長を祈って。
3 9	千咲	ちさき	たくさんの才能を開花させてほしいと願って。
3 14	千遙	ちはる	いつまでも輝かしい未来が続くことを祈って。
9 9	紀香	のりか	時代を越えて、いつまでも美しい女性であるようにと。
15 9	遼香	はるか	もって生まれた才能がずっと活かせるように願って。
8 5 3	実可子	みかこ	数ある可能性を、きちんと形にしていける女性に。
5 7	未来	みき	ずばり「未来」をそのままに、女の子らしい呼び方で。
9 9	美紀	みき	道を順序よく歩み、ステップアップしていける子に。

イメージ漢字

未5 可5 永5 来7 紀9 咲9
将10 逸11 超12 豊13 遼15 樟15

愛されてほしい

誰からも愛され、かわいがられる女の子になってほしいと願って。

11 9	淳美	あつみ	情が深く(淳)優しい女の子になってほしいから。
11 11	絆菜	きずな	人としての「絆」を大切にできる子に。
12 8	敬佳	けいか	人から尊敬されるような女の子になってほしい。
6 9	好美	このみ	皆に好かれる美しい子に。願いをストレートに表現。
11 3	惇子	じゅんこ	優しく穏やかな(惇)人柄で、人気者に。
8 9	朋美	ともみ	友だちのたくさんいる女の子にと願って。
12 7	博花	ひろか	自然に友だちの輪が広がる、愛らしい性格の子に。
9 13	美鈴	みすず	かわいい女性になって皆から愛されるようにと願って。
4 12	心結	みゆ	人とのつながりを大切にし、誰からも好かれる子に。
4 7	友希	ゆうき	いつも友だちに囲まれている明るい女の子に。
10 9	恋香	れんか	美しく、人気者の女の子に育つことを願って。
8 5	和央	わお	いつも人の輪の中心(央)にいるような、人気者に。

イメージ漢字

心4 友4 好6 朋8 和8 恋10
惇11 淳11 絆11 敬12 博12 鈴13

安定した人生に

苦労することなく、穏やかで安定した人生が送れるようにとの願いを込めて。

名前	画数	読み	説明
安希	6 7	あき	安定した人生が送れるようにと願って。
穏花	16 7	しずか	穏やかに咲いている花のような人生を願って。
康琉	11 11	しずる	健康を心配することのない、落ち着いた人生に。
惇奈	11 8	じゅんな	穏やかでおっとりとした女の子をイメージした名前。
千寛	3 13	ちひろ	縁起のよい「千」とゆとりを表す「寛」を組み合わせて。
均子	7 3	なおこ	穏やかに平らな人生を歩んで行けますように。
均絵	7 12	ひとえ	波乱のない、穏やかで女性らしい人生を願って。
寛子	13 3	ひろこ	いつもゆったりした気持ち（寛）で生きてほしいから。
穏絵	16 12	やすえ	穏やかな人柄で、仲間に恵まれた豊かな人生に。
泰葉	10 12	やすは	「葉」を合わせて、個性的な名前に。
安美	6 9	やすみ	自分自身が納得いく人生を歩いてほしいと願って。
由晏	5 10	ゆあん	落ち着いて（晏）物事に取り組める人生を願って。

イメージ漢字

安6 均7 妥7 厚9 晏10 泰10
康11 惇11 等12 寛13 寧14 穏16

長生きしてほしい

事故や病気に遭うことのない、長生きで楽しい人生を願って。

名前	画数	読み	説明
永美	5 9	えみ	いつまでも美しい女性でいてほしいと願って。
千里	3 7	せんり	長い距離を意味することから、長生きを願って。
千登勢	3 12 13	ちとせ	古風な響きがかえってユニークで個性的な名前。
千歩	3 8	ちほ	これからの長い人生をしっかりと歩いてほしいから。
千代子	3 5 3	ちよこ	千年も続くくらいの長寿を願った縁起のよい名前。
永遠	5 13	とわ	すばらしい人生がずっと続くよう願いを込めて。
暢子	14 3	のぶこ	マイペースに自分らしく生きていってほしいから。
延代	8 5	のぶよ	これからの長い人生を堅実に生きていってほしい。
徳恵	14 10	のりえ	「徳」に恵まれ、よいことが続くように。
遙永	14 5	はるえ	幸せに満ちた人生が、永く続くよう願って。
悠哩	11 10	ゆうり	長く続く人生を願って。響きが人気の名前。
遥子	14 3	ようこ	「はるこ」とも読める。長寿を願って。

イメージ漢字

千3 万3 久3 永5 世5 伸7
延8 展10 悠11 暢14 徳14 遙14

秀でた才能に恵まれてほしい

「賢く」「感性あふれる人に」「世界で活躍を」。わが子の未来を想像しながら、親の期待は高まるばかり。その子の能力や才能が大きく開くような名前を考えましょう。

聡明な子に

どんな分野でも活躍できる、賢く明るい女性に育つよう期待して。

画数	名前	読み	説明
16 3	諭子	さとこ	豊富な知識を活かして、リーダーシップもとれる人に。
14 9	聡美	さとみ	聡明で美しく。女性らしい優しさも感じられる名前。
3 16	千賢	ちさと	自分らしい人生を、自分の知恵を使って賢く生きてほしいから。
12 9	智香	ともか	前向きに知識を高めて、魅力的な女性になれるようにと願って。
7 8	秀佳	ひでか	もっている能力を高めて、秀でた人になるように。
8 10	明華	めいか	賢く明るく、光のように華やかな女性に。
11 7	理沙	りさ	クールで理知的、冷静な判断ができる女性になるように。
8 9	怜華	れいか	賢く心が澄んだ、美しい女性になってほしいから。

イメージ漢字

冴7 秀7 明8 怜8 啓11 理11 惺12 智12 聡14 慧15 賢16 諭16

独創性のある子に

しなやかな感性をもった、独創性のある女性になってほしいと願って。

画数	名前	読み	説明
18 10	織恵	おりえ	新しい着想で、オリジナリティのある仕事をしていってほしい。
12 3	景子	けいこ	ダイナミックに風景を描くような、大らかな創造力をもった女性に。
9 3	奏子	そうこ	始めたことは、必ず成果を挙げられるようなパワーの持ち主に。
13 7	想良	そら	イマジネーション豊かな、個性的な仕事ができる人に。
10 12	展葉	のぶは	一つのことを大きく展開して考えられる、独自性のある人に。
11	萌	もえ	新しいアイデアが次々と芽生えてくる、クリエイティビティのある人に。
5 6	由宇	ゆう	自由に、広く大きな(宇)気持ちで、好きなことをやってほしいから。
5 13	由楽	ゆら	自由な発想で何事も楽しめる人になるよう願って。

イメージ漢字

由5 卓8 奏9 展10 能10 萌11 唯11 景12 創12 楽13 模14 織18

教養あふれる人に

豊富な話題で人を魅了する、教養のある女性になってほしいから。

11 3	章子	あきこ	幅広い知識をもち、一目置かれる女性をイメージした名前。
12 11	絢菜	あやな	深い教養が表にもあらわれ、輝いている女性に。
4 9	文祢	あやね	詩を書いたり文章を綴ることを得意とする人になってほしい。
12 3	詠子	えいこ	風流の心がわかる教養人に。和風の淑やかな名前。
7 8	沙知	さち	「沙」をつけることで、女性らしくかわいらしい名前に。
8 8	知佳	ちか	豊かな知識で、多くの人を魅了するステキな女性に。
9 9	俊美	としみ	打てば響くような、知性や才能を備えている人に。
8 3	典子	のりこ	賢いだけでなく礼儀正しく、奥ゆかしい女性に。
12 9	博美	ひろみ	多方面に及ぶ広い知識をもった博学な女性に。
8 2	牧乃	まきの	現状に満足せず、より教養を深めていってほしい。
9 8	美典	みのり	静かな知性と思慮深さ。才媛をイメージさせる名前。
7 8	伶奈	れな	心が澄んだ賢い(伶)人に。上品で美しい名前。

イメージ漢字

文4 伶7 佳8 知8 典8 牧8
俊9 章11 詠12 瑛12 絢12 博12

芸術家に

絵や歌などの才能に恵まれ、人々に感動を与えてほしいから。

11 9	彩音	あやね	音楽の才能を開花させ、活躍できるように。
12 15	絵舞	えま	傑出した才能で、芸事に取り組んでほしいから。
12 9	絵美	えみ	絵の才能にすぐれ、一流の画家として活躍してほしいから。
9 10	奏恵	かなえ	音楽を演奏する才能に恵まれた、魅力的な女性に。
20 3	響子	きょうこ	オーケストラをイメージした、のびやかな名前。
12 9	琴美	ことみ	たおやかで優しい雰囲気のある、印象的な和風の名前。
11 13	彩楽	さら	楽しみながら才能を伸ばしてほしい。個性的で美しい名前。
3 12	千絵	ちえ	絵心に恵まれ、たくさんの絵を描いて育ってほしい。
15 3	舞子	まいこ	ダンサーになって活躍してほしいから。
9 11	美彩	みさ	美しいものが大好きな子に育つよう願って。
11 9	萌音	もね	音楽の才能が開花するように。愛らしい響きの名前。
17 14	優歌	ゆうか	優しくて人から愛される、歌が大好きな子になってほしい。

イメージ漢字

才3 音9 奏9 彩11 絵12 詠12
詞12 琴12 楽13 詩13 舞15 響20

スポーツを得意に

活発で元気な子に。スケートやマラソンなどのスポーツで活躍してほしいから。

亜矢	7 5	あや	速さを感じる名前。運動神経抜群の女の子に。
育海	8 9	いくみ	海の近くで育つ子にぴったり。元気な印象の名前。
逸美	11 9	いつみ	足の速い、徒競走の得意な子に。将来はマラソン選手かも。
隼子	10 3	じゅんこ	疾風のように駆け抜けるイメージで。
翔瑚	12 13	しょうこ	アスリートにぴったり。「瑚」にキラリと光る個性を出して。
波美	8 9	なみ	ヨットやサーフィンなどマリンスポーツが大好きな人に。
速水	10 4	はやみ	水泳をイメージ。泳ぐのが大好きな子にと期待して。
早矢美	6 5 9	はやみ	弓道やアーチェリーをイメージ。俊敏な雰囲気の名前に。
舞華	15 10	まいか	フィギュアスケート選手のように華麗に舞える子に。
美歩	9 8	みほ	着実に歩みを進めて、美しい結果を出せる女性に。
雪輝	11 15	ゆき	ウインタースポーツの得意な、キラキラ輝ける子に。
踊子	14 3	ようこ	ダンス得意な元気いっぱいの子に、と願って。

イメージ漢字

矢5 波8 育8 歩8 海9 隼10
速10 逸11 雪11 翔12 踊14 舞15

美しい女性に

いるだけでその場を華やかにするような、魅力的な人になることを願って。

絢華	12 10	あやか	幾重にも色を重ねたような華やかさのある、美しい女性に。
瑛里紗	12 7 10	えりさ	澄み切った聡明な美しさをもつことを願って。
華奈	10 8	かな	きらめく「華」に愛らしい響きの「奈」を添えて。
貴璃	12 15	きり	気品ある女性に。シャープな響きが個性的な名前。
千晶	3 12	ちあき	キラキラと輝くような、魅力ある人に。
斐紗子	12 10 3	ひさこ	華やかで美しい、気品のある名前。
美妃	9 6	みき	「妃」には女神の意味も。アジア的で、優雅な響きの名前。
美輝	9 15	みき	明るく華やかで、人目をひく魅力的な女性に。
光希	6 7	みつき	希望に向かって輝いているさわやかな女性に。
美麗	9 19	みれい	大輪の花のように、美しい女性になってほしいから。
瑠璃子	14 15 3	るりこ	宝石のように美しい女性に。エキゾチックな雰囲気に。
麗子	19 3	れいこ	誰もが美しい女性をイメージする、代表的な名前。

イメージ漢字

美9 紗10 華10 絢12 瑛12 晶12
斐12 綺14 瑠14 輝15 璃15 麗19

平和を愛する人に

グローバルな視点をもち、差別や偏見をもたない、平和を愛する女性に。

愛子（13・3）	あいこ	慈愛の心をもった優しい女性になってほしいから。
安純（6・10）	あずみ	純粋な女性に。落ち着いた静かな印象の名前。
安和（6・8）	あんな	いつも安らかな心で生きていけるようにと願って。
咲和（9・8）	さわ	平和という花が世界中で咲き誇るようにと願って。
静香（14・9）	しずか	静かで穏やかな日々のために役に立つ人に。
和（8）	なごみ	和やかな心をもち、平和に貢献できる女性に。
寧々（14・3）	ねね	穏やかな毎日を願って。愛らしい響きの名前。
和佳（8・8）	のどか	大らかで、皆と分け隔てない付き合いができる子に。
寛華（13・10）	ひろか	人をゆったりとした気持ちにできる、落ち着いた子に。
万愛（3・13）	まな	万物を愛する大きな心の女性になってほしいから。
寧子（14・3）	やすこ	穏やかな心をもった子に。「しずこ」と読むことも。
悠希（11・7）	ゆうき	悠々とした平和が続くようにとの希望を込めて。

イメージ漢字

安6 祈8 昊8 和8 皆9 泰10
悠11 愛13 寛13 静14 寧14 緩15

国際的な活躍を

世界に飛び出し、国際人として活躍する女性になってほしいから。

周（8）	あまね	世界中を巡って（周）歩く国際人になるように。
伊世（6・5）	いよ	イタリアなど、ヨーロッパを舞台に頑張ってほしい。
英美（8・9）	えいみ	英語をマスターして国際人になるよう願って。
希羅（7・19）	きら	大きな夢と希望をもって世界で輝いてほしいから。
翔子（12・3）	しょうこ	世界へ自由に飛んでいける女性になるよう期待して。
朋世（8・5）	ともよ	世界中の人と友だちになり、協力し合える女性に。
七海（2・9）	ななみ	七つの海を越え、世界を旅する人になってほしいから。
希美（7・9）	のぞみ	大きな希望をもって世界で羽ばたいてほしいと願って。
遥海（14・9）	はるみ	遥か海のかなたに、夢を求めて出て行くような人に。
万結子（3・12・3）	まゆこ	万国どこの国の人とも手を結べるような人に。
万莉（3・10）	まり	国境を越えて、万国どこででも活躍できる女性に。
夢乃（13・2）	ゆめの	夢をつかみとれる人に。日本の情緒を感じさせる名前。

イメージ漢字

万3 世5 伊6 州6 希7 英8
欧8 周8 海9 翔12 夢13 羅19

誕生日の季節感・出来事から

子どもが生まれた日の喜びをいつまでも忘れずにとどめておきたい。誕生の日の季節や出来事を織り込んだ名前なら、名前を呼ぶたびに感動が甦ります。

春を感じさせる名前

優しい太陽の光、温かな風、木々の芽吹き、可憐な花などが春のイメージです。止め字や添え字を工夫すれば、女の子らしい美しい名前になります。

名前	画数	読み
彩奈	11・8	あやな
郁音	9・9	あやね
郁美	9・9	いくみ
桜佳	10・8	おうか
花奈	7・8	かな
佳苗	8・8	かな
華乃	10・2	かの
花里菜	7・7・11	かりな
咲希	9・7	さき
咲良	9・7	さくら
桜子	10・3	さくらこ
颯花	14・7	さつか
颯希	14・7	さつき
菫	11	すみれ
菜摘	11・14	なつみ
菜々花	11・3・7	ななか
新菜	13・11	にいな
明花	8・7	はるか
春菜	9・11	はるな
春陽	9・12	はるひ
春美	9・9	はるみ
陽向子	12・6・3	ひなこ
蕗	16	ふき
愛菜	13・11	まな
芽依	8・8	めい
萌笑	11・10	もえ
萌花	11・7	もか
桃花	10・7	ももか
桃子	10・3	ももこ
優花	17・7	ゆうか
若葉	8・12	わかば
和香菜	8・9・11	わかな

春にぴったりのイメージ漢字

花 7	郁 9	華 10	彩 11
芽 8	咲 9	桃 10	萌 11
若 8	春 9	菫 11	陽 12
苗 8	桜 10	菜 11	新 13

夏を感じさせる名前

きらめく太陽、晴れ渡った大空、白い砂浜に青い海、木陰を抜けるすがすがしい風などが夏のイメージ。トロピカルな雰囲気の名前も夏生まれの子にはぴったりです。

青8葉12 あおば
明8帆6 あきほ
亜7湖12 あこ
亜7海9 あみ
輝15湖12 きこ
青8美9 きよみ
蛍11子3 けいこ
虹9子3 こうこ
汐6里7 しおり
涼11花7 すずか

涼11葉12 すずは
千3夏10 ちなつ
渚11沙7 なぎさ
夏10希7 なつき
夏10海9 なつみ
七2海9 ななみ
南9帆6 なほ
波8香9 なみか
波8琉11 はる
晴12夏10 はるか

日4向6 ひなた
日4万3浬10 ひまり
蛍11 ほたる
帆6波8 ほなみ
美9渚11 みお
美9夏10 みか
美9輝15 みき
泉9希7 みずき
美9涼11 みすず
美9帆6 みほ

美9椰13 みや
百6合6 ゆり
涼11子3 りょうこ

夏にぴったりのイメージ漢字

汐6 帆6 青8 波8
虹9 南9 海9 泉9
夏10 蛍11 渚11 涼11
湖12 椰13 葉12 輝15

秋を感じさせる名前

実りの秋に生まれた子には、これからの長い人生が実り豊かであるようにという親の願いを託した名前が人気です。美しい紅葉や輝く月なども秋のイメージです。

名前	画数	読み
朱里	6 7	あかり
秋奈	9 8	あきな
秋穂	9 15	あきほ
天音	4 9	あまね
香澄	9 15	かすみ
禾月	5 4	かづき
果穂	8 15	かほ
桔梗	10 11	ききょう
菊乃	11 2	きくの
桔乃	10 2	きつの
梗香	11 9	きょうか
来実	7 8	くるみ
木乃実	4 2 8	このみ
小夜	3 8	さよ
詩織	13 18	しおり
澄香	15 9	すみか
天美	4 9	たかみ
陶佳	11 8	とうか
楓佳	13 8	ふうか
紅華	9 10	べにか
穂波	15 8	ほなみ
穂乃香	15 2 9	ほのか
実希	8 7	みき
美紅	9 9	みく
実咲	8 9	みさき
瑞穂	13 15	みずほ
充希	6 7	みつき
美月	9 4	みづき
稔里	13 7	みのり
美穂	9 15	みほ
椛	11	もみじ
梨花	11 7	りか
梨紗	11 10	りさ

秋にぴったりのイメージ漢字

月 4　天 4　禾 5　果 8
実 8　夜 8　紅 9　秋 9
桔 10　菊 11　椛 11　梨 11
楓 13　稔 13　澄 15　穂 15

冬を感じさせる名前

澄みきった空気、冴えて輝く星、純白の雪などに代表されるピュアなイメージと、クリスマス、正月などの楽しいイメージ。冬は名前に織り込むイメージがたくさんあります。

衣6舞15 いぶ
佳8凜15 かりん
聖13美9 きよみ
詣13佳8 けいか
小3雪11 こゆき
冴7依8 さえ
冴7輝15 さき
清11香9 さやか
紗10雪11姫10 さゆき
静14 しずか

柊9香9 しゅうか
寿7音9 じゅね
寿7鈴13 じゅりん
純10奈8 じゅんな
鈴13音9 すずね
聖13良7 せいら
千3冬5 ちふゆ
冬5華10 とうか
透10子3 とうこ
星9乃2 ほしの

真10白5 ましろ
真10純10 ますみ
真10凜15 まりん
美9温12 みおん
美9寿7々3 みすず
美9冬5 みふゆ
美9雪11 みゆき
睦13季8 むつき
雪11乃2 ゆきの
六4花7 りっか

凛15子3 りんこ
玲9央5奈8 れおな
玲9音9 れおん

冬にぴったりのイメージ漢字

冬5 白5 冴7 寿7
柊9 星9 玲9 透10
純10 清11 雪11 聖13
睦13 詣13 静14 凜15

天気

誕生日の出来事の記憶としてだけでなく、大自然の美しさやパワーも分けてもらうようにと思いを込めて。

■晴れた日に生まれたら

晴天のすがすがしくて気持ちのよい日に生まれた子に。

- 爽香 11 9 さやか
- 日彩 4 11 ひいろ
- 真洸 10 9 まひろ
- 千晴 3 12 ちはる
- 光 6 ひかり
- 美空 9 8 みく
- 晴佳 12 8 はるか
- 日南 4 9 ひな
- 美昊 9 8 みそら
- 晴奈 12 8 はるな
- 陽芽 12 8 ひめ
- 美晴 9 12 みはる

■台風の日に生まれたら

台風や嵐の日に生まれた元気な女の子に。

- 風美 9 9 かざみ
- 風佳 9 8 ふうか
- 水緒 4 14 みお
- 霧恵 19 10 きりえ
- 風子 9 3 ふうこ
- 水稀 4 12 みずき
- 響輝 20 15 ひびき
- 風乃 9 2 ふうの
- 由雨 5 8 ゆう
- 風羽 9 6 ふう
- 美雨 9 8 みう
- 有雨希 6 8 7 ゆうき

時間帯

特別な時間帯の出産。そのとき何を感じ、何を思ったか、将来名前の由来とともに子どもに話してあげましょう。

■早朝に生まれたら

東の空が白み始めた清らかな早朝に生まれた希望の子に。

- 蒼衣 13 6 あおい
- 朝子 12 3 あさこ
- 希空 7 8 きそら
- 暁子 12 3 あきこ
- 朝陽 12 12 あさひ
- 天子 4 3 たかこ
- 明乃 8 2 あけの
- 朝美 12 9 あさみ
- 輝美 15 9 てるみ
- 朱美 6 9 あけみ
- 明日香 8 4 9 あすか
- 天香 4 9 てんか
- 晨香 11 9 あさか
- 天音 4 9 あまね
- 日出子 4 5 3 ひでこ

■星や月のきれいな夜に生まれたら

満天の星々がきらめく美しい夜に生まれた子に。

- 彩輝 11 15 あやき
- 綺羅 14 19 きら
- 七星 2 9 ななせ
- 香月 9 4 かつき
- 星子 9 3 せいこ
- 星乃 9 2 ほしの
- 佳月 8 4 かづき
- 月花 4 7 つきか
- 美月 9 4 みつき

一大行事

イベントがある日に生まれた子に。人々が特別な日に期待する、幸せへの願いや喜びを名前に込めましょう。

■クリスマスに生まれたら

聖なる日の清らかなイメージを名前に託して。

- 蒼央 13・5 あお
- 柊花 9・7 しゅうか
- 聖子 13・3 せいこ
- 麻莉亜 11・10・7 まりあ
- 祈 8 いのり
- 聖亜 13・7 せいあ
- 聖良 13・7 せいら
- 光祈 6・8 みつき
- 清子 11・3 きよこ
- 聖華 13・10 せいか
- 聖奈 13・8 せな
- 美羽 9・6 みはね

■正月に生まれたら

新しい年のスタートに生まれた吉兆が一生続きますようにと。

- 旦恵 5・10 あきえ
- 慶子 15・3 けいこ
- 万尋 3・12 まひろ
- 詣子 13・3 ゆきこ
- 安寿 6・7 あんじゅ
- 寿里 7・7 じゅり
- 雅 13 みやび
- 賀子 12・3 よしこ
- 加寿子 5・7・3 かずこ
- 初音 7・9 はつね
- 元代 4・5 もとよ
- 嘉乃 14・2 よしの

■ひな祭りに生まれたら

女の子のお祭りに生まれた子にふさわしい、かわいらしい名前に。

- 雛 18 ひな
- 雛美 18・9 ひなみ
- 美弥 9・8 みや
- 桃子 10・3 ももこ
- 雛子 18・3 ひなこ
- 真雛 10・18 まひな
- 桃花 10・7 ももか
- 桃世 10・5 ももよ
- 雛乃 18・2 ひなの
- 三春 3・9 みはる
- 桃佳 10・8 ももか
- 弥々子 8・3・3 ややこ

祝祭日

誕生日が祝祭日などと重なった記念に。

■建国記念の日

- 紀世 9・5 かずよ
- 栄 9 さかえ
- 二千花 2・3・7 にちか

■端午の節句

- 菖蒲 11・13 あやめ
- 薫 16 かおる
- 翠 14 みどり

■海の日

- 友海 4・9 ともみ
- 渚 11 なぎさ
- 美帆 9・6 みほ

■敬老の日

- 敦子 12・3 あつこ
- 篤美 16・9 あつみ
- 慎子 13・3 ちかこ

■体育の日

- 育美 8・9 いくみ
- 果歩 8・8 かほ
- 走子 7・3 そうこ

■文化の日

- 文音 4・9 あやね
- 文乃 4・2 あやの
- 文香 4・9 ふみか

1月
生まれのヒント

羽根（はね）つき

女の子の正月遊びの一つ。ムクロジの実に羽根をつけた羽子を板で空中に打ち上げて遊ぶ。ムクロジは漢字で「無患子」と書き、「子が患わ無い」と通じることから、無病息災のお守りとされた。

鏡餅（かがみもち）

穀物の豊穣を司る歳神様（としがみさま）へのお供え物として、正月に飾る丸餅。餅の形が丸いのは、三種の神器の一つ八咫鏡（やたのかがみ）に擬したものともいわれる。

正月（しょうがつ）

その年の豊穣を司る歳神様をお迎えする行事。正月に門松やしめ飾り、鏡餅を飾ったりするのは、歳神様をお迎えするための準備。

手毬（てまり）

女の子の正月遊びの一つ。色糸で美しく仕上げられた毬を手で弾ませて遊ぶ。そのときに唄う歌が「手毬唄」と呼ばれる。

1月の星座

- 山羊座（12/22～1/19）
- 水瓶座（1/20～2/18）

1月の季語

1日	元旦（がんたん）
2日	門松（かどまつ）
3日	松飾り（まつかざり）
4日	初空（はつそら）
5日	小寒（しょうかん）*
6日	出初め（でぞめ）
7日	初富士（はつふじ）
8日	寒柝（かんたく）
9日	初雀（はつすずめ）
10日	初声（はつこえ）
11日	鏡開き（かがみびらき）
12日	寒稽古（かんげいこ）
13日	初場所（はつばしょ）
14日	霜柱（しもばしら）
15日	小正月（こしょうがつ）
16日	雪折れ（ゆきおれ）
17日	松過ぎ（まつすぎ）
18日	霧氷（むひょう）
19日	冬菜（ふゆな）
20日	大寒（だいかん）*
21日	初大師（はつだいし）
22日	冬探し（ふゆさがし）
23日	冬海（ふゆうみ）
24日	雪見（ゆきみ）
25日	寒昴（かんすばる）
26日	笹鳴き（ささなき）
27日	冬菫（ふゆすみれ）
28日	冬牡丹（ふゆぼたん）
29日	旧正月（きゅうしょうがつ）
30日	雪掻き（ゆきかき）
31日	若菜（わかな）

*二十四節気なので年によって日にちが変わります。

1月の別称

- 睦月（むつき）
- 祝月（いわいづき）
- 初春月（はつはるづき）
- 太郎月（たろうづき）
- 霞初月（かすみそめづき）
- 早緑月（さみどりづき）
- 建寅月（けんいんげつ）
- 嘉月（かげつ）
- 華歳（かさい）
- 王月（おうげつ）

1月の生活・行事

- 初夢（はつゆめ）
- 御慶（ぎょけい）
- 初詣（はつもうで）
- 御節料理（おせちりょうり）
- 門松（かどまつ）
- 凧揚げ（たこあげ）
- 独楽回し（こままわし）
- 七福神詣（しちふくじんもうで）
- 七草粥（ななくさがゆ）
- 鏡開き（かがみびらき）

1月の気象・時候

- 初空（はつそら）
- 初茜（はつあかね）
- 雪（ゆき）
- 氷柱（つらら）
- 雪明かり（ゆきあかり）
- 雪晴れ（ゆきばれ）
- 風花（かざはな）
- 冴ゆる（さゆる）
- 悴む（かじかむ）
- 霜焼け（しもやけ）

六花（りっか）

雪を拡大して見てみると、結晶が美しい六角形の花のようであることからついた雪の美称。「雪華（せっか）」とも。

初夢（はつゆめ）

新年を迎えて初めて見る夢のこと。見ると縁起がよいといわれる「一富士、二鷹、三茄子」とは、富士は「無事」、鷹は「高い」、茄子は「ことを成す」に通じ、「無事に高いことを成す」とされる。

歌留多（かるた）

正月遊びの一つ。読み札に合わせて並べられた札を取り合い、多く取ったものが勝ちになる。小倉百人一首やいろは歌留多などがある。古くは、平安時代の貝合わせが源流とされる。

淑気（しゅくき）

新春の天地に、めでたくなごやかな雰囲気が漂うこと。厳かで清らかな空気。

冴ゆる（さゆる）

厳しい寒さに、すべてのものが透き通って凛とした冷たさを感じること。光、音、色などが澄みわたる。

2月

生まれのヒント

2月の星座

- 水瓶座
  (1/20～2/18)
- 魚座
  (2/19～3/20)

2月の季語

1日	寒土用(かんどよう)
2日	凍滝(いてたき)
3日	節分(せつぶん)
4日	立春(りっしゅん)*
5日	寒菊(かんぎく)
6日	金縷梅(まんさく)
7日	探海(たんかい)
8日	針供養(はりくよう)
9日	雪間草(ゆきまぐさ)
10日	雪虫(ゆきむし)
11日	紀元節(きげんせつ)
12日	梅白し(うめしろし)
13日	春の星(はるのほし)
14日	焼野(やけの)
15日	野梅(やばい)
16日	麦踏み(むぎふみ)
17日	迎春花(げいしゅんか)
18日	春興(しゅんきょう)
19日	雨水(うすい)*
20日	雉笛(きじぶえ)
21日	春日和(はるびより)
22日	春意(しゅんい)
23日	梅東風(うめごち)
24日	摘み草(つみくさ)
25日	斑雪(はだれゆき)
26日	春満月(はるまんげつ)
27日	春苺(はるいちご)
28日	春月(しゅんげつ)
29日	ニン月(にんがつ)

*二十四節気なので年によって日にちが変わります。

せつぶん
節分

本来は季節の変わり目をいうが、今は立春の前日、２月３日のみをいう。各地の神社仏閣では追儺(ついな)の鬼踊りや豆まきなどが行われ、春を迎える行事に多くの参詣人が訪れる。

うめ
梅

寒い季節にいち早く、凜と花を咲かせることから、めでたいものとされる。春の到来を告げる花。別称「春告草(はるつげぐさ)」。梅花を愛でる宴は奈良時代から始まったといわれる。

はるいちばん
春一番

立春後、最初に吹く強い南風を春一番と呼ぶ。この風で草木の芽がほどけ、春の本格的な訪れを感じさせる。もともとは漁師言葉。

ゆきどけしずく
雪解雫

春、樹木や家屋に積もっていた雪が解けて、水がしたたり落ちる様子を表す言葉。春の日差しをあびてきらきら輝く水滴や、地面を軽快にたたく音に春の到来を感じ、胸もはずむ。

はりくよう
針供養

２月８日は、折れたり、古くなって使用できなくなった針を柔らかい豆腐やこんにゃくに刺して供養する日。針をいたわると同時に裁縫の上達も祈願する。

2月の別称

- 如月(きさらぎ)
- 梅見月(うめみづき)
- 雪消月(ゆきぎえづき)
- 初花月(はつはなづき)
- 恵風(けいふう)
- 花朝(かちょう)
- 萌揺月(きさゆらぎづき)
- 建卯月(けんぼうげつ)
- 星鳥(せいちょう)
- 美景(びけい)

2月の生活・行事

- 福豆(ふくまめ)
- 恵方巻き(えほうまき)
- 仁王会(にんのうえ)
- 祈年祭(きねんさい)
- 立春(りっしゅん)
- 建国記念日(けんこくきねんび)
- 閏年(うるうどし)
- お事始め(おことはじめ)
- 雪祭り(ゆきまつり)
- 雨水(うすい)

2月の気象・時候

- 春浅し(はるあさし)
- 寒明け(かんあけ)
- 残雪(ざんせつ)
- 冴え返る(さえかえる)
- 春時雨(はるしぐれ)
- 春寒(しゅんかん)
- 雪間(ゆきま)
- 春めく(はるめく)
- 遅春(ちしゅん)
- 凍解(いてどけ)

バレンタインデー

2月14日は、3世紀にローマで恋人たちの結婚を密かに執り行っていた司祭バレンティヌスが殉職した日。古くは男女が愛を誓い合う日として、プレゼントを交換し合った。

初午（はつうま）

2月最初の午の日に、各地の稲荷神社で行われるお祭り。稲荷神の使いとされているキツネの好物の油揚げや初午団子をお供えし、五穀豊穣や商売繁盛を祈る。

鶯（うぐいす）

別称「春告げ鳥」。春の季語でもある「初音(はつね)」は、鶯などの鳥がその年にはじめて鳴く声をいう。

3月 生まれのヒント

山笑う（やまわらう）

草木が芽吹く頃、山全体が淡い色合いに包まれる様子を表した言葉。冬の静まった印象から一変し、みずみずしい命で満たされた、おおらかさ、柔らかさ、艶やかさを帯びた風景が広がる。

燕（つばめ）

南の国から飛んでくる渡り鳥。昔から、家の軒下（のきした）に巣を作った燕は、雷や火事から家を守ったり、繁栄と幸福をもたらすといわれ、人々に愛されてきた。

啓蟄（けいちつ）

二十四節気の一つで３月６日頃に当たる。「啓」は「ひらく」、「蟄」は「土の中で冬ごもりしている虫」の意。地中に潜んでいた動物たちが動き始める、暖かい気候を表している。

蒲公英（たんぽぽ）

初春に咲く身近な野草。生命力が非常に強いことで知られる。花が咲き終わると、白色の綿毛がついた小さい実が、風に乗って飛び散る様も春ならではの光景。

3月の星座

- 魚座（2/19～3/20）
- 牡羊座（3/21～4/19）

3月の季語

1日	春火鉢（はるひばち）
2日	海雲（かいうん）
3日	雛祭（ひなまつり）
4日	雪解（ゆきげ）
5日	鶴帰る（つるかえる）
6日	啓蟄（けいちつ）*
7日	野遊び（のあそび）
8日	青麦（あおむぎ）
9日	独活（うど）
10日	柳絮（りゅうじょ）
11日	春泥（しゅんでい）
12日	春雨（はるさめ）
13日	春霖（しゅんりん）
14日	春蘭（しゅんらん）
15日	藪椿（やぶつばき）
16日	種袋（たねぶくろ）
17日	春暁（しゅんぎょう）
18日	春暖（しゅんだん）
19日	茎立（くくたち）
20日	初雷（はつらい）
21日	春分（しゅんぶん）*
22日	春嵐（はるあらし）
23日	山笑う（やまわらう）
24日	引鳥（ひきとり）
25日	桜（さくら）
26日	桜湯（さくらゆ）
27日	花衣（はなごろも）
28日	青き踏む（あおきふむ）
29日	春休み（はるやすみ）
30日	霾ぐもり（よなぐもり）
31日	春の虹（はるのにじ）

*二十四節気なので年によって日にちが変わります。

3月の別称

- 弥生（やよい）
- 花見月（はなみづき）
- 夢見月（ゆめみづき）
- 桃月（とうげつ）
- 染色月（そめいろづき）
- 花飛（かひ）
- 五陽（ごよう）
- 青章（せいしょう）
- 建辰月（けんしんづき）
- 佳月（かげつ）

3月の生活・行事

- 修二会（しゅにえ）
- 桃の節句（もものせっく）
- 春彼岸（はるひがん）
- ホワイトデー
- 春分の日（しゅんぶんのひ）
- 卒業式（そつぎょうしき）
- 種蒔き（たねまき）
- 田打（たうち）
- お水取り（おみずとり）
- 社日（しゃにち）

3月の気象・時候

- 雪の果て（ゆきのはて）
- 春塵（しゅんじん）
- 春疾風（はるはやて）
- 春光（しゅんこう）
- 芽吹き（めぶき）
- 陽炎（かげろう）
- 桜前線（さくらぜんせん）
- 雪崩（なだれ）
- 水草生う（みずくさおう）
- 霞（かすみ）

東風（こち）

東から吹いてくる風。ふつう、春風をいう。「あゆのかぜ」「こちかぜ」とも。かつて、春は東風に乗って運ばれると考えられていた。

下萌（したもえ）

早春、地中から草の芽が出始めること。下萌の「下」は「枯草の下」の意。「草萌え」とも。厳しい冬を耐えた生命力の強さが感じられる言葉。

桃始笑（ももはじめてさく）

二十四節気「啓蟄」の次候で、桃が咲き始める頃を指す。かつては、花が開花することを「笑う」と表現していた。

春爛漫（はるらんまん）

あたり一面に花が咲きほこり、光あふれんばかりに明るく輝いた様子。これから成長していく力強さや、希望に満ちあふれた姿を想像させる言葉。

麗らか（うらら）

空がよく晴れて日差しが柔らかく暖かいのどかな様子。うらおもてがなく、心が穏やかで朗らかな性格を表現するときにも使用される。

雛祭り（ひなまつり）

女の子の厄除けと成長を願う行事で3月3日に行う。「桃の節句」「上巳（じょうし）の節句」とも。雛人形を飾り、三色の菱餅や白酒、はまぐりのお吸い物などでお祝いをする。

4月 生まれのヒント

佐保姫（さほひめ）

春をつかさどる神。もともと佐保山の神霊とされていた。佐保山は平城京の東に当たり、方角を四季に配すれば東は春に当たることから、春の女神と呼ばれるようになった。

桜（さくら）

昔から日本人に愛されてきた花。いくつもの品種があるが、8割がソメイヨシノといわれる。「桜吹雪」や「桜影」といった、桜にまつわる美しい言葉も多い。

花見（はなみ）

桜の花を愛でること。もともと春の農作業に先立ち、豊作を祈願して行われていた。平安時代には貴族たちの間で桜を見ながら和歌を詠むのがはやり、江戸時代には庶民にも広がった。

菜の花（なのはな）

春を象徴する花の一つ。鮮やかな黄色の、まっすぐに立っている菜の花の姿は、暖かさや健やかさを感じさせる。花言葉は「快活」「明るさ」「元気いっぱい」など。

4月の星座

- 牡羊座（3/21～4/19）
- 牡牛座（4/20～5/20）

4月の季語

1日	初蝶（はつちょう）
2日	花の雨（はなのあめ）
3日	風光る（かぜひかる）
4日	春眠（しゅんみん）
5日	清明（せいめい）*
6日	亀鳴く（かめなく）
7日	花曇（はなぐもり）
8日	花御堂（はなみどう）
9日	花見（はなみ）
10日	風車（かざぐるま）
11日	鶯（うぐいす）
12日	朧（おぼろ）
13日	春色（しゅんしょく）
14日	蜃気楼（しんきろう）
15日	春望（しゅんぼう）
16日	花莚（はなむしろ）
17日	春深し（はるさがし）
18日	春の潮（はるのしお）
19日	初音（はつね）
20日	穀雨（こくう）*
21日	雲雀（ひばり）
22日	花の雲（はなのくも）
23日	花の影（はなのかげ）
24日	山繭（やままゆ）
25日	海鳴り（うみなり）
26日	茶摘（ちゃつみ）
27日	若草（わかくさ）
28日	春の夢（はるのゆめ）
29日	惜春（せきしゅん）
30日	春の宵（はるのよい）

*二十四節気なので年によって日にちが変わります。

4月の別称

- 卯月（うづき）
- 卯花月（うのはなづき）
- 木葉採月（このはとりづき）
- 六陽（りくよう）
- 修景（しゅうけい）
- 建巳月（けんしげつ）
- 清和月（せいわづき）
- 純陽（じゅんよう）
- 鳥月（ちょうげつ）
- 苗植月（なえうえづき）

4月の生活・行事

- 入園（にゅうえん）
- 入学（にゅうがく）
- 花見（はなみ）
- 花御堂（はなみどう）
- 十三詣り（じゅうさんまいり）
- 復活祭（ふっかつさい）
- 水口祭（みなくちまつり）
- 春の土用（はるのどよう）
- 山王祭（さんのうまつり）
- エイプリルフール

4月の気象・時候

- 春時雨（はるしぐれ）
- 春雷（しゅんらい）
- 長閑（のどか）
- 養花雨（ようかう）
- 花信風（かしんふう）
- 風光る（かぜひかる）
- 穀風（こくふう）
- 朧（おぼろ）
- 春永（はるなが）
- 春陽（しゅんよう）

暖か（あたたか）

暑くも寒くもない、ほどよい温度。四季の体感温度を表す季語として、夏の「暑し」、秋の「冷やか」、冬の「寒し」に相応する。麗らかで暖かい気温に、心もうきうきしてくる。

ビーナス

ローマ神話の愛と美の女神ウェヌス（Venus）の英語読み。ギリシャ神話のアフロディーテと同一視され、アフロディーテはエトルリア名のApru。これがApril＝4月の由来となった。

花祭り（はなまつり）

釈迦の誕生日である4月8日に、お寺では色とりどりの花で飾られた花御堂（はなみどう）を設置し、中に釈迦像を置いて甘茶を注ぎお祝いをする。「潅仏会（かんぶつえ）」ともいう。

清明（せいめい）

二十四節気の一つで4月5日頃に当たる。陽気がよくなる春先の、清らかで生き生きとした様子を表した「清浄明潔（しょうじょうめいけつ）」という語を略したもの。

新生活（しんせいかつ）

新しく始まる生活のこと。入園式・入学式・入社式など、日本では春の4月がスタートの月となることがほとんど。

5月
生まれのヒント

ほととぎす
時鳥

初夏の５月に南方からやって来て、日本に夏の到来を告げる渡り鳥。昔から、春の鶯と並んで初音が待たれた。見た目は郭公とよく似ている。

しんじゅ
新樹

みずみずしい若葉に覆われた初夏の樹木をいう。日差しを受けて輝く葉や、新樹に包まれた山々は美しいだけでなく躍動感を感じさせる。若葉の出始めた桜は、葉桜と呼ぶ。

なつ
夏めく

木々の葉は緑を増し、初夏の花々が咲き始め、日差しや風、生活面などすべてにおいて夏らしくなる様子。

しょうぶ
菖蒲

さわやかな香りの菖蒲には、邪鬼を祓う霊力があると信じられ、昔から「端午の節句」には無病息災を願って軒先に飾ったり、菖蒲湯に入ったり、枕の下に敷いたりした。

5月の星座

- 牡牛座（4/20～5/20）
- 双子座（5/21～6/21）

5月の季語

1日	燕（つばめ）
2日	夏隣（なつどなり）
3日	八十八夜（はちじゅうはちや）
4日	花守（はなもり）
5日	菖蒲（しょうぶ）
6日	立夏（りっか）*
7日	新緑（しんりょく）
8日	藤棚（ふじだな）
9日	新樹（しんじゅ）
10日	青嵐（あおあらし）
11日	薄暑（はくしょ）
12日	風薫る（かぜかおる）
13日	蔦若葉（つたわかば）
14日	草笛（くさぶえ）
15日	時鳥（ほととぎす）
16日	牡丹（ぼたん）
17日	郭公（かっこう）
18日	若葉冷え（わかばびえ）
19日	白牡丹（しろぼたん）
20日	緋牡丹（ひぼたん）
21日	小満（しょうまん）*
22日	夏浅し（なつあさし）
23日	滝（たき）
24日	夏柳（なつやなぎ）
25日	新茶（しんちゃ）
26日	清和（せいわ）
27日	青野（あおの）
28日	葉桜（はざくら）
29日	草矢（くさや）
30日	青葉雨（あおばあめ）
31日	入梅（にゅうばい）

*二十四節気なので年によって日にちが変わります。

5月の別称

- 皐月(さつき)
- 菖蒲月(あやめづき)
- 五色月(いついろづき)
- 橘月(たちばなづき)
- 吹喜月(ふぶきづき)
- 星花(せいか)
- 啓月(けいげつ)
- 開明(かいめい)
- 建午月(けんごげつ)
- 幸月(さつき)

5月の生活・行事

- 八十八夜(はちじゅうはちや)
- みどりの日(みどりのひ)
- こどもの日(こどものひ)
- 菖蒲湯(しょうぶゆ)
- 母の日(ははのひ)
- 立夏(りっか)
- 葵祭(あおいまつり)
- 潮干狩り(しおひがり)
- 茶摘み(ちゃつみ)
- 田植え(たうえ)

5月の気象・時候

- 陽光(ようこう)
- 青風(せいふう)
- 凱風(がいふう)
- 景風(けいふう)
- 新緑(しんりょく)
- 薫風(くんぷう)
- 翠雨(すいう)
- 若葉風(わかばかぜ)
- 青田(あおた)
- 軽暑(けいしょ)

薔薇(ばら)

花の女王の名にふさわしく、5月に春一番の見事な花を咲かせるバラ。何万品種にも及び、赤やピンク、白や青など色もとりどり。花言葉は「愛」「美」「幸福」「さわやか」など。

清冽(せいれつ)

水が汚れなく清らかで、冷たいこと。また、そのさまをいう。「冽」は清い、冷たいといった意味を持つ。

清和(せいわ)

初夏の、よく晴れたさわやかで、のどかな天気のこと。陰暦4月(陽暦5月頃)の異名を「清和月」という。

風薫る(かぜかおる)

若葉や青葉の緑さわやかな香りをたっぷりと含んだ、すがすがしい夏の風。風をほめたたえた季語。

八十八夜(はちじゅうはちや)

立春から88日目。「八十八」という字を組み合わせると「米」という字になることから、米作りや農作業を始める日として重要視されてきた。茶摘みにも最適のシーズン。

6月 生まれのヒント

6月の星座

- 双子座
(5/21～6/21)
- 蟹座
(6/22～7/22)

6月の季語

1日	更衣(ころもがえ)
2日	岩燕(いわつばめ)
3日	田植え(たうえ)
4日	浮巣(うきす)
5日	早乙女(さおとめ)
6日	芒種(ぼうしゅ)*
7日	竹の花(たけのはな)
8日	夏蛙(なつがえる)
9日	青葉冷(あおばびえ)
10日	入梅(にゅうばい)
11日	紫陽花(あじさい)
12日	蛍(ほたる)
13日	月下美人(げっかびじん)
14日	大南風(おおみなみ)
15日	田畑(たばた)
16日	漆掻く(うるしかく)
17日	翡翠(かわせみ)
18日	梅雨晴(つゆばれ)
19日	結葉(むすびば)
20日	明早し(あけはやし)
21日	夏至(げし)*
22日	夏暖簾(なつのれん)
23日	夏野(なつの)
24日	夏山(なつやま)
25日	青田(あおた)
26日	今年竹(ことしだけ)
27日	夏衣(なつごろも)
28日	夏籠り(げごもり)
29日	明易(あけやす)
30日	暑気払い(しょきばらい)

＊二十四節気なので年によって日にちが変わります。

蛍(ほたる)

緑色を帯びた光を放って闇夜を彩る虫。梅雨が訪れる頃、流れがゆるやかできれいな水辺に姿を現す。浮かんでは消える光は、幻想的で美しい。日本では主に源氏蛍(げんじぼたる)と平家蛍(へいけぼたる)の2種類。

早苗(さなえ)

苗代から田へ移し植える頃の稲の苗。そのみずみずしさをたたえて玉苗という美しい呼び名もある。「さ」は田の神様の意味があるともいわれている。

紫陽花(あじさい)

梅雨の時期を代表する花。小さな花が群れ咲いて大きな毬(まり)の形をなす。土壌によって、赤、青、紫、白など色が変化するため、「七変化」とも呼ばれる。

6月の別称

- 水無月（みなづき）
- 風待月（かぜまちづき）
- 鳴神月（なるかみづき）
- 松風月（まつかぜづき）
- 田無月（たなしづき）
- 涼暮月（すずくれづき）
- 季月（きげつ）
- 建未月（けんびげつ）
- 小暑（しょうしょ）
- 雷月（らいげつ）

6月の生活・行事

- 田植え（たうえ）
- 父の日（ちちのひ）
- 富士詣（ふじもうで）
- 蛍狩り（ほたるがり）
- 芒種（ぼうしゅ）
- 時の記念日（ときのきねんび）
- 更衣（ころもがえ）
- 夏越の祓（なごしのはらえ）
- 夏至（げし）
- 嘉祥（かじょう）

6月の気象・時候

- 五月雨（さみだれ）
- 五月晴れ（さつきばれ）
- 梅雨寒（つゆさむ）
- 入梅（にゅうばい）
- 黒南風（くろはえ）
- 夏の川（なつのかわ）
- 青嵐（あおあらし）
- 虎が雨（とらがあめ）
- 黄雀風（こうじゃくふう）
- 山背風（やませかぜ）

梅雨（つゆ）

春と夏をつなぐ長雨の季節を梅雨と呼ぶ。梅の実が熟す時期なので、「梅雨」の字が当てられた。農家にとっては恵みの雨。「五月雨」（さみだれ）とも呼ばれる。

ジューンブライド

6月の花嫁のこと。ヨーロッパでは、古くから6月に結婚すると幸せになれるという言い伝えがある。ギリシャ神話の主神ゼウスの妃ヘラ（英語名Juno）女神が由来ともいわれる。

芒種（ぼうしゅ）

二十四節気の一つで、6月6日頃を指す。稲など「芒（のぎ）」のある植物の種を植える時期。「芒」とは、イネ科の植物にあるトゲのような突起のこと。

皐月（さつき）

旧暦5月の異称。梅雨の季節で田植えが始まることから「早苗月」「小苗月」（さなえづき）を略した、あるいは「五月雨月」から、と諸説ある。もともと端午の節句は、この月に行われていた。

夏至（げし）

6月21日頃で、一年のうち昼間の時間がもっとも長く、夜がもっとも短い日。

7月 生まれのヒント

7月の星座

- 蟹座（6/22～7/22）
- 獅子座（7/23～8/22）

7月の季語

1日	一夏（いちげ）
2日	雲海（うんかい）
3日	金魚草（きんぎょそう）
4日	出水（でみず）
5日	夏花（げばな）
6日	夏灯（なつともし）
7日	小暑（しょうしょ）*
8日	灯涼し（ひすずし）
9日	風鈴（ふうりん）
10日	釣忍（つりしのぶ）
11日	夏雲雀（なつひばり）
12日	夏掛け（なつがけ）
13日	涼気（りょうき）
14日	半夏雨（はんげあめ）
15日	虹（にじ）
16日	蝉（せみ）
17日	打ち水（うちみず）
18日	虹の根（にじのね）
19日	二重虹（ふたえにじ）
20日	白南風（しろはえ）
21日	青草（あおくさ）
22日	風入れ（かぜいれ）
23日	大暑（たいしょ）*
24日	納涼（のうりょう）
25日	氷水（こおりみず）
26日	炎暑（えんしょ）
27日	熱風（ねっぷう）
28日	夏帯（なつおび）
29日	雲の峰（くものみね）
30日	赤富士（あかふじ）
31日	夕焼け（ゆうやけ）

＊二十四節気なので年によって日にちが変わります。

夕立（ゆうだち）

夏の午後から夕方にかけて、突然降り出す激しいにわか雨のこと。短時間で晴れ上がり、夕立のあとは空気も涼しげ。

虹（にじ）

夏によく見られる現象。空中の水滴に光が当たり、屈折や反射して、さまざまな色に分かれる。

日傘（ひがさ）

夏の強い日差しをさえぎるためにさす傘。4000年前頃には、すでに雨傘よりも先に日傘が使用されていた。

風鈴（ふうりん）

風に吹かれて、かわいらしい音を鳴らす風鈴。風鈴を飾るのは、音で涼を感ずることのできる、日本人ならではの文化。

向日葵（ひまわり）

その名のとおり、太陽に向かって大きな黄色い花を咲かせる夏の代表花。明るくて、はつらつとした元気なイメージを持つ。「日輪草（にちりんそう）」ともいう。

7月の別称

- 文月(ふみづき)
- 七夕月(たなばたづき)
- 親月(ふづき)
- 愛逢月(めであいづき)
- 涼月(りょうげつ)
- 流火(りゅうか)
- 建申月(けんしんげつ)
- 桐月(とうげつ)
- 風微月(ふみつき)
- 精霊月(しょうりょうづき)

7月の生活・行事

- 山開き(やまびらき)
- 海開き(うみびらき)
- 川開き(かわびらき)
- 七夕(たなばた)
- 朝顔市(あさがおいち)
- 鬼灯市(ほおずきいち)
- 夏休み(なつやすみ)
- 夏祭り(なつまつり)
- 祇園祭(ぎおんまつり)
- 天神祭(てんじんまつり)

7月の気象・時候

- 天の川(あまのがわ)
- 白南風(しろはえ)
- 夕立(ゆうだち)
- 喜雨(きう)
- 炎天(えんてん)
- 風青し(かぜあおし)
- 日盛り(ひざかり)
- 青田波(あおたなみ)
- 逃げ水(にげみず)
- 夏の露(なつのつゆ)

七夕(たなばた)

五節句の一つで、7月7日に行う星祭り。中国の星伝説と、裁縫や技芸の上達を願う乞巧奠(きっこうでん)が日本に伝わり、「棚織津女(たなばたつめ)」の行事が重なったもの。

盛夏(せいか)

夏は初夏、梅雨、盛夏、晩夏の四つに分けることができ、盛夏とはもっとも暑い時期のことをいう。梅雨明けから8月中旬頃までの季語。

氷菓(ひょうか)

凍結させたお菓子のこと。日本では、四世紀頃には「削り氷」という甘い氷を貴族たちが食べていたという。アイスクリームが工業的に生産されるようになったのは大正時代。

縁日(えんにち)

神仏の降臨や救済など、由来のある日に供養を行い、祭りをする日。この日に参拝すると、普段よりもご利益があるといわれる。参道に露店や屋台が立つことも多い。

8月
生まれのヒント

花火（はなび）

観賞用の花火がはじめて打ち上げられたのは、1600年代といわれる。打ち上げ花火や仕掛け花火など、今では工夫を凝らした、さまざまな模様の花火が夜空を彩る。

南風（みなみかぜ）

南から吹く風のことで、冬の北風に対して夏の南風という。「はえ」とも呼び、梅雨時期に吹く南風を「黒南風（くろはえ）」、その後の南風を「白南風（しろはえ）」と呼ぶ。

夕凪（ゆうなぎ）

夕方、海辺で海風と陸風が交替するときに無風状態になること。海上が静まり穏やかになり、海に沈む夕日もよく見える。

芙蓉（ふよう）

夏から秋にかけて、ピンクや白の、直径10～15cmほどの花を咲かせる。朝咲いて夕方にしぼむ一日花。芙蓉は中国ではハスの別名で、ハスと似ていることからこの名がついた。

8月の星座

- 獅子座（7/23～8/22）
- 乙女座（8/23～9/22）

8月の季語

1日	凌霄（りょうしょう）
2日	夏草（なつくさ）
3日	山滴る（やましたたる）
4日	浴衣（ゆかた）
5日	夏座敷（なつざしき）
6日	入道雲（にゅうどうぐも）
7日	夏草（なつくさ）
8日	立秋（りっしゅう）*
9日	夏果つ（なつはつ）
10日	涼し（すずし）
11日	夏雲（なつぐも）
12日	万緑（ばんりょく）
13日	花火（はなび）
14日	星月夜（ほしつきよ）
15日	盆踊り（ぼんおどり）
16日	送火（おくりび）
17日	遠花火（とおはなび）
18日	露涼し（つゆすずし）
19日	氷菓（ひょうか）
20日	残暑（ざんしょ）
21日	茜草（あかね）
22日	秋暑し（あきあつし）
23日	処暑（しょしょ）*
24日	夜の秋（よるのあき）
25日	鬼火（おにび）
26日	初嵐（はつあらし）
27日	流灯（りゅうとう）
28日	撫子（なでしこ）
29日	秋草（あきくさ）
30日	秋めく（あきめく）
31日	秋高し（あきたかし）

*二十四節気なので年によって日にちが変わります。

8月の別称

- 葉月（はづき）
- 木染月（こぞめづき）
- 月見月（つきみづき）
- 紅染月（べにそめづき）
- 燕去月（つばめさりづき）
- 荘月（そうげつ）
- 桂月（けいげつ）
- 建酉月（けんゆうげつ）
- 天岡（てんこう）
- 穂発月（ほはりづき）

8月の生活・行事

- 花火大会（はなびたいかい）
- 盆踊り（ぼんおどり）
- 盆休み（ぼんやすみ）
- 精霊流し（しょうろうながし）
- 大文字（だいもんじ）
- 納涼（のうりょう）
- 打ち水（うちみず）
- 不知火（しらぬい）
- 麻刈り（あさがり）
- 終戦記念日（しゅうせんきねんび）

8月の気象・時候

- 涼風（りょうふう）
- 初嵐（はつあらし）
- 夕凪（ゆうなぎ）
- 秋めく（あきめく）
- 蜩時雨（せみしぐれ）
- 新涼（しんりょう）
- 炎暑（えんしょ）
- 晩夏（ばんか）
- 残暑（ざんしょ）
- 秋近し（あきちかし）

流星（りゅうせい）

流れ星のこと。流星の正体は宇宙空間に漂っている塵（ちり）で、地球大気に突入して光を放つ。8月は特に、ペルセウス座流星群が活動するため、多くの流星が見られる。

納涼（のうりょう）

打ち水をしたり、カキ氷を食べたり、森林浴をしたりと、暑さを避けるために、さまざまな工夫をして涼を味わうこと。納涼船や納涼床などの言葉がある。

団扇（うちわ）

涼をとる身近なものといえば、団扇や扇子。平柄団扇、丸竹柄団扇、京団扇と作り方によっていくつかの種類がある。歴史は奈良・平安時代にまでさかのぼる。

大瑠璃（おおるり）

全国に分布をしている夏鳥。雄は光沢のある濃い青と白のコントラストといういでたちに、歌声の美しさでも知られている。日本三鳴鳥の一つ。

晩夏（ばんか）

夏の終わりを意味する言葉。陰暦6月の異称。時候の挨拶では、旧盆（8月13日～15日）あたりから8月末まで使うのが一般的。

浴衣（ゆかた）

木綿の単（ひとえ）の着物で、もともと入浴後に着るものだった。江戸時代後期から、日常のほか、盆踊りや夏祭りなどの外出着として、高温多湿な夏には欠かせない衣類となる。

9月
生まれのヒント

白露（はくろ）

二十四節気の一つで9月8日頃から「秋分」の前日までを指す。少しずつ暑さがやわらぎ、草花に朝露がつき始める時期。ツバメが去っていくのもこの頃。

秋の声（あきのこえ）

草木を揺らす風の音や川のせせらぎ、また鳥のさえずりなどから受け取る秋の気配を指す言葉。「秋声（しゅうせい）」とも。

秋桜（こすもす）

秋に薄紅色または白色の花を咲かせる。コスモスの語源は、ギリシャ語の「Kosmos」で「美しい」「秩序」という意味がある。

重陽の節句（ちょうようのせっく）

9月9日に行われる、菊が主体の節句。菊の気品ある香りが邪気を祓うとされ、菊の花を食べたり、菊酒を飲んでお祝いをする。五節句の一つ。

9月の星座

- 乙女座（8/23～9/22）
- 天秤座（9/23～10/23）

9月の季語

1日	野分（のわけ）
2日	鈴虫（すずむし）
3日	夜長（よなが）
4日	天高し（てんたかし）
5日	秋雲（あきぐも）
6日	稲穂（いなほ）
7日	花野（はなの）
8日	白露（はくろ）*
9日	重陽（ちょうよう）
10日	三日月（みかづき）
11日	新涼（しんりょう）
12日	秋祭（あきまつり）
13日	虫の音（むしのね）
14日	秋簾（あきすだれ）
15日	秋日和（あきびより）
16日	萩（はぎ）
17日	虫時雨（むししぐれ）
18日	名月（めいげつ）
19日	明月（めいげつ）
20日	稲雀（いなすずめ）
21日	良夜（りょうや）
22日	秋の空（あきのそら）
23日	秋分（しゅうぶん）*
24日	秋耕（しゅうこう）
25日	月光（げっこう）
26日	豊年（ほうねん）
27日	豊作（ほうさく）
28日	不知火（しらぬい）
29日	弓張月（ゆみはりづき）
30日	秋の山（あきのやま）

*二十四節気なので年によって日にちが変わります。

9月の別称

- 長月(ながつき)
- 菊月(きくづき)
- 竹酔月(ちくすいづき)
- 授衣(じゅえ)
- 紅葉月(もみじづき)
- 建戌月(けんじゅつげつ)
- 詠月(えいげつ)
- 高秋(こうしゅう)
- 季白(きはく)
- 稲熟月(いなあがりつき)

9月の生活・行事

- 十五夜(じゅうごや)
- 秋彼岸(あきひがん)
- 流鏑馬(やぶさめ)
- 重陽の節句(ちょうようのせっく)
- 秋社(しゅうしゃ)
- 風祭り(かぜまつり)
- 月見(つきみ)
- 秋の七草(あきのななくさ)
- 二百十日(にひゃくとおか)
- 敬老の日(けいろうのひ)

9月の気象・時候

- 秋涼(しゅうりょう)
- 葉風(はかぜ)
- 野分(のわけ)
- 中秋(ちゅうしゅう)
- 虫時雨(むししぐれ)
- 白露(はくろ)
- 宵闇(よいやみ)
- 月の雫(つきのしずく)
- 実りの秋(みのりのあき)
- 花野(はなの)

実りの秋

四季のなかでも、稲や芋などの穀物や野菜が豊富に収穫される秋をたたえた言葉。何を食べてもおいしく感じられることから「食欲の秋」という言葉も生まれた。

秋の七草

おみなえし、はぎ、くず、すすき(おばな)、なでしこ、ふじばかま、ききょう。万葉の歌人、山上憶良の和歌が由来。いずれも食用・薬用として使用されていた。

鈴虫

リーン、リーンという鳴き声が秋の到来を告げる虫。鳴くのはオスで、求愛のため左右の前翅(まえばね)をすり合わせて音を出す。

満月

月の満ち欠けを基準にしている旧暦の場合、毎月15日は必ず満月になる。特に8月15日の月は「中秋の名月」といって、特別大切に考えていた。

お月見

旧暦の8月15日は十五夜と言って、月を愛でて秋の収穫をお祝いする。お月見には月見団子と里芋などをお供えし、すすきなどを飾る。秋の澄んだ空の月の美しさは格別。

10月 生まれのヒント

天高し

秋は空気が澄み、鮮やかに晴れた空が遠くまで抜けるように、高く見える様子を表す。「秋高し」ともいう。

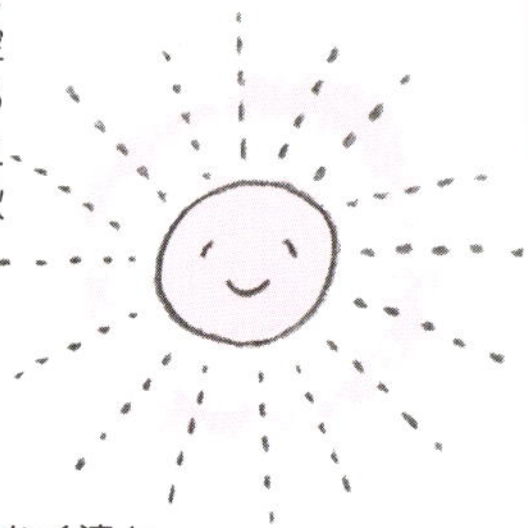

秋晴れ

秋の空が、雲一つなく清々しく晴れわたっていること。秋雨のあと秋晴れになることが多い。「秋日和（あきびより）」も似た意味だが、秋晴れのほうが言葉の響きがやや強い。

空澄む

秋の澄んだ大気のこと。遠くまではっきりと見え、虫の音や物の音なども澄んで聞こえるようになる。「秋澄む」ともいう。

紅葉狩り

山野に出かけて行き、紅葉を観賞し愛でること。葉が赤く染まることを「紅葉」、黄色に染まることを「黄葉」、褐色に染まることを「褐葉」といったりもする。

野山の錦

秋の野山が紅葉し、まるで錦のように色とりどりで美しいさまを表した言葉。赤や黄で覆われた、華やかな山の風景が想像できる。

10月の星座

- 天秤座（9/23～10/23）
- 蠍座（10/24～11/21）

10月の季語

1日	秋夕焼け（あきゆうやけ）
2日	秋の風（あきのかぜ）
3日	鰯雲（いわしぐも）
4日	猪（いのしし）
5日	秋の日（あきのひ）
6日	狐花（きつねばな）
7日	秋時雨（あきしぐれ）
8日	寒露（かんろ）*
9日	椋鳥（むくどり）
10日	金木犀（きんもくせい）
11日	銀杏（ぎんなん）
12日	桃吹く（ももふく）
13日	秋色（あきいろ）
14日	新米（しんまい）
15日	竜田姫（たつたひめ）
16日	灯火親し（とうかしたし）
17日	秋晴（あきばれ）
18日	芒（すすき）
19日	馬肥ゆ（うまこゆ）
20日	数珠玉（じゅずだま）
21日	秋霜（しゅうそう）
22日	松手入れ（まつていれ）
23日	霜降（そうこう）*
24日	種採り（たねとり）
25日	爽やか（さわやか）
26日	秋の海（あきのうみ）
27日	秋暮れる（あきくれる）
28日	色鳥（いろどり）
29日	霧（きり）
30日	紅葉（もみじ）
31日	冷まじ（すさまじ）

*二十四節気なので年によって日にちが変わります。

10月の別称

- 神無月(かんなづき)
- 時雨月(しぐれづき)
- 初霜月(はつしもづき)
- 陽月(ようげつ)
- 大月(たいげつ)
- 坤月(こんげつ)
- 建亥月(けんがいげつ)
- 小陽春(しょうようしゅん)
- 刈稲月(かりねづき)
- 定星(ていせい)

10月の生活・行事

- 運動会(うんどうかい)
- 体育の日(たいいくのひ)
- 十三夜(じゅうさんや)
- 稲刈り(いねかり)
- ハロウィン
- 秋祭(あきまつり)
- 味覚狩り(みかくがり)
- 恵比寿講(えびすこう)
- 神嘗祭(かんなめさい)
- 更衣(ころもがえ)

10月の気象・時候

- 初紅葉(はつもみじ)
- 秋晴れ(あきばれ)
- 暮れの秋(くれのあき)
- 秋雨(あきさめ)
- 初霜(はつしも)
- 秋澄む(あきすむ)
- 清秋(せいしゅう)
- 野山の錦(のやまのにしき)
- 山粧う(やまよそおう)
- 灯火親しむ(とうかしたしむ)

羊雲(ひつじぐも)

秋に、もこもこと大きめの塊がいくつもでき、あたかも羊が群れをなしているかのように見える雲。正式には「高積雲」という。「羊雲が出ると翌日は雨」といわれる。

体育の日(たいいくのひ)

1964年に東京オリンピックが開催されたのを記念して、2年後、開会式が行われた10月10日が「体育の日」に制定された。現在はハッピーマンデー制度で第2月曜日に。

竜田姫(たつたひめ)

春の神様が佐保姫、対して、秋の神様は竜田姫。平城京の西にある竜田山を秋の女神にたとえたといわれる。紅葉は、竜田姫が袖をふって山を染めていった、という伝説がある。

運動会(うんどうかい)

暑くもなく寒くもない気持ちのよい秋は、運動会にはもってこいの季節。子どもたちのがんばる姿に、応援している大人たちも熱が入る。

冷ややか(ひややか)

晩秋の頃、ほおにあたる空気や肌に触れるものがひんやり感じること。主に、皮膚で感じる冷たさのことをいう。

11月 生まれのヒント

11月の星座

- 蠍座（10/24～11/21）
- 射手座（11/22～12/22）

11月の季語

1日	吾亦紅（われもこう）
2日	柿（かき）
3日	朝霧（あさぎり）
4日	夕霧（ゆうぎり）
5日	夜霧（よぎり）
6日	秋深し（あきふかし）
7日	立冬（りっとう）*
8日	菊（きく）
9日	濃紅葉（こもみじ）
10日	紅葉狩り（もみじがり）
11日	紅葉山（もみじやま）
12日	散紅葉（ちりもみじ）
13日	冬立つ（ふゆたつ）
14日	侘助（わびすけ）
15日	冬めく（ふゆめく）
16日	鳥渡る（とりわたる）
17日	落葉（らくよう）
18日	冬初め（ふゆはじめ）
19日	冬浅し（ふゆあさし）
20日	秋桜（コスモス）
21日	短日（たんじつ）
22日	小雪（しょうせつ）*
23日	麦蒔き（むぎまき）
24日	白鳥（はくちょう）
25日	風除け（かざよけ）
26日	小春（こはる）
27日	冬囲（ふゆがこい）
28日	暮早し（くれはやし）
29日	時雨虹（しぐれにじ）
30日	綿入れ（わたいれ）

*二十四節気なので年によって日にちが変わります。

芸術（げいじゅつ）の秋（あき）

11月3日は文化の日。イベントも多く、音楽や美術、演劇などの芸術に触れたりする機会が多い。読書の秋ともいわれ、秋の夜長に読書をたしなむのも古くからの習慣。

初霜（はつしも）

秋から冬にかけて、はじめて降りた霜のこと。霜を見つけると、冬が本格的に到来したことを感じる。

11月の別称

- 霜月(しもつき)
- 神楽月(かぐらづき)
- 神帰月(かみきづき)
- 霜降月(しもふりづき)
- 天正月(てんしょうづき)
- 黄鐘(おうしょう)
- 建子月(けんしげつ)
- 章月(しょうげつ)
- 天泉(てんせん)
- 竜潜月(りゅうせんづき)

11月の生活・行事

- 酉の市(とりのいち)
- 七五三(しちごさん)
- 亥の子の祝い(いのこのいわい)
- 新嘗祭(にいなめさい)
- 高千穂の夜神楽(たかちほのよかぐら)
- 紅葉狩り(もみじがり)
- 読書の秋(どくしょのあき)
- 十日夜(とおかんや)
- 冬休み(ふゆやすみ)
- 文化の日(ぶんかのひ)

11月の気象・時候

- 晩秋(ばんしゅう)
- 時雨(しぐれ)
- 神立風(かみたつかぜ)
- 冬めく(ふゆめく)
- 小春日和(こはるびより)
- 小雪(しょうせつ)
- 星の入東風(ほしのいりごち)
- 落葉(らくよう)
- 水澄む(みずすむ)
- 木枯らし(こがらし)

小春日和（こはるびより）

晩秋から初冬にかけて訪れる、穏やかで暖かい日。小春とは旧暦10月の異称。冬を前に、陽気な天気を喜ぶ様子がうかがえる。

晩秋（ばんしゅう）

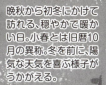

秋を初秋、仲秋、晩秋と分けた、最後の秋のこと。秋が急速に深まっていき、冬がすぐそこまで近づいてきている気配が感じられる時期。陰暦9月の異名。「暮秋(ぼしゅう)」とも。

酉の市（とりのいち）

11月の酉の日に、各地の神社で行われる、開運招福、商売繁盛を願うお祭。さまざまな縁起物で飾られ、福と運をかき込むといわれる「熊手」を求めて、大勢の参詣者でにぎわう。

亥の子の祝（いのこのいわい）

11月の亥の日、亥の刻(午後9～11時頃)に行われる子孫繁栄と、収穫に感謝し豊作を祈るお祭。亥の子餅を食べると、無病息災で過ごせるといわれている。

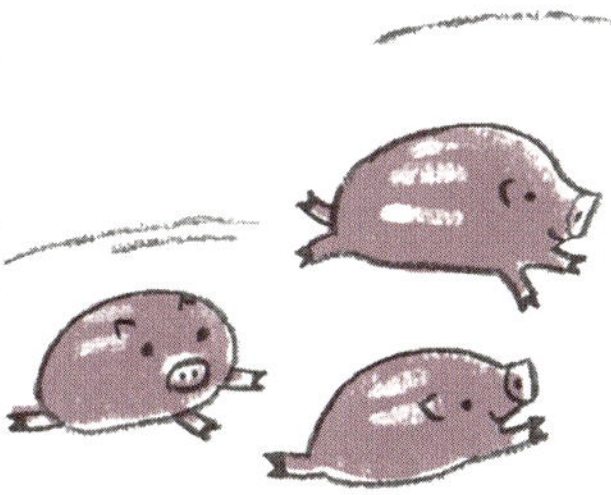

山茶花（さざんか）

10月から12月にかけて、ピンクや白の花を咲かせる。ふんわりとした、やさしいイメージを持ち、花言葉は「素直」「飾らない心」など。

小雪（しょうせつ）

二十四節気の一つで、現在では11月22日頃をいう。雪が降ることもあるが、まだ大きくはならず、寒さもそれほどではない。しかし、冬はすぐそこまで近づいてきている時期。

12月
生まれのヒント

年越し
大晦日の夜のこと。前もって掃除はすませておき、おせち料理を作るなどの正月を迎える準備を整えたあと、長寿や開運を願って年越しそばを食べる。

初雪
その冬に初めて降る雪のこと。「初冠雪」とは、雪が山頂付近に積もり、初めて白く見えることをいう。

氷花
樹木の枝などについた霧が、寒さのために凍って花のように見えること。日差しを浴びた氷花はきらきらと輝いて、幻想的で美しい。「木花」「木華」(きばな)とも。

除夜の鐘
大晦日の夜、お寺で108回つく鐘のこと。108つの煩悩を鐘をつくごとに浄化していくという意味があり、本来、107回は年内に、1回は新年につく。

冬至
二十四節気の一つで、12月22日頃。この日は昼がもっとも短く、夜がもっとも長い。風邪をひかないように柚子湯に入ったり、栄養豊富なかぼちゃを食べる。「一陽来復」ともいう。

12月の星座
- 射手座
  (11/22〜12/22)
- 山羊座
  (12/23〜1/19)

12月の季語

1日	虎落笛(もがりぶえ)
2日	千鳥(ちどり)
3日	冬日(ふゆび)
4日	初雪(はつゆき)
5日	枇杷の花(びわのはな)
6日	時雨(しぐれ)
7日	大雪(たいせつ)*
8日	雪蛍(ゆきぼたる)
9日	木枯(こがらし)
10日	冬茜(ふゆあかね)
11日	冬ざれ(ふゆざれ)
12日	霙(みぞれ)
13日	枯野(かれの)
14日	冬濤(ふゆなみ)
15日	冬籠り(ふゆごもり)
16日	冬桜(ふゆざくら)
17日	冬の空(ふゆのそら)
18日	初氷(はつごおり)
19日	初霜(はつしも)
20日	火桶(ひおけ)
21日	冬雲(ふゆぐも)
22日	冬至(とうじ)*
23日	吹雪(ふぶき)
24日	聖夜(せいや)
25日	山眠る(やまねむる)
26日	霜枯れ(しもがれ)
27日	蜜柑(みかん)
28日	年の瀬(としのせ)
29日	年の暮(としのくれ)
30日	年深し(としふかし)
31日	大晦日(おおみそか)

*二十四節気なので年によって日にちが変わります。

12月の別称

- 師走(しわす)
- 梅初月(うめはつづき)
- 氷月(ひょうげつ)
- 暮歳(ぼさい)
- 臘月(ろうげつ)
- 茶月(さげつ)
- 清祀(せいし)
- 建丑月(けんちゅうげつ)
- 大呂(たいりょ)
- 天晧(てんこう)

12月の生活・行事

- クリスマス
- 歳の市(としのいち)
- お歳暮(おせいぼ)
- 忘年会(ぼうねんかい)
- 年越し(としこし)
- 正月事始め(しょうがつごとはじめ)
- 冬至(とうじ)
- 大晦日(おおみそか)
- 除夜の鐘(じょやのかね)
- 針供養(はりくよう)

12月の気象・時候

- 北風(きたかぜ)
- 冬霞(ふゆがすみ)
- 霜柱(しもばしら)
- 初雪(はつゆき)
- 初氷(はつごおり)
- 冬凪(ふゆなぎ)
- 星冴ゆ(ほしさゆ)
- 月冴ゆ(つきさゆ)
- 冬木立(ふゆこだち)
- 樹氷(じゅひょう)

柚子(ゆず)

11月から1月に旬を迎える黄金の果実・柚子。すがすがしい香りとさっぱりとした酸味が特徴。12月22日頃の冬至には血行を促進する柚子湯に入る慣わしがある。

冬籠り(ふゆごもり)

動物や虫、また人が冬の寒さをしのぐため、巣や土の中、家などにこもって、あまり活動しないことをいう。江戸時代頃までは、人も冬には外出を避けていたといわれている。

クリスマス

12月24・25日はイエス・キリストの誕生を祝うキリスト教のお祭り。クリスマスツリーを飾ったり、プレゼント交換をしたり、七面鳥やケーキを食べたりしてお祝いをする。

モチーフ選びのヒント

好きなものや尊敬しているもの、さまざまなモチーフから名前を考えてみましょう。少しまわりを見渡すだけでも、ヒントとなるモチーフはたくさんあります。

自然から

自然を敬い慕う気持ちは誰の心にもあることでしょう。自然をモチーフにすると、自然がもつ躍動感、生命力が感じられる名前になります。

大自然からイメージする

大海原や大地がもつ包容力や、生命を育む「慈愛」のイメージは、女の子にぴったりです。

大地・山

大地からは豊かさや温かな包容力、山からは清らかさや美しさなどが感じられます。優しく美しい子に。

和砂 8 9 かずさ
陸絵 11 12 たかえ
地智 6 12 ちさと
野々香 11 3 9 ののか
美沙 9 7 みさ
美地 9 6 みち

実土 8 3 みと
穣理 18 11 みのり

渓 11 けい
渓歌 11 14 けいか
岳美 8 9 たけみ
登実子 12 8 3 とみこ
峰香 10 9 ほうか
真谷 10 7 まや

川・湖

小川のせせらぎのような優しさ、澄んだ水の清らかさをもった透明感のある女性に。

亜湖 7 12 あこ
維澄 14 15 いずみ
一湖 1 12 いちこ
泉世 9 5 いよ
絵莉湖 12 10 12 えりこ
織江 18 6 おりえ
花澄 7 15 かすみ
清華 11 10 きよか
清見 11 7 きよみ
湖子 12 3 ここ
雫 11 しずく

静流 14 10 しずる
清河 11 8 せいか
羽流美 6 10 9 はるみ
澪 16 みお
水絵 4 12 みずえ
泉架 9 9 もとか
八州羽 2 6 6 やすは
琉泉 11 9 るい
流那 10 7 るな
流美 10 9 るみ
澪奈 16 8 れいな

海

大らかな海のような子に。また、一日の中で見られる海のさまざまな美しい表情もヒントにしましょう。

- 愛海 13 9 あいみ
- 暁帆 12 6 あきほ
- 亜久阿 7 3 8 あくあ
- 磯音 17 9 いそね
- 羽美 6 9 うみ
- 江美里 6 9 7 えみり
- 江理果 6 11 8 えりか
- 香帆 9 6 かほ
- 珊瑚 9 13 さんご
- 紗波 10 8 さなみ
- 志緒 7 14 しお
- 汐音 6 9 しおね

- 志帆 7 6 しほ
- 千波流 3 8 10 ちはる
- 千洋 3 9 ちひろ
- 凪 6 なぎ
- 渚 11 なぎさ
- 凪沙 6 7 なぎさ
- 夏海 10 9 なつみ
- 七海 2 9 ななみ

- 那波 7 8 ななみ
- 希海 7 9 のぞみ
- 帆乃夏 6 2 10 ほのか
- 海咲 9 9 みさき
- 美波 9 8 みなみ
- 海優 9 17 みゆ
- 帆波 6 8 ほなみ
- 真凛 10 15 まりん

動物からイメージする

動物ごとに備えている個性的な能力にあやかって。躍動感や特別な才能を感じる名前になります。

鳥・動物

鳥や動物の名前や、鳴き声から。響きのかわいいイメージになります。

- 琴莉 12 10 ことり
- 小鳩 3 13 こばと
- 千鶴 3 21 ちづる
- 継美 13 9 つぐみ
- 雛乃 18 2 ひなの

- 比世子 4 5 3 ひよこ
- 光鶴帆 6 21 6 みづほ

- 宇紗 6 10 うさ
- 卯乃 5 2 うの
- 貴鈴 12 13 きりん
- 未夜 5 8 みや
- 理須 11 12 りす

魚・虫

水中を自由に泳ぐ魚や小さな体に強い生命力を秘めた虫から、個性的な才能を期待して。

- 鮎美 16 9 あゆみ
- 蛍音 11 9 けいと

- 蝶子 15 3 ちょうこ
- 優鯉 17 18 ゆり

開放感や爽快感、輝きからイメージする

天空や風、光の輝きなどに関連する言葉を使うと、明るさや空間の広がりがイメージできる、現代的な名前になります。

空

大空のように自由で健やかに成長してほしいと願って。空へ羽ばたくイメージも。

名前	画数	読み
朝花	12 7	あさか
朝美	12 9	あさみ
天音	4 9	あまね
霞	17	かすみ
雲美	12 9	くもみ
小晴	3 12	こはる
紗昊	10 8	さそら
穏空	16 8	しずく
翔子	12 3	しょうこ
晴羅	12 19	せいら
空祢	8 9	そらね
空乃	8 2	そらの
空恵	8 10	たかえ
朝衣	12 6	ともい
虹乃	9 2	にじの
虹美	9 9	にじみ
晴夏	12 10	はるか
晴美	12 9	はるみ
陽菜	12 11	ひな
真朝	10 12	まあさ
美羽	9 6	みう
美空	9 8	みそら
深空	11 8	みく
結虹	12 9	ゆいこ
夕果	3 8	ゆうか
夕那	3 7	ゆうな
夕莉	3 10	ゆうり

風

そよ風のように包み込むような優しさを感じる名前に。さわやかな女の子にぴったり。

名前	画数	読み
伊吹	6 7	いぶき
風映	9 9	かえ
風帆	9 6	かざほ
風南	9 9	かな
風乃	9 2	かの
風穂	9 15	かほ
颯姫	14 10	さつき
爽香	11 9	さやか
爽羅	11 19	さら
涼風	11 9	すずか
涼葉	11 12	すずは
颯香	14 9	そうか
凪	6	なぎ
凪紗	6 10	なぎさ
凪埜	6 11	なぐの
花風	7 9	はるか
風花	9 7	ふうか
風歌	9 14	ふうか
風美	9 9	ふみ
舞香	15 9	まいか
美涼	9 11	みすず
理爽	11 11	りさ
涼香	11 9	りょうか
涼子	11 3	りょうこ

光

明るく前向きなイメージ。未来への希望と輝きを感じさせてくれます。

灯里 6 7 あかり
朱莉 6 10 あかり
亜輝 7 15 あき
昌絵 8 12 あきえ
明那 8 7 あきな
暁羽 12 6 あきは

暁歩 12 8 あきほ
貴羅 12 19 きら
煌羅 13 19 きらら
煌美 13 9 こうみ
千陽 3 12 ちあき
照麻 13 11 てるま

輝美 15 9 てるみ
灯子 6 3 とうこ
春陽 9 12 はるひ
光 6 ひかり
日華莉 4 10 10 ひかり
灯果琉 6 8 11 ひかる
日奈子 4 8 3 ひなこ
日向 4 6 ひなた
陽美子 12 9 3 ひみこ
光香 6 9 みか
光希 6 7 みつき
光弦 6 8 みつる

宇宙・星

未知の宇宙や輝く星はロマンをかきたてます。神秘的できらりと光る輝きをもつことを願って。

晶映 12 9 あきえ
喜美慧 12 9 15 きみえ
沙月 7 4 さつき
惺恵 12 10 さとえ
惺華 12 10 しずか
詩月 13 4 しづき
星花 9 7 せいか
星衣歌 9 6 14 せいか
星胡 9 9 せいこ
星南 9 9 せな
千惺 3 12 ちさと
知宙 8 8 ちひろ

月花 4 7 つきか
月美 4 9 つきみ
月望 4 11 つきみ
七星 2 9 ななせ
羽月 6 4 はづき
星心 9 4 ほしみ

星海 9 9 ほしみ
真宙 10 8 まひろ
美宇 9 6 みう
美月 9 4 みづき
理星 11 9 りせ
瑠奈 14 8 るな

植物からイメージする

人を幸せにしてくれる植物。花のもつ可憐なイメージだけでなく、厳しい環境でもすくすくと育つ、力強さも願いとして込められます。

草花

草花をモチーフにした名前には、明るく色彩的なイメージや、たおやかな女性らしさがあります。

名前	画数	読み
藍	18	あい
葵	12	あおい
茜	9	あかね
綾花	14・7	あやか
菖蒲	11・13	あやめ
杏	7	あん
江蓮	6・13	えれん
花純	7・10	かすみ
華乃	10・2	かの
花音	7・9	かのん
茅乃	8・2	かやの
佳蓮	8・13	かれん
香蓮	9・13	かれん
桔梗	10・11	ききょう
菊乃	11・2	きくの
葛葉	12・12	くずは
彩花	11・7	さいか
咲希	9・7	さき
咲乃	9・2	さきの
咲弥花	9・8・7	さやか
紫苑	12・8	しおん
鈴蘭	13・19	すずらん
菫	11	すみれ
澄礼	15・5	すみれ
芹	7	せり
薗香	16・9	そのか
茅里	8・7	ちさと
蔦恵	14・10	つたえ
音萌	9・11	ともえ
菜摘	11・14	なつみ
華	10	はな
芭奈	7・8	はな
葉那	12・7	はな
花枝	7・8	はなえ
蕗	16	ふき
芙蓉	7・13	ふよう
真百合	10・6・6	まゆり
美葵	9・12	みき
美咲	9・9	みさき
美華	9・10	みはな
未蕾	5・16	みらい
麦歌	7・14	むぎか
芽衣	8・6	めい
萌	11	もえ
萌美	11・9	もえみ
優花	17・7	ゆうか
有里	6・7	ゆり
蓬	14	よもぎ
蘭	19	らん
莉子	10・3	りこ
里穂	7・15	りほ
蕾佳	16・8	らいか

樹木

大地に根を張り年輪を重ね、すくすく伸びゆく姿に成長への願いを重ねて。

- 梓(11) あずさ
- 梅(10)美(9) うめみ
- 乙(1)葉(12) おとは
- 香(9)桜(10) かお
- 和(8)葉(12) かずは
- 樹(16)伊(6)菜(11) きいな
- 橘(16)香(9) きっか
- 木(4)実(8)花(7) きみか

- 伽(7)羅(19) きゃら
- 楠(13)花(7) くすか
- 小(3)梅(10) こうめ
- 木(4)乃(2)葉(12) このは
- 紗(10)久(3)良(7) さくら
- 紗(10)樹(16) さき
- 梓(11)織(18) しおり
- 樹(16)莉(10) じゅり

- 樟(15)子(3) しょうこ
- 柊(9) ひいらぎ
- 楓(13)香(9) ふうか
- 藤(18)子(3) ふじこ
- 牡(7)丹(4) ぼたん
- 茉(8)莉(10)花(7) まりか
- 美(9)桜(10) みお
- 美(9)樹(16) みき
- 幹(13)乃(2) みきの
- 美(9)森(12) みもり
- 紅(9)葉(12) もみじ
- 椰(13)々(3)子(3) ややこ

果実

甘くみずみずしい果実。将来、豊かな実を実らせてほしいという思いも伝わる名前になります。

- 杏(7) あんず
- 杏(7)梨(11) あんり
- 依(8)知(8)胡(9) いちこ
- 苺(8) いちご
- 果(8)歩(8) かほ
- 花(7)梨(11) かりん
- 柑(9)奈(8) かんな
- 檎(17)花(7) きんか
- 来(7)実(8) くるみ
- 胡(9)々(3)那(7) ここな
- 心(4)実(8) ここみ
- 紗(10)葡(12) さほ

- 李(7) すもも
- 萄(11)乃(2) とうの
- 葡(12)奈(8)美(9) ほなみ
- 葡(12)乃(2)香(9) ほのか
- 実(8)花(7) みか
- 蜜(14)柑(9) みかん
- 蜜(14)奈(8) みつな
- 美(9)乃(2)李(7) みのり

- 桃(10) もも
- 桃(10)香(9) ももか
- 柚(9)香(9) ゆか
- 柚(9) ゆず
- 梨(11)央(5) りお
- 梨(11)花(7) りか
- 梨(11)彩(11) りさ
- 林(8)檎(17) りんご

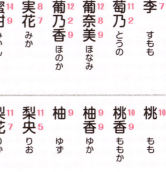

春の動植物

花・植物

杏（あんず）

英名でアプリコットとも呼ばれる。3月下旬から4月頃、淡い紅色の花を咲かせる。初夏に果実をつけ、熟すとオレンジ色になる。果実は生で食べるほか、ジャムなどに利用される。

菫（すみれ）

日本全国の山野にふつうに見られる野草。多くの種類があり、そのほとんどは春に紫色の花を咲かせるものが多い。名前の由来は大工道具の墨入れに似るという説がある。

桜（さくら）

春の花の代表ともいえる桜は、3月下旬～4月頃に花を咲かせる。いくつかの品種があり、植えられている桜の多くはソメイヨシノという品種。

花水木（はなみずき）

4～5月に花を咲かせる。花びらに見えるものは特殊な葉の一部。大正時代にアメリカへ桜を送った返礼として贈られ、各地の公園などに植えられる。

蒲公英（たんぽぽ）

春に黄色の花を咲かせ、日本では帰化したセイヨウタンポポ、カントウタンポポ、トウカイタンポポなどがある。英名ではダンデライオンと呼ばれる。

動物

七星天道（ななほしてんとう）

赤色の羽に黒い点が七つあることからこの名前がつけられた。春によく見られるテントウムシの一つ。アブラムシを食べるので、花の芽などアブラムシがよくいる場所に飛来する。

紋白蝶（もんしろちょう）

キャベツやダイコンなどに卵を産みつけるため、畑などによく見られる白い羽の蝶。羽の縁が黒色で、前の羽にはさらに二つの点があることからこの名前がつけられた。

雲雀（ひばり）

春の草原や川原、田畑などに生息し、植物の種や昆虫などを食べる。上空や草の上などでさえずり、春の風物詩としてよく知られる。オスは頭部の羽をよく立てる。

その他の花・植物・動物

●花・植物

かすみ草（かすみそう）・桐（きり）・金鳳花（きんぽうげ）・欅（けやき）・石楠花（しゃくなげ）・芍薬（しゃくやく）・紫蘭（しらん）・新緑（しんりょく）・鈴蘭（すずらん）・李（すもも）・花木蓮（はなもくれん）・薔薇（ばら）・春紫苑（はるじおん）・春牡丹（はるぼたん）・一人静（ひとりしずか）・藤（ふじ）・双葉葵（ふたばあおい）・柚子の花（ゆずのはな）・蓮華草（れんげそう）・若葉（わかば）

●動物

河原鶸（かわらひわ）・雉（きじ）・春駒（はるこま）・ひよこ・頬白（ほおじろ）・山鳥（やまどり）

夏の動植物

花・植物

向日葵（ひまわり）

6～9月に花を咲かせる、夏の代表的な花の一つ。多数の品種がある。名前は、太陽に向かって花の向きを変えると考えられたことからつけられた。

桔梗（ききょう）

日当たりのよい山野に見られる。秋の七草の一つであるが、6～9月に青紫色の花を咲かせる。白やピンクの花の品種もある。つぼみは風船のようで、開くと星形になる。

朝顔（あさがお）

日本の夏の風物詩ともいえる花の一つ。たくさんの品種があり、花の大きさ、咲き方などにちがいがある。葉がハート形のセイヨウアサガオも人気がある。

鳳仙花（ほうせんか）

庭先に植えられ、5～9月に赤色の花を咲かせる。品種が多く、赤や白、ピンク、紫などの花色がある。実は熟すと弾けて種を飛ばす。昔は、女の子の爪を赤く染めるために使ったため、ツマベニとも呼ばれる。

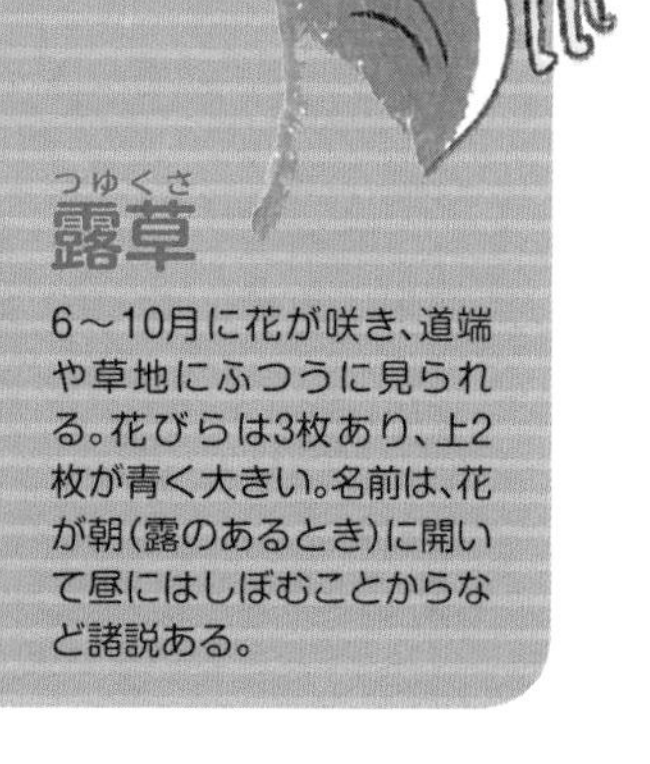

露草（つゆくさ）

6～10月に花が咲き、道端や草地にふつうに見られる。花びらは3枚あり、上2枚が青く大きい。名前は、花が朝（露のあるとき）に開いて昼にはしぼむことからなど諸説ある。

動物

燕（つばめ）

日本には初春～初夏にかけて渡り、夏に民家などにつくった巣でヒナを育てる。尾に長い切れ込みがあり、のどと額が赤い。虫を捕らえるため、夏に飛び回る姿がよく見られる。

時鳥（ほととぎす）

夏鳥として日本に夏を告げる鳥。万葉集や古今和歌集にも和歌が詠まれる。オスの鳴き声には特徴があり「キョッキョッキョキョ」と鳴き、「特許許可局」とも聞きなしされる。

郭公（かっこう）

初夏に南方から日本へ飛来する夏鳥。北海道から九州にかけての林や草原などで見られる。名前はオスの鳴き声が「カッコー」と聞こえることから。ヨーロッパでは古くから親しまれ、たくさんの音楽などに登場する。

その他の花・植物・動物

●花・植物

梧桐（あおぎり）・青葉（あおば）・菖蒲（あやめ）・カンナ・夾竹桃（きょうちくとう）・梔子（くちなし）・孔雀草（くじゃくそう）・月下美人（げっかびじん）・駒草（こまくさ）・百日紅（さるすべり）・白詰草（しろつめくさ）・泰山木（たいさんぼく）・南天（なんてん）・蓮（はす）・万緑（ばんりょく）・姫沙羅（ひめしゃら）・芙蓉（ふよう）・麦（むぎ）・山桃（やまもも）・百合（ゆり）・若竹（わかたけ）

●動物

揚羽蝶（あげはちょう）・鹿の子（かのこ）・甲虫（かぶとむし）・翡翠（かわせみ）・駒鳥（こまどり）・白鷺（しらさぎ）・蛍（ほたる）

秋の動植物

花・植物

林檎（りんご）

日本では紅玉やふじなど多くの品種があり、秋の果物の代表の一つ。「檎」は鳥を意味し、甘い果実のなる林檎の林に、鳥がたくさん集まったことが由来とされる。

楓（かえで）

モミジとも呼ばれる、秋に紅葉する代表的な樹木。葉の形がカエルの手に似ていることから、「蛙手」が転じて「カエデ」と呼ばれる。庭木や盆栽などに古くから用いられる。

秋桜（こすもす）

ピンク色の花を咲かせる秋の代表的な花の一つ。名前の由来はギリシャ語の「Kosmos」で「秩序」「美しい」という意味がある。生育旺盛でやせた土地でもよく生育する。

撫子（なでしこ）

撫子というと、ふつう河原撫子（かわらなでしこ）を指す。別名ヤマトナデシコともいい、秋の七草の一つ。名前は「撫でし子」からつけられたといわれる。

胡桃（くるみ）

栄養価の高いナッツ類で秋に熟す。日本には殻のかたいオニグルミなどが自生し、クルミとして栽培されるのはシナノグルミなどのこと。

動物

鶫（つぐみ）

秋に北方から日本へ飛来し、日本全国の平地から山地にかけての草原や田畑、山林などで見られる。和名は冬に聞こえる鳴き声が、夏になると口をつぐんだように聞こえなくなることから。

椋鳥（むくどり）

日本のほぼ全域で見られる鳥で、低地の平野や低山地、田畑や人家のちかくでもよく見られる。秋に群れをなして飛ぶ姿から、「群来鳥（むれきどり）」が転じて「椋鳥」になった説がある。

鶉（うずら）

草原や農地、川原の草むらなどに潜み、その鳴き声から秋の訪れを感じさせる秋の鳥の代表。ペットとしても飼育され、絵画のモチーフにもなっている。

その他の花・植物・動物

●花・植物

茜草（あかねそう）・秋草（あきくさ）・稲穂（いなほ）・女郎花（おみなえし）・カトレア・寒椿（かんつばき）・菊（きく）・金木犀（きんもくせい）・鶏頭（けいとう）・木の実（このみ）・山茶花（さざんか）・紫苑（しおん）・芒（すすき）・栃の木（とちのき）・棗（なつめ）・野菊（のぎく）・萩（はぎ）・柊（ひいらぎ）・藤袴（ふじばかま）・真弓（まゆみ）・竜胆（りんどう）・吾亦紅（われもこう）

●動物

秋茜（あきあかね）・雁（かり・がん）・啄木鳥（きつつき）・鹿（しか）・鶲（ひたき）・山雀（やまがら）・百舌鳥（もず）

冬の動植物

花・植物

蜜柑

蜜柑というと、一般的には「温州(うんしゅう)みかん」のことを指す。日本の冬の代表的な果物で、多くの品種がある。収穫は9～12月と品種によってちがいがある。

椿

花期は11～5月。椿というと一般にヤブツバキを指す。品種改良され、日本産の品種は2000以上ある。葉に艶のあるさまから、「艶葉木」「光沢木」が転じてツバキとなった説がある。

梅

2～3月に香りのよい花を咲かせる。おめでたいことのシンボルとして松、竹、梅を合わせて「松竹梅(しょうちくばい)」と呼び、梅は冬に花を咲かせることから、清廉潔白なものとされた。

水仙

古い時代に中国を経て日本に渡来した植物。12～4月に葉の中心から茎を伸ばし、香りのよい花をつける。雪の中で咲く姿から、別名「雪中花(せっちゅうか)」とも呼ばれる。

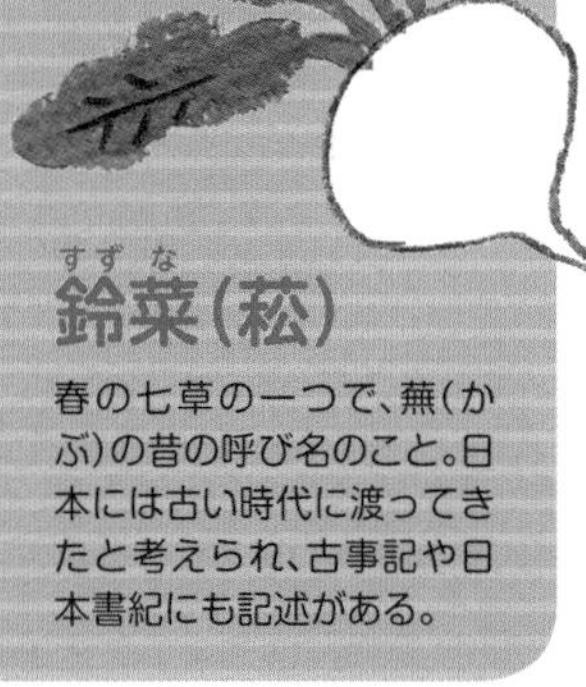

鈴菜(菘)

春の七草の一つで、蕪(かぶ)の昔の呼び名のこと。日本には古い時代に渡ってきたと考えられ、古事記や日本書紀にも記述がある。

動物

百合鴎

冬鳥として日本に渡来する渡り鳥。全国の河川・海岸などに見られる。冬は頭部が白く、目の後方に黒い点がある。

鶯

「ホーホケキョ」とさえずる日本三鳴鳥の一つ。本州中部の平地では早春の2月上旬からさえずり始めるため「春告鳥」ともいわれる。

白鳥

日本で越冬する大型の渡り鳥。日本にはオオハクチョウとコハクチョウが飛来して春には飛去する。北海道から本州の湖や沼などで見られる。

その他の花・植物・動物

●花・植物

エリカ・黄梅(おうばい)・金魚草(きんぎょそう)・雲間草(くもまぐさ)・杉の花(すぎのはな)・節分草(せつぶんそう)・千両(せんりょう)・猫柳(ねこやなぎ)・葉牡丹(はぼたん)・柊(ひいらぎ)・福寿草(ふくじゅそう)・冬苺(ふゆいちご)・松(まつ)・金縷梅(まんさく)・柚子(ゆず)・臘梅(ろうばい)・若菜(わかな)・七草(ななくさ／せり・なずな・ごぎょう・はこべら・ほとけのざ・すずな・すずしろ)

●動物

羚羊(かもしか)・鷹(たか)・千鳥(ちどり)・鶴(つる)・目白(めじろ)・隼(はやぶさ)・鷲(わし)

思い入れのあるものから

これまでの人生で大切にしてきたものや思い出、大好きなもの。パパとママがそれらにかけた思いの深さを、わが子への愛情の深さとして表すこともできます。

映画

感動して心の残った映画、パパやママにとって思い出の映画の登場人物のように、自分なりの価値観を見つけ出して生きていくことを願って。

亜那 7 7 あな
『ノッティングヒルの恋人』の主人公、アナ・スコットから。華やかで魅力にあふれた女性になることを願って。

杏 7 あん
『ローマの休日』の主人公、アン王女から。純粋でかわいらしく、快活な女性に育つことを願って。

恵林 10 8 えりん
『エリン・ブロコビッチ』の主人公、エリンから。強い意志で逆境に立ち向かう女性になることを願って。

佐知恵 7 8 10 さちえ
『かもめ食堂』の主人公、サチエから。自分のペースで、日々を丁寧に生きる女性になることを願って。

芽里依 8 7 8 めりい
『メリーに首ったけ』の主人公、メリーから。誰もが好きになる、魅力的で優しい女性になることを願って。

音楽

人生という楽器を使い、自分らしい音色と旋律で周囲と美しいハーモニーを奏でられるような人になってほしいと願って。

亜華音 7 10 9 あかね
弦歩 8 8 いとほ
詩 13 うた
謡祢 16 9 うたね
歌美 14 9 うたみ
恵鈴 10 13 えりん
奏恵 9 10 かなえ
華音 10 9 かのん
歌歩 14 8 かほ
歌凛 14 15 かりん
琴 12 こと
琴乃 12 2 ことの

琴未 12 5 ことみ
理鼓 11 13 さとこ
詩乃 13 2 しの
笙子 11 3 しょうこ
鈴江 13 6 すずえ
鈴音 13 9 すずね

帆流 6 10 ほるん
真琴 10 12 まこと
真由歌 10 5 14 まゆか
実歌 8 14 みか
光音 6 9 みつね
実笛 8 11 みふえ

スポーツ

ふたりが好きなスポーツや一緒にしているスポーツなどをヒントに。活発で健康なイメージです。

●サーフィン

風波 9 8 かぜは
潮美 15 9 しおみ
波夏 8 10 なみか
波琉 8 11 はる
美波 9 8 みなみ

●水泳

泳魅 8 15 えいみ
泳美子 8 9 3 えみこ
泳実琉 8 8 11 えみる
水夢 4 13 すいむ

●ダンス

詩乃舞 13 2 15 しのぶ
舞 15 まい
舞美 15 9 まいみ
踊子 14 3 ようこ

●スノーボード

雪美 11 9 きよみ
沙雪 7 11 さゆき
紗雪利 10 11 7 さゆり
舞雪 15 11 まゆき
雪乃 11 2 ゆきの

●陸上競技

駆美 14 9 くみ
速華 10 10 すみか
陸美 11 9 りくみ

●山登り

峰世 10 5 みねよ
美谷 9 7 みや
嶺佳 17 8 れいか

●サッカー

颯花 14 7 さつか
俊子 9 3 としこ

●野球

球莉 11 10 たまり
塁那 12 7 るいな

●武道・格技

薙 16 なぎ
合花 6 7 はるか
柔祢 9 9 やわね
弓子 3 3 ゆみこ

旅

狭い価値観にとらわれず、積極的にいろいろな経験をして見聞を広めてほしいという願いを込めて。

- 歩美 8・9 あゆみ
- 佳歩 8・8 かほ
- 紀世 9・5 きせ

- 祥歩 10・8 さちほ
- 浪江 10・6 なみえ
- 紀果 9・8 のりか
- 紀子 9・3 のりこ
- 歩奈実 8・8・8 ほなみ
- 道知子 12・8・3 みちこ
- 道瑠 12・14 みちる

- 実紀 8・9 みのり
- 見世莉 7・5・10 みより
- 行恵 6・10 ゆきえ
- 道歩 12・8 ゆきほ
- 理世 11・5 りよ
- 旅宇果 10・6・8 りょうか
- 旅卯子 10・5・3 りょうこ

読書

文字や書物を連想させる字から。理知的な女性になるよう願って。

- 文乃 4・2 あやの
- 文芽 4・8 あやめ

- 吟子 7・3 ぎんこ
- 書美 10・9 のぶみ

- 記華 10・10 のりか
- 読果 14・8 よしか

美術

絵画や彫刻など、美術全般から。感性豊かな子に育ってほしいという願いを込めて。

- 秋画 9・8 あきえ
- 依紗絵 8・10・12 いさえ
- 絵依 12・8 えい
- 絵都 12・11 えと
- 絵奈 12・8 えな
- 絵羅 12・19 かいら

- 叶絵 5・12 かなえ
- 香奈絵 9・8・12 かなえ
- 彩子 11・3 さいこ
- 詩乃舞 13・2・15 しのぶ
- 詩彫 13・11 しほり
- 陶 11 すえ

- 彫巳 11・3 ちょうみ
- 陶子 11・3 とうこ
- 麻彩 11・11 まあや
- 真利絵 10・7・12 まりえ
- 美色 9・6 みいろ
- 麗画 19・8 れいか

日本の伝統芸能

歌舞伎や能など、日本が誇る伝統芸能から。格調の高さが感じられる名前になります。

●歌舞伎

赤姫 7 10 あかひめ
歌舞伎の役柄である「赤姫」。綺麗な衣装を身にまとい、舞台を華やかにする姫役にあやかって。

辰乃 7 2 たつの
『夏祭浪花鑑』のお辰から。外見にとらわれず、まっすぐな心意気の女性になることを願って。

八重 2 9 やえ
『本朝廿四考』の八重垣姫から。奔放で、一途なまでに純粋な女性になることを願って。

舞歌 15 14 まいか

美伎 9 6 みき
歌舞伎からストレートに字をもらって。人を魅せられる子に。

●浄瑠璃

葛葉 12 12 くずは
『芦屋道満大内鑑』の葛の葉から。恩を忘れず、人に優しい女性になるよう願って。

千鳥 3 11 ちどり
『平家女護島』の海女千鳥から。人気作品にあやかって。

徳子 14 3 とくこ
『傾城反魂香』のおとくから。一途に夫を支えるおとくのように、情愛に恵まれることを願って。

夢雪 13 11 ゆゆき
『明烏夢泡雪』(明烏)のタイトルから。人気作品にあやかって。

瑠璃 14 15 るり
浄瑠璃から。宝石を指す名前にも。

●能楽

葵 12 あおい
『葵上』のタイトルから。『源氏物語』を題材にした有名作品にあやかって。「葵」は人気の名前の一つ。

朝比 12 4 あさひ
『朝比奈』の朝比奈三郎から。閻魔大王も投げ飛ばしてしまうぐらいの強さを秘めた女の子になることを願って。

松乃 8 2 まつの
『高砂』に出てくる松の精から。吉兆に恵まれることを願って。

小舞 3 15 こまい
狂言の用語「小舞」から。

鷹子 24 3 たかこ
『鷹姫』の鷹姫から。自然の精である美しい鷹姫にあやかって。

先人の知恵から

長い歴史を越えて今も親しまれているものの中からヒントを探す方法もあります。深い素養や品格の高さが感じられる名前になります。

四字熟語

短い言葉の中に人生の教訓などが込められています。

一期一会（いちごいちえ）

一生に一度の大切な出会いであること。

一会 1 6 かずえ
期一奈 12 1 8 きいな

清廉潔白（せいれんけっぱく）

心が清く、後ろめたいところのないこと。

清心 11 4 きよみ
清良 11 7 きよら

行雲流水（こううんりゅうすい）

動く雲や流れる水のように物事に執着せず、自然のままに行動すること。

行流 6 10 いくる
愉雲 12 12 ゆくも

順風満帆（じゅんぷうまんぱん）

物事が順調に思いどおりに運ぶことのたとえ。

風帆 9 6 かざほ
満帆 12 6 まほ

純情可憐（じゅんじょうかれん）

心が素直で純粋、いじらしくかわいらしいこと。

可憐 5 16 かれん
純代 10 5 すみよ

明鏡止水（めいきょうしすい）

くもりのない鏡や静止した水のように、静かに澄みきった心境。

鏡華 19 10 きょうか
澄水 15 4 きよみ

こんな四字熟語もおすすめ！

温厚篤実 おんこうとくじつ　性質が穏やかで人情に厚く、誠実で優しいこと。

花鳥風月 かちょうふうげつ　美しい自然の景色。また、風流な遊びのこと。

山紫水明 さんしすいめい　山や川の景色がとても美しいこと。

泰然自若 たいぜんじじゃく　何事にも落ち着いていて動じない様子。

天衣無縫 てんいむほう　飾り気がなく、無邪気でほほえましくなるような様子。

天真爛漫 てんしんらんまん　飾らず無邪気で、ありのままでいること。

容姿端麗 ようしたんれい　目鼻立ちや姿が整っていて美しいこと。

古典

和歌や、古典に残された言葉や、登場する人物もヒントになります。

『万葉集』

現存するものでは、日本最古の歌集。

梅乃（10・2） うめの

雪映（11・9） ゆきえ

大伴家持の歌「雪のうへに照れる月夜に梅の花折りて贈らむ愛しき児もがも」（雪の上が月で明るく照らされている夜、梅の花を折って贈れるような愛しい相手がいればいいのになあ）から。

芽衣早（8・6・6） めいさ

萌琉（11・11） もえる

志貴皇子の歌「石ばしる垂水の上のさわらびの萌え出づる春になりにけるかも」（岩にほとばしり流れる滝のほとりのワラビが、新たに芽を出す春となったのだなあ）から。

『古今和歌集』

日本で最初の勅撰和歌集。

橘花（16・7） きっか

想香（13・9） そうか

よみ人しらずの歌「五月待つ花橘の香をかげば昔の人の袖の香ぞする」（五月になるのを待って咲く、花橘。その香りをかぐと、昔親しかったあの人の着物の袖にたきしめられていた香りがしてくるようだ）から。

知咲（8・9） ちさき

春霞（9・17） はるか

紀貫之の歌「三輪山をしかも隠すか春がすみ人にしられぬ花や咲くらむ」（春霞は三輪山をこんなふうに隠すものか。人目にふれない花でも咲いているのだろうか）から。

空波（8・8） そらは

舞花（15・7） まいか

紀貫之の歌「さくら花ちりぬる風のなごりには水なき空に波ぞ立ちける」（風が吹いて、桜の花が散ってしまった。そのなごりに花が舞って、水のない空に立った波だ）から。

『竹取物語』

平安初期の物語。

竹姫（6・10） たけひ

竹から生まれたかぐや姫にちなんで。

満月（12・4） みつき

月に帰ったかぐや姫にちなんで。

『源氏物語』

平安時代、紫式部が書いた物語。

桐花（10・7） きりか

桐壺更衣から。

紫永（12・5） しえ

「紫の上」や作者・紫式部から。

『枕草子』

平安中期、清少納言が書いた随筆。

秋夕（9・3） あゆ

「春はあけぼの」から。

浮葉（10・12） うきは

「うつくしきもの」から。

香り・色から

五感にうったえる色や香りから名前考えてもすてきです。子どものイメージに合う色や、かぐわしい香りから、ヒントを得てみましょう。華やかさのある女性らしい名前になります。

香り

香り立つような美しい女性に。ハーブは幸せを運んでくれるともいいます。

●字やイメージ

- 香莉（9・10）かおり
- 香織（9・18）かおり
- 薫（16）かおる
- 薫子（16・3）かおるこ
- 香菜（9・11）かな
- 香耶子（9・9・3）かやこ
- 清香（11・9）きよか
- 沙耶香（7・9・9）さやか
- 薫美（16・9）しげみ
- 澄香（15・9）すみか
- 薫乃（16・2）ゆきの

●香りの種類

- 桂子（10・3）けいこ
  シナモン（桂皮）から。
- 志都羅（7・11・19）しとら
  シトラスから。
- 莉依（10・8）りい
  茉莉花（ジャスミンの一種）から。
- 来夢（7・13）らいむ
  ライムから。

色

彩り豊かな人生になることを願って。青や赤にもさまざまな種類があります。好きな色を探してみましょう。

●青

- 藍佳（18・8）あいか
- 藍美（18・9）あいみ
- 蒼（13）あおい
- 青依（8・8）あおい
- 浅伎（9・6）あさぎ
- 蒼乃（13・2）そうの
- 青紗（8・10）はるさ

●赤

- 茜（9）あかね
- 朱美（6・9）あけみ
- 紅葉（9・12）くれは
- 朱莉（6・10）しゅり
- 丹奈（4・8）にな
- 緋芽乃（14・8・2）ひめの
- 美紅（9・9）みく

●黄色

- 黄花（11・7）おうか
- 黄沙良（11・7・7）きさら

●緑

- 碧希（14・7）たまき
- 翠（14）みどり
- 美土里（9・3・7）みどり
- 美緑（9・14）みのり

●紫

- 紫織（12・18）しおり
- 紫乃（12・2）しの
- 紫（12）ゆかり

●茶色

- 亜麻祢（7・11・9）あまね
- 茶子（9・3）ちゃこ

●金銀

- 銀花（14・7）ぎんか
- 紗金（10・8）さき

●白

- 真白（10・5）ましろ

宝石から

きらきらと輝く宝石のような人生となることを願って。また、宝のような子どもの存在そのものに思いを込めてもよいでしょう。気品を感じさせる名前になります。

●イメージ

- 瑛莉 12・10 えり
- 花宝 7・8 かほ
- 寿々琉 7・3・11 すずる
- 珠美那 10・9・7 すみな
- 玉彩 5・11 たまき
- 七宝 2・8 ななほ
- 琳花 12・7 りんか
- 琉美奈 11・9・8 るみな

●アゲート（瑪瑙）

（瑪瑙：めのう）

- 安芸 6・7 あき
- 芽乃宇 8・2・6 めのう

●アンバー（琥珀）

（琥珀：こはく）

- 琥々 12・3 ここ
- 珀美 9・9 はくみ

●クリスタル（水晶）

（水晶：すいしょう）

- 晶実 12・8 あきみ
- 晶 12 あきら
- 水晶 4・12 みあき

●コーラル（珊瑚）

（珊瑚：さんご）

- 瑚々音 13・3・9 ここね
- 燦胡 17・9 さんご
- 真瑚 10・13 まこ
- 美瑚 9・13 みこ

●ダイヤモンド（金剛石）

（金剛石：こんごうせき）

- 金紗 8・10 きさ
- 雫依弥 11・8・8 だいや

●パール（真珠）

（真珠：しんじゅ）

- 安珠 6・10 あんじゅ
- 真珠 10・10 まじゅ

●翡翠

（翡翠：ひすい）

- 翠華 14・10 すいか
- 妃翠 6・14 ひすい

●ルビー（紅玉）

（紅玉：こうぎょく）

- 紅珠 9・10 こうみ
- 琉枇依 11・8・8 るびい

地名から

思い出深い場所、子どもの誕生した場所などからヒントを得る方法もあります。その土地のもつイメージや力を分けてもらえそうです。

日本の地名

日本人らしさや、歴史的な奥深さが感じられます。

安曇（6 16）あずみ
長野県にある地名から。水がきれいな場所。清らかかさを感じます。

伊豆海（6 7 9）いずみ
静岡県にある地域名から。美しい海を思わせます。

伊勢奈（6 13 8）いせな
三重県にある地名から。伊勢神宮の静謐さも感じられます。

伊万里（6 3 7）いまり
佐賀県にある地名。伊万里焼（有田焼）は日本を代表する磁器。

紀伊那（9 6 7）きいな
関西に位置する、紀伊半島から。人をひきつける、豊かな自然を感じさせます。

鈴鹿（13 11）すずか
三重県にある地名。サーキットで有名な地にあやかれば、スピード感あふれる名前に。

留萌（10 11）るもい
北海道にある地名から。

伊予（6 4）いよ
愛媛県あたりの旧国名から。

海外の地名

世界を舞台に、ピッタリの名前を探しましょう。

愛羅（13 19）あいら
スコットランドのアイラ島から。

亜美（7 9）あみ
フランスの都市・アヴィニョンから。

泉水（9 4）いずみ
トルコの都市・イズミルから。

宇蘭（6 19）うらん
ロシアのウラル山脈から。

和蘭（8 19）かずら
オランダに漢字を当てたときの「和蘭」から。

胡々（9 3）ここ
オーストラリアのココス諸島から。

詩果子（13 8 3）しかこ
アメリカの都市・シカゴから。

舞（15）まい
ドイツの都市・マイセンから。

麻宇依（11 6 8）まうい
ハワイのマウイ島から。

未衣那（5 6 7）みいな
イタリアの町・タオルミーナから。

瑞穂（13 15）みずほ
スウェーデンに漢字を当てたときの「瑞典」から。

美来（9 7）みら
イタリアの都市・ミラノから。

羅奈（19 8）らな
ハワイのラナイ島から。

莉央（10 5）りお
ブラジルの都市・リオデジャネイロから。

有名人・偉人から

発明家や革命家、小説家、女優、歌手……。偉大な功績を残した人、尊敬できる有名人にあやかり、そんな偉人たちの高い志をわが子にももってほしいと願って。

日本の有名人・偉人

日本が誇る、有名人・偉人から。きらめく才能で社会に存在感を示すような人になることを願って。

篤末（16 5）あつみ
徳川家定の正室、天璋院篤姫から。

一葉（1 12）かずは
明治時代に活躍した小説家、樋口一葉から。読ませ方を変えると現代に通じる名に。

小町（3 7）こまち
平安時代の歌人で、世界三大美女の一人ともいわれる小野小町から。

千尋（3 12）ちひろ
多くの人に愛される絵を描いた、いわさきちひろから。

英恵（8 10）はなえ
ファッションデザイナーの先駆者、森英恵から。

氷見（5 7）ひみ
邪馬台国の女王とされる、卑弥呼から。

海外の有名人・偉人

世界で活躍している、有名人や偉人から。自分の選んだ道で高い評価を得られることを祈って。

亜衣紗（7 6 10）あいさ
後世に多大なる影響を与えたアイザック・ニュートンから。

樹遊里（16 12 7）きゆり
女性初のノーベル賞受賞者、キュリー夫人(マリー・キュリー)から。

玖麗緒（7 19 14）くれお
世界三大美女の一人、クレオパトラ7世から。

瑚子（13 3）ここ
ファッションデザイナー、ココ・シャネルから。

照紗（13 10）てれさ
貧しい人のために働いた、強い心と優しさをもつマザー・テレサから。

美々（9 3）びび
アカデミー賞を2度受賞した、女優、ヴィヴィアン・リーから。

麻里鈴（11 7 13）まりりん
アメリカのトップスター、マリリン・モンローから。

美玲（9 9）みれい
フランスの画家、ジャン・フランソワ・ミレーから。

芽梨依（8 11 8）めりい
世界中にファンを持つ『赤毛のアン』の作者、L・M・モンゴメリから。

平恋（5 10）へれん
聴力や視力を失いながらも、福祉・社会的活動を積極的に行ったヘレン・ケラーから。

物語から

神話・伝承の世界から、最近の小説やマンガまで。古今東西の物語に登場する人物像に、わが子に託したい願いや思いを重ねあわせることもできます。

神話・伝説・伝承から

神秘的なイメージの名前になります。さまざまな捉え方があることも頭においておきましょう。

この主人公のように優しい子になってほしいな
こんな話なのね

物語からあやかる場合は、どんな話なのか、登場人物がどんな活躍をするのかを調べましょう。

日本の神話・伝説・伝承

八百万の神々、日本に残る言い伝えの中から。神々しい雰囲気で印象深い名前になりそうです。

稲美（14・9）いなみ
須佐之男命（すさのおのみこと）の妻、奇稲田姫（くしなだひめ）から。

咲耶（9・9）さくや
美しい女神・木花之佐久夜毘売（このはなのさくやびめ）から。

佐保（7・9）さほ
春の女神・佐保姫（さほひめ）から。五行説では東は春。平城京の東にある佐保山が神格化した。

海都波（9・11・8）みつは
水を司る神・罔象女（みずはのめ）から。

海外の神話・伝説・伝承

世界各地にもさまざまな神話や伝承があり、個性的な神々が登場します。その神秘的なイメージにあやかって。

亜手那（7・4・7）あてな
ギリシア神話の知恵や技芸などを司る神・アテナから。ローマ神話のミネルヴァに当たる。

来美（7・9）くるみ
ギリシア神話の、運命の女神の一人・クロトから。

美奈（9・8）みな
ローマ神話の愛と美を司る女神・ヴィーナス（ウェヌス）から。金星のことでもある。

遊乃（12・2）ゆの
ローマ神話の結婚の女神・ジュノー（ユノ）から。ジュピターの妻。

小説・マンガの登場人物から

作中の登場人物の性格や、経験を通して成長する姿に思いを託して。

小説

描かれる人物像のどんな部分に思いを託すかしっかりイメージしましょう。

葵 12 あおい
別れた恋人との10年前の約束を果たす切ないラブストーリー、『冷静と情熱のあいだ』（江國香織、辻仁成著）の主人公・あおいから。

亜莉須 7 10 12 ありす
『不思議の国のアリス』（ルイス・キャロル著）で、不思議な世界でさまざまな冒険をする主人公・アリスから。ファンタジックな響きに。

杏 7 あん
『赤毛のアン』（L・M・モンゴメリ著）で、逆境にも負けない心をもった、賢く明るい主人公・アンから。

紗玖良 10 7 7 さくら
『つきのふね』（森絵都著）で、先の見えない将来への不安を抱えながらも、進む道を見つけていく主人公・さくらから。

舞 15 まい
『西の魔女が死んだ』（梨木香歩著）で、おばあちゃんの愛に包まれ、ゆっくりと成長していく主人公・まいから。

芽宮 8 10 めぐ
『若草物語』（ルイザ・メイ・オルコット著）の登場人物、四人姉妹の長女、メグ（マーガレット）から。

マンガ

独創的でインパクトのある名前のキャラクターがいっぱいです。

梢絵 11 12 こずえ
『アタックNO.1』（浦野千賀子作）で、リーダーにふさわしい優しさと強さをもった主人公・鮎原こずえから。

都久詩 11 3 13 つくし
『花より男子』（神尾葉子作）の何事にもめげない強い意志をもつ、健気な主人公・牧野つくしから。

奈々 8 3 なな
性格や外見が正反対の二人のナナの物語、『NANA』（矢沢あい作）の主人公から。かわいらしい音の響きでも人気の名前。

育美 8 9 はぐみ
美大を舞台にした青春ラブストーリー、『ハチミツとクローバー』（羽海野チカ作）の主人公・花本はぐみから。

美南 9 9 みなみ
『タッチ』（あだち充著）で、自らの意志を強くもった、優しいヒロイン・浅倉南から。

恵 10 めぐみ
『のだめカンタービレ』（二ノ宮知子作）で、好きなものにはとことん突き進んでいく主人公・野田恵から。

百恵 6 10 ももえ
『おいしい関係』（槇村さとる作）で、夢にまっすぐ向かっていく主人公・藤原百恵から。

羅夢 19 13 らむ
『うる星やつら』（高橋留美子作）の、一途な美少女ヒロイン・ラムから。

蘭 19 らん
『名探偵コナン』（青山剛昌作）で、空手が得意で、家事もこなせるヒロイン・毛利蘭から。

大和撫子らしさから

どんどん国際化が進んでいる昨今。でもだからこそ、日本らしい、和の趣を感じさせる名前を……そう考える人が増えています。やや古風だけれど、けっして古臭さは感じない名前を探してみましょう。

漢字の印象から

淑やかさ、清らかさ、凛とした姿勢など、大和撫子らしさを感じさせる漢字から。

- 天女（4・3）あまめ
- 礼華（5・10）あやか
- 礼乃（5・2）あやの
- 和心（8・4）かずみ
- 花凛（7・15）かりん
- 清心（11・4）きよみ

- 淑美（11・9）きよみ
- 清礼（11・5）きよら
- 貴和（12・8）きわ
- 琴乃（12・2）ことの
- 佐和（7・8）さわ
- 玉緒（5・14）たまお

- 撫子（15・3）なでしこ
- 和（8）のどか
- 雅花（13・7）のりか
- 初音（7・9）はつね
- 鞠江（17・6）まりえ
- 凛（15）りん

花の名前から

美しく優雅な花も、大和撫子らしさを感じさせます。少し古風な響きが、現代では逆に新鮮な名前になります。

- 綾芽（14・8）あやめ
- 梅香（10・9）うめか
- 桔梗（10・11）ききょう
- 菊乃（11・2）きくの

- 小菊（3・11）こぎく
- 小萩（3・12）こはぎ
- 桜子（10・3）さくらこ
- 菫（11）すみれ

- 橘香（16・9）きっか
- 牡丹（7・4）ぼたん
- 百合（6・6）ゆり
- 優里（17・7）ゆり

伝統芸能から

日本女性の所作に生きる、着物、茶道、華道などの総合芸術から。淑やかなイメージになります。

- 紋子（10・3）あやこ
- 華緒（10・14）かお
- 和紗（8・10）かずさ

- 華乃里（10・2・7）かのり
- 絹代（13・5）きぬよ
- 粋紗（10・10）きよさ

- 茶都（9・11）さと
- 華（10）はな
- 舞衣（15・6）まい

親や兄弟の名前から

親や兄弟姉妹から名前の一字をもらう名づけの方法がありますが、もう少し発想を広げてみましょう。たとえ同じ漢字を使わなくても、響き合うような名前なら、お互いの絆の深さも強く実感できます。

元の名	漢字（画数）	読み	名づけ	漢字（画数）	読み
兄の名	草(9)	そう	名づけ	小(3) 花(7)	ちいか
兄の名	海(9) 斗(4)	かいと	名づけ	詩(13) 緒(14)	しお
兄の名	宇(6) 宙(8)	そら	名づけ	星(9) 香(9)	せいか
姉の名	春(9) 陽(12)	はるひ	名づけ	月(4) 乃(2)	つきの
姉の名	空(8) 美(9)	くみ	名づけ	虹(9) 子(3)	こうこ
姉の名	詩(13) 乃(2)	しの	名づけ	心(4) 音(9)	ここね
父の名	樹(16)	いつき	名づけ	果(8) 桜(10)	かお
父の名	輝(15) 明(8)	てるあき	名づけ	光(6)	ひかる
父の名	翔(12)	かける	名づけ	飛(9) 鳥(11)	あすか
母の名	智(12) 果(8)	ちか	名づけ	恵(10) 美(9)	えみ
母の名	花(7) 奈(8)	かな	名づけ	咲(9) 希(7)	さき
母の名	紅(9) 音(9)	あかね	名づけ	朱(6) 莉(10)	しゅり

親や兄弟と関連した名づけをするときに気をつけたいポイント

①完全な「対」にしない

家族の名前に関連した名前をつける際には、完全な「対」にならないようにしましょう。たとえば、「一日千里」を由来にして長女に「千里」とつけたからといって、次女に「一日」と名づけてしまうのはNG。

これでは、「一日」ちゃんにとっては、常にお姉さんの存在が欠かせません。

あくまで名前は個人のもの。その名前単独で十分に意味や願いが込められていることが大切です。

②1字目の漢字や音をそろえない

たとえば、長女に「綾香」、次女に「彩音」と名づけた場合。「あやちゃん」と声をかけたら姉妹そろって振り向いてしまうので、愛称で呼べなくなってしまいます。

先輩パパ・ママはこうやって決めた

名づけエピソード②

偶然の〝しりとり〟に兄弟の絆も深まると確信！

菜帆（なほ）ちゃん　瑞希ママ

気づいたら しりとりでつながっていました

我が家には10歳の子を筆頭に5人の子どもがいます。一番上の長女の名は、しっとり落ち着いた大人になってほしいとの意味から凜華（りんか）、2番目の長男は、自分の力で人生を切り開くことを願って櫂斗（かいと）、3番目の12月生まれの次男は柊馬（とうま）、4番目の次女は優しい女性にと真優奈（まゆな）。4人目の名づけのあと、みんなでハタと気づいたことがありました。りんか、かいと、とうま、まゆな、と知らず知らずのうちに名前がしりとりになっていたのです。

春生まれで海をイメージ

5番目の子を妊娠したときは、もちろん「な」から始まる名前を考えました。春に誕生することと、家族全員、海が好きなので「菜帆」に。しりとりの名前だからこそ、兄弟の絆も深まると思っています。

震災でわかった「きずな」の大切さを名前に

絆愛（きずな）ちゃん　沙紀ママ

支え合いながら生きていってほしいと願い

2011年に起こった東日本大震災のとき、宮城県の私の実家も多大な被害を受けました。でも、たくさんのボランティアの方々によって助けられ、今では両親も元気に働いています。震災時、盛んに使われていた言葉が「きずな」でした。人は人と助け合いながら生きていく、絆がどんなに大切なことかを目の当たりにしていた私は、結婚して妊娠したとき、自然と子どもの名前は「きずな」にしようと決めていました。

「愛」の字がかわいらしさをプラス

夫の両親は最初、名前らしくないとあまりいい顔をしなかったのですが、そのうち意味のある立派な名前だとほめてくれるように。ほかの人からも「愛」の字が入っているからかわいらしい、珍しいねと逆に覚えてもらえて、うれしいです。

家族で数字の入った名前に両家のおじいちゃんが大奮闘！

百香（ももか）ちゃん　一沙ママ

私も主人も名前に「一」の字 「一」を入れるか悩みました

私の名前は一沙（かずさ）、夫は諒一（りょういち）と、ともに数字の「一」がつきます。結婚当初は、子どもにも「一」をつけようと話していたのですが、かえって面白味がないと思えるようになって。そこで、誕生した月と日にちから名前を考えることにしました。

「百果」から「百香」へ

誕生日は10月10日。ゴロはいいのですが「十」の字を入れた名前がなかなか思い浮かびません。すると、夫のお父さんから「10×10で100はどう?」と提案が。「百」と書いて「もも」と読む愛らしい響きに私も夫も大賛成！　そこへ、実りの秋らしさをプラスして最初は「百果」に決めました。すると、今度は私の父が画数を調べてくれて、より幸せになれる「百香」に落ち着きました。孫への愛情いっぱいの名前です。

P.48でも名づけエピソードを紹介しています。

第4章

画数からアプローチする

一つに絞りきれないときは姓名判断を参考にしよう

名前の候補がありすぎて、一つだけになんて絞れない。
そんなときには姓名判断の力を借りる方法もあります。

姓名判断から探る運勢を司る原理

誰しも、無病息災で幸福な人生を送りたいもの。しかし、人生の運不運は人の力ではどうしようもないことも多いものです。

そのために古来から人は、運勢を左右する原理を探り、災厄から身を守ってより幸福に生きるための方法を研究してきました。姓名判断もその一つです。

姓名判断を重視しない人でも

姓名判断を重視しない人でも、いくつも考えた名前の候補から一つだけを選べないときには姓名判断が役立ちます。

ふだんの生活でも、「こっちよりそっちのほうが似合うよ」と言ってもらうことで決断しやすくなることがあるはずです。それと同様に、姓名判断を見て「こっちのほうがいいよ」と決断の後押しをしてもらうのも一つの方法なのです。

姓名判断の基本的な考え方

一口に姓名判断と言っても、さまざまな考え方や流派があります。本書で紹介しているのも、その中の一つの考え方です。

しかし、多くの流派に共通の、ベースとなる考え方があります。

それは、名前のそれぞれの文字の画数から、「天格・地格・人格・外格・総格」の五つの運格（五格）を見る、ということです（それぞれの「運格」が司る働きは左の説明参照)。

また姓名判断には、古来から伝わる「陰陽五行」の思想も深く関わっています。難しくなるので詳細は省きますが、陰陽五行ではさまざまな要素の調和を重視します。

そのため、五格の数字もなるべく同じ数にしないほうが偏りが少なくてよい、ともいわれています。

五つの運格の働き

①天格	姓の画数の合計数	先祖から受け継いでいる天運なので、個人の名づけには直接影響しない
②地格	名の画数の合計数	おもに、誕生から青年期までの運勢を司る。両親から受け継いだ性質のほか、潜在能力、金銭感覚、恋愛傾向などに影響する
③人格	姓の最後と名の最初の字の合計数	性格や才能、職業運、結婚運、家庭運など、人生の一大事を左右する。特に壮年期の運勢に影響が表れやすい
④総格	姓名の画数の合計数	人格とともに、仕事運、全般運と、一生を通じての運勢を司る。特に晩年期への影響が強い
⑤外格	天格＋地格から人格を引いた数	おもに、人間関係の運勢を司る。社会への順応性、社交運、家庭運など、対人関係への影響が強い

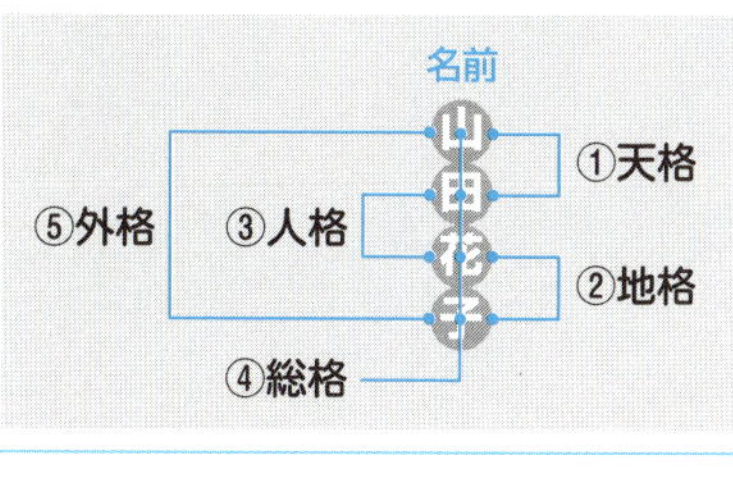

姓名判断を使うときの注意

①流派は一つにする

流派の違いによって、「吉」となる数と「凶」となる数が入れ替わる場合があります。そのため、複数の流派の考え方を混ぜて使うと意味をなさなくなります。

自分や周囲の人の名前で調べてみて、もっとも現状に当てはまることを言っていると思う流派の情報だけを見ることが混乱防止のコツです。

②向き合い方を決める

漢字や音の響きなどにこだわるときは、姓名判断は参考程度に。逆に、姓名判断を重視するなら、気に入った文字が使えないことも多い、と割り切りましょう。

どっちつかずでは、迷ってばかりで候補選びが難航します。

運格の計算をしてみよう

❶文字ごとの画数の計算

まず、文字ごとの画数を調べましょう。画数の数え方は流派によって異なります。本書では、法務省の「子の名に使える漢字」の常用漢字表と人名用漢字表をもとに、最新の漢和辞典で書かれている画数で計算しています。

❷天格と地格の計算

次に、姓の画数だけの合計数「天格」と、名の画数だけの合計数「地格」を計算しましょう。

このとき、姓が1字の人は天格に1を、名を1字にする場合は地格に1を加えます。

この、実際にはない「1」のこ

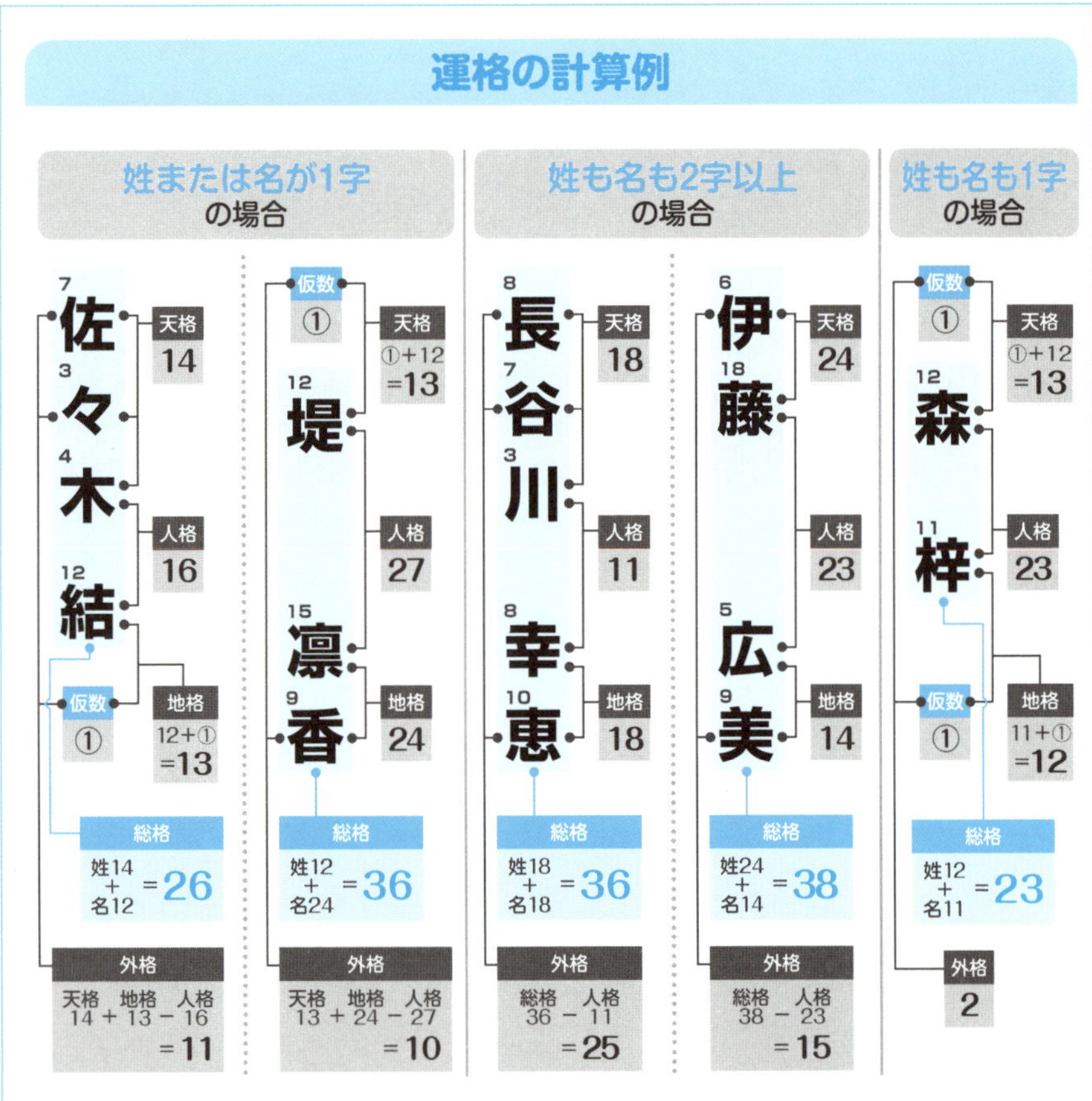

とを「仮数」と言います。

③ 総格と人格の計算

次は、姓と名の全部の画数を合計して「総格」を計算します。

総格の計算では仮数を入れません。つまり、実際にある文字の画数だけを合計するのです。

「人格」は、姓の最後の1字と名の最初の1字の画数を合計します。人格にも、仮数は登場しません。

④ 外格の計算

最後に、「外格」の計算です。外格の計算は、三つのパターンに分けて考えることができます。

一つめは、姓と名の両方とも1字の場合。無条件に外格は「2」になります。二つめは、姓と名のどちらも2字以上の場合。総格から人格を引いた数が外格です。三つめは、姓か名のどちらかだけが1字の場合。このケースは、天格と地格を足した数から人格を引いた数が外格になります。

⑤ 画数による運勢を見る

五格の数を計算したら、次のページにある、「運格の数の意味」と照らし合わせてみましょう。

基本的には「◎」印のついている画数がおすすめです。できるならば、「人格も地格も外格も18画」のように同じ数を何度も使わないほうが、よりよいでしょう。

いずれにせよ、姓名判断の結果で将来が固定されるわけではありません。予見した運勢を人生にどう生かすかは、親の育て方や本人の意志にかかっているのです。

ひらがな・カタカナの画数

ワ	わ	ラ	ら	ヤ	や	マ	ま	ハ	は	ナ	な	タ	た	サ	さ	カ	か	ア	あ
2	2	2	2	2	3	2	4	2	4	2	5	3	4	3	3	2	3	2	3
ヲ	を	リ	り	ヰ	ゐ	ミ	み	ヒ	ひ	ニ	に	チ	ち	シ	し	キ	き	イ	い
3	4	2	2	4	3	3	3	2	2	2	3	3	3	3	1	3	4	2	2
ン	ん	ル	る	ユ	ゆ	ム	む	フ	ふ	ヌ	ぬ	ツ	つ	ス	す	ク	く	ウ	う
2	2	2	2	2	3	2	4	1	4	2	4	3	1	2	3	2	1	3	2
濁音(゛)		レ	れ	ヱ	ゑ	メ	め	ヘ	へ	ネ	ね	テ	て	セ	せ	ケ	け	エ	え
+2画		1	3	3	5	2	2	1	1	4	4	3	2	2	3	3	3	3	3
半濁音(゜)		ロ	ろ	ヨ	よ	モ	も	ホ	ほ	ノ	の	ト	と	ソ	そ	コ	こ	オ	お
+1画		3	2	3	2	3	3	4	5	1	1	2	2	2	3	2	2	3	4

※ひらがな・カタカナの画数の数え方は流派によって異なります（公的な基準がないため）。

運格の数字の意味

よりよく生きるための手がかりになる、運勢。おすすめの画数にならなくても注意点を知れば、子育ての目安になります。まずは一生変わらない「地格」を、次に「人格」「総格」「外格」も吉数にするとよいでしょう。

◎ おすすめ
○ ふつう
△ あまりおすすめではありません

1画 ◎
独立心・行動力
信念をもって人生を切り拓く行動力と物事を成し遂げるバイタリティで、スケールの大きな人に育つでしょう。

2画 △
協調性・不安定
縁の下の力持ち的な役割を果たします。精神的に不安定な面もありますが、感受性豊かで協調性があります。

3画 ◎
活動的・知識豊富
好奇心旺盛で、明るく積極的。博学で気配りができるので信頼を受けやすく、リーダーの素質があります。

4画 △
忍耐力・頑固
頑固な性格が災いする場面もありますが、忍耐力があり、縁の下の力持ちに徹すれば周囲の人に認められます。

5画 ◎
柔軟性・行動力
柔軟性やバランス感覚、行動力にすぐれています。責任感も強く、経営者や国際人としても能力を発揮します。

6画 ◎
包容力・責任感
小さなことにこだわらず、強い責任感で人から頼りにされ、どんな場面でも臨機応変に対処できます。

7画 ◎
意志強固・知的
決心したら最後まで通す意志の強さがあります。博学で芸術の才能もありますが、協調性に欠ける面に注意を。

8画 ◎
活動的・努力家
陽気で活動的。どんな困難にも立ち向かい克服していきます。一直線に進みすぎて視野が狭くなる点に注意を。

9画 △
頭脳明晰・波乱
頭がよく、感性も豊かで、芸術面などで才能が開花します。好調・不調の波が激しい、波乱万丈の運勢です。

10画 △
決断力・孤独
鋭い感性と決断力で物事を器用にこなします。人から誤解されやすく孤独で人間関係の悩みをもちやすい面も。

11画 ◎
堅実・素直
静かな中に、芯の強さと粘り強さがあります。素直な性格なので、人に引き立てられ、着実に物事を成し遂げます。

12画 △
気配り・繊細
繊細で不安感をもちやすい面もありますが、細かな気配りができるので、補佐役で能力を発揮します。

※ ！＝女性の場合、良縁に恵まれにくいと昔は避けられた画数。現代では仕事ができるなど、よい面も多いため、本書では特に重きを置いていません。

13画 ◎
社交的・前向き
明るさと話術で場を盛り上げます。頭もよく、常に前向きで小さいことにクヨクヨせず、友人にも恵まれます。

14画 △
初志貫徹・強情
一度決めたことは最後までがんばり抜きます。強情さで人間関係や金銭面のトラブルを抱えないように気をつけて。

15画 ◎
行動力・温和
大らかな性格で人の和を大切にし、知性と行動力で物事に臨機応変に対処します。人にも慕われるリーダー向き。

16画 ◎
温和・芯の強さ
信頼を受けやすい温和な性格で、リーダーシップを発揮します。逆境をバネにする強さも秘めています。

17画 ◎
勝気・直観力
負けず嫌いな性格で努力家。頭がよく、決断力もありますが、頑固なので柔軟性を保つことが大切です。

18画 ◎
明朗快活・活動的
明るい性格で、物事をエネルギッシュに進めていきます。健康でスポーツの才能もあり、友人にも恵まれます。

19画 △
創造力・波乱
鋭い感性と行動力が吉と出る場面もあります。どことなく陰があり、人間関係のトラブルに注意が必要です。

20画 △
頭脳明晰・不安感
頭のよさが生かせれば物事を一気に成し遂げる強さに。一時の成功が持続しにくく、不安感をもちやすい性格。

21画 ◎
指導力・行動力
何事にも負けない不屈の精神力と行動力。大きな組織でリーダーシップを発揮していくタイプです。

22画 △
努力家・中途挫折
大きな理想の実現のために努力します。強い精神力である程度まで成果をあげても、志半ばで断念することも。

23画 ◎
躍進力・実行力
チャンスを確実に生かし発展します。一代で財を築くほどのバイタリティがありますが、傲慢な面には要注意。

24画 ◎
努力家・金運
努力を積み重ねて成功し、経済的に恵まれます。頭がよく、気配りもできるので、周囲の人気を集めます。

25画 ◎
柔軟性・自由闊達
豊富なアイデアと自由な発想力があり、柔軟性を備えた行動力もあります。少し融通のきかないのが難点です。

26画 ○
挑戦心・直情
志は大きく、開拓心も旺盛。喜怒哀楽が激しい面もありますが、人のために尽くせば運が開きます。

27画 ○
努力家・強情
何事にも前向きに努力し、的確な判断力もあります。我が強い面もあるので、協調性を養うことがポイント。

28画 ○
粘り強さ・頑固
頑固な性格で誤解を受けやすいものの、努力で物事を成し遂げる粘り強さが武器。求められるのは柔軟性です。

29画 △
創造力・不平不満
鋭い感性と行動力で、芸術や学問などの特殊な分野で才能を発揮。反面、理想と現実との差に苦しむことも。

30画 △
活動的・波乱
エネルギッシュな行動力で成功をつかみますが、思わぬところで足元をすくわれ、不運に見舞われやすい面も。

31画 ◎
包容力・器用
温和な性格と的確な判断力で誰からも尊敬されます。勉強とスポーツなど、二つの事をこなす器用さもあります。

32画 ◎
行動力・指導力
温和ながら機敏な行動力でチャンスをつかみます。成功してもおごらない性格で人望を集め、指導力を発揮。

33画 ◎
指導力・行動力
勇気と行動力で困難に立ち向かいます。大きな組織で指導力を発揮しますが、傲慢な面が出ると運も下がります。

34画 △
挑戦心・短気
挑戦心にあふれ、うまく達成すると自信がプラスに。短気な面もあり、特に金銭トラブルには気をつけて。

35画 ◎
誠実・学芸運
穏やかな性格で努力家。出世や権力ではなく、学問や技術、芸術面に目を向けて才能を生かすと成功します。

36画 ○
豪快・繊細
前向きに挑戦する豪快さと、繊細で世話好きな両面をもっています。ただし、情けの深さがあだとなることも。

37画 ◎
勤勉・独立心
物事にじっくりと誠実に取り組みます。独立心が旺盛ですが、マイペースな面もあるので協調性が開運のカギ。

38画 ◎
感性・誠実
人を引っ張る指導者タイプではないものの、誠実で豊かな感性に恵まれ、芸術や技術などの分野で成功します。

39画 ○
実行力・傲慢
頭のよさと豊かな感性で、困難に負けず物事を成し遂げます。反面、傲慢さもあるので、周囲への気配りが必要。

40画 △
柔軟性・自己主張
頭の回転が速く、世渡り上手。ただ、自己主張が強く、プライドが高いので人と打ち解けない面があります。

41画 ◎
積極的・素直
素直な性格で慕われ、多くの友に恵まれます。積極的で決断力もありリーダーシップを発揮して成功します。

42画 ○
器用・意志薄弱
器用で何でもこなしますが、熱しやすく冷めやすい面も。物事をやり遂げる強い意志が開運のポイントです。

43画 ○
創造力・派手
感性豊かで創造力もあり、芸術面で才能を発揮します。派手好きで見栄っ張りな面を自重すれば運も開きます。

44画 △
発想力・孤独
ユニークな発想と行動力で個性を発揮します。反面、人から理解を得られずに孤独を味わいやすい部分もあります。

※ ! ＝女性の場合、良縁に恵まれにくいと昔は避けられた画数。現代では仕事ができるなど、よい面も多いため、本書では特に重きを置いていません。

45画 ◎
優しさ・計画性
表面は穏やかで優しく、内面はしっかり者。頭がよく、気配りもでき、計画的に物事を進めていくタイプです。

46画 ○
大胆・飽きやすさ
物事を大胆に進め、努力次第で成功に導きます。飽きやすい性格を抑え、粘り強さを養うことがポイントです。

47画 ◎
大器晩成・積極性
困難にくじけず時間をかけて挑戦を続け、成功をつかみます。明るい性格で、多くの友人に恵まれ、慕われます。

48画 ◎
広い視野・慈愛
知識豊富で大局的な視点の持ち主に。積極的ながら行動は慎み深く、自慢することもないので信頼されます。

49画 △
積極果敢・不安定
活力と行動力があります。反面、成功しても簡単には満足しないなど、不安定さと寂しさを常に抱えそう。

50画 △
活動的・出たがり
若くから頭角を現し、成功する強運があっても、わがままで目立ちたがり屋なせいで、成功が持続しない面も。

51画 ○
気配り・繊細
きめ細かい気配りができます。デリケートな面もあるので、無理な高望みをしないほうが、運が開きます。

52画 ◎
開拓精神・素直
チャレンジ精神旺盛で、多少の困難にも機敏な判断で立ち向かっていきます。素直な性格で誰からも好かれます。

53画 ○
社交的・虚栄心
社交的な性格で友人に恵まれるものの、見栄を張りすぎて嫌われることも。背伸びせずに生きることが重要です。

54画 △
優しさ・優柔不断
優しく、周囲への気配りを欠かさないものの、優柔不断で人に頼まれると断われず、苦労を背負いこむ可能性も。

55画 ○
決断力・中途挫折
頭のよさと決断力で成功するものの、一時的に終わる可能性も。強い意志を持続させることが開運のポイント。

56画 ○
慎重・優柔不断
堅実に努力する慎重派なだけに、決断力に欠け、チャンスを逃しやすい面も。冒険心をもつことも必要です。

57画 ◎
内気・大器晩成
人見知りする性格も、一度心を許せば何でも話せるように。若いうちは苦労するものの、乗り越えていきます。

58画 ○
頑固・開拓精神
頑固な性格に注意が必要。苦労が多い運勢ですが、それを乗り越えることによって幸せがつかめます。

59画 △
奉仕精神・神経質
ボランティア精神のある人です。いっぽうで、神経質で金銭に細かくなる面が出てくる可能性もあります。

60画 △
指導力・不安定
人間関係で悩み、不安定な精神状態になりがちですが、活動的でリーダーシップを発揮する可能性もあります。

姓と相性のよい画数 早見表

日本人に多い姓を中心に、特におすすめの画数について早見表にまとめました。画数を基準にして漢字を選ぶ際の資料としてお使いください。

早見表の見方

名前例	姓に合う名前の画数（2字名・3字名）	姓に合う名前の画数（1字名）	姓の画数と例	
優歌 17・14 遥子 12・3 美有 9・6	17・14　14・11　14・3　13・5　12・19　12・6　12・3　11・6　9・16　9・6　7・4　4・13　4・1　3・14　2・13　2・5　1・4 20・5　17・1　14・4　14・1　13・4　12・13　12・5　11・14　11・4　9・9　7・11　4・14　4・11　3・15　3・4　2・9　1・14	17　7 12	八木 二木	2・4

姓と相性のよい画数の名前の例。下の数字はその名前の画数

姓と相性のよい名前の画数

1字名
1字だけの名前にする場合のおすすめの画数

2字名・3字名
2字以上の名前にする場合のおすすめの画数

その画数の姓の例

姓の画数

3字以上の名前をつけるとき

1字目はそのままの画数でかぞえ、2字目・3字目は合計した数でかぞえます(4字の場合は、下の数が2字目＋3字目＋4字目の合計になります)。

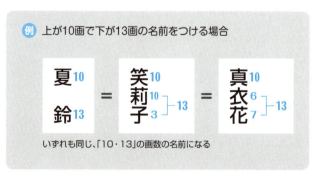

例 上が10画で下が13画の名前をつける場合

夏10 鈴13 ＝ 笑10 莉10 子3（13） ＝ 真10 衣6 花7（13）

いずれも同じ、「10・13」の画数の名前になる

姓の画数と例	1字名	2字名・3字名（姓に合う名前の画数）	名前例
2・4 八木 二木	7 17 12	1・4 2・5 2・13 3・14 4・1 4・13 7・4 9・6 9・16 11・6 12・3 12・6 12・19 13・5 14・3 14・11 17・14 1・14 2・9 3・4 3・15 4・11 4・14 7・11 9・9 11・4 11・14 12・5 12・13 13・4 14・1 14・4 17・1 20・5	美有 9・6 遥子 12・3 優歌 17・14
2・6 入江 又吉	5 15 7 17	1・15 5・3 5・19 7・9 9・4 9・14 9・16 10・5 10・13 10・15 11・5 11・13 12・3 12・5 12・13 15・9 1・16 5・11 7・6 7・16 9・6 9・15 10・3 10・6 10・14 11・4 11・6 11・14 12・4 12・11 15・1 17・6	凛 15 一穂 1・15 彩瑚 11・13
2・10 二宮 八島	5	1・5 5・1 5・16 6・15 7・6 7・16 8・5 8・15 14・9 15・6 3・3 5・6 6・5 7・4 7・14 8・3 8・13 11・14 14・11 21・4	さや 3・3 亜衣 7・6 歌埜 14・11
3・3 山口 小川 小山 山下 丸山 川口	なし	3・4 3・12 3・15 4・14 5・2 5・12 5・20 8・10 10・8 10・21 12・5 13・2 13・5 13・18 14・4 15・10 3・8 3・14 4・13 4・21 5・10 5・13 8・3 10・5 10・15 12・3 12・13 13・4 13・12 14・3 15・3 20・5	友璃名 4・21 怜華 8・10 夢乃 13・2
3・3・9 大久保 小久保 川久保	6 16	4・2 4・19 6・10 6・12 7・1 7・10 8・9 8・15 9・9 12・11 14・9 16・1 16・7 4・12 6・2 6・11 6・17 7・9 7・11 8・10 9・7 12・5 14・2 15・1 16・2	灯 6 実華 8・10 智雪 12・11
3・4 山内 土井 大木 山中 三木 大内	なし	1・5 3・8 3・14 4・4 4・13 4・21 7・10 9・2 9・15 11・13 11・20 12・5 12・13 13・4 13・12 14・2 14・4 17・8 1・10 3・13 3・15 4・12 4・14 7・4 7・18 9・8 11・5 11・14 12・4 12・12 13・3 13・5 13・18 14・3 14・10 20・5	一華 1・10 杏莉 7・10 園加 13・5
3・5 山本 上田 小田 山田 大石 川田	なし	1・12 3・4 3・12 3・14 6・18 8・8 10・3 10・13 10・15 11・4 11・12 11・14 12・4 12・12 13・2 13・4 13・12 20・5 1・15 3・10 3・13 6・10 8・5 8・15 10・5 10・14 11・2 11・5 11・13 12・3 12・5 12・13 13・3 13・10 16・8	千嘉 3・14 桂子 10・3 麻貴 11・12
3・6 大西 小西 三好 小池 三宅 大竹	なし	1・5 5・2 5・10 7・8 9・15 10・13 11・4 11・12 12・3 12・12 18・14 1・15 5・3 5・18 9・14 10・5 10・14 11・5 11・13 12・4 15・8	由依乃 5・10 春綺 9・14 智湖 12・12

名前例	姓に合う名前の画数 1字名	姓に合う名前の画数 2字名・3字名	姓の画数と例
百世 6・5 秋絵 9・12 優佳 17・8	なし	17・14 17・4 16・5 11・14 11・10 11・2 10・15 10・5 9・14 9・4 8・15 8・5 6・15 4・21 1・12 1・5 17・8 16・15 11・20 11・12 11・4 10・21 10・13 10・3 9・12 9・2 8・13 8・3 6・5 4・4 1・10	3・7 川村 小沢 大沢 大谷 上村 大村
千恵梨 3・21 柚璃 9・15 澪奈 16・8	なし	17・4 16・5 10・14 9・15 9・4 8・5 5・8 3・21 3・4 16・8 13・8 10・3 9・12 8・13 7・14 5・2 3・10	3・8 小林 山岸 大坪 小松 山岡 大沼
沙月 7・4 英子 8・3 諒華 15・10	なし	22・3 15・10 12・13 9・12 9・2 8・13 8・3 7・14 6・15 4・21 2・3 16・5 15・8 9・14 9・4 8・15 8・5 7・18 7・4 6・5 2・4	3・9 久保 小泉 小柳 土屋 大城 川畑
薫 16 彩加 11・5 瑚子 13・3	6 16	20・4 16・5 13・5 12・19 12・9 12・4 11・20 11・5 10・21 10・6 8・13 6・9 3・13 3・4 1・5 20・1 13・11 13・3 12・12 12・6 12・3 11・13 11・4 10・11 10・5 6・12 6・1 3・12 2・19	3・9・5 久保田
由梨乃 5・13 知華 8・10 瑠璃子 14・18	なし	15・10 14・18 14・4 13・5 11・14 8・10 7・18 6・18 6・5 5・13 3・21 3・8 1・4 15・3 14・10 13・12 11・21 11・13 8・3 7・4 6・12 5・20 5・3 3・15 1・10	3・10 三浦 大島 川島 小島 上原 小倉
百絵 6・12 夏実 10・8 詢佳 13・8	なし	20・4 14・4 13・18 13・8 13・4 12・5 10・14 10・8 7・10 6・18 6・12 5・18 5・12 4・20 4・13 14・10 14・3 13・10 13・5 12・12 10・21 10・13 7・14 7・4 6・15 6・5 5・13 5・2 4・14	3・11 山崎 大野 川崎 小野 上野 川野
葵 12 七美 2・9 淳那 11・7	5 15 12 17	17・1 15・3 12・3 11・10 11・4 10・11 10・3 9・9 9・2 7・11 7・4 2・19 1・10 17・4 15・10 12・9 12・1 11・7 11・2 10・7 10・1 9・4 7・18 7・10 5・10 2・9	3・11・6 小野寺
夕莉 3・10 江美俐 6・18 聡華 14・10	7 14	14・10 14・7 13・11 13・4 11・2 8・3 7・4 6・17 6・7 5・19 5・3 3・10 1・10 15・9 14・9 14・3 13・10 11・10 8・9 7・10 6・18 6・11 6・1 5・18 5・2 3・4	3・11・10 小笠原

※3字名の場合は、2番目と3番目の文字の画数を合計した数で見ます。

姓の画数	姓の例	1字名	2字名・3字名（姓に合う名前の画数）	名前例
3・12	大塚、大森、小森、千葉、大場、小椋	なし	1・5、3・13、3・15、4・4、4・13、5・3、5・13、6・10、9・8、11・5、12・4、13・3、13・5、13・20、1・15、3・14、3・20、4・12、4・14、5・12、5・18、6・12、9・14、11・12、12・5、13・4、13・10	久美加 3・14、由貴 5・12、愛子 13・3
3・13	大滝、小滝、山路	なし	3・4、3・13、4・4、4・13、5・2、5・10、5・20、8・13、10・15、11・4、11・10、11・20、12・4、12・13、3・12、3・14、4・12、4・21、5・3、5・12、8・8、10・5、10・21、11・5、11・14、12・3、12・5、20・5	広華 5・10、菊恵 11・10、智代 12・5
3・14	川端、小関、大嶋、小嶋、大熊、大関	なし	1・5、3・4、3・13、3・21、4・12、4・20、7・14、9・15、10・8、10・21、11・5、11・13、17・4、18・3、1・15、3・12、3・15、4・4、4・14、7・8、9・12、10・5、10・14、11・4、11・10、11・20、17・14、18・13	久魅 3・15、郁慧 9・15、梨世 11・5
3・15	三輪、小幡、大槻	なし	1・4、1・12、3・10、3・14、8・5、9・4、9・14、10・5、1・5、3・4、3・12、3・20、8・15、9・8、10・3、10・13	夕嘉 3・14、実央 8・5、珠代 10・5
3・16	大橋、三橋、土橋、小澤、大澤、小橋	なし	1・4、1・12、5・8、8・5、8・10、15・3、1・5、1・15、5・13、8・8、9・4、16・2	礼奈 5・8、美友 9・4、撫子 15・3
3・18	工藤、大藤	なし	3・8、3・14、6・5、6・18、7・10、13・4、14・3、17・14、3・13、5・12、6・10、7・4、13・3、14・2、14・10、20・4	万綸 3・14、衣津美 6・18、優維 17・14
3・19	川瀬	なし	2・13、4・12、5・8、5・18、6・5、12・3、12・13、13・3、13・12、2・14、4・21、5・10、5・20、6・10、12・4、13・2、13・10、14・2	七瑚 2・13、冬佳 5・8、綾乃 14・2
4・2・12	五十嵐	5	1・5、3・10、4・1、4・11、5・1、5・10、5・18、6・7、6・11、11・2、12・1、12・11、13・10、1・12、3・12、4・9、4・19、5・2、5・12、6・1、6・9、6・17、11・12、12・5、13・2	汀 5、三結 3・12、蓮夏 13・10

名前例	姓に合う名前の画数（2字名・3字名）	1字名	姓の画数と例
桜 10 まゆき 4・7 緋埜 14・11	15・3、14・4、13・12、13・4、12・19、12・12、10・21、10・7、8・9、5・20、5・13、5・11、5・1、4・20、4・13、4・7、3・14、2・9 15・9、14・11、14・3、13・11、13・3、12・13、12・4、10・14、8・17、8・3、5・19、5・12、5・3、4・21、4・14、4・12、4・4、3・13	10	4・3 井上　中山　片山 中川　木下　内山
千緒 3・14 涼乃 11・2 暢香 14・9	17・7、14・9、14・2、13・12、13・4、13・2、12・12、12・4、12・1、11・12、11・2、9・7、7・9、4・12、4・9、3・14、3・12、1・12 20・4、14・11、14・3、14・1、13・11、13・3、12・13、12・11、12・3、11・13、11・4、9・14、9・4、4・13、4・11、4・1、3・13、3・4	7	4・4 今井　井手　木戸 中井　木内　井戸
澪 16 帆南 6・9 裕子 12・3	20・4、13・11、13・2、12・11、12・3、11・12、10・14、8・7、6・9、3・13、3・4、1・7 16・7、13・3、12・12、12・4、11・13、11・4、10・13、6・17、6・1、3・12、1・14	16、6 12	4・5 太田　中田　中本 内田　戸田　井出
杏 7 礼馨 5・20 優樺 17・14	17・14、12・19、12・11、12・3、11・20、11・12、11・2、10・13、10・3、9・14、9・4、7・14、5・20、5・2、2・19、1・12 17・4、12・13、12・9、12・1、11・14、11・4、10・21、10・11、10・1、9・12、9・2、7・4、5・3、5・1、2・9	7 15	4・6 中西　今西　中江 丹羽　日向　引地
きの 4・1 咲月 9・4 紗綺 10・14	17・7、14・7、11・2、10・11、9・12、8・13、6・1、4・17、4・1、1・4 17・4、11・13、10・14、10・3、9・4、6・7、4・20、4・9、1・12	6	4・7 中村　今村　水谷 木村　中尾　中谷
世莉華 5・20 虹乃 9・2 樹音 16・9	17・4、16・7、10・13、10・3、9・14、9・4、8・17、8・3、7・4、5・1、3・2 16・9、13・12、10・11、10・1、9・12、9・2、8・13、7・14、5・20、3・3	5	4・8 片岡　五味　今岡 中林　中岡　丹治
文那 4・7 智瑚 12・13 饗子 22・3	22・2、16・2、15・3、14・4、12・12、9・2、8・3、7・4、4・21、4・14、4・4、2・9 22・3、16・9、15・9、14・11、12・13、9・9、8・17、7・11、6・12、4・20、4・7、4・1	なし	4・9 内海　仁科　中畑 今泉　中垣　今津
あき 3・4 花雪 7・11 翠里 14・7	15・3、14・7、14・3、13・4、11・13、11・7、8・9、7・14、7・4、6・12、6・1、5・13、5・2、3・4 15・9、14・9、14・4、13・11、11・20、11・12、8・13、8・3、7・11、6・17、6・11、5・19、5・12、3・14	7	4・10 中島　日高　木原 中原　片桐　中根

※3字名の場合は、2番目と3番目の文字の画数を合計した数で見ます。

名前例	姓に合う名前の画数 2字名・3字名	1字名	姓の画数と例	
リホ 2・4 由唯 5・11 瑠子 14・3	14・9 14・3 13・4 12・11 10・13 7・11 6・17 6・11 5・12 5・3 4・19 4・13 4・4 2・4 14・4 14・2 13・3 12・4 10・7 7・9 6・12 5・13 5・11 5・1 4・14 4・12 2・14	なし	中野 天野 日野 水野 今野 内野	4・11
弓絵 3・12 春花 9・7 鈴葉 13・12	13・12 13・3 12・19 12・9 12・3 11・14 9・12 6・11 6・1 5・11 4・17 4・12 4・1 3・13 3・4 20・1 13・4 13・2 12・13 12・4 11・20 11・4 9・7 6・9 5・12 5・3 4・13 4・11 3・14 3・12	5	手塚 戸塚 中道 中塚 中森 水越	4・12
瞳 17 のい 1・2 梨恵乃 11・12	11・12 11・2 10・7 9・14 4・19 4・11 4・1 3・12 2・3 1・2 21・2 11・4 10・13 10・3 9・4 4・13 4・9 3・14 3・4 1・12	7 17	中嶋 井関 比嘉 木暮	4・14
千菜津 3・20 佑香 7・9 夢子 13・3	14・11 14・2 13・12 13・2 7・4 6・9 5・20 3・20 3・12 15・1 14・9 14・1 13・3 7・9 6・17 6・7 5・11 3・13	なし	内藤 井藤	4・18
みほ 3・5 好絵 6・12 樹里香 16・16	16・16 13・5 11・7 10・6 6・12 3・15 3・5 1・10 16・2 12・6 11・5 8・10 6・5 3・10 1・15	なし	辻 平 北	5
凛 15 友菜 4・11 蒔笑 13・10	15・1 14・3 14・1 13・11 13・3 12・13 12・11 12・1 10・6 8・16 5・18 5・11 5・8 4・13 4・11 3・13 3・10 15・8 14・10 14・2 13・12 13・10 13・2 12・12 12・3 10・13 10・3 8・8 5・12 5・10 5・3 4・12 4・1 3・12	15 5 10	石川 市川 北川 古川 田口 平山	5・3
忍 7 久恵 3・12 徳華 14・10	14・10 14・1 13・10 13・2 12・11 11・13 9・6 7・8 4・19 4・11 3・13 2・13 17・6 14・2 13・11 13・3 12・12 12・3 11・12 7・16 4・20 4・12 3・20 3・12	7	田中 永井 白井 石井 平井 玉井	5・4
みづほ 3・8 真彩 10・11 詩織 13・18	13・18 13・10 13・2 12・13 12・3 11・20 11・10 10・13 10・3 8・13 6・1 3・10 2・19 1・10 20・1 13・12 13・8 12・19 12・11 12・1 11・12 11・2 10・11 10・1 8・3 3・12 3・8 1・12	6	石田 本田 田辺 平田 永田 白石	5・5

名前例	姓に合う名前の画数（2字名・3字名）	姓に合う名前の画数（1字名）	姓の画数と例	
乙絵 1・12、星葉 9・12、繭衣 18・6	18・3 12・12 11・13 11・2 10・3 7・6 5・16 5・2 2・19 1・6 / 18・6 15・6 12・1 11・10 10・11 9・12 5・19 5・8 5・1 1・12	5 7	本多 永吉 本庄 末吉 末次 加地	5・6
ホノ 4・1、奈夕 8・3、鞠歩 17・8	17・8 14・11 11・10 10・13 10・3 9・16 9・2 8・3 4・1 1・10 / 18・3 17・6 11・12 11・2 10・11 10・1 9・12 8・13 4・19 1・12	6	田村 古谷 立花 北村 市村 平尾	5・7
千枝 3・8、沙織 7・18、瑞葵 13・12	17・8 16・8 15・10 13・12 10・8 9・16 8・16 8・3 7・11 5・19 5・6 3・8 / 17・1 16・2 15・3 13・11 10・1 9・2 8・10 7・18 5・20 5・13 5・3	5	平松 平林 石岡 平岡 田所 北岡	5・8
汐理 6・11、愉梨果 12・19、篤奈 16・8	16・2 15・8 15・3 14・3 12・12 12・6 9・8 8・16 8・10 7・16 7・10 6・12 6・1 4・19 2・19 / 16・8 16・1 15・6 14・10 12・19 12・11 9・12 9・2 8・13 8・3 7・11 6・18 6・11 4・20 4・13	7	田畑 石垣 玉城 古屋 布施 石津	5・9
未智 5・12、沙樹 7・16、璃巳 15・3	15・8 15・1 14・2 13・3 11・6 8・8 7・11 6・12 6・10 5・13 5・11 5・1 1・16 / 21・2 15・3 14・3 13・10 11・12 8・10 7・16 7・10 6・11 5・18 5・12 5・3 3・13	6	石原 田原 加納 田島 北原 矢島	5・10
花 7、佐知華 7・18、翠理 14・11	20・1 14・3 14・1 13・12 13・3 12・19 12・3 10・6 7・10 6・11 6・1 5・12 5・10 4・12 4・1 / 14・11 14・2 13・18 13・8 13・2 12・13 10・11 7・18 7・8 6・10 5・16 5・11 5・3 4・11	5 7	平野 北野 永野 矢野 石黒 石崎	5・11
千尋 3・12、世莉 5・10、夢菜 13・11	13・18 13・8 13・2 12・12 12・3 11・13 9・12 6・18 6・10 5・19 5・13 5・10 5・2 4・20 4・11 3・12 / 20・1 13・11 13・3 12・19 12・6 11・20 11・10 9・6 6・12 6・1 5・16 5・11 5・3 5・1 4・12 3・13	6	本間 石塚 平塚 古賀 甲斐 石渡	5・12
鞠 17、朋佳 8・8、郁乃 9・2	16・8 15・1 9・2 8・8 7・10 5・12 5・6 1・10 / 16・1 9・8 8・16 8・3 5・19 5・11 1・16	16 17	石橋 古橋 古澤 本橋 市橋 田頭	5・16

※3字名の場合は、2番目と3番目の文字の画数を合計した数で見ます。

姓の画数と例		姓に合う名前の画数 1字名	姓に合う名前の画数 2字名・3字名	名前例
5・18	加藤	15	17・8　15・10　14・11　14・1　13・11　7・18　7・8　6・12　5・19　5・10　3・12　17・1　15・3　14・10　13・12　13・2　7・11　6・18　5・20　5・13　5・3	舞 15、亜依 7・8、澄華 15・10
5・19	広瀬　永瀬　加瀬　古瀬	なし	16・8　14・10　13・11　13・8　12・11　6・18　6・1　5・18　5・12　5・6　5・2　4・19　2・19　16・1　14・3　13・10　12・12　12・1　6・11　5・19　5・16　5・8　5・3　4・20　4・13	由祈 5・8、早梨 6・11、踊子 14・3
6	西　向　芝　仲	なし	18・14　17・14　12・6　11・20　11・7　10・7　9・16　9・2　7・4　5・12　1・16　1・4　18・7　15・10　12・5　11・14　10・15　10・5　9・6　7・10　5・20　5・6　1・10	加奈絵 5・20、栞里 10・7、彌綺 17・14
6・3	吉川　西山　江口　西川　早川　竹下	15　12　14	15・9　14・10　14・2　13・11　13・2　12・11　8・15　5・19　5・11　5・2　4・19　4・11　3・5　15・1　14・9　14・1　13・10　12・12　10・5　8・7　5・18　5・10　5・1　4・12　3・12	晶 12、依花 8・7、瑠七 14・2
6・4	竹内　竹中　臼井　向井　安井　吉井	7　14	20・5　14・11　14・7　13・18　13・10　12・19　12・9　11・12　11・2　9・2　4・19　4・11　4・7　3・12　2・19　1・12　1・5　20・1　14・9　14・1　13・12　13・2　12・11　12・1　11・10　9・12　7・18　4・17　4・9　4・1　3・10　2・9　1・10	乙華 1・10、沙癒 7・18、琴音 12・9
6・5	吉田　西田　成田　池田　安田　寺田	6　10	20・1　13・11　12・9　11・10　10・11　6・18　6・7　3・10　2・5　1・5　16・5　12・12　12・1　11・2　8・5　6・15　6・1　2・19　1・12	凪 6、巳紗 3・10、稚果子 13・11
6・7	西村　西尾　吉沢　吉村　竹村　西沢	10	18・7　17・1　16・2　14・10　10・15　9・15　9・2　8・10　6・12　4・7　1・10　17・7　16・9　14・11　11・7　10・1　9・9　8・17　6・18　6・5　4・1	佳桜 8・10、澪音 16・9、穣里 18・7
6・7・9	宇佐美	なし	15・10　14・11　12・11　12・3　9・2　8・5　7・18　7・4　6・5　4・19　4・11　15・8　14・2　12・4　9・4　8・8　8・3　7・8　6・10　4・21　4・12	亜心 7・4、英加 8・5、紫埜 12・11

姓の画数	姓の例	1字名	2字名・3字名	名前例
6・8	吉岡 伊東 西岡 寺岡 安東 竹林	17 7	17・7 16・15 16・5 16・1 13・18 13・10 10・11 10・1 9・12 9・2 8・10 7・11 5・19 5・12 3・15	大亜奈 3・15
		10	17・1 16・7 16・2 15・9 13・11 13・5 10・7 9・15 9・9 8・15 8・9 7・10 5・18 5・2	実輝 8・15 澄珂 15・9
6・9	守屋 西垣 安保	16 2	16・7 15・1 14・2 9・7 8・10 7・11 6・17 6・11 4・19 2・15	蕾 16
		6	16・2 14・9 9・9 8・15 8・9 7・9 6・12 6・10 4・12	有理 6・11 蜜音 14・9
6・10	吉原 西原 有馬 寺島 西島 西脇	15 5	15・10 14・11 14・2 13・18 13・2 11・5 8・9 7・18 7・9 6・11 6・9 5・12 5・10 3・12 1・7	市夏 5・10
		7	15・1 14・7 14・1 13・12 11・10 8・17 8・7 7・10 6・15 6・10 6・1 5・11 5・2 1・15	芙美香 7・18 園葉 13・12
6・11	吉野 安部 西野 宇野 江崎 吉崎	20 7 4	14・10 14・2 13・18 13・5 12・19 12・9 10・5 7・9 6・18 6・12 6・9 5・19 5・10 5・1 4・12 2・19	翠 14
		14 6	20・1 14・7 14・1 13・11 13・2 12・12 10・11 7・11 7・1 6・15 6・10 6・1 5・11 5・2 4・17 4・11	文菜 4・11 惺羅 12・19
6・12	安達 有賀 西森 伊達 多賀 羽賀	5	13・10 12・11 12・1 11・2 6・11 6・7 5・18 5・10 5・1 4・11 4・1 3・10 1・5	未華 5・10
		6	21・2 13・2 12・5 11・12 6・17 6・9 6・1 5・12 5・2 4・19 4・9 3・12 1・12	理依水 11・12 愛莉 13・10
6・18	伊藤 安藤 江藤	7	17・7 14・10 14・7 13・10 7・1 6・17 6・11 6・5 5・19 5・12 3・10	加歩理 5・19
		14	20・1 15・9 14・9 13・11 7・10 6・18 6・15 6・7 6・1 5・18 5・2	那浪 7・10 瑚々奈 13・11
6・19	成瀬 百瀬 早瀬	6	16・7 14・2 12・11 6・17 6・7 5・18 5・2 4・19 4・9 2・5	円香 4・9
		12	22・1 14・9 13・10 12・1 6・10 6・1 5・11 5・1 4・12 2・11	好花 6・7 綺咲 14・9
7	谷 角 沖 伴 沢 佃 杉 李	なし	18・7 17・14 16・15 14・2 11・14 11・5 10・14 10・6 9・15 8・17 6・10 4・4 1・15	六都美 4・20
			18・6 17・7 14・10 11・20 11・6 10・15 10・7 9・16 9・7 8・16 4・20 1・16	笑里 10・7 漣夏 14・10

※3字名の場合は、2番目と3番目の文字の画数を合計した数で見ます。

姓の画数	姓の画数と例	1字名	2字名・3字名	名前例
7・3	村上、谷口、杉山、坂口、村山、谷川	15、5、14	20・1、15・8、14・11、14・1、13・10、12・11、12・1、10・1、5・18、5・10、5・6、4・17、4・9、4・1、3・8、2・9、15・10、15・6、14・9、13・18、13・8、12・9、10・11、8・17、5・16、5・8、5・1、4・11、4・4、3・10、3・4	ゆうり（3・4）、友海（4・9）、嘉音（14・9）
7・3・4	佐々木	17、4、7	17・14、17・6、14・7、13・11、13・5、12・6、11・13、11・6、9・14、7・14、4・14、4・7、3・14、1・6、20・1、17・7、17・1、14・3、13・8、12・11、12・5、11・7、9・15、9・8、7・11、4・13、3・15、3・8	環（17）、花摘（7・14）、想奈（13・8）
7・3・12	佐久間	なし	13・3、12・11、12・1、11・5、9・7、6・7、5・11、5・6、4・11、3・13、1・15、12・13、12・3、11・14、9・14、9・6、6・5、5・8、4・21、4・7、3・8	一慧（1・15）、なつほ（5・6）、光希（6・7）
7・4	坂井、村井、坂元、宍戸、赤木、沢井	20、12、4、14、7	20・4、17・4、13・11、12・9、11・10、7・14、4・17、4・1、3・4、1・4、20・1、14・10、13・8、12・1、9・4、7・6、4・9、3・10、1・6	結（12）、志帆（7・6）、遥美（12・9）
7・5	坂本、村田、杉本、沢田、児玉、足立	12、20	16・9、13・8、12・9、11・14、10・11、8・17、3・10、2・9、1・4、20・1、13・10、12・11、12・1、11・10、10・1、6・17、3・8、1・10	馨（20）、千恵（3・10）、悠綺（11・14）
7・6	佐竹、赤羽、住吉、近江、杉江、赤池	11、5、12、10	18・14、17・8、15・10、12・6、10・14、10・1、9・9、7・11、5・6、2・6、1・4、18・6、17・1、15・9、11・14、10・8、9・16、7・18、7・4、2・9、1・10	梢（11）、こなつ（2・6）、椰緒（11・14）
7・7	佐伯、志村、尾形、杉村、赤坂、谷村	17、4、10	17・14、17・4、16・8、14・10、14・4、11・6、10・11、10・1、9・9、8・16、8・9、6・17、6・1、4・14、1・10、17・6、17・1、16・1、14・9、11・10、10・14、10・8、9・14、9・8、8・10、6・18、6・11、4・17、1・16	心（4）、朱理（6・11）、美咲（9・9）
7・8	村松、村岡、赤松、坂東、花岡、我妻	17、10、16	17・6、16・1、15・1、13・4、10・6、9・9、8・10、8・8、7・11、7・9、5・11、3・14、17・1、15・8、13・10、10・8、9・14、9・8、8・9、7・16、7・10、5・18、5・1	燈（16）、亜紀（7・9）、果歩（8・8）

姓の画数と例	1字名	2字名・3字名	名前例
7・10 杉浦 児島 佐原 杉原 対馬 坂根	6 14 7	3・4 5・10 5・16 6・9 6・18 7・9 7・14 8・10 11・4 13・8 13・18 14・4 15・1 15・9 5・1 5・11 6・1 6・10 7・8 7・11 8・8 8・16 11・10 13・11 14・1 14・10 15・6	綾 14 なつ 5・1 那奈子 7・11
7・11 佐野 杉野 杉崎 尾崎 坂野 赤堀	5 7 6 14	4・1 4・11 5・8 5・18 6・9 6・17 7・8 7・16 12・11 13・10 14・9 4・9 5・1 5・10 6・1 6・11 7・6 7・10 12・1 13・4 14・1	羽香 6・9 李実 7・8 路華 13・10
7・12 芳賀 那須 村越 志賀 赤塚 赤間	5 12 6	1・4 4・1 4・14 5・8 6・10 9・9 12・4 3・10 4・9 5・1 5・11 9・4 12・1 12・6	遥 12 世奈 5・8 衣紗 6・10
7・18 佐藤 兵藤 近藤 谷藤	6	3・4 5・1 5・11 6・1 6・17 7・9 13・10 15・1 17・6 3・10 5・8 5・18 6・10 7・6 7・16 14・9 15・8	みつえ 3・4 早恵 6・10 亜樹 7・16
7・19 村瀬 佐瀬	5	2・4 4・1 4・17 5・6 5・16 6・9 13・8 14・1 22・9 2・9 4・11 5・1 5・10 6・1 12・9 13・18 14・17	うらら 2・4 友奈子 4・11 未羽 5・6
8 林 岸 長 東 牧 迫 岡 金 所	なし	3・4 5・2 5・20 8・7 8・16 9・6 9・14 9・16 10・6 10・15 13・10 15・10 17・6 3・12 5・10 7・16 8・15 8・17 9・7 9・15 10・5 10・14 13・2 13・12 16・7 17・7	夕貴 3・12 怜亜 8・7 夏奈帆 10・14
8・3 金子 青山 岩下 松下 松山 松川	なし	2・3 3・10 4・17 5・16 8・13 10・3 13・8 14・10 18・3 2・5 4・9 5・8 8・5 8・16 12・9 14・7 15・9	ひかり 2・5 実鈴 8・13 絢香 12・9
8・4 青木 金井 茂木 松井 岩井 武井	なし	1・5 2・9 3・10 4・9 7・16 11・10 12・13 13・10 14・9 20・5 1・10 3・8 4・7 4・17 9・16 12・9 13・8 14・7 17・8	七海 2・9 美奈枝 9・16 瑠里 14・7

※3字名の場合は、2番目と3番目の文字の画数を合計した数で見ます。

姓の画数と例	姓に合う名前の画数（1字名）	姓に合う名前の画数（2字名・3字名）	名前例
8・5 松本 岡本 和田 岡田 松田 武田	なし	1・7 2・9 3・15 8・3 8・16 10・8 11・7 12・13 16・8 20・5 1・10 3・8 6・5 8・10 8・17 10・15 11・13 13・5 16・9	あずさ 3・8 果連 8・10 梨那 11・7
8・6 河合 長江 金光 河西 国吉 岡安	なし	1・10 2・5 5・13 7・10 9・8 9・15 10・8 11・7 11・13 12・9 15・8 17・7 1・16 2・9 5・16 7・16 9・9 10・7 10・13 11・10 12・5 15・3 15・9 18・3	里恵 7・10 香苗 9・8 瑛香 12・9
8・7 松尾 岡村 長尾 松村 河村 金沢	なし	1・5 1・16 6・10 8・8 8・10 9・7 9・9 10・8 11・5 14・3 16・7 1・15 4・13 6・17 8・9 8・15 9・8 10・7 10・13 11・7 14・9	くるみ 1・5 明穂 8・15 純花 10・7
8・7・3 長谷川	5 15 14	3・10 4・9 5・2 5・10 8・9 12・1 13・2 14・1 14・9 4・1 5・1 5・8 5・18 10・3 12・3 13・10 14・3 15・8	綸 14 景子 12・3 愛紗 13・10
8・7・11 長谷部	5 7 6 12	2・9 4・17 5・2 5・10 6・1 7・8 12・3 13・2 13・18 20・1 4・1 5・1 5・6 5・16 6・9 10・1 12・9 13・8 14・1	琴 12 早紀 6・9 蒔織 13・18
8・8 松岡 長岡 長沼 若林 若松 松林	なし	3・13 5・10 7・8 7・10 8・8 8・13 9・7 9・16 10・7 13・3 15・10 16・9 17・8 5・3 5・16 7・9 8・7 8・9 8・17 9・8 10・5 10・15 13・8 16・5 16・15	志保 7・9 尚美 8・9 真凜 10・15
8・9 青柳 板垣 岩城 金城 和泉 長屋	なし	4・17 6・10 7・8 8・7 8・10 8・16 9・9 12・3 14・7 15・3 16・5 16・15 6・9 6・15 7・9 8・8 8・13 9・7 9・15 12・9 14・10 15・9 16・8	亜実 7・8 郁美 9・9 綸華 14・10
8・10 松浦 松島 河原 松原 長島 門脇	なし	1・5 3・10 5・10 6・9 7・8 7・16 8・7 13・10 14・9 1・16 5・8 6・7 6・17 7・10 8・5 8・15 14・3 15・8	つきの 1・5 実希 8・7 瑠音 14・9

姓の画数と例		姓に合う名前の画数		名前例
画数	例	1字名	2字名・3字名	
8・11	阿部 岩崎 岡崎 河野 服部 牧野	なし	2・3 5・8 6・7 7・9 10・8 13・5 / 4・9 5・13 6・10 10・3 13・3	りさ 2・3 心美 4・9 朱莉 6・10
8・12	金森 的場 岩淵 岩間 松葉 門間	なし	1・10 3・8 3・15 4・9 4・17 5・10 5・16 6・7 6・15 9・9 11・7 12・3 12・9 13・5 20・5 / 1・16 3・10 4・7 4・13 5・8 5・13 6・5 6・9 9・8 9・16 11・10 12・5 12・13 13・8	あずみ 3・8 咲樹 9・16 毬恵 11・10
8・18	斉藤 松藤 武藤	なし	3・8 5・16 6・9 7・8 14・7 / 5・10 6・5 6・15 13・8	由夏 5・10 百慧 6・15 里依 7・8
8・19	岩瀬 長瀬	なし	2・9 4・17 5・13 6・5 12・9 13・5 14・7 16・9 / 4・7 5・3 5・16 6・15 12・13 13・8 16・5	早矢 6・5 智恵子 12・13 瑠李 14・7
9	南 畑 星 柳 泉 神	なし	4・2 4・12 6・10 7・16 8・15 9・6 12・12 16・7 / 4・4 4・20 6・17 8・7 8・16 9・15 14・10	まり 4・2 実奈歩 8・16 香凜 9・15
9・3	秋山 荒川 神山 前川 皆川 相川	なし	2・9 4・7 5・6 5・16 10・15 13・8 13・22 14・9 15・8 / 3・8 4・9 5・8 8・15 12・9 13・12 14・7 15・6 18・7	友希 4・7 瑞歩 13・8 聡美 14・9
9・4	荒木 浅井 畑中 荒井 柏木 秋元	なし	1・4 3・8 4・4 4・14 9・2 9・15 11・7 12・6 13・12 17・7 20・4 / 2・9 3・15 4・7 7・4 9・9 9・16 11・14 12・12 14・4 17・8	わかば 2・9 麻由美 11・14 琴葉 12・12
9・5	前田 津田 柳田 神田 浅田 秋田	なし	1・16 3・4 3・14 6・12 8・9 8・16 10・8 11・6 11・12 12・9 13・4 16・2 16・8 20・4 / 2・9 3・8 3・15 6・15 8・15 10・7 10・14 11・7 12・6 12・12 13・8 16・7 16・15	夕奈 3・8 珠緒 10・14 篤乃 16・2

※3字名の場合は、2番目と3番目の文字の画数を合計した数で見ます。

姓の画数	姓の例	1字名	2字名・3字名	名前例
9・7	神谷 相沢 浅見 柳沢 保坂 染谷	なし	1・15 4・4 6・9 8・7 8・9 9・7 9・12 10・6 10・15 11・6 14・2 16・9 17・4 17・14 1・16 4・12 6・15 8・8 9・6 9・8 9・16 10・7 11・4 11・14 14・7 16・15 17・8	奏江 9・6 夏澄 10・15 麻由美 11・14
9・10	相馬 前原 柏原 相原 柳原 前島	なし	1・4 1・15 5・8 6・12 7・9 11・2 14・2 1・12 3・15 6・7 7・6 8・8 11・7 14・4	有希 6・7 芳美 7・9 彩乃 11・2
9・11	浅野 草野 海野 星野 狩野 神野	なし	2・9 4・9 5・6 5・12 6・7 6・12 7・4 7・8 10・7 10・15 12・9 13・4 13・12 14・7 4・7 4・14 5・8 5・16 6・9 6・15 7・6 7・14 10・8 12・6 13・2 13・8 14・4	伶奈 7・8 朝香 12・9 詩歩 13・8
9・12	秋葉 南雲 城間 風間 柘植 草間	なし	1・15 3・8 4・7 5・6 9・2 9・8 11・6 12・12 20・4 1・16 3・14 4・12 5・12 9・7 9・15 12・4 13・4	みなみ 3・8 祐希 9・7 結美子 12・12
9・18	後藤 首藤	なし	3・8 5・6 6・12 7・4 13・8 14・4 15・6 17・8 3・15 5・16 6・15 7・14 13・12 14・7 17・4	夕佳 3・8 亜由美 7・14 嶺奈 17・8
10	原 浜 脇 島 浦 柴 秦 桂 峯	なし	1・4 1・6 3・2 3・5 5・2 6・2 6・15 7・4 7・14 8・5 11・2 11・12 14・7 1・5 1・12 3・4 3・10 5・16 6・7 6・17 7・6 7・16 8・15 11・10 13・10 15・6	ののか 1・4 実可 8・5 涼葉 11・12
10・3	高山 宮川 浜口 宮下 畠山 原口	4 10 20	3・8 4・1 4・14 5・3 5・13 10・1 10・14 12・6 13・5 14・11 20・5 3・15 4・7 4・21 5・6 8・3 10・8 10・15 12・13 13・11 15・3	栞 10 朋子 8・3 泰穂 10・15
10・4	酒井 桜井 高井 高木 宮内 畠中	4 7 17	1・6 3・14 4・7 7・11 9・8 9・15 11・7 12・5 12・11 13・8 14・3 17・1 17・7 20・1 3・8 3・15 4・13 7・14 9・14 11・6 11・13 12・6 13・5 13・11 14・7 17・6 17・14	霞 17 しおり 1・6 愛梨 13・11

名前例	姓に合う名前の画数（2字名・3字名）	姓に合う名前の画数（1字名）	姓の画数と例
純 10 和果 8・8 真由実 10・13	16・1　13・3　12・6　11・7　11・5　10・8　10・6　8・8　3・15　3・13　1・5 16・7　13・5　12・11　12・5　11・6　10・13　10・7　8・15　6・11　3・14　1・15	16　6 10	**10・5** 原田　宮本　島田 柴田　高田　浜田
諒 15 美里 9・7 優奈 17・8	17・8　15・1　12・5　11・14　11・5　10・11　10・6　9・8　9・6　7・8　5・3　1・7 17・14　15・6　12・13　12・3　11・6　10・15　10・7　10・5　9・7　7・14　5・11　1・15	17　7 15	**10・6** 宮地 桑名
季恵子 8・13 美江 9・6 真緒 10・14	17・14　17・1　16・8　14・7　11・13　11・5　10・14　10・8　10・5　9・7　8・13　8・7　6・1　4・11　1・5 17・7　16・15　16・5　14・1　11・7　10・21　10・11　10・6　9・15　9・6　8・8　6・15　4・14　1・15	6 14	**10・7** 宮沢　高見　高尾 高村　島村　宮坂
茉澄 8・15 莉子 10・3 紗恵子 10・13	17・6　16・1　10・13　10・5　9・14　9・6　8・7　7・8　5・8　3・14 16・7　15・8　10・7　10・3　9・8　8・15　8・5　7・6　5・1	5 15	**10・8** 高松　高岡　高林 根岸　栗林　宮武
歌 14 那歩子 7・11 季和 8・8	15・1　12・1　8・8　7・11　6・7　4・1 15・3　12・6　9・7　8・5　7・6　4・14	4 14	**10・9** 宮城　梅津　島津 高柳　倉持　高畑
百花 6・7 奈々 8・3 阿由実 8・13	15・6　14・11　14・3　13・8　11・14　11・6　8・7　8・3　7・11　7・6　6・11　6・5　5・8　3・15　3・8 15・3　14・7　14・1　13・5　11・7　8・13　8・5　7・14　7・8　6・15　6・7　5・13　5・6　3・14	5 15	**10・10** 栗原　高島　荻原 桑原　宮原　宮島
恵 10 真裕美 10・21 詩歩子 13・11	14・3　13・3　10・21　10・7　10・1　6・5　5・6　4・7 13・11　12・5　10・14　10・6　6・11　5・11　4・13	12　4 10	**10・11** 宮崎　荻野　浜崎 高野　島崎　浜野
まりな 4・7 理緒 11・14 絢菜 12・11	13・3　12・11　12・1　11・5　9・7　6・7　5・11　5・6　4・11　3・13　1・15 20・5　12・13　12・3　11・14　9・14　9・6　6・5　5・8　4・21　4・7　3・8	なし	**10・12** 馬場　高須　鬼塚 高森　高塚　能登

※3字名の場合は、2番目と3番目の文字の画数を合計した数で見ます。

姓の画数と例		姓に合う名前の画数		名前例
画数	例	1字名	2字名・3字名	
10・16	高橋 倉橋 真壁 鬼頭 宮澤	5 15 7	1・5 2・3 5・1 7・8 8・3 8・13 15・6 16・15 1・6 2・5 5・6 7・14 8・7 9・6 16・5 17・14	ひかる 2・5 杏奈 7・8 篤穂 16・15
10・17	真鍋	4 14 6	1・5 4・7 4・21 6・15 7・14 8・13 14・11 15・6 20・1 4・1 4・14 6・5 7・11 8・3 14・7 15・3 16・5 20・5	文 4 直巳 8・3 慶子 15・3
10・19	高瀬	6	4・14 5・3 5・13 12・11 13・5 5・1 5・11 12・6 13・3 16・7	史子 5・3 結羽 12・6 陽菜 12・11
11	堀 梶 菅 乾	なし	4・17 6・7 7・6 14・7 5・16 6・15 7・14	未樹 5・16 里帆 7・6 綾芭 14・7
11・3	野口 黒川 堀口 細川 堀川 亀山	なし	3・4 4・7 4・14 5・2 5・12 8・10 10・7 10・14 12・5 12・12 13・10 14・7 15・6 3・14 4・13 4・20 5・6 5・13 8・13 10・13 10・21 12・6 13・5 14・4 14・10 20・4	みちの 3・4 夏綺 10・14 瑠那 14・7
11・4	清水 堀内 野中 望月 黒木 亀井	なし	1・5 3・13 4・4 4・13 7・10 9・14 11・6 11・12 12・5 13・4 13・10 14・4 2・4 3・14 4・12 4・14 9・7 11・5 11・7 12・4 12・6 13・5 14・2 17・6	こころ 2・4 美歌 9・14 喜江 12・6
11・5	野田 堀田 亀田 黒田 細田 野本	なし	3・4 3・13 6・10 8・13 10・6 10・21 11・5 11・10 11・20 12・5 13・2 13・12 20・5 3・12 3・14 8・7 10・5 10・7 11・4 11・6 11・14 12・4 12・13 13・4 16・5	千代美 3・14 菜都美 11・20 晶代 12・5
11・6	菊地 堀江 菊池 鳥羽	なし	1・5 5・10 7・14 9・7 10・5 10・14 11・4 11・7 11・13 12・4 12・12 17・4 17・14 19・5 5・2 5・13 9・6 9・12 10・6 10・21 11・5 11・10 11・20 12・6 15・6 17・7 19・2	なつの 5・2 真綺 10・14 輝帆 15・6

名前例	姓に合う名前の画数（2字名・3字名）	1字名	姓の画数と例
一葉 1・12 知花 8・7 優衣 17・6	16・7　11・6　11・2　10・7　9・14　9・4　8・5　4・13　1・5 17・6　11・12　11・4　10・13　10・5　9・6　8・7　6・7　1・12	なし	**11・7** 野村　黒沢　野沢 渋谷　深沢　細谷
加南子 5・12 沙恵 7・10 麻菜保 11・20	15・2　14・2　11・20　11・6　7・10　6・10　5・12　3・14　1・10 14・10　13・4　11・13　11・5　7・4　6・5　5・6　3・13	なし	**11・10** 菅原　梶原　曽根 笠原　野原　野島
由衣 5・6 沙月 7・4 瑞葉 13・12	20・5　13・12　13・2　12・4　10・6　7・6　6・10　6・5　5・10　4・21　4・7 14・2　13・10　12・13　10・13　10・5　7・4　6・7　5・20　5・6　4・12	なし	**11・11** 菅野　清野　黒崎 野崎　細野　紺野
三鈴 3・13 百恵 6・10 靖代 13・5	17・6　14・2　13・5　6・10　3・13 14・4　13・10　6・12　5・13	なし	**11・18** 斎藤 進藤
史帆 5・6 風乃 9・2 照葉 13・12	20・5　11・10　9・12　6・15　5・16　4・17　1・10 3・20　13・12　9・16　9・2　6・5　5・6　4・7	なし	**12** 森　湊 堤　堺 奥　巽
まお 4・4 令瑚 5・13 莉恵子 10・13	15・3　14・9　14・3　13・4　12・11　12・5　10・13　8・9　5・12　5・3　4・19　4・12　3・13 15・1　14・4　13・5　13・3　12・6　12・4　10・6　5・13　5・11　5・1　4・13　4・4	10 20	**12・3** 森下　森川　森口 森山　奥山　富山
沙保 7・9 陽子 12・3 歌奈子 14・11	20・1　14・11　14・1　13・3　12・13　12・5　12・3　11・6　11・4　9・6　4・13　4・11　4・1　3・12　2・19 17・4　14・3　13・4　12・19　12・9　12・4　11・20　11・5　9・12　7・9　4・12　4・4　3・13　3・4	7 17	**12・4** 筒井　森井　奥井 植木　朝日　森内
燕 16 千景 3・12 博絵 12・12	20・4　16・5　13・5　12・19　12・9　12・4　11・20　11・5　10・21　10・6　8・13　6・9　3・13　3・4　1・5 20・1　13・11　13・3　12・12　12・6　12・3　11・13　11・4　10・11　10・5　6・12　6・1　3・12　2・19	6 16	**12・5** 渡辺　飯田　奥田 森田　森本　富田

※3字名の場合は、2番目と3番目の文字の画数を合計した数で見ます。

姓の画数と例		姓に合う名前の画数		名前例
姓の画数	例	1字名	2字名・3字名	
12・6	落合・喜多・葛西・椎名	5・15・7	1・5、5・1、7・6、9・6、10・5、11・4、11・12、12・3、12・11、18・5、1・12、5・12、9・4、10・3、10・13、11・6、12・1、12・5、17・6	李 7、美月 9・4、雪絵 11・12
12・7	奥村・森谷・飯村・植村・富沢・須貝	4・14・6	1・4、1・12、4・9、6・12、9・4、10・3、11・5、17・1、1・5、4・1、4・12、8・5、9・9、10・6、14・4	きく 4・1、和可 8・5、真帆 10・6
12・8	森岡・富岡・植松・飯沼	5・15	3・12、5・12、5・20、7・6、8・3、8・9、9・4、9・9、10・1、10・5、13・4、13・12、16・1、16・9、17・4、5・6、5・13、7・4、7・11、8・5、8・13、9・6、9・12、10・3、10・11、13・5、15・6、16・5、17・1	慶 15、果鈴 8・13、祐美 9・9
12・9	湯浅・渥美・結城	4・14・12・16	2・9、4・13、6・5、7・4、8・3、12・4、12・12、14・3、15・9、22・9、4・12、4・20、6・11、7・9、8・9、12・5、12・19、15・1、16・1	友絵 4・12、京子 8・3、奈帆子 8・9
12・10	萩原・朝倉・森脇・飯島・塚原・森島	11・15・13	1・12、3・13、5・11、6・5、7・4、7・9、8・5、11・5、13・3、14・1、14・11、3・12、5・6、5・20、6・9、7・6、8・3、11・4、11・12、13・12、14・9、15・1	楓 13、奈央 8・5、綺香 14・9
12・11	渡部・飯野・植野・奥野・森崎・森野	10・14・12	4・4、4・20、5・3、5・19、6・9、7・11、12・3、12・12、13・5、13・12、14・4、20・4、4・11、4・21、5・13、5・20、6・12、10・5、12・6、12・13、13・11、14・1、14・11、20・5	加恵子 5・13、真央 10・5、愛理 13・11
12・12	飯塚・須賀・椎葉・越智・塚越	11・13	1・12、4・4、4・13、4・20、5・6、5・19、6・5、9・4、11・6、11・13、12・5、12・11、13・4、20・1、3・4、4・9、4・19、5・3、5・12、6・1、6・11、9・12、11・12、12・1、12・9、12・12、13・11、20・4	唯 11、ほたる 5・6、麻保子 11・12
12・16	富樫・棚橋	5・17・7	1・12、5・19、8・5、9・4、16・1、5・12、7・6、8・9、15・9	令羅 5・19、李帆 7・6、和香 8・9

姓の画数と例		姓に合う名前の画数 1字名	姓に合う名前の画数 2字名・3字名	名前例
12・18	須藤	15、5、7	15・3、14・3、13・5、7・11、6・12、6・9、6・1、5・12、5・3、3・4、17・1、14・4、14・1、13・4、7・4、6・11、6・5、5・13、5・6、3・12	ゆき 3・4、光貴 6・12、綾子 14・3
12・19	渡邊、間瀬	6	16・1、13・4、12・9、12・4、6・1、5・11、4・13、2・19、16・5、14・3、13・3、12・5、6・11、5・12、5・1、4・12	由雁 5・12、早歩子 6・11、博美 12・9
13・3	溝口、遠山、滝川、福山、滝口、福士	なし	15・10、14・3、13・18、13・8、13・3、12・19、12・4、10・11、8・8、5・12、5・10、5・2、4・11、3・12、2・19、20・5、14・11、14・2、13・12、13・4、13・2、12・5、12・3、10・5、5・20、5・11、5・3、4・12、4・4、3・4	そのか 3・4、結月 12・4、詩織 13・18
13・4	鈴木、福井、福元、新井、照井、碓井	なし	17・4、14・4、13・18、13・8、13・3、12・19、12・4、11・20、11・5、9・12、7・8、4・12、4・4、3・4、1・5、20・4、14・10、14・2、13・11、13・5、13・2、12・12、12・3、11・10、11・4、7・11、4・20、4・11、3・12、2・19	千絵 3・12、杏果 7・8、雅代 13・5
13・5	福田、新田、福永、豊田、福本、園田	なし	13・4、12・11、12・3、11・4、10・5、8・5、3・12、3・4、1・12、1・4、13・10、13・2、12・5、11・12、11・2、10・3、6・11、3・10、2・5、1・5	ひろか 2・5、真矢 10・5、雪乃 11・2
13・7	滝沢、塩谷、新村、新谷、塩見、塩沢	なし	17・8、16・5、14・11、14・3、11・4、10・11、10・5、9・12、9・4、8・10、8・3、6・11、4・11、1・10、17・4、16・2、14・4、11・10、11・2、10・8、10・3、9・8、9・2、8・5、6・12、6・5、1・12	茉莉 8・10、春果 9・8、真子 10・3
13・8	福岡、新妻、新居、豊岡	なし	16・8、13・11、13・3、9・2、8・3、7・4、5・12、3・8、13・18、13・4、9・8、8・8、7・10、5・19、5・11	みすず 3・8、幸奈 8・8、照麻 13・11
13・10	福島、福原、福留、榊原、豊島、塩原	なし	15・10、14・11、14・4、13・11、13・2、8・10、7・11、6・18、5・20、5・10、3・12、15・3、14・10、13・12、13・5、11・4、7・18、7・8、6・12、5・19、5・3	千葡 3・12、佑実 7・8、緋奈子 14・11

※3字名の場合は、2番目と3番目の文字の画数を合計した数で見ます。

姓の画数	姓の例	1字名	2字名・3字名	名前例
13・18	遠藤、新藤	なし	3・4、5・11、6・10、7・10、13・4、14・2、17・4、5・2、5・12、6・11、13・3、13・8、14・3	あやの（3・4）、李紗（7・10）、聖奈（13・8）
14	関、境、嶋、榎	なし	1・16、3・15、4・14、7・10、9・14、10・7、11・7、17・6、3・14、4・7、4・17、7・16、9・15、11・6、11・12	亜諭（7・16）、香澄（9・15）、梨保子（11・12）
14・3	樋口、増子、緑川、関口、増山、徳山	4、20、14	2・19、4・4、4・17、5・2、5・10、5・19、8・10、10・21、12・4、12・19、13・3、13・18、14・2、14・7、15・1、15・9、3・4、4・11、5・1、5・3、5・11、8・7、10・11、12・3、12・9、13・2、13・11、14・1、14・4、14・10、15・3、20・4	由菜（5・11）、英連（8・10）、真歩子（10・11）
14・4	緒方、関戸、熊木、増井、綿引	7、17、14、20	3・4、4・1、4・11、7・10、11・2、12・1、12・11、13・4、14・1、14・9、3・10、4・9、4・19、9・4、11・4、12・3、13・2、13・10、14・3	友美（4・9）、鈴華（13・10）、瑠音（14・9）
14・5	増田、徳永、嶋田、榎本、窪田、稲田	6、12	3・10、6・10、10・3、11・7、12・4、16・2、6・7、8・10、11・2、12・1、13・3	絢（12）、妃沙（6・7）、萌那（11・7）
14・7	熊谷、熊沢、嶋村、関谷、稲村、稲見	4、17、14	1・10、6・10、6・18、8・9、9・7、10・7、14・2、14・10、17・7、4・7、6・11、8・3、9・2、10・1、10・21、14・3、16・1	檀（17）、早織（6・18）、知咲（8・9）
14・9	稲垣、鳴海	12、15、14	4・4、4・21、6・18、7・18、8・10、9・9、14・1、14・10、15・3、15・10、16・9、4・11、6・9、7・11、8・7、8・17、12・3、14・4、14・11、15・9、16・2	むつみ（4・4）、紀美（9・9）、綾華（14・10）
14・10	関根、漆原、熊倉	7、14	1・10、3・10、5・3、5・19、6・7、6・17、7・4、8・3、11・2、13・4、13・11、14・7、14・10、3・4、5・2、5・18、6・1、6・11、6・18、7・10、8・9、11・10、13・10、14・3、14・9、15・9	早希（6・7）、佳子（8・3）、歌連（14・10）

姓の画数	姓の例	姓に合う名前の画数（1字名）	姓に合う名前の画数（2字名・3字名）	名前例
14・12	稲葉	5、12、6	1・10、4・1、4・11、5・1、5・10、6・9、11・4、12・3、13・2、20・1、3・4、4・7、4・17、5・2、6・1、9・2、11・10、12・9、13・18	結 12、友里 4・7、瑛美 12・9
14・18	齊藤	5、15	3・2、3・10、5・10、13・2、15・1、3・3、5・1、7・9、14・1	さくら 3・3、由莉 5・10、初美 7・9
15・3	横山、横川、影山	5、14	3・10、4・9、5・2、5・10、8・9、12・1、13・2、14・1、14・9、4・1、5・1、5・8、5・18、10・3、12・3、13・10、14・3、15・8	公美 4・9、由佳 5・8、凜佳 15・8
15・4	横井、横内、駒井	12、14	3・10、4・9、7・9、11・2、12・6、14・2、4・1、7・6、9・9、12・1、13・3、17・1	景 12、亜美 7・9、美香 9・9
15・5	横田、駒田、廣田	12	1・10、2・9、3・10、8・3、8・10、10・1、10・8、11・6、12・1、12・6、13・2、16・1、16・9、1・16、3・8、6・9、8・9、8・17、10・3、11・2、11・10、12・3、12・9、13・8、16・2、20・1	七珈 2・9、みなか 3・8、智美 12・9
15・11	諏訪	5、12	2・9、4・17、5・2、5・10、6・1、7・8、12・3、13・2、14・1、4・1、5・1、5・6、5・16、6・9、10・1、12・9、13・8、20・1	有紀 6・9、亜也加 7・8、鈴果 13・8
16	橘	なし	1・6、1・15、5・2、5・12、7・10、8・7、9・7、15・6、16・15、17・14、1・7、1・16、5・10、5・16、7・14、9・6、9・12、16・5、17・4	しほり 1・7、美稀 9・12、環綺 17・14
16・3	橋口	4、12、5、14	3・15、4・9、5・8、8・8、12・1、14・2、4・1、5・1、8・5、10・8、13・5、15・1	緑 14、知世 8・5、真歩 10・8

※3字名の場合は、2番目と3番目の文字の画数を合計した数で見ます。

姓の画数	姓の例	姓に合う名前の画数 1字名	姓に合う名前の画数 2字名・3字名	名前例
16・5	橋本、澤田、橋田	10、12、20	1・15、1・16、2・9、3・8、6・5、8・8、8・9、10・1、10・7、10・21、11・5、12・5、12・19、16・1、16・8、16・15	恩（10）、知佳（8・8）、幸音（8・9）
17・5	篠田、濱田、磯田	10	1・15、3・8、6・7、8・7、8・8、8・15、10・1、10・6、10・15、11・4、11・14、12・1、12・4、16・7	紋（10）、朋実（8・8）、麻由俐（11・14）
17・10	篠原、鮫島、鍋島	5、6、14	3・8、5・6、5・20、6・15、7・4、7・14、7・18、11・14、13・8、14・4、14・7	弓佳（3・8）、佐織（7・18）、綸花（14・7）
17・11	篠崎、磯部、磯野、磯崎	5、10	4・20、5・8、6・1、6・7、6・18、7・6、10・14、12・1、20・4	未奈（5・8）、名津美（6・18）、里吏（7・6）
17・18	齋藤	6、17	3・14、5・1、5・8、6・7、7・6、13・4	翼（17）、由実（5・8）、那与子（7・6）
18・3	藤川、藤山	なし	3・13、3・14、4・7、4・13、4・20、5・6、5・19、8・3、10・6、10・7、10・14、12・5、12・19、13・3、14・3	たまみ（4・7）、苑子（8・3）、夏希（10・7）
18・4	藤井、藤木	なし	1・15、3・13、4・7、4・19、7・6、9・6、9・7、9・14、11・5、11・14、12・3、12・13、13・3、17・6、20・5	友李（4・7）、咲江（9・6）、美歌（9・14）
18・5	藤田、藤本、鎌田、織田、藤平、藤永	なし	3・15、8・7、8・17、10・5、10・14、10・15、11・7、11・13、11・14、12・3、12・6、12・13、13・5、20・5	千穂（3・15）、智子（12・3）、貴帆（12・6）

姓の画数	姓の例	1字名	2字名・3字名	名前例
18・7	藤沢、藤谷、藤村、藤尾	なし	1・5、4・19、6・17、8・15、9・14、10・6、11・5、17・6、1・15、6・7、8・5、9・7、10・3、10・13、16・7	くみこ（1・5）、実由（8・5）、樹里（16・7）
18・8	藤岡、藤枝、難波	なし	5・6、8・3、8・13、10・5、16・5、17・14、7・14、8・7、9・6、15・6、16・15	尚子（8・3）、美羽（9・6）、夏世（10・5）
18・10	藤原、鎌倉、藤島、藤倉	なし	3・14、6・7、8・5、11・13、5・19、7・6、11・6、14・3	有花（6・7）、佳代（8・5）、嘉子（14・3）
18・11	藤野、藤崎	なし	4・14、5・3、6・17、10・13、13・3、4・19、5・13、10・6、12・6、13・5	安里紗（6・17）、紗帆（10・6）、絹代（13・5）
18・12	藤森、藤間	なし	3・14、4・7、4・14、5・6、6・5、11・6、12・3、12・6、3・15、4・13、5・3、5・13、9・6、11・7、12・5、13・5	久慧（3・15）、加衣（5・6）、美帆（9・6）
19・3	瀬川	なし	3・12、4・12、5・6、8・5、10・6、12・4、13・2、14・2、3・13、4・19、5・18、10・5、10・13、12・13、13・12、20・5	久美子（3・12）、朋世（8・5）、真衣（10・6）
19・4	瀬戸	なし	3・12、4・14、9・6、11・4、11・14、12・12、13・2、13・12、21・4、4・4、7・18、9・16、11・13、12・6、12・13、13・5、14・4	香名（9・6）、結衣（12・6）、貴代実（12・13）
21・5	鶴田	なし	1・10、3・12、10・11、11・10、12・3、18・3、3・4、8・3、11・4、11・20、13・2	留菜（10・11）、彩華（11・10）、鈴乃（13・2）

※3字名の場合は、2番目と3番目の文字の画数を合計した数で見ます。

第5章

漢字から
アプローチする

ぜひ使いたい「この1字」漢字から始める名づけ

まず使いたい漢字を決めてから、ほかの漢字を組み合わせてバランスを調整していくアプローチ方法です。

漢字から広がるさまざまなイメージ

漢字はそれぞれに意味をもっているので、名前を文字で見ただけでも、パパやママが名前に込めた思いや願いが何となく伝わってくるものです。

漢字から始める名づけのコツは、まず使いたい1字を選ぶこと。ポイントになる1字が決まれば、組み合わせ方や画数などは、ほかの文字で調整できます。

あるいは、字数から考える方法もあります。たとえば漢字1字の名前にしようと最初に決めてから、漢字と読み方の候補を考えていく、というやり方です。

（→P.9でも漢字からのアプローチについて紹介しています）

使いたい漢字の意味を調べる

漢字の意味は一つとは限りません。たとえば、「安」という漢字には「安心」のように「やすらか」という意味のほか、「安易」の「たやすい」、「安価」の「（値段などが）やすい」などの意味もあります。漠然としたイメージだけで決めずに、きちんと意味を調べておきましょう。

漢字から考えるときは使い方もポイント

たとえば、使いたい漢字が「実」だとします。読み方は、「ジツ」（音読み）、「み・みの（る）」（訓読み）のほか、名前のときだけ使える「名のり」として、「ちか・のり・まこと・みつ」などと読むことができます。

次は、この漢字をどのように使うかを考えていきます。1字だけの名にするか、ほかの漢字と組み合わせるか。その場合、名の最初のほうで使うか、終わりの文字として使うか。いろいろなケースが考えられます。

使い方の方向性を決めておくほうが、組み合わせる文字や読み方も絞り込みやすくなります。

漢字のいろいろな使い方を考えてみる

「実」を使うことは決定！

1字の名前にする
読み方――まこと／みのり／みのる

1字目に使う
① 組み合わせる漢字によって名前の読み方はいろいろ
実世（ちかよ）／実紗（のりさ）
実咲（みさき）／実香（みつか）
② 添え字を使えば、読み方はそのままで見た目に変化
まこと……実音／実渡
みのり……実莉／実里
みのる……実留／実琉

2字目に使う
麻実香（まみか）

終わりに使う
紗実（さちか）／愛実（まなみ）／
美実（みのり）

ただ思いつくままに考えるよりも、上記のようにケース分けしながら、「最初は1字目に使うパターンを考えたから、次は終わりに使う方法で考えてみよう」というように進めるほうが、いろいろなアイデアが浮かびやすくなります。

（→P.26～33、P.36～37で、漢字を選ぶときに気をつけたいポイントを紹介しています）

おすすめ漢字930

法務省が定めている「子の名に使える漢字」の中から、使われることの多い漢字930種をピックアップしました。漢字選びの参考にお使いください。

漢字表の見方

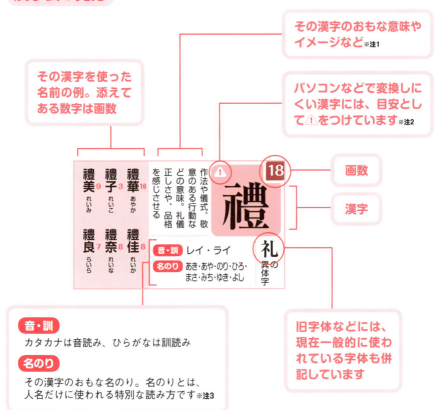

その漢字のおもな意味やイメージなど※注1

その漢字を使った名前の例。添えてある数字は画数

パソコンなどで変換しにくい漢字には、目安として⚠をつけています※注2

画数

漢字

18 禮 ⚠

作法や儀式、敬意のある行動などの意味。礼儀正しさや、品格を感じさせる

禮華 10 あやか　禮子 3 れいこ　禮美 9 れいみ

禮佳 8 れいか　禮奈 8 れいな　禮良 7 らいら

音・訓 レイ・ライ

名のり あき・あや・のり・ひろ・まさ・みち・ゆき・よし

礼の異体字

音・訓

カタカナは音読み、ひらがなは訓読み

名のり

その漢字のおもな名のり。名のりとは、人名だけに使われる特別な読み方です※注3

旧字体などには、現在一般的に使われている字体も併記しています

！漢字表を見るときの注意

※注1 ▶ 本書ではプラスの意味合いを中心に紹介していますが、漢字によってはマイナスの意味合いをもつ場合もあります。使う漢字を決定する前に、きちんと漢和辞典で調べましょう。

※注2 ▶ パソコンの漢字変換機能は機種によって異なります。自分のパソコンや携帯電話のメール機能などで変換しやすいかどうかの確認を忘れずに。

※注3 ▶ 名のりは規格で定められているものではないので、辞書ごとに紹介されている名のりの例も異なります。一冊だけでなく、何冊かの漢和辞典で調べてみるとよいでしょう。

一 1

ひとつ、物事の初めを表す。たった一人の最も大切な子という思いを込めて

音・訓 イチ・イツ・ひと・ひとつ

名のり かず・かつ・ただ・のぶ・ひで・まこと・もと

- 一夏 10 いちか
- 一恵 10 かずえ
- 一紗 10 かずさ
- 一菜 11 かずな
- 一美 9 かずみ
- 一海 9 ひとみ

乙 1

若いことや小さくて愛らしい様子を表す。皆に好かれ、成長することを願って

音・訓 オツ

名のり いつ・お・おと・きのと・くに・たか・つぎ・と

- 乙美 9 いつみ
- 乙葉 12 おとは
- 乙音 9 おとね
- 乙女 3 おとめ
- 実 8 乙菜 11 みおな

九 2

ここのつ、数が多いことを表す。多くの幸せをつかむことを祈って

音・訓 キュウ・ク・ここの・ここのつ

名のり かず・ここ・ちか・ひさ

- 九奈 8 かずな
- 九実 8 くみ
- 愛 13 九里 7 あぐり
- 九美 9 子 3 くみこ

七 2

縁起のよい数で、「なな」という響きのかわいらしさから、女の子の名前に人気

音・訓 シチ・なな・ななつ・なの

名のり かず・な

- 七緒 14 ななお
- 七虹 9 ななこ
- 七海 9 ななみ
- 七帆 6 ななほ
- 七菜 11 香 9 ななか

十 2

まとまっている様子、完全、十分なことを表す。穏やかな雰囲気をもつ子

音・訓 ジュウ・ジッ・とお・と

名のり かず・しげ・そ・とみ・みつ

- 十亜 7 とあ
- 十音 9 とおね
- 十輝 15 加 5 ときか
- 十和 8 子 3 とわこ

乃 2

古風で奥ゆかしい印象を与える。淑やかな女性となるよう、期待を込めて

音・訓 ダイ・ナイ・の

- 絢 12 乃 あやの
- 詩 13 乃 しの
- 菜 11 乃 なの
- 乃絵 12 のえ
- 乃莉 10 佳 8 のりか

二 2

一の次にくるもの、並ぶもの。人のことも考えられる、すてきな女性に

音・訓 ニ・ふた・ふたつ

名のり かず・さ・じ・つぎ・つぐ・ふ

- 二羽 6 ふたば
- 二葉 12 ふたば
- 二依 8 菜 11 にいな
- 二千 3 翔 12 にちか

入 2

入る、入れるの意味から、人の輪を大切にしながら、成長していける子に

音・訓 ニュウ・いる・いれる・はいる

名のり いり・しお・なり

- 入緒 14 いお
- 入咲 9 いりさ
- 入亜 7 いりあ
- 入里 7 しおり
- 由 5 入菜 11 ゆいな

八 2

末広がりの縁起のよい数字。未来に向かって、可能性が広がっていくように

音・訓 ハチ・や・やつ・やっつ・よう

名のり かず・わ

- 八重 9 やえ
- 八佳 8 やつか
- 八千 3 穂 15 やちほ
- 八弥 8 子 3 ややこ

※添え字（漢字1字の最後の音と同音の1字を加えること⇒P.407）を使った変則的な読みは名のりに加えていません。

3 丸

角のない円満なイメージから、穏やかな優しい印象に。温かみも感じさせる字

音・訓 ガン・まる・まるい・まるめる

名のり たま

- 依丸 8 いまる
- 丸紀 9 たまき
- 丸絵 12 まるえ
- 丸美 9 まるみ
- 丸穂 15 まるほ
- 丸世 5 まるよ

3 久

先が長いという意味から、長寿を表す縁起のよい字。ゆったりと壮大な印象も

音・訓 キュウ・ク・ひさしい

名のり つね・なが・ひさ

- 久美 9 くみ
- 久乃 2 ひさの
- 久仁子 4 3 くにこ
- 久留美 10 9 くるみ

3 弓

弓がしなることから、強さとしなやかさを兼ね備えた人になることを望んで

音・訓 キュウ・ゆみ

名のり ゆ

- 愛弓 13 あゆみ
- 沙弓 7 さゆみ
- 真弓 10 まゆみ
- 美弓 9 みゆみ
- 弓恵 10 ゆみえ
- 弓香 9 ゆみか

3 己

自分自身を意味する。自分に厳しく、自分らしさをもち続ける生き方を願って

音・訓 コ・キ・おのれ

名のり おと・な・み

- 愛己 13 あき
- 希己 7 きき
- 咲己 9 さき
- 真己 10 まき
- 由己奈 5 8 ゆきな

3 才

素質。生まれながらにもっている力に恵まれ、さらにそれを伸ばせるように

音・訓 サイ

名のり かた・たえ・とし・もち

- 才加 5 さいか
- 才那 7 さいな
- 才美 9 さいみ
- 才恵 10 としえ
- 才瑚 13 としこ
- 才実 8 としみ

3 三

みっつ、度々の意味を表す。人生の中で何度も幸せが訪れるよう願って

音・訓 サン・み・みつ・みっつ

名のり かず・こ・そ・そう・なお・みる

- 三枝 8 みえ
- 三加 5 みか
- 三保 9 みほ
- 三和 8 みわ
- 恵三利 10 7 えみり

3 之

前に進む、至る。男の子に人気の字だが、柔らかな音の響きは女の子にも

音・訓 シ

名のり のぶ・ひで・ゆき・よし・より

- 之愛 13 のあ
- 之絵 12 のえ
- 穂之香 15 9 ほのか
- 実之莉 8 10 みのり

3 子

子どもや果実を意味する。慈しむ、愛することも表す。伝統ある女の子の止め字

音・訓 シ・ス・こ

名のり たか・ちか・とし・ね・み

- 桜子 10 さくらこ
- 璃子 15 りこ
- 恵梨子 10 11 えりこ
- 結衣子 12 6 ゆいこ

3 巳

十二支の六番目、動物なら蛇、五行なら火。胎児という意味も。神秘的な印象に

音・訓 シ・み

- 巳貴 12 みき
- 巳由 5 みゆ
- 亜優巳 7 17 あゆみ
- 巳和子 8 3 みわこ

3 女

優しく、淑やかなイメージ。女の子として幸福な人生を歩むことを期待して

音・訓 ジョ・ニョ・ニョウ・おんな・め

名のり こ・たか・よし

- 綾女 14 あやめ
- 結女 12 ゆめ
- 華奈女 10 8 かなめ
- 佳乃女 8 2 かのこ

※⚠=パソコンなどで文字が出にくい字

小 3

小さい。愛らしく、かわいい印象。誰からも大切にされる女の子となるように

音・訓 ショウ・ちいさい・こ・お

名のり さ・ささ

- 小夏 10 こなつ
- 小雪 11 こゆき
- 小百合 6 6 さゆり
- 小夜子 8 3 さよこ

丈 3

長さ、長老を示し、健康な成長を願って。丈夫でしっかりとした女性の印象

音・訓 ジョウ・たけ

名のり とも・ひろ・ます

- 丈葉 12 たけは
- 丈歩 8 たけほ
- 丈恵 10 ともえ
- 丈菜 11 ともな
- 丈埜 11 ひろの
- 丈美 9 ますみ

夕 3

夕焼け、夕暮れなど、情緒あふれる風景を連想。美しく魅力のある女性に

音・訓 セキ・ゆう

名のり ゆ

- 夕夏 10 ゆうか
- 夕貴 12 ゆうき
- 夕那 7 ゆうな
- 夕麻 11 ゆうま
- 真夕子 10 3 まゆこ

千 3

数が多いことを意味する。豊かで、恵まれた日々を過ごせるように願って

音・訓 セン・ち

名のり かず・ゆき

- 千穂 15 ちほ
- 千夏 10 ちなつ
- 千尋 12 ちひろ
- 千里 7 せんり
- 末千留 5 10 みちる

大 3

大きく、優秀な様。包容力のある、優しさをもった女性になってほしい

音・訓 ダイ・タイ・おお・おおきい・おおいに

名のり お・た・とも・はる・ひろ

- 大花 7 おおか
- 大咲 9 おおさき
- 大菜 11 おおな
- 大海 9 ひろみ
- 大夢 13 ひろむ
- 大香 9 ひろか

万 3

とても数が多いこと。必ずという意味もあり、縁起がよく、安心感も与える字

音・訓 マン・バン

名のり かず・かつ・たか・つむ・ま・よろず

- 万紀 9 まき
- 万那 7 まな
- 万理 11 まり
- 呂万 7 ろまん
- 万有美 6 9 まゆみ

也 3

断定や呼びかけの意を表す助字。女の子の名前に使うと、個性的に

音・訓 ヤ・なり・また

名のり あり・これ・ただ

- 加也 5 かや
- 麻也 11 まや
- 依莉也 8 10 いりや
- 真理也 10 11 まりや

与 3

与える、協力する、助けるの意味から、人間関係に恵まれるように願って

音・訓 ヨ・あたえる

名のり くみ・すえ・とも・のぶ・もと・よし

- 佳与 8 かよ
- 沙与 7 さよ
- 麻与 11 まよ
- 康与 11 やすよ
- 伊与奈 6 8 いよな

※添え字（漢字1字の最後の音と同音の1字を加えること⇒P.407）を使った変則的な読みは名のりに加えていません。

允 4

許す、認める。誠実、穏やかという意味もある。知性と心の温かさを感じる字

音・訓 イン・まこと・じょう

名のり ただ・ちか・まさ・みつ・よし

- 允希 7 みつき
- 允菜 11 みつな
- 允帆 6 みつほ
- 允乃 2 よしの
- 允葉 12 よしは
- 允美 9 よしみ

五 4

物をかぞえるときの区切りとなる数であることから、誠実で素直なイメージに

音・訓 ゴ・いつ・いつつ

名のり い・いず・かず・ゆき

- 五華 10 いつか
- 五奈 8 いつな
- 五音 9 いつね
- 五弥 8 いつみ
- 五十鈴 2 13 いすず

円 4

円滑、円満など、物事がうまく進んでいくイメージ。満ち足りた未来を期待して

音・訓 エン・まるい

名のり かず・つぶら・のぶ・まど・まどか・まる・みつ

- 円香 9 まどか
- 円奈 8 まどな
- 円埜 11 まるの
- 円歩 8 まるほ
- 円美 9 まるみ
- 円世 5 まるよ

公 4

公平、公正を表す。周囲のことを考え、誰にでも優しい心で接するように

音・訓 コウ・おおやけ

名のり きみ・きん・く・さと・たか・とも・ひろ・まさ

- 公奈 8 きみな
- 公帆 6 きみほ
- 公美佳 9 8 くみか
- 公実恵 8 10 きみえ

王 4

位の高い上品な印象。気品ある優美さと落ち着きを備えた女性を連想させる

音・訓 オウ

名のり お・き・きみ・たか・み・わか

- 王花 7 おうか
- 王那 7 おうな
- 王緒 14 きみお
- 王世 5 きみよ
- 真王子 10 3 まみこ

今 4

今日、現在、この瞬間を大切にするイメージ。前向きな姿勢を感じる名前に

音・訓 コン・キン・いま

- 今瑠 14 いまる
- 今埜 11 こんの
- 今日子 4 3 きょうこ
- 今日奈 4 8 きょうな

月 4

月の優しい光がさす情景が思い浮かぶ。神秘的で魅力あふれるイメージ

音・訓 ゲツ・ガツ・つき

名のり つぎ

- 月香 9 つきか
- 月乃 2 つきの
- 那月 7 なつき
- 葉月 12 はづき
- 美月 9 みつき
- 悠月 11 ゆづき

心 4

物の中心、精心。何よりも心を重んじる、優しさと精神力を兼ね備えた子に

音・訓 シン・こころ

名のり きよ・ご・なか・み・むね・もと

- 心 こころ
- 恵心 10 えみ
- 心美 9 ここみ
- 心佳 8 みか
- 奈央心 8 5 なおみ

元 4

万物を生み出すもと、事の始まりを表す。元気で明るい子に成長するように

音・訓 ゲン・ガン・もと

名のり あさ・ちか・はる・まさ・ゆき・よし

- 元恵 10 もとえ
- 元霞 17 もとか
- 元瑚 13 もとこ
- 元菜 11 もとな
- 元埜 11 もとの
- 元波 8 もとは

仁 4

慈しみ、思いやり、親しみ。情の深さや内面的な美しさをイメージさせる字

音・訓 ジン・ニ

名のり きみ・さと・と・のり・ひと・まさ・み・めぐみ・よし

- 仁子 3 ひとこ
- 仁美 9 ひとみ
- 仁衣那 6 7 にいな
- 仁千花 3 7 にちか

※⚠＝パソコンなどで文字が出にくい字

壬 4

人当たりがよく、器の大きい人物をイメージする字。五行では水に当たる

音・訓 ジン・みずのえ
名のり つぐ・み・みず・よし

- 壬帆 6 みずほ
- 壬和 8 みわ
- 芙 7 壬花 7 ふみか
- 壬那 7 美 9 みなみ

水 4

潤いのある、しなやかでみずみずしい女性に。流れを止めない強さも備えて

音・訓 スイ・みず
名のり な・み・みな・ゆ・ゆく

- 水江 6 みずえ
- 水貴 12 みずき
- 花 7 水枝 8 かなえ
- 由 5 水那 7 ゆみな

双 4

二つ、並ぶことを意味する。植物の双葉を連想させ、成長への希望を感じる字

音・訓 ソウ・ふた
名のり なみ・ふ

- 双葉 12 ふたば
- 双泉 9 ふたみ
- 双美 9 加 5 ふみか
- 双有 6 実 8 ふゆみ

丹 4

丹念、丹精など、まごころを表す字。思いやりのある女の子に育つことを願って

音・訓 タン・あか・に
名のり まこと

- 丹那 7 たんな
- 詩 13 丹 したん
- 亜 7 丹花 7 あにか
- 丹依 8 奈 8 にいな

天 4

空。自然の意も。大らかなイメージを感じさせる字。天真爛漫な子に

音・訓 テン・あめ・あま
名のり かみ・そら・たか

- 天奈 8 あまな
- 天寧 14 あまね
- 天羽 6 そらは
- 天詩 13 てんし
- 美 9 天 みそら
- 結 12 天 ゆたか

日 4

太陽、日光など、明るく、生命力にあふれた様子。希望に満ちた人生に

音・訓 ニチ・ジツ・ひ・か
名のり あき・はる

- 日向 6 ひなた
- 日和 8 ひより
- 明 8 日香 9 あすか
- 向 6 日葵 12 ひまわり

巴 4

水がうずをまく様子をかたどった模様。神秘的な魅力を感じさせる

音・訓 ハ・ともえ
名のり とも

- 巴絵 12 ともえ
- 巴埜 11 ともの
- 巴美 9 ともみ
- 巴梨 11 ともり
- 巴瑠 14 奈 8 はるな

比 4

比べる、並ぶ、仲間。人との関係を大切にし、仲間に恵まれることを願って

音・訓 ヒ・くらべる
名のり たか・ちか・とも・なみ・ひさ

- 比音 9 ともね
- 比織 18 ひおり
- 比紗 10 枝 8 ひさえ
- 比奈 8 子 3 ひなこ

文 4

学問や教養。模様、飾りという意味もあり、知的で、おしゃれ感もある名前に

音・訓 ブン・モン・ふみ
名のり あき・あや・とも・のぶ・のり・ゆき・よし

- 文香 9 あやか
- 文菜 11 あやな
- 文泉 9 あやみ
- 文慧 15 ふみえ
- 文世 5 ふみよ
- 麻 11 文 まあや

木 4

木材、質朴を示す。飾り気のない魅力で、まわりの人を癒すような存在に

音・訓 ボク・モク・き・こ
名のり しげ

- 木美 9 しげみ
- 優 17 木 ゆき
- 木 2 乃実 8 このみ
- 木綿 14 子 3 ゆうこ

※添え字（漢字1字の最後の音と同音の1字を加えること⇒P.407）を使った変則的な読みは名のりに加えていません。

4 友

とも、仲がよい様子を表す。多くの友人に恵まれ、友人を大切にする女性に

音・訓 ユウ・とも
名のり ゆ

- 友音 9 ともね
- 友歩 8 ゆうほ
- 美 9 友妃 6 みゆき
- 友里 7 恵 10 ゆりえ

4 尤

特にすぐれている様子、めずらしい、の意から秀でた才能を期待して

音・訓 ユウ・もっとも
名のり もつ・もと

- 尤亜 7 ゆうあ
- 尤花 7 ゆうか
- 尤希 7 ゆうき
- 尤菜 11 ゆうな
- 尤実 8 ゆうみ
- 尤里 7 ゆうり

4 予

あらかじめ、ゆとりをとる。また、楽しむ。周囲の人をほっとさせてほしい

音・訓 ヨ
名のり まさ・やす

- 伊 6 予 いよ
- 沙 7 予 さよ
- 佳 8 予 かよ
- 麻 11 予 まよ
- 未 5 予莉 10 みより

4 六

易では陰を象徴する数。元は穴を覆った形を描いた字。個性的な女性に

音・訓 ロク・リク・む・むつ・むっつ・むい

- 六香 9 むつか
- 六実 8 むつみ
- 美 9 六花 7 みむか
- 六津 9 子 3 むつこ

5 以

用いる、率いるという意味や、理由を表す。「い」に漢字を当てたいときに

音・訓 イ
名のり しげ・とも・のり・もち・ゆき

- 亜 7 以 あい
- 芽 8 以 めい
- 以沙 7 子 3 いさこ
- 真 10 以香 9 まいか

5 右

上位を意味し、助ける、尊ぶ、大事にするなど、豊かな人間性を連想させる字

音・訓 ウ・ユウ・みぎ
名のり あき・たか

- 右香 9 ゆうか
- 右莉 10 ゆうり
- 瑚 13 右海 9 こうみ
- 実 8 右那 7 みうな

5 永

時が長く続くことを意味する。永い人生をゆったりと歩むことをイメージして

音・訓 エイ・ながい
名のり え・なが・のぶ・のり・はるか・ひさ・ひら

- 永夏 10 えいか
- 永真 10 えま
- 紗 10 香 9 永 さかえ
- 永理 11 依 8 えりい

5 央

中央、中心を意味する。しっかりと落ち着きがあり、気品を感じさせる字

音・訓 オウ
名のり お・ちか・てる・なか・ひさ・ひろ

- 奈 8 央 なお
- 真 10 央 まお
- 未 5 央 みお
- 理 11 央 りお
- 香 9 央里 7 かおり

5 加

増やす、加える、重ねる。プラスのイメージが、明るい人柄を連想させる

音・訓 カ・くわえる
名のり ます・また

- 美 9 加 みか
- 有 6 加 ゆか
- 加奈 8 子 3 かなこ
- 梨 11 里 7 加 りりか

※⚠＝パソコンなどで文字が出にくい字

禾 5

稲や粟、穀物などの豊かな実りを表現した文字。伸びやかな成長を祈って

音・訓 カ・いね・のぎ
名のり ひで

- 禾絵 12 かえ
- 禾穂 15 かほ
- 禾都紀 11 9 かつき
- 実禾音 8 9 みかね

句 5

文章の切れ目、単語の連なりを意味する。文化的な趣のあるイメージをもつ字

音・訓 ク

- 句音 9 くおん
- 句美 9 くみ
- 唯句弥 11 8 いくみ
- 希句奈 7 8 きくな

可 5

よい、できる、なせるなどを表す。様々な可能性を伸ばすよう、期待を込めて

音・訓 カ・べし
名のり あり・とき・よし・より

- 可恋 10 かれん
- 可波 8 かなみ
- 帆乃可 6 2 ほのか
- 沙弥可 7 8 さやか

功 5

てがら、仕事の結果を表す。努力して、成功を収めるようにと願って

音・訓 コウ・ク・いさお
名のり あう・あつ・いさ・こと・なり・のり

- 功美 9 くみ
- 功子 3 こうこ
- 衣功乃 6 2 いくの
- 多功美 6 9 たくみ

丘 5

小高い山を表すことから、見晴らしのよい、すがすがしい印象の名前に

音・訓 キュウ・おか
名のり お・たか

- 丘歩 8 おかほ
- 丘美 9 おみ
- 丘里恵 7 10 おりえ
- 美丘菜 9 11 みおな

弘 5

広くスケールが大きいさまを表す。大らかな女性に成長することを期待して

音・訓 コウ・グ・ひろい
名のり お・ひろ・みつ

- 弘恵 10 ひろえ
- 弘香 9 ひろか
- 弘子 3 ひろこ
- 弘乃 2 ひろの
- 弘帆 6 ひろほ
- 弘美 9 ひろみ

叶 5

願いがかなうことや、意見が一致することを表す。協調性をもった子に

音・訓 キョウ・かなう
名のり かない・かのう・とも・やす

- 叶絵 12 かなえ
- 叶実 8 かなみ
- 紀叶 9 ききょう
- 叶佳 8 きょうか
- 叶奈 8 きょうな
- 叶花 7 ともか

広 5

広がり、広々とした様子を表す。大らかでのびやかな印象を与える字

音・訓 コウ・ひろい
名のり お・たけ・とう・ひろ・みつ

- 広枝 8 ひろえ
- 広緒 14 ひろお
- 広加 5 ひろか
- 広海 9 ひろみ
- 広代 5 ひろよ
- 美広 9 みひろ

玉 5

宝石や美しい石、美しいもののたとえにも。気品のある美しさをもった人に

音・訓 ギョク・たま
名のり きよ

- 玉栄 9 たまえ
- 玉緒 14 たまお
- 玉加 5 たまか
- 玉貴 12 たまき
- 玉祢 9 たまね
- 玉美 9 たまみ

左 5

支える、助けるという意味から、愛情豊かな優しさを感じる。伝統的な優雅さも

音・訓 サ・ひだり

- 左織 18 さおり
- 左保 9 さほ
- 美左緒 9 14 みさお
- 左菜枝 11 8 さなえ

※添え字(漢字1字の最後の音と同音の1字を加えること⇒P.407)を使った変則的な読みは名のりに加えていません。

5 史

出来事を記録した書物や、記録する人を示す。文学の才能や知性を感じる字

音・訓 シ

名のり ちか・ひと・ふの・ふみ・み

史織18 しおり　史埜11 しの
史恵10 ふみえ　史佳8 ふみか
史緒美14 9 しおみ

5 出

内から外へ出ることを表す。飛躍や進歩など、成長していく姿をイメージ

音・訓 シュツ・スイ・でる・だす

名のり いず・いずる

出雲12 いづも　出瑠14 いづる
日4 出美9 ひでみ
日4 出世5 ひでよ

5 市

多くの人々が集まる場所。人が集まってくるような人柄となるように願って

音・訓 シ・いち

名のり ち・なが・まち

市花7 いちか　市子3 いちこ
市奈8 いちな　市鶴21 しづる
市6 帆利7 しほり

5 生

生き生きとした様子や命、初々しさ。純粋で混じりけのないという意味も

音・訓 セイ・ショウ・いきる・うまれる・おう・はえる・き・なま

名のり あり・いく・う・お・のり・み・よ

生恵10 いくえ　生未5 いくみ
希7 生 きき　弥8 生 やよい
友4 生子3 ゆきこ

5 仔

小さい、細かい、小さな子を表す。愛らしく、かわいらしさをイメージさせる字

音・訓 シ・こ

名のり かつ・とう

仔雪11 こゆき　舞15 仔 まいこ
奈8 々3 仔 ななこ
三3 和8 仔 みわこ

5 正

まっすぐで正しい様子、本物。冷静に善悪を見分ける力を備えた女性に

音・訓 セイ・ショウ・ただしい・まさ

名のり きみ・たか・ただ・なお・のぶ・よし

正香9 せいか　正羅19 せいら
正枝8 まさえ　正妃6 まさき
正美9 まさみ　正世5 まさよ

5 司

役目をつかさどる意味から、めんどうみがよく、人から慕われる人となるように

音・訓 シ・つかさ・つかさどる

名のり かず・もと・もり

司穂15 しほ　司真10 しま
知8 司津9 ちしづ
都11 司恵10 としえ

5 世

世代、時代、世の中を表す。先祖から引き継がれてきた命の尊さを感じさせる

音・訓 セイ・セ・よ

名のり つぎ・つぐ・とき・とし

加5 世 かよ　世那7 せな
世里7 せり　麻11 世 まよ
羽6 奈8 世 はなよ

5 矢

まっすぐに飛んでいく矢の様子から、芯の強さと勢い、素直さをイメージ

音・訓 シ・や

名のり ただ・なお

佳8 矢 かや　麻11 矢 まや
亜7 矢乃2 あやの
早6 矢香9 さやか

5 代

人の一生や、時代の区切りなどを表し、壮大な時間の流れを感じさせる字

音・訓 ダイ・タイ・かわる・かえる・よ・しろ

名のり とし・のり・より

伊6 代 いよ　佳8 代 かよ
紗10 代 さよ　陽12 代 はるよ
美9 奈8 代 みなよ

※⚠＝パソコンなどで文字が出にくい字

旦 5

日の出、夜明け、明日を表す。光に満ちた明るい未来をイメージさせる字

音・訓 タン・あした
名のり あき・あけ・あさ

- 旦絵 12 あきえ
- 旦菜 11 あきな
- 旦歩 8 あきほ
- 旦美 9 あけみ
- 旦果 8 あさか
- 旦陽 12 あさひ

汀 5

波打ち際、渚を意味する。穏やかでさわやか、癒しのイメージを与える字

音・訓 テイ・なぎさ・みぎわ

- 汀 なぎさ
- 汀霞 17 ていか
- 汀子 3 ていこ
- 汀南 9 ていな
- 汀音 9 ていね
- 汀羅 19 ていら

冬 5

冬の澄んだ空気や、雪景色など、凛とした静寂と美しさを感じさせる字

音・訓 トウ・ふゆ
名のり かず・とし

- 冬子 3 とうこ
- 美冬 9 みふゆ
- 冬香 9 ふゆか
- 冬音 9 ふゆね
- 冬埜 11 ふゆの
- 冬海 9 ふゆみ

白 5

色が白いことや穢れがないことを表す。様々な色を吸収して育つことを願って

音・訓 ハク・ビャク・しろ・しら・しろい
名のり あき・きよ・し

- 白奈 8 あきな
- 白佳 8 きよか
- 白美 9 きよみ
- 白羅 19 きよら
- 白亜 7 はくあ
- 眞白 10 ましろ

氷 5

こおる、氷、氷のように冷たいことを表す。澄んだ輝きのあるイメージに

音・訓 ヒョウ・こおり・ひ
名のり きよ

- 氷奈 8 ひな
- 氷子 3 ひょうこ
- 氷香流 9 10 ひかる
- 氷乃佳 2 8 ひのか

布 5

織物、綿布。物や人を包んだり、温めたりすることから、穏やかで優しい印象に

音・訓 フ・ぬの
名のり しき・たえ・のぶ・よし

- 布恵 10 ふえ
- 布美 9 ふみ
- 布有 6 ふゆ
- 布江 6 よしえ
- 由布子 5 3 ゆふこ

卯 5

十二支の4番目、兎。方角ならば東を意味し、日が昇ることから、明るい女の子に

音・訓 ボウ・う
名のり しげ

- 卯月 4 うづき
- 卯奈 8 うな
- 卯音 9 うね
- 悠卯 11 ゆう
- 卯紗美 10 9 うさみ

北 5

方角のこと。南の反対。影で努力を重ね、表舞台で誰よりも光り輝ける女性に

音・訓 ホク・きた
名のり た

- 北慧 15 きたえ
- 北香 9 きたか
- 北音 9 ほくね
- 北梨 11 ほくり
- 北菜 11 ほくな
- 美北 9 みほく

未 5

未来、未知の世界というイメージから、希望や飛躍、可能性を感じさせる字

音・訓 ミ・いまだ・ひつじ
名のり いま・ひで

- 麻未 11 あさみ
- 未紅 9 みく
- 未知 8 みち
- 未来 7 みらい
- 未知瑠 8 14 みちる

民 5

人々、国民を意味する。人を大切にし、誰からも好かれる人となるよう願って

音・訓 ミン・たみ
名のり ひと・み・もと

- 娃民 9 あみん
- 民絵 12 たみえ
- 民子 3 たみこ
- 民寧 14 たみね
- 有民花 6 7 ゆみか

※添え字（漢字1字の最後の音と同音の1字を加えること⇒P.407）を使った変則的な読みは名のりに加えていません。

由 5

理由、様子。字画も少なく、知的で落ち着きのある印象を与える人気の字

音・訓 ユ・ユウ・ユイ・よし
名のり ただ・ゆき・より

- 万(3)由 まゆ
- 由奈(8) ゆうな
- 由美(9) ゆみ
- 由枝(8) よしえ
- 由起(10)江(6) ゆきえ

立 5

地に足をつけて、しっかりと立つ。自立した女性として成長することを期待して

音・訓 リツ・リュウ・たつ・たてる
名のり たか・たち・たて・はる

- 立末(5) たつみ
- 立世(5) たつよ
- 立夏(10) りっか
- 立希(7) りつき
- 立瀬(19) りつせ
- 立羽(6) りつは

令 5

教え、決まりごと。清らか、立派という意味もあり、気品ある美しさを感じる

音・訓 レイ
名のり おさ・なり・のり・はる・よし

- 美(9)令 みれい
- 令亜(7) れいあ
- 令佳(8) れいか
- 令菜(11) れいな
- 令葉(12) れいは
- 令良(7) れいら

礼 5

感謝、礼儀、秩序を意味する字。誠意のある、分別をわきまえた人となるように

音・訓 レイ・ライ
名のり あき・あや・のり・ひろ・まさ・みち・ゆき・よし

- 礼香(9) あやか
- 礼子(3) あやこ
- 礼乃(2) あやの
- 礼芽(8) あやめ
- 礼華(10) れいか
- 礼那(7) れいな

安 6

安らか、落ち着いている様子。満足という意味から、満ち足りた日々を願って

音・訓 アン・やすい
名のり あ・さだ・やす

- 安奈(8) あんな
- 安里(7) あんり
- 安実(8) やすみ
- 安世(5) やすよ
- 安紀(9)菜(11) あきな

伊 6

これ、かれ、ただの意味。イタリアの略でもあり、世界で活躍できる人に

音・訓 イ・これ・ただ
名のり いさ・よし

- 伊咲(9) いさき
- 伊澄(15) いすみ
- 伊吹(7) いぶき
- 伊世(5) いよ
- 美(9)伊奈(8) みいな

衣 6

衣類。身にまとうものを示すことから、人柄のよさをイメージさせる字

音・訓 イ・ころも
名のり え・きぬ・そ

- 衣麻(11) えま
- 衣里(7) えり
- 芽(8)衣 めい
- 結(12)衣 ゆい
- 麻(11)衣子(3) まいこ

宇 6

大空、宇宙など、雄大で広々とした印象。心の広い人になることを願って

音・訓 ウ
名のり たか・のき

- 宇多(6) うた
- 宇菜(11) うな
- 宇埜(11) うの
- 宇子(3) たかこ
- 宇良(7)々(3) うらら

羽 6

翼、羽ばたき。空を自由に飛ぶイメージから、朗らかな人柄を連想させる

音・訓 ウ・は・はね
名のり わね

- 羽那(7) はな
- 羽乃(2) はの
- 羽瑠(14) はる
- 美(9)羽 みう
- 風(9)羽香(9) ふうか

※⚠=パソコンなどで文字が出にくい字

会 6

集まる、出会う、巡り合うなど、人とのつながりを表す字。よい出会いを願って

音・訓 カイ・エ・あう
名のり あい・かず・はる

- 会那 7 あいな
- 会莉香 10 9 えりか
- 由梨会 5 11 ゆりえ
- 会美 9 えみ

伎 6

細かい技、技を身に着けた人を意味する。才能豊かに成長することを願って

音・訓 ギ・キ・わざ

- 伎絵 12 きえ
- 伎実恵 8 10 きみえ
- 真伎名 10 6 まきな
- 美伎 9 みき

吉 6

おめでたく、運がよいことを示す。誰からも好まれ、よい印象を与えるように

音・訓 キチ・キツ
名のり さち・とみ・よ・よし

- 吉恵 10 よしえ
- 吉奈 8 よしな
- 加吉子 5 3 かよこ
- 吉香 9 よしか
- 吉乃 2 よしの

匡 6

正す、元の形に戻す。一本筋の通った、落ち着いた印象を与える字

音・訓 キョウ・ただす・すくう
名のり こう・ただ・まさ

- 匡香 9 きょうか
- 匡乃 2 まさの
- 匡穂 15 まさほ
- 匡子 3 きょうこ
- 匡実 8 まさみ
- 匡葉 12 まさよ

共 6

一緒に、ともに、分かちあうの意味。人とのつながりを大切にするように

音・訓 キョウ・とも
名のり たか

- 共佳 8 きょうか
- 共音 9 ともね
- 共美 9 ともみ
- 共奈 8 きょうな
- 共帆 6 ともほ
- 共世 5 ともよ

旭 6

あさひ、日の出を表す。朝のすがすがしい太陽のイメージで明るい印象に

音・訓 キョク・あさひ
名のり あき・あさ・てる

- 旭絵 12 あきえ
- 旭与 3 あきよ
- 旭子 3 あさこ
- 旭菜 11 あきな
- 旭夏 10 あさか
- 旭海 9 あさみ

圭 6

古代に身分の証として授けられた玉を表し、潔いという意味も。気品がある字

音・訓 ケイ・たま・かど
名のり か・きよ・け・よし

- 圭子 3 けいこ
- 史圭 5 ふみか
- 由圭李 5 7 ゆかり
- 花圭 7 はなか
- 凜圭 15 りんか

江 6

緩やかに流れる大きな川のイメージ。豊かで温厚な人柄を連想させる字

音・訓 コウ・え
名のり きみ・ただ・のぶ

- 江麻 11 えま
- 江実里 8 7 えみり
- 江梨香 11 9 えりか
- 江蓮 13 えれん

考 6

考えることを示す。何事もよく考えて行動する思慮深い人となるように

音・訓 コウ・かんがえる
名のり たか・ただ・ちか・とし・なり・のり・やす・よし

- 考枝 8 たかえ
- 考菜 11 たかな
- 考美 9 たかみ
- 考子 3 たかこ
- 考乃 2 たかの
- 考楽 13 たから

后 6

天子の夫人、きさきを表す。気品ある女性に成長するよう期待を込めて

音・訓 コウ
名のり きみ・み

- 后絵 12 きみえ
- 后香 9 きみか
- 后世 5 きみよ
- 后緒 14 きみお
- 后埜 11 きみの
- 后子 3 こうこ

※添え字（漢字1字の最後の音と同音の1字を加えること⇒P.407）を使った変則的な読みは名のりに加えていません。

行 6

出発する、行う。前向きで行動力のある印象に。読み方によっては女の子にも

音・訓 コウ・ギョウ・アン・いく・ゆく・おこなう

名のり たか・のり・ゆき・ひら

- 行香 9 のりか
- 行代 5 やすよ
- 行奈 8 ゆきな
- 行姫 10 やすき
- 行子 3 ゆきこ
- 行乃 2 ゆきの

好 6

好む、美しい、すぐれているなどの意味。人から好感をもたれることを願って

音・訓 コウ・このむ・すく

名のり この・すみ・たか・よし・よしみ

- 好香 9 このか
- 好未 5 このみ
- 好乃 2 よしの
- 好波 8 このは
- 泉好 9 みよし
- 好美 9 よしみ

光 6

光る、栄光など、明るく輝く未来をイメージする字。1文字の名は男女ともに

音・訓 コウ・ひかる・ひかり

名のり あき・てる・ひろ・み・みつ

- 光 ひかり
- 光咲 9 こうさ
- 光和子 8 3 みわこ
- 光音 9 あきね
- 光海 9 こうみ

向 6

向き合って進む、志すという意味から、物事にまっすぐ向かっていく女性に

音・訓 コウ・むく・むける・むかう・むこう

名のり ひさ・むか

- 向菜 11 こうな
- 向恵 10 ひさえ
- 向美 9 ひさみ
- 向芽 8 こうめ
- 向子 3 ひさこ
- 日向 4 ひなた

亘 6

巡る、求めるという意味。人との巡り合いを大切にし、探究心をもった子に

音・訓 コウ・わたる

名のり のぶ

- 亘子 3 こうこ
- 亘羽 6 こうは
- 亘帆 6 のぶほ
- 亘菜 11 こうな
- 亘恵 10 のぶえ
- 亘世 5 のぶよ

合 6

一つにぴったり合う、混ぜる、合わせるなどの意味。よい人間関係をイメージ

音・訓 ゴウ・ガッ・カッ・あう・あわす・あわせる

名のり あい・かい・はる・よし

- 合奈 8 あいな
- 小百合 3 6 さゆり
- 百合佳 6 8 ゆりか
- 合莉 10 あいり

在 6

ある、いる。自由自在という意味も。思い通りに願いをかなえてほしい

音・訓 ザイ・ある

名のり あき・あり・すみ・まき

- 在夏 10 ありか
- 在奈 8 ありな
- 在美 9 ありみ
- 在紗 10 ありさ
- 在穂 15 ありほ
- 在耶 9 ありや

至 6

行き着くという意味から、物事を成し遂げることをイメージ。堅実な印象に

音・訓 シ・いたる

名のり ちか・のり・みち・むね・ゆき・よし

- 至優 17 しゆう
- 至歩 8 しほ
- 世至恵 5 10 よしえ
- 至音 9 しおん
- 至野 11 ゆきの

糸 6

古風な響きで、和のテイストを感じさせるため、逆に新鮮な印象を与える名前に

音・訓 シ・いと

名のり たえ・ため・より

- 糸佳 8 いとか
- 糸羽 6 いとは
- 糸緒菜 14 11 しおな
- 糸埜 11 いとの
- 糸唯 11 しい

此 6

近くにあるものや、自分のいる場所を示す。組み合わせた字が強調される

音・訓 シ・ここ・これ・この・かく

- 此海 9 ここみ
- 此羽 6 このは
- 此乃芙 2 7 しのぶ
- 此花 7 このか
- 此織 18 しおり

※⚠＝パソコンなどで文字が出にくい字

朱 6

朱色、明るい赤。温かみのある朱色は、女性らしく可憐で温和なイメージ

音・訓 シュ・あか

名のり あけ・あけみ・あや・す

- 朱莉 10 あかり
- 朱美 9 あけみ
- 朱佳 8 しゅか
- 朱里 7 しゅり
- 朱季亜 8 7 しゅりあ

守 6

守るという意味から、責任感のある人に育ってほしいという願いを込めて

音・訓 シュ・ス・まもる・もり

名のり え・し・ま・もれ

- 守花 7 しゅか
- 守南 9 しゅな
- 守璃 15 しゅり
- 守紘 10 まひろ
- 守里奈 7 8 まりな

州 6

川の中州や行政区画を示す。大陸や国のイメージから、大らかな人柄を連想

音・訓 シュウ・す

名のり くに

- 州夏 10 くにか
- 州那 7 しゅうな
- 亜州香 7 9 あすか
- 州美江 9 6 すみえ

舟 6

緩やかな流れを小舟で下っているのどかなイメージ。趣のある名前に

音・訓 シュウ・ふね・ふな

名のり のり

- 舟子 3 しゅうこ
- 舟乃 2 しゅうの
- 舟帆 6 しゅうほ
- 知舟 8 ちふね
- 舟香 9 のりか
- 美舟 9 みふね

充 6

中味が満ちている様子。しっかりと有意義な日々を過ごせるように期待して

音・訓 ジュウ・あてる

名のり あつ・まこと・み・みち・みつ・みつる

- 充希 7 みつき
- 充世 5 みつせ
- 充穂 15 みつほ
- 充和 8 みわ
- 充乃莉 2 10 みのり

旬 6

適した時期のこと。物事のタイミングをつかみ、チャンスを活かせる人に

音・訓 ジュン・シュン

名のり ただ・とき・まさ・ひら

- 旬香 9 しゅんか
- 旬霞 17 じゅんか
- 旬子 3 じゅんこ
- 旬那 7 じゅんな
- 旬音 9 ときね
- 旬美 9 まさみ

如 6

よく似た状態。仏教では、ありのままの真の姿を意味する。個性的な印象に

音・訓 ジョ・ニョ

名のり いく・なお・もと・ゆき・よし

- 如月 4 きさらぎ
- 如亜 7 じょあ
- 如子 3 もとこ
- 如奈 8 ゆきな
- 如乃 2 ゆきの
- 如葉 12 よしは

庄 6

田舎ののどかな村里のイメージから、穏やかで温かい雰囲気を与える字

音・訓 ショウ

名のり まさ

- 庄仔 5 しょうこ
- 庄奈 8 しょうな
- 庄乃 2 しょうの
- 庄枝 8 まさえ
- 庄音 9 まさね
- 庄美 9 まさみ

匠 6

すぐれた技術をもつ人。アイデアがあり、芸術的な才能に恵まれた女性に

音・訓 ショウ

名のり たくみ・なる

- 匠華 10 しょうか
- 匠子 3 しょうこ
- 匠乃 2 しょうの
- 匠羽 6 なるは
- 匠実 8 なるみ
- 匠世 5 なるよ

色 6

色そのものを表すだけでなく、ものの美しい様子や状態も示す。個性的な印象に

音・訓 ショク・シキ・いろ

名のり くさ・しこ・しな

- 色葉 12 いろは
- 音色 9 ねいろ
- 色末 5 いろみ
- 色花 7 しきか
- 色穂 15 しきほ
- 希色 7 みいろ

※添え字(漢字1字の最後の音と同音の1字を加えること⇒P.407)を使った変則的な読みは名のりに加えていません。

6 迅

速度が速く、激しい様子を表す。アクティブでさわやかなイメージを与える

音・訓 ジン
名のり とき・とし・はや

迅夏10 としか
迅歩8 としほ
迅世5 はやせ
迅音9 はやね
迅乃2 はやの
迅流10 はやる

6 壮

血気盛ん、立派など、元気な様子を表す。明るく健康に育つように願って

音・訓 ソウ
名のり あき・お・たけ・まさ・もり

壮奈8 あきな
壮子3 そうこ
壮世5 たけよ
壮恵10 まさえ
壮歩8 まさほ
壮美9 まさみ

6 西

方角を示す。西洋の略でもあることから、世界で活躍してほしいと願って

音・訓 セイ・サイ・にし
名のり あき・し

西絵12 あきえ
西香9 せいか
西葉12 せいは
西良7 せいら
西埜11 にしの
実8西 みせい

6 早

時間的な早さや若さを表す。みずみずしく、生命力にあふれたイメージの字

音・訓 ソウ・サッ・はやい・はやまる・はやめる
名のり さき・さ・はや

早綾14 さあや
早絵12 さえ
早苗8 さなえ
早矢5 さや
早智12香9 さちか

6 成

なし遂げる、成功するの意味。物事をあきらめずになし遂げることを期待して

音・訓 セイ・ジョウ・なる・なす
名のり あき・しげ・なり・のり・ひで・ふさ・まさ・みち

成奈8 せいな
成良7 せいら
成絵12 のりえ
成穂15 なりほ
成子3 なるこ
成美9 なるみ

6 多

数や量が多いこと。わが子の人生にたくさんの幸があるようにと願って

音・訓 タ・おおい
名のり かず・なお・まさ

多笑10 たえ
多岐7 たき
多実8枝8 たみえ
多佳8良7 たから

6 汐

夕日の沈む美しい海辺の風景を思わせる字。女の子らしい趣のある名前に

音・訓 セキ・しお・うしお
名のり きよ

汐香9 きよか
汐乃2 きよの
汐海9 きよみ
汐音9 しおね
汐見7 しおみ
汐里7 しおり

6 托

頼む、任せるの意味から、人を信頼し、信頼を得るような人に育つよう願って

音・訓 タク
名のり ひろ・もり

托都11 たくと
托名6 たくな
托乃2 たくの
托葉12 たくは
托美9 たくみ
托代5 たくよ

6 先

先頭、一番前、進むなどの意味を表す。率先して物事に取り組める子に

音・訓 セン・さき
名のり ひろ・ゆき

先子3 さきこ
先乃2 せんの
先莉10 せんり
知8先 ちさき
先波8 ゆきは
先葉12 ゆきよ

6 竹

まっすぐに成長する竹は、清らかですがすがしいイメージ。縁起のよい印象も

音・訓 チク・たけ
名のり たか

竹恵10 たかえ
竹美9 たかみ
竹那7 たかな
竹羅19 たから
竹佳8 たけか
竹芭7 たけは

※⚠＝パソコンなどで文字が出にくい字

仲 6

人を結びつける役を担うという意味から、信頼される人になるよう願って

音・訓 チュウ・なか

- 仲恵10 なかえ
- 仲子3 なかこ
- 仲瀬19 なかせ
- 仲帆6 なかほ
- 仲代5 なかよ
- 茉8仲 まなか

年 6

時間の単位のほか、穀物が成熟するという意味も。よい年を重ねられるように

音・訓 ネン・とし

名のり かず・ちか・と・とせ・ね

- 年栄9 としえ
- 年帆6 としほ
- 緒14年加5 おとか
- 年希7恵10 ときえ

灯 6

柔らかで、温かいイメージのともしび。温和で優しい雰囲気をもった人に

音・訓 トウ・ひ・ともしび

- 灯子3 とうこ
- 灯南9 ひな
- 灯加5里7 ひかり
- 麻11灯瑠14 まひる

汎 6

広くすべてに行き渡るという意味から、寛大な心を連想。漂う様子も表す

音・訓 ハン・ひろい

名のり ひろ・みな

- 汎那7 はんな
- 汎夏10 ひろか
- 汎世5 ひろよ
- 汎瀬19 みなせ
- 汎帆6 みなほ
- 汎美9 みなみ

凪 6

風も波もない静かな海を表す。穏やかな美しい風景を思わせるきれいな響き

音・訓 なぎ・なぐ

- 咲9凪 さなぎ
- 凪夏10 なぎか
- 凪子3 なぎこ
- 凪沙7 なぎさ
- 凪乃2 なぎの
- 凪葉12 なぎは

帆 6

風を受けて舟が進む様子を連想するさわやかな字。順風満帆な人生を願って

音・訓 ハン・ほ

- 帆波8 ほなみ
- 水4帆 みずほ
- 千3帆 ちほ
- 真10帆 まほ
- 帆乃2夏10 ほのか

弐 6

二つ、次などの意味を表す。「に」に漢字を当てたいときにも使える字

音・訓 ニ・ジ・ふたつ・そえる

- 来7弐 くに
- 弐瑚13 にこ
- 弐衣6奈8 にいな
- 弐知8帆6 にちほ

妃 6

きさき、女神。高貴な印象で、育ちのよさを感じさせる字。華やかな名前に

音・訓 ヒ・きさき

名のり き・ひめ

- 美9妃 みき
- 紗10妃 さき
- 妃呂7 ひろ
- 有6妃 ゆき
- 妃那7乃2 ひなの

※添え字（漢字1字の最後の音と同音の1字を加えること⇒P.407）を使った変則的な読みは名のりに加えていません。

6 百

数が多いことを表す。愛らしい印象を与える「もも」の音の響きが人気

音・訓 ヒャク
名のり お・と・も・もも

- 百奈 8 もな
- 百恵 10 ももえ
- 百花 7 ももか
- 百実 8 ももみ
- 百合乃 6 2 ゆりの

6 名

名前。名品、名人など、すぐれているという意味も。自分らしさをもった子に

音・訓 メイ・ミョウ・な
名のり かた・もり

- 瑠名 14 るな
- 麗名 19 れいな
- 沙名美 7 9 さなみ
- 真名香 10 9 まなか

6 有

存在する、所有するという意味。才能に恵まれ、豊かな生活が送れるよう願って

音・訓 ユウ・ウ・ある
名のり あ・あり・すみ・とも・なお・みち・ゆ・り

- 有奈 8 ありな
- 有希 7 ゆうき
- 亜有未 7 5 あゆみ
- 有芽花 8 7 ゆめか

6 吏

役人を示す字。人の役に立つように。「り」の音の当て字としても使える

音・訓 リ
名のり おさ・さと・つかさ

- 茉吏 8 まり
- 吏沙 7 りさ
- 吏絵奈 12 8 りえな
- 理吏香 11 9 りりか

7 亜

次ぐ、順ずる。見た目が左右対称で、安定感があり、女の子に人気の字

音・訓 ア
名のり つぎ・つぐ

- 亜子 3 あこ
- 亜蓮 13 あれん
- 亜矢 5 あや
- 亜巳 3 あみ
- 亜梨咲 11 9 ありさ

7 位

元は人がある位置に立つ様子を表す。自分の場所にしっかりと立てるように

音・訓 イ・くらい
名のり たか・なり・のり・ひら・み

- 位澄 15 いずみ
- 芽位 8 めい
- 真位子 10 3 まいこ
- 美位奈 9 8 みいな

7 壱

もっともすぐれている、いちばん。上を目指す志のある子に育つよう願って

音・訓 イチ
名のり かず・もろ

- 壱夏 10 いちか
- 壱乃 2 いちの
- 壱歩 8 いちほ
- 壱恵 10 かずえ
- 壱奈 8 かずな
- 壱美 9 かずみ

7 花

花のように可憐で美しい女性に。イメージが描きやすく印象的な名前になる

音・訓 カ・はな
名のり はる・みち・もと

- 花穂 15 かほ
- 花梨 11 かりん
- 純花 10 すみか
- 知花 8 ちか
- 麗花 19 れいか
- 萌花 11 もえか

※⚠=パソコンなどで文字が出にくい字

完 7

欠けたところのない状態を示す。やり遂げる意思の強さを備えた女性に

音・訓 カン
名のり さだ・なる・ひろ・まさ・みつ

- 完奈 8 かんな
- 完乃 2 かんの
- 完果 8 ひろか
- 完笑 10 まさえ
- 完美 9 まさみ
- 完世 5 みつよ

岐 7

本筋から枝分かれした道。いくつもの可能性をもち、それを広げていける子に

音・訓 キ
名のり また・みち

- 多岐 6 たき
- 麻岐 11 まき
- 安岐菜 6 11 あきな
- 由岐絵 5 12 ゆきえ

希 7

未来への希望が感じられる字。明るく輝く将来が待っていることを期待して

音・訓 キ・のぞむ
名のり まれ

- 亜希 7 あき
- 樹希 16 きき
- 希里 7 きさと
- 沙希 7 さき
- 未希 5 みき
- 悠希 11 ゆうき

究 7

物事を究める意味から、自ら学ぼうとする前向きな姿勢をもち続けるように

音・訓 キュウ・きわめる
名のり きわみ・さだ・すみ・み

- 究佳 8 さだか
- 究奈 8 すみな
- 究埜 11 すみの
- 知究 8 ともみ
- 有究帆 6 6 ゆみほ

玖 7

優美な黒色の石。豊かな様子も意味し、趣のある、上品な印象を与える

音・訓 キュウ・ク
名のり き・たま・ひさ

- 亜玖 7 あき
- 玖恵 10 ひさえ
- 玖羅々 19 3 くらら
- 玖瑠実 14 8 くるみ

求 7

何かを手に入れたいと望み、それをかなえるために努力する前向きなイメージ

音・訓 キュウ・もとめる
名のり き・ひで・まさ・もと・やす

- 求恵 10 もとえ
- 求子 3 もとこ
- 求美加 9 5 きみか
- 求良々 7 3 きらら

杏 7

樹木の名。「あんず」「あん」という、かわいらしい音の響きが人気。1字名でも

音・訓 キョウ・アン・あんず

- 杏樹 16 あんじゅ
- 杏奈 8 あんな
- 杏音 9 あんね
- 杏里 7 あんり
- 杏香 9 きょうか
- 杏子 3 きょうこ

均 7

全体に公平に行き渡っている様子から、分け隔てのない人柄を連想させる

音・訓 キン
名のり お・ただ・なお・なり・ひら・まさ

- 均世 5 ただよ
- 均枝 8 なおえ
- 均子 3 なおこ
- 均美 9 まさみ
- 佳均利 8 7 かおり

芹 7

正月あけに食べる、七草粥に入れる七草の一つ。若々しく、愛らしいイメージ

音・訓 キン・せり
名のり き

- 芹枝 8 せりえ
- 芹佳 8 せりか
- 芹奈 8 せりな
- 芹祢 9 せりね
- 芹乃 2 せりの
- 芹世 5 せりよ

吟 7

詩吟を歌う、吟じること。古典的な響きで、趣がある字。上品な印象を与える

音・訓 ギン
名のり うた・おと・こえ

- 吟瀬 19 おとせ
- 吟菜 11 おとな
- 吟音 9 おとね
- 吟乃 2 おとの
- 吟葉 12 おとは
- 吟芽 8 ぎんが

※添え字(漢字1字の最後の音と同音の1字を加えること⇒P.407)を使った変則的な読みは名のりに加えていません。

君 7

人に対して敬意をはらえる、誠実さをもった人になるよう期待して

音・訓 クン・きみ

名のり きん・こ・なお・よし

- 君江（6）きみえ
- 君央（5）きみお
- 君佳（8）きみか
- 君乃（2）きみの
- 君歩（8）きみほ
- 君代（5）きみよ

芸 7

根気よく習い、芸術的なわざを身に着けることを願って。才能に恵まれた子に

音・訓 ゲイ

名のり き・ぎ・のり・まさ・よし

- 安（6）芸 あき
- 芸加（5）のりか
- 麻（11）芸 まき
- 実（8）芸 みのり
- 美（9）芸子（3）みきこ

見 7

目にとめる、わかる、人に会う。物事の本質までも見極められることを願って

音・訓 ケン・みる・みえる・みせる

名のり あき・ちか・み

- 奈（8）見 なみ
- 見花（7）みか
- 希（7）見世（5）きみよ
- 祐（9）見南（9）ゆみな

冴 7

澄みきっていること、感覚が鋭く働くことを表す。りりしさを感じさせる字

音・訓 ゴ・こおる・さえる

名のり さえ

- 冴夏（10）こなつ
- 冴雪（11）こゆき
- 冴子（3）さえこ
- 冴羅（19）さえら
- 美（9）冴杜（7）みこと

吾 7

自分、われ。男の子によく使われる字を、かわいい音の組み合わせで

音・訓 ゴ・われ・わが・あ

名のり あき・みち

- 吾菜（11）あきな
- 吾絵（12）みちえ
- 吾夏（10）みちか
- 吾瑠（14）みちる
- 唯（11）知（8）吾 いちご

孝 7

親孝行というように、親を敬い大切にする意味。優しい心をもつよう願って

音・訓 コウ

名のり あつ・たか・なり・のり・もと・ゆき・よし

- 孝子（3）たかこ
- 孝奈（8）たかな
- 孝美（9）たかみ
- 孝代（5）たかよ
- 孝良（7）たから
- 孝埜（11）よしの

亨 7

神を奉る、進む、支障のない状態を表す。スムーズに進む順調な人生を願って

音・訓 コウ・キョウ・とおる

名のり あき・ちか・と・とし・なお・みち・ゆき

- 亨穂（15）あきほ
- 早（6）亨 さちか
- 亨佳（8）きょうか
- 亨子（3）きょうこ
- 亨奈（8）きょうな
- 亨音（9）みちね

更 7

新しいものと入れかえるという意味から、いつも新鮮な感性をもち続けるように

音・訓 コウ・さら・ふける・ふかす

名のり つぐ・とお・とく・のぶ

- 貴（12）更 きさら
- 更紗（10）さらさ
- 更奈（8）さらな
- 更乃（2）さらの
- 更葉（12）さらは
- 実（8）更 みさら

宏 7

規模が大きいという意味から、広々とした心の豊かな人となるよう願って

音・訓 コウ・ひろい

名のり あつ・ひろ

- 宏可（5）ひろか
- 宏子（3）ひろこ
- 宏乃（2）ひろの
- 宏美（9）ひろみ
- 宏世（5）ひろよ
- 万（3）宏 まひろ

克 7

打ち勝つ、やり遂げるの意味を表す。困難にも立ち向かう強い心をもった人に

音・訓 コク・かつ

名のり かつみ・たえ・なり・よし

- 克乃（2）かつの
- 克美（9）かつみ
- 克世（5）かつよ
- 克良（7）かつら
- 克香（9）よしか
- 克枝（8）よしえ

※⚠＝パソコンなどで文字が出にくい字

谷 7

川の水源となるくぼみ。美しさと厳しさを備えた、自然の豊かな恵みのイメージ

音・訓 コク・たに

名のり ひろ・や

- 谷栄 9 やえ
- 谷椰 13 やや
- 亜谷香 7・9 あやか
- 美谷子 9・3 みやこ

沙 7

砂を表す。おしゃれなイメージがあり、「さ」の音に当てる字として人気

音・訓 サ・シャ・すな

名のり いさ・す

- 沙織 18 さおり
- 沙南 9 さな
- 沙蓬 14 さほ
- 沙理 11 さり
- 沙耶加 9・5 さやか

佐 7

助ける、支えるという意味から、責任感のある人に成長するよう願って

音・訓 サ

名のり すけ・よし

- 佐貴 12 さき
- 梨佐 11 りさ
- 佐吏依 6・8 さりい
- 佐和子 8・3 さわこ

作 7

物を作り出す、盛んにするなどの意味を表す。誠実で勤勉なイメージを与える字

音・訓 サク・サ・つくる

名のり あり・とも・なお・なり

- 作智 12 さち
- 作与 3 さよ
- 作亜矢 7・5 さあや
- 作利奈 7・8 さりな

孜 7

努める、休まず働くことを表す。勤勉で努力を怠らない人になるよう願って

音・訓 シ・つとめる

名のり あつ

- 孜子 3 あつこ
- 孜美 9 あつみ
- 孜緒利 14・7 しおり
- 孜奈乃 8・2 しなの

志 7

心に決めた目標、それに向かって進む気持ちを表す。いつも志のある子に

音・訓 シ・こころざす・こころざし

名のり むね・もと・ゆき

- 志歩 8 しほ
- 志海 9 ゆきみ
- 志穂里 15・7 しほり
- 志緒美 14・9 しおみ

寿 7

長寿、ことほぐ。おめでたい、縁起のよい字。子どもの健康と幸せを祈って

音・訓 ジュ・ことぶき

名のり かず・かつ・じ・す・ず・とし・のぶ・ひさ・ひろ・よし

- 寿栄 9 ひさえ
- 寿子 3 ひさこ
- 安寿沙 6・7 あずさ
- 加寿江 5・6 かずえ

秀 7

高く育った稲穂が元々の意味。ほかの人よりもすぐれた能力や容姿を表す

音・訓 シュウ・ひいでる

名のり さかえ・すえ・ひで・ほ・みつ・みのる・よし

- 秀子 3 しゅうこ
- 秀奈 8 しゅうな
- 秀華 10 ひでか
- 秀穂 15 ひでほ
- 秀美 9 ひでみ
- 秀代 5 みつよ

初 7

物事の最初や初めて、始まりを示す。初心を忘れない初々しさをもった人に

音・訓 ショ・はじめ・はじめて・はつ・うい・そめる・うぶ

名のり もと

- 初香 9 ういか
- 初音 9 はつね
- 初見 7 はつみ
- 初代 5 はつよ
- 初羽 6 もとは
- 初歩 8 もとほ

抄 7

すくいとる、書き写すという意味を表す。知的でしなやかな雰囲気の名前に

音・訓 ショウ

- 抄加 5 しょうか
- 抄子 3 しょうこ
- 抄奈 8 しょうな
- 抄乃 2 しょうの
- 抄波 8 しょうは
- 抄穂 15 しょうほ

※添え字（漢字1字の最後の音と同音の1字を加えること⇒P.407）を使った変則的な読みは名のりに加えていません。

芯 7

ものの中心にあるもの。心がしっかりとまっすぐで、素直な子になるように

音・訓 シン

- 芯香 9 しんか
- 芯子 3 しんこ
- 芯世 5 しんせ
- 芯玖 7 しんく
- 芯樹 16 しんじゅ
- 芯音 9 しんね

伸 7

のびる、のべる。まっすぐに、のびのびと成長していくよう願いを込めて

音・訓 シン・のびる・のばす
名のり ただ・のぶ

- 伸枝 8 のぶえ
- 伸子 3 のぶこ
- 伸穂 15 のぶほ
- 伸花 7 のぶか
- 志 7 伸 しのぶ
- 伸世 5 のぶよ

吹 7

息を吹く。風が吹く。さわやかな風を感じるような、心地よいイメージの字

音・訓 スイ・ふく
名のり かぜ・ふ・ふき・ふけ

- 衣 6 吹 いぶき
- 吹季 8 子 3 ふきこ
- 風 9 吹希 7 ふぶき
- 吹代 5 ふきよ

宋 7

中国の王朝名や国名。古くから文化が栄えた歴史から、風情が感じられる字

音・訓 ソウ
名のり おき・くに

- 宋乃 2 おきの
- 宋代 5 くによ
- 宋子 3 そうこ
- 宋江 6 くにえ
- 宋佳 8 そうか
- 美 9 宋 みくに

走 7

走るという動作から、スピード感を感じさせる字。機敏な行動力をもつ女性に

音・訓 ソウ・はしる

- 走夏 10 そうか
- 走南 9 そうな
- 走麻 11 そうま
- 走子 3 そうこ
- 走乃 2 そうの
- 走美 9 そうみ

汰 7

洗い除くこと。選び取るという意味も。自ら運命を切り開く子に育つよう願って

音・訓 タ

- 汰恵 10 たえ
- 汰佳 8 美 9 たかみ
- 汰実 8 代 5 たみよ
- 汰希 7 たき

杜 7

「森」と同義で、樹木が茂り立つところ。神聖で穏やかな響きをもつ字

音・訓 ト・ズ・もり
名のり あかなし

- 杜 もり
- 杜恵 10 もりえ
- 歌 14 杜子 3 かずこ
- 杜秋 9 とあき
- 杜奈 8 もりな

兎 7 ⚠

敏捷で活発なウサギのように、しなやかさと愛らしさをもつ女の子のイメージ

音・訓 ト・うさぎ
名のり う・うさ

- 兎 うさぎ
- 兎宇 6 子 3 とうこ
- 沙 7 兎美 9 さとみ
- 兎季 8 とき

豆 7

小さくても、中に大きな力を秘めているイメージ。芯の強い女性になるように

音・訓 トウ・ズ・まめ

- 小 3 豆 こまめ
- 千 3 豆子 3 ちずこ
- 豆代 5 海 9 とよみ
- 豆花 7 とうか

那 7

ゆったりとしている様子。常に余裕ある行動ができるように。人気のある字

音・訓 ナ・なんぞ
名のり とも・ふゆ・やす

- 那絵 12 ともえ
- 奈 8 那 なな
- 那留 10 美 9 なるみ
- 那緒 14 なお
- 実 8 那 みな

※⚠=パソコンなどで文字が出にくい字

忍 7

辛いことがあっても堪える。粘り強く、静かに時機を待てるような子に

音・訓 ニン・しのぶ・しのばせる
名のり おし・しの・たう

- 忍 しのぶ
- 忍美 9 おしみ
- 忍佳 8 しのか
- 忍葉 12 しのは
- 忍富 12 しのふ
- 忍奈 8 にんな、

芙 7

「芙蓉」はハスの花で美人のたとえ。美しく愛らしい子になるよう願って

音・訓 フ
名のり はす

- 芙美 9 はすみ
- 芙沙 7 ふさ
- 芙実香 8 9 ふみか
- 芙由江 5 6 ふゆえ

芭 7

空に向かって巨大な葉を伸ばすバショウのように、健やかな成長を願って

音・訓 ハ・バ

- 芭蕉 15 ばしょう
- 芭純 10 はすみ
- 芭奈 8 はな
- 一芭 1 ひとは
- 芭津美 9 9 はつみ

甫 7

物事の起こり始めを意味する。どんなときにも初心を忘れないようにと願って

音・訓 フ・ホ・はじめ
名のり かみ・とし・なみ・のり・まさ・み・もと・よし

- 甫子 3 のりこ
- 甫世 5 まさよ
- 菜甫実 11 8 なほみ
- 美津甫 9 9 みづほ

麦 7

人が生きるうえで欠かせないもの。人の役に立ち、愛される子になるように

音・訓 バク・むぎ

- 麦 むぎ
- 小麦 3 こむぎ
- 麦夏 10 むぎか
- 麦奈 8 むぎな
- 麦穂 15 むぎほ
- 都麦 11 つむぎ

芳 7

よい匂いやよい評判の意。一緒にいるだけで春のような優しい気持ちになる子に

音・訓 ホウ・かんばしい
名のり かおり・かおる・みち・もと・よし・か・はな・ふさ

- 芳子 3 かおるこ
- 芳澄 15 かすみ
- 芳恵 10 ふさえ
- 芳美 9 よしみ
- 芳緒里 14 7 かおり

伴 7

一緒に物事をする仲間。友だちをはじめ、信頼できる人が多くできるよう願って

音・訓 ハン・バン・ともなう
名のり とも

- 伴江 6 ともえ
- 伴香 9 ともか
- 伴子 3 ともこ
- 伴美 9 ともみ
- 伴世 5 ともよ
- 伴奈 8 はんな

邦 7

国土や故郷を表す。広い世界に旅立っても、自国を愛することができるように

音・訓 ホウ・くに

- 邦江 6 くにえ
- 邦子 3 くにこ
- 邦華 10 ほうか
- 邦菜 11 ほうな
- 邦乃 2 ほうの
- 美邦 9 みくに

扶 7

手を当てて支えるという意味から、困っている人を助けられる、優しい子に

音・訓 フ・たすける
名のり もと

- 扶桑 10 ふそう
- 扶華 10 もとか
- 扶貴枝 12 8 ふきえ
- 扶有子 6 3 ふゆこ

妙 7

とても美しいこと。精緻という意味も。人の機微を察して行動ができる女性に

音・訓 ミョウ・たえ
名のり たう・たえ・ただ・たゆ・よし

- 妙 たえ
- 妙華 10 たえか
- 妙子 3 たえこ
- 妙美 9 たゆみ
- 穂妙 15 ほたえ
- 妙乃 2 よしの

※添え字(漢字1字の最後の音と同音の1字を加えること⇒P.407)を使った変則的な読みは名のりに加えていません。

佑 7

助けるという意味を表す。人に対して、常に親切な気持ちを忘れない子に

音・訓 ユウ・たすける

- 美佑（9）みゆう
- 佑妃（6）ゆうき
- 佑子（3）ゆうこ
- 佑葉（12）ゆうは
- 佑菜（11）ゆうな
- 佑乃（2）ゆうの

邑 7

国の都に対して、地方の町や村をさす。自分の生まれた故郷を愛するよう願って

音・訓 ユウ・むら・さと

名のり くに・すみ

- 小邑（3）こさと
- 邑子（3）さとこ
- 邑恵（10）さとえ
- 麻邑（11）まゆう
- 美邑（9）みむら
- 邑奈（8）ゆうな

余 7

あまる。豊かなことも表すことから、ゆとりのある人生を歩むようにと願って

音・訓 ヨ・あまる・あます

名のり われ

- 朋余（8）ともよ
- 余奈（8）よな
- 佳余子（8・3）かよこ
- 貴余美（12・9）きよみ

来 7

こちらに近づく、もたらされる。わが子の将来に福が来ますようにと願って

音・訓 ライ・くる・きたる・きたす

名のり き・く・こ・な・ゆき

- 未来（5）みく
- 来夢（13）らいむ
- 佐来子（7・3）さきこ
- 由来菜（5・11）ゆきな

利 7

鋭い様子。すぐれた能力があるという意味から、明晰な頭脳と心をもつように

音・訓 リ・きく

名のり かず・さと・と・とし・のり・まさ・みち・よし・より

- 恵利（10）えり
- 利枝（8）りえ
- 絵利佳（12・8）えりか
- 由香利（5・9）ゆかり

里 7

ふるさとを表す。女性の止め字としてもよく使われる、バランスのよい字

音・訓 リ・さと

名のり のり

- 薫里（16）かおり
- 真里（10）まり
- 里音（9）りおん
- 里加（5）りか
- 里恵子（10・3）りえこ

李 7

スモモ。甘ずっぱい果実のように、愛らしくさわやかな女性になるよう願って

音・訓 リ・すもも

名のり もも

- 李 もも
- 李華（10）ももか
- 有李（6）ゆり
- 李世（5）りせ
- 麻李奈（11・8）まりな

呂 7

ときに音階を表す字。いつも音楽や歌に囲まれた人生を送れるように

音・訓 リョ・ロ

名のり おと・とも・なが・ふえ

- 呂奈（8）ともな
- 未呂（5）みろ
- 呂花（7）ろか
- 呂美（9）ろみ
- 呂宇子（6・3）りょうこ

良 7

汚れのない、すぐれた人格をもつよう願って。男女ともによく使われる字

音・訓 リョウ・よい

名のり お・かず・たか・なか・はる・ふみ・よし・ら

- 聖良（13）せいら
- 良枝（8）よしえ
- 良美（9）よしみ
- 良子（3）りょうこ
- 亜希良（7・7）あきら

伶 7

音楽を奏でる人や俳優のこと。才能にあふれ、清澄な心をもつよう願って

音・訓 レイ

名のり とし

- 伶恵（10）としえ
- 美伶（9）みれい
- 伶亜（7）れいあ
- 伶佳（8）れいか
- 伶子（3）れいこ
- 伶奈（8）れいな

※⚠＝パソコンなどで文字が出にくい字

励 7

辛いことがあっても自分やまわりの人を励まし、力強く生きていける子に

音・訓 レイ・はげむ・はげます

- 励華 10 れいか
- 励子 3 れいこ
- 励那 7 れいな
- 励乃 2 れいの
- 励実 8 れいみ
- 励良 7 れいら

亞 8

亜の異体字

表には出ないが裏で支えるさま。しっかりと働き、頼りがいのあるイメージ

音・訓 ア

名のり つぎ・つぐ

- 亞希 7 あき
- 亞子 3 つぐこ
- 亞緒衣 14 6 あおい
- 亞沙美 7 9 あさみ

芦 7

!

夏にぐんぐん伸びるアシの生命力にあやかって。小説家・徳冨蘆花でも有名な字

音・訓 ロ・あし

名のり よし

- 芦美 9 あしみ
- 芦香 9 よしか
- 真芦美 10 9 まろみ
- 比芦枝 4 8 ひろえ

阿 8

「阿吽の呼吸」の「あ」。また、親しみを込めて人を呼ぶときにつける字

音・訓 ア・くま・おもねる・お

名のり くま

- 阿依 8 あい
- 阿樹 16 あき
- 阿夕美 3 9 あゆみ
- 沙阿矢 7 5 さあや

依 8

皆のよりどころになるような、包容力のある優しい女性になることを願って

音・訓 イ・エ・よる

名のり より

- 依織 18 いおり
- 依巳 3 えみ
- 真依子 10 3 まいこ
- 梨々依 11 3 りりい

委 8

大きな仕事でも安心して委ねられるイメージ。人に頼りにされるような子に

音・訓 イ・ゆだねる

名のり とも・つく・も

- 委子 3 ともこ
- 真委 10 まい
- 芽委子 8 3 めいこ
- 柚委奈 9 8 ゆいな

育 8

すくすくと、丈夫で健康な子に育つように願って。元気で明るいイメージ

音・訓 イク・そだつ・そだてる

名のり なり・なる・やす

- 育香 9 いくか
- 育乃 2 いくの
- 育実 8 いくみ
- 育子 3 やすこ
- 育代 5 やすよ
- 育美 9 なるみ

※添え字（漢字1字の最後の音と同音の1字を加えること⇒P.407）を使った変則的な読みは名のりに加えていません。

雨 8

人にとってなくてはならない空からの恵み。まわりの人を潤すような子に

音・訓 ウ・あめ・あま
名のり さめ・ふる

- 雨乃（2）うの
- 慈雨（13）じう
- 喬雨子（12・3）きょうこ
- 由雨希（5・7）ゆうき

英 8

うるわしい、秀でている、の意。人よりも秀でた才能に恵まれるように

音・訓 エイ
名のり あき・あや・え・とし・はな・ひで・ふさ・よし

- 英 はな
- 英奈（8）えいな
- 英都（11）えつ
- 美英（9）みえい
- 英里紗（7・10）えりさ

泳 8

水中をしなやかに泳ぐイメージ。何事にも縛られず、自由でのんびりとした印象

音・訓 エイ・およぐ

- 泳華（10）えいか
- 泳子（3）えいこ
- 泳奈（8）えいな
- 泳実（8）えいみ
- 泳夢（13）えいむ
- 美泳（9）みえい

苑 8

花や木を植えた庭園、花園。自然と人が集まるような、華やかな女性に

音・訓 エン・オン・その

- 苑 その
- 苑絵（12）そのえ
- 苑香（9）そのか
- 苑実（8）そのみ
- 紫苑（12）しおん
- 美苑（9）みおん

延 8

寿命が延びる。人を引き寄せる。いい人を引き寄せ、長い人生を歩めるように

音・訓 エン・のびる・のべる・のばす
名のり とう・なが・のぶ

- 延梨（11）えんり
- 詩延（13）しのぶ
- 延香（9）とおか
- 延子（3）のぶこ
- 延葉（12）のぶは
- 延美（9）のぶみ

於 8

感嘆の声を表す。また、じっと止まっていることを示す。静かで利発な子のイメージ

音・訓 オ・ああ・おいて・おける

- 香於（9）かお
- 美於（9）みお
- 於李枝（7・8）おりえ
- 詩於里（13・7）しおり

欧 8

ヨーロッパを示す字。世界に羽ばたくような、国際的な子になるよう願って

音・訓 オウ・はく

- 欧華（10）おうか
- 欧子（3）おうこ
- 欧奈（8）おうな
- 欧莉（10）おうり
- 詩欧（13）しおう
- 美欧（9）みおう

旺 8

四方に光を放つさま。日の光が広がるように、人を明るくする活発な子に

音・訓 オウ・さかん
名のり あき・あきら・お

- 旺 あきら
- 旺香（9）おうか
- 旺都美（11・9）おとみ
- 旺里奈（7・8）おりな

河 8

悠々と流れる大きな河のように、壮大で穏やかな心をもった子に育ってほしいと

音・訓 カ・かわ

- 河穂（15）かほ
- 結河（12）ゆうか
- 亜矢河（7・5）あやか
- 日河里（4・7）ひかり

果 8

果物のほか、何かを満たす意味にも使われる。明るく溌溂としたイメージ

音・訓 カ・はたす・はてる・はて
名のり はた

- 果凛（15）かりん
- 李果（7）りか
- 愛果莉（13・10）あかり
- 帆乃果（6・2）ほのか

※⚠＝パソコンなどで文字が出にくい字

佳 8

形や質がよいことを表す。美しくたおやかなイメージで、よく使われる字

音・訓 カ
名のり けい・よし

- 佳織 18 かおり
- 佳澄 15 かすみ
- 美佳 9 みか
- 佳乃 2 よしの
- 由利佳 5 7 ゆりか

画 8

絵や絵をかくこと。美術の才能に秀でてほしいと願って。個性的な名前に

音・訓 ガ・カク
名のり え・かき・こと

- 画麻 11 えま
- 鈴画 13 すずえ
- 千画梨 3 11 ちえり
- 美画佳 9 8 みえか

芽 8

芽生える様子を表した、日本的な趣のある字。未来への可能性を願って

音・訓 ガ・め
名のり めい

- 芽依 8 めい
- 芽吹 7 めぶき
- 陽芽 12 ひめ
- 夢芽 13 ゆめ
- 芽依菜 8 11 めいな

拡 8

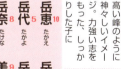

大きく広がる。末広がりの先行きがよいイメージ。大きな心をもった子に

音・訓 カク
名のり ひろ

- 千拡 3 ちひろ
- 拡恵 10 ひろえ
- 拡子 3 ひろこ
- 拡奈 8 ひろな
- 拡海 9 ひろみ
- 拡世 5 ひろよ

岳 8

高い峰のように神々しいイメージ。力強い志をもった、しっかりした子に

音・訓 ガク・たけ
名のり おか・たか

- 岳恵 10 たかえ
- 岳実 8 たかみ
- 岳代 5 たかよ
- 岳子 3 たけこ
- 岳奈 8 たけな
- 美岳 9 みおか

学 8

頭がよく物静かな印象を与える字。生涯学ぶことを忘れないでほしいと願って

音・訓 ガク・まなぶ
名のり さと・さね・たか・のり・ひさ・みち

- 学美 9 さとみ
- 学乃 2 たかの
- 学代 5 たかよ
- 学子 3 のりこ
- 学恵 10 ひさえ
- 学世 5 みちよ

季 8

末という意味もあり、「季春」は春の末のこと。情緒的で落ち着いた雰囲気の字

音・訓 キ
名のり すえ・とき・とし・ひで

- 季紀 9 きき
- 四季 5 しき
- 真季 10 まき
- 遊季 12 ゆき
- 安季奈 6 8 あきな

祈 8

神聖で軽々しく傷つけられないイメージ。大切な子だと名にストレートに託して

音・訓 キ・いのる

- 祈子 3 きこ
- 咲祈 9 さき
- 祈美果 9 8 きみか
- 由祈恵 5 10 ゆきえ

其 8

安定した字形が安心感を与える。きっちりとして誠実な人柄を思わせる字

音・訓 キ・その・それ

- 其美子 9 3 きみこ
- 其乃香 2 9 そのか
- 奈津其 8 9 なつき

宜 8

形や程度がほどよいこと。行儀がよく、利口そうな印象を与える字

音・訓 ギ・よろしい
名のり き・すみ・たか・のぶ・のり・やす・よし

- 宜子 3 のぶこ
- 宜美 9 のぶみ
- 宜世 5 のりよ
- 宜香 9 よしか
- 由宜菜 5 11 ゆきな

※添え字（漢字1字の最後の音と同音の1字を加えること⇒P.407）を使った変則的な読みは名のりに加えていません。

居 8

腰を落ち着けて住むという意味。どっしりと構えて、安心感を与える名前に

音・訓 キョ・いる・おる
名のり い・おき・おり・さや・すえ・やす・より

- 蒼居 13 あおい
- 居織 18 いおり
- 居有子 6 3 きょうこ
- 麻居香 11 9 まいか

協 8

皆の力を一つに合わせること。協調性があり、リーダーシップのとれる子に

音・訓 キョウ
名のり かな・かなう・かのう・やす

- 協恵 10 かなえ
- 協子 3 かなこ
- 協代 5 かなよ
- 協花 7 きょうか
- 協奈 8 きょうな
- 協美 9 きょうみ

享 8

神や人をもてなすこと。まわりの人を喜ばせるような明るい子になるように

音・訓 キョウ・うける
名のり たか・つら・みち・ゆき

- 希享 7 ききょう
- 享香 9 きょうか
- 享子 3 きょうこ
- 享美 9 たかみ
- 享歩 8 みちほ
- 享乃 2 ゆきの

供 8

捧げる、役立てるという意味から、人の役に立つような子に。穏やかな印象の字

音・訓 キョウ・ク・そなえる・とも

- 供子 3 きょうこ
- 供香 9 ともか
- 伊供子 6 3 いくこ
- 美供留 9 10 みくる

京 8

都をさす以外に、数の単位では兆の万倍。淑やかな女性のイメージに

音・訓 キョウ・ケイ・みやこ
名のり あつ・ちか

- 京 みやこ
- 京香 9 きょうか
- 京乃 2 きょうの
- 京子 3 けいこ
- 京奈 8 けいな
- 京葉 12 けいは

尭 8

高い、気高い、の意。品位があるイメージ。皆に慕われる理想の女性に

音・訓 ギョウ
名のり あき・たか・のり

- 尭奈 8 あきな
- 尭乃 2 あきの
- 尭穂 15 あきほ
- 尭美 9 たかみ
- 尭子 3 のりこ
- 尭代 5 のりよ

欣 8

よろこぶこと。よろこびにあふれた人生を送れるようにと、願いを込めて

音・訓 キン・ゴン・よろこぶ・よろこび
名のり やす・よし

- 欣絵 12 やすえ
- 欣葉 12 やすは
- 欣世 5 やすよ
- 欣華 10 よしか
- 欣子 3 よしこ
- 欣美 9 よしみ

空 8

明るくて伸びやかなイメージ。大らかに、すくすくと育ってほしいと願って

音・訓 クウ・そら・あく・あける・から・むなしい
名のり たか

- 空 そら
- 青空 8 あおぞら
- 空乃 2 そらの
- 空子 3 たかこ
- 空実 8 たかみ
- 美空 9 みそら

弦 8

ぴんと張った弦のように、すがすがしく汚れがない、清い印象を与える

音・訓 ゲン・つる
名のり いと・お・つる・ふさ

- 弦 いと
- 絃佳 8 いとか
- 華弦 10 けいと
- 弦乃 2 つるの
- 弦恵 10 ふさえ
- 美絃 9 みいと

昊 8

明るく高い夏の空や、大空のことをさす。溌剌として元気な女の子のイメージ

音・訓 コウ・そら
名のり とお・ひろ

- 昊 そら
- 昊子 3 こうこ
- 昊美 9 こうみ
- 昊世 5 そらよ
- 昊羽 6 そらは
- 昊実 8 ひろみ

※⚠=パソコンなどで文字が出にくい字

庚 8

十干の七番目。かたく芯が通った様子という意味から、心がまっすぐな子に

音・訓 コウ・かのえ

名のり か・つぐ・みち・やす

- 庚子 3 こうこ
- 庚奈 8 こうな
- 庚奈美 8 9 かなみ
- 庚都希 11 7 かつき

昂 8

高く上にあがること。常に向上心をもち、前向きに進んでいく子に育つように

音・訓 コウ・ゴウ・あがる・たかい

名のり あき・たか

- 昂菜 11 あきな
- 昂歩 8 あきほ
- 昂世 5 あきよ
- 昂子 3 こうこ
- 昂音 9 たかね
- 昂美 9 たかみ

幸 8

幸多い人生であるように。また、人も幸せにするような子になることを願って

音・訓 コウ・さいわい・さち・しあわせ

名のり さい・さき・とみ・とも・ひで・みゆき・ゆき・よし

- 幸 さち
- 幸花 7 さちか
- 幸穂 15 さちほ
- 真幸 10 まゆき
- 幸奈 8 ゆきな
- 幸美 9 ゆきみ

国 8

国土や国家の意味のほか、大地の意味もある。真面目でしっかりとした印象に

音・訓 コク・くに

名のり とき

- 国恵 10 くにえ
- 国華 10 くにか
- 国乃 2 くにの
- 国実 8 くにみ
- 国代 5 くによ
- 国奈 8 こくな

采 8

選び取ること。また、彩りの意味も。彩りのある華やかな人生を送るように

音・訓 サイ・とる

名のり あや・うね・こと

- 采 あや
- 采香 9 あやか
- 采芽 8 あやめ
- 采葉 12 ことは
- 采実 8 ことみ
- 真采 10 まあや

枝 8

すくすくと空に向かって伸びていくイメージ。わが子の成長を願って

音・訓 シ・えだ

名のり え・き・しな

- 秋枝 9 あきえ
- 育枝 8 いくえ
- 真理枝 10 11 まりえ
- 由紀枝 5 9 ゆきえ

始 8

元、最初のこと。自分の人生を自分で新しく切り開いていけるよう願って

音・訓 シ・はじめる・はじまる

名のり とも・はる・もと

- 始織 18 しおり
- 始恩 10 しおん
- 始乃 2 しの
- 始奈 8 はるな
- 始唯果 11 8 しいか

治 8

しっかりとして、頼りになるイメージ。聡明で人の役に立つ女性になるように

音・訓 ジ・チ・おさめる・なおる

名のり す・ず・つぐ・とお・のぶ・はる・よし

- 治華 10 はるか
- 治美 9 はるみ
- 佐治香 7 9 さちか
- 真治子 10 3 まちこ

実 8

中身がたくさん詰まった様子を表す。みずみずしく、満たされたイメージの字

音・訓 ジツ・み・みのる

名のり さね・ちか・なお・のり・ま・みつ・まこと

- 来実 7 くるみ
- 実香 9 みか
- 実乃梨 2 11 みのり
- 瑠実奈 14 8 るみな

若 8

柔らかい、しなやかという意味もある。新芽のように若々しく新鮮な印象の字

音・訓 ジャク・ニャク・わかい・もしくは

名のり なお・まさ・よし・より・わか・わく

- 若恵 10 わかえ
- 若子 3 わかこ
- 若名 6 わかな
- 若菜 11 わかな
- 若葉 12 わかば
- 若穂 15 わかほ

※添え字（漢字1字の最後の音と同音の1字を加えること⇒P.407）を使った変則的な読みは名のりに加えていません。

宗 8

中心となるもの。重んじるもの。何者にも侵しがたい大切な子という思いを込めて

音・訓 シュウ・ソウ

名のり かず・とき・とし・のり・ひろ・むね・もと

- 宗世 5 かずよ
- 宗子 3 そうこ
- 宗佳 8 のりか
- 宗奈 8 ひろな
- 宗乃 2 ひろの
- 宗実 8 ひろみ

周 8

すみずみまで行き渡ること。協調性があり、柔軟な考えをもった女性に

音・訓 シュウ・まわり

名のり あまね・かね・ただ・ちか・なり・のり

- 周 あまね
- 周音 9 あまね
- 周子 3 しゅうこ
- 周美 9 ちかみ
- 周香 9 のりか
- 周紗 10 のりさ

叔 8

兄弟で上から三番目の意味。末という意味もある。おとなしく聡明なイメージ

音・訓 シュク

名のり よし

- 叔恵 10 よしえ
- 叔華 10 よしか
- 叔子 3 よしこ
- 叔乃 2 よしの
- 叔穂 15 よしほ
- 叔美 9 よしみ

昌 8

あかあかと輝く、明るい、の意。正々堂々として、誰にでも明るくふるまえる子に

音・訓 ショウ

名のり あき・あきら・あつ・さかえ・まさ・ます・よ・よし

- 昌 あきら
- 昌奈 8 あきな
- 昌葉 12 あきは
- 昌美 9 まさみ
- 昌歌 14 よしか
- 昌乃 2 よしの

尚 8

尊ぶ、格が高い。高尚で頭がよく、品のあるイメージの字。向上心のある子に

音・訓 ショウ

名のり たか・なお・なか・なり・ひさ・まさ・よし・より

- 尚 なお
- 尚子 3 しょうこ
- 尚依 8 なおい
- 尚慧 15 なおえ
- 尚香 9 なおか
- 尚美 9 なおみ

昇 8

太陽のように明るく、ぐんぐん上っていく印象の字。上昇志向のある子に

音・訓 ショウ・のぼる

名のり かみ・のり

- 昇香 9 しょうか
- 昇子 3 しょうこ
- 昇絵 12 のりえ
- 昇奈 8 のりな
- 昇美 9 のりみ
- 昇世 5 のりよ

松 8

末長く若々しいことを表す縁起のよい字。すくすくと長生きできるように

音・訓 ショウ・まつ

名のり ときわ・ます

- 松香 9 しょうな
- 松子 3 まつこ
- 松乃 2 まつの
- 松実 8 まつみ
- 松代 5 まつよ
- 松莉 10 まつり

斉 8

そろっていることを表す。周囲との調和が取れていて、賢く正しい女性に

音・訓 セイ

名のり きよ・ただ・とき・とし・なお・なり・まさ・よし

- 斉夏 10 きよか
- 斉恵 10 きよえ
- 斉乃 2 きよの
- 斉美 9 きよみ
- 美斉 9 みせい
- 斉羅 19 せいら

青 8

汚れがなく若々しいイメージ。真っ青な空や海のように、素直な心を願って

音・訓 セイ・ショウ・あお・あおい

名のり きよ・はる

- 青唯 11 あおい
- 青乃 2 あおの
- 青葉 12 あおば
- 青美 9 きよみ
- 青奈 8 はるな
- 青音 9 はるね

※⚠＝パソコンなどで文字が出にくい字

8 征

遠くを目指して進むこと。将来に向かってしっかりと前進するよう願って

音・訓 セイ・ゆく
名のり さち・まさ・もと・ゆき

- 征 ゆき
- 征恵 10 さちえ
- 征子 3 せいこ
- 征美 9 まさみ
- 征奈 8 ゆきな
- 征乃 2 ゆきの

8 卓

高く抜き出ていることを表す。すぐれた才能をもって、高みを目指すように

音・訓 タク
名のり たか・とお・まこと・もち

- 卓恵 10 たかえ
- 卓乃 2 たかの
- 卓穂 15 たかほ
- 卓美 9 たくみ
- 卓代 5 たくよ
- 卓子 3 とおこ

8 拓

未開の地を拓く。自らの手で道を切り開く、常にチャレンジ精神をもった子に

音・訓 タク・ひらく
名のり ひら・ひろ

- 拓海 9 たくみ
- 拓世 5 たくよ
- 千 3 拓 ちひろ
- 拓枝 8 ひろえ
- 拓乃 2 ひろの
- 美 9 拓 みひろ

8 知

しる、悟る、の意味を持ち、知的なイメージ。ものを見抜く力が備わるように

音・訓 チ・しる
名のり あき・かず・さと・つぐ・とし・ちか・とも・のり・はる

- 知華 10 ともか
- 美 9 知 みち
- 知亜季 7 8 ちあき
- 知絵里 12 7 ちえり

8 宙

雄大で果てしない未来を想像させる字。広い世界へ旅立つことを願って

音・訓 チュウ
名のり おき・そら・みち

- 宙 そら
- 宙実 8 そらみ
- 宙子 3 ちゅうこ
- 真 10 宙 まそら
- 宙世 5 みちよ
- 美 9 宙 みそら

8 忠

偽りのないまごころ。真面目で誠意のある、素直な心をもった子になるように

音・訓 チュウ
名のり あつ・すなお・ただ・つら・なり・なる・のり

- 忠美 9 あつみ
- 忠枝 8 ただえ
- 忠実 8 ただみ
- 忠子 3 ちゅうこ
- 忠香 9 のりか
- 忠世 5 のりせ

8 直

正直でまっすぐなさま。まちがったことをしない、素直で明るい子に

音・訓 チョク・ジキ・ただちに・なおす
名のり すなお・ただ・ちか・なお・なが・まさ

- 直 すなお
- 直佳 8 なおか
- 直恵 10 なおえ
- 美 9 直 みなお
- 直子 3 なおこ
- 直海 9 なおみ

8 迪

道路や道徳など、道。自分の道を信じて、まっすぐに歩いてほしいと願って

音・訓 テキ・みち
名のり ただ・ひら・ふみ

- 小 3 迪 こみち
- 迪恵 10 みちえ
- 迪花 7 みちか
- 迪歩 8 みちほ
- 迪代 5 みちよ
- 迪留 10 みちる

8 典

基準となる教え。昔からあるおきてを守り、しきたりを大切にする女性に

音・訓 テン
名のり おき・つね・のり・ふみ・みち・もり・よし・より

- 典江 6 のりえ
- 典子 3 のりこ
- 典佳 8 のりか
- 典香 9 ふみか
- 美 9 典 みのり
- 典乃 2 よしの

8 東

日の出る方角、四季では春に当たる。人を明るく照らすような子に

音・訓 トウ・ひがし・あずま
名のり き・こち・と・はる・ひで・もと

- 東 あきら
- 東佳 8 とうか
- 東子 3 とうこ
- 東香 9 はるか
- 東奈 8 はるな
- 美 9 東 みはる

※添え字（漢字1字の最後の音と同音の1字を加えること⇒P.407）を使った変則的な読みは名のりに加えていません。

奈 8

「な」の音で女の子の名前によく使われる字。女性らしく、優しい響きがある

音・訓 ナ
名のり なに

- 安奈 6 あんな
- 奈絵 12 なえ
- 奈穂子 15 3 なほこ
- 奈々花 3 7 ななか

杷 8

土をならす農具。果樹の「ビワ（枇杷）」に使う漢字。初夏のさわやかな印象も

音・訓 ハ・え

- 音杷 9 おとは
- 枇杷 8 びわ
- 伊呂杷 6 7 いろは
- 万利杷 3 7 まりえ

波 8

激しいときもあれば穏やかなときもある、彩りのある人生を送るように

音・訓 ハ・なみ

- 奈波 8 ななみ
- 波重 9 なみえ
- 波子 3 なみこ
- 波月 4 はづき
- 波那 7 はな
- 穂波 15 ほなみ

沫 8

細かい粒や泡。はじけるような元気なイメージの字。みずみずしい印象に

音・訓 バツ・マツ・あわ・しぶき
名のり わ

- 沫 しぶき
- 沫音 9 あわね
- 沫乃 2 あわの
- 沫子 3 まつこ
- 沫美 9 まつみ
- 沫莉 10 まつり

枇 8

バラ科果樹、ビワ。その実のように上品で高貴、清楚に香るイメージ

音・訓 ビ・ヒ

- 枇安香 6 9 びあんか
- 枇衣奈 6 8 ひいな
- 枇咲子 9 3 ひさこ

弥 8

久しい、広く行き渡るの意味。気持ちの大らかな子になってほしいと願って

音・訓 ビ・ミ・や・いや
名のり ひさ・ひろ・ます・みつ・やす・よし

- 弥風 9 みかぜ
- 弥生 5 やよい
- 弥嘉子 14 3 みかこ
- 椰弥子 13 3 ややこ

苗 8

生まれたての植物を表す。すくすくと育ってほしいという願いを込めて

音・訓 ビョウ・なえ・なわ
名のり え・たえ・なり・みつ

- 華苗 10 かなえ
- 花苗 7 かなえ
- 沙苗 7 さなえ
- 奈苗 8 ななえ
- 苗実 8 なりみ
- 苗穂 15 みつほ

歩 8

歩く、あゆみ、の意。一歩一歩着実に、未来へ向けて生きてほしいと願って

音・訓 ホ・ブ・フ・あるく・あゆむ
名のり あゆ・あゆみ

- 歩果 8 あゆか
- 歩実 8 あゆみ
- 早葵歩 6 12 さきほ
- 歩詩音 13 9 ほしね

宝 8

貴重なもの、大切にするもの。かけがえのないわが子への思いを名前に込めて

音・訓 ホウ・たから
名のり かね・たか・たけ・とみ・とも・みち・よし

- 宝子 3 たかこ
- 宝美 9 ともみ
- 宝加 5 ともか
- 宝珠 10 ほうじゅ
- 宝恵 10 みちえ
- 宝香 9 みちか

朋 8

よき友人や同朋に恵まれ、豊かで幸せな人生になるようにとの願いを込めて

音・訓 ホウ・とも

- 朋笑 10 ともえ
- 朋恵 10 ともえ
- 朋歌 14 ともか
- 朋那 7 ともな
- 朋芭 7 ともは
- 朋海 9 ともみ

※⚠＝パソコンなどで文字が出にくい字

法 8

規律を守り、礼を重んじる子にと願って。真面目で皆に好かれるように

音・訓 ホウ・ハッ・ホッ・のり

名のり かず・つね

- 法栄 9 のりえ
- 法子 3 のりこ
- 法佳 8 のりか
- 法香 9 のりか
- 法未 5 のりみ
- 法代 5 のりよ

茅 8

すすきなど、屋根を葺くのに使う植物のこと。必要不可欠な女性に

音・訓 ボウ・かや・ち・ちがや

名のり あき

- 茅佳 8 ちか
- 茅乃 2 ちの
- 美 9 茅 みち
- 理 11 茅 りち
- 茅衣 6 子 3 ちいこ

房 8

花や実が房になり、たわわに実る様子から充実した人生、よき妻・母にと願う

音・訓 ボウ・ふさ

名のり お・のぶ

- 房枝 8 のぶえ
- 房子 3 のぶこ
- 房絵 12 ふさえ
- 房果 8 ふさか
- 房乃 2 ふさの
- 房世 5 ふさよ

苺 8

白く可憐な花を咲かせ、真っ赤な実を数多くつける苺。愛らしく親しまれる字

音・訓 ボウ・モ・バイ・マイ・いちご

- 苺 いちご
- 苺愛 13 もあ
- 苺恵 10 もえ
- 苺笑 10 もえ
- 苺花 7 まいか
- 苺子 3 まいこ

牧 8

牧場のさわやかな緑のイメージ。民をまとめ、治める意味からリーダー的な印象も

音・訓 ボク・まき

- 牧 まき
- 牧衣 6 まきえ
- 牧恵 10 まきえ
- 牧瑚 13 まきこ
- 牧菜 11 まきな
- 牧乃 2 まきの

茉 8

夏に咲く白い花で、香り高いジャスミンの一種。魅力的な女性のイメージ

音・訓 マツ・バツ・ま

- 詩 13 茉 しま
- 茉芳 7 まほ
- 茉弥 8 まや
- 優 17 茉 ゆま
- 茉莉 10 子 3 まりこ

岬 8

海や湖を眼下に臨む岬。広々としたイメージで、未来への可能性を感じる字

音・訓 みさき

- 岬 みさき
- 岬妃 6 みさき
- 岬希 7 みさき
- 岬紀 9 みさき
- 岬喜 12 みさき
- 岬貴 12 みさき

明 8

明るく朗らかな性格で、物事をしっかりと見つめる目をもった人にと願う

音・訓 メイ・ミョウ・あかり・あかるい・あきらか

名のり あか・あき・あけ・てる・はる

- 明 あかり
- 明李 7 あかり
- 明羽 6 あきは
- 明歩 8 あきほ
- 明日 4 香 9 あすか

茂 8

成長が盛んですぐれたさまを表す。才能に恵まれ立派な業績を残せるような人に

音・訓 モ・しげる

名のり あり・しげ・しげみ・たか・とも・とよ・もち・もと

- 茂子 3 しげこ
- 茂愛 13 もあ
- 茂菜 11 もな
- 茂永 5 もえ
- 登 12 茂美 9 ともみ

夜 8

神秘的な夜空を思わせる、ロマンティックな名前に。日本的な雰囲気も

音・訓 ヤ・よ・よる

名のり やす

- 小 3 夜 さよ
- 花 7 夜 はなよ
- 咲 9 夜夏 10 さやか
- 千 3 夜里 7 ちより

※添え字（漢字1字の最後の音と同音の1字を加えること⇒P.407）を使った変則的な読みは名のりに加えていません。

侑 8

広い心をもち、人を助け、また助けられる豊かな人生を歩んでほしいと願って

音・訓 ユウ

名のり ゆ・ゆき

- 心侑 4 みゆう
- 侑奈 8 ゆうな
- 侑妃 6 ゆき
- 侑真 10 ゆま
- 侑莉亜 10 7 ゆりあ

來 8

来の異体字

元は実った麦を象った字。来る、これから先のことを表す。明るい未来を願って

音・訓 ライ・くる・きたる・きたす

名のり き・く・こ・な・ゆき

- 來海 9 くみ
- 美來 9 みく
- 未來 5 みらい
- 來沙 7 らいざ
- 來瑠実 14 8 くるみ

林 8

樹が寄り集まり、豊かな自然を形成するさま。静を感じる凛とした雰囲気の名前

音・訓 リン・はやし

名のり き・きみ・しげ・とき・な・ふさ・もと・もり・よし

- 花林 7 かりん
- 嘉林 14 かりん
- 林加 5 りんか
- 林夏 10 りんか
- 林子 3 りんこ
- 林檎 17 りんご

怜 8

賢さと、優しさ、憐みの気持ちを併せもつ人に。芯の強さも表す字

音・訓 レイ・レン・さとい

名のり さと・とき

- 怜有 6 れいあ
- 怜佳 8 れいか
- 怜子 3 れいこ
- 怜菜 11 れいな
- 怜良 7 れいら
- 美怜 9 みれい

和 8

穏やかになることを表す。包容力をもった子に。協調性や平和を表す字

音・訓 ワ・オ・やわらぐ・なごむ

名のり あい・かず・とも・のどか・やす・やわ

- 和 のどか
- 和泉 9 いずみ
- 和沙 7 かずさ
- 和穂 15 かずほ
- 優和 17 ゆわ
- 和華 10 わか

娃 9

容姿の美しさを表す。個性と魅力のある女性に育ってほしいと期待して

音・訓 アイ・ア・ワ

- 娃子 3 あいこ
- 娃瑚 13 あいこ
- 娃美 9 あいみ
- 娃梨 11 あいり
- 琴娃 12 ことあ
- 瑞娃 13 みずあ

按 9

押さえる、調べる、考えるなどの意味から、理知的で冷静な性質に育つように

音・訓 アン

名のり ただ

- 按 あん
- 按珠 10 あんじゅ
- 按棚 11 あんな
- 按理 11 あんり
- 美按 9 みあん
- 優按 17 ゆあん

郁 9

美しい彩色、文化の香り高い様。華やかで知的、同時に温かみもあるイメージ

音・訓 イク

名のり あや・か・かおり・かおる・ふみ

- 郁枝 8 いくえ
- 郁乃 2 いくの
- 郁海 9 いくみ
- 郁璃 15 かおり
- 郁子 3 かおるこ
- 郁緒 14 ふみお

映 9

照り輝く様子。きらめく才能や明るさをもった子にとの思いを込めて

音・訓 エイ・うつる・うつす・はえる

名のり あき・あきら・てる・みつ

- 映 あきら
- 映華 10 えいか
- 映泉 9 えいみ
- 映乃 2 えいの
- 美映 9 みえい
- 映伎 6 みつき

※⚠=パソコンなどで文字が出にくい字

9 栄

物事や花がさかんになる。名誉や輝きを表す縁起のよい字。古風で美しい印象

音・訓 エイ・さかえる・はえ・はえる
名のり え・てる・とも・はる・ひさ・ひろ・よし

- 花7栄 かえい
- 乃2栄 のえ
- 千3栄実8 ちえみ
- 早6栄香9 さえか

9 音

音楽、声、文章などを表す字。名前に使うと和風でかわいらしいイメージに

音・訓 オン・イン・おと・ね
名のり なり

- 音葉12 おとは
- 音雨8 おとめ
- 佳8音 かおん
- 初7音 はつね
- 百6音 ももね
- 結12音 ゆいね

9 迦 ！

思いもよらずに出会う縁。よい出会いに恵まれて実りある人生をと願って

音・訓 カ

- 藍18迦 あいか
- 由5迦 よしか
- 恵10里7迦 えりか
- 沙7也3迦 さやか

9 珂

宝石の白めのう、貝の飾り。神秘的な輝きをもった、上品で魅力的な女性に

音・訓 カ
名のり たま・てる

- 珂絵12 かえ
- 珂帆6 かほ
- 珂夜8 かよ
- 珂琳12 かりん
- 英8里7珂 えりか

9 珈

女性の髪飾り。「珈琲」はオランダ語の音訳。しゃれたイメージの字

音・訓 カ

- 里7珈 りか
- 夕3珈 ゆうか
- 珈央5里7 かおり
- 珈南9衣6 かなえ

9 架

橋を架ける、凌駕するの意。可能性を信じて未来へ羽ばたいてほしいと願って

音・訓 カ・かける・かかる

- 莉10架 りか
- 嶺17架 れいか
- 世5志7架 よしか
- 羽6架南9 わかな

9 海

広々と青い海のような、大きな澄んだ心でいてほしいとの願いを込めて

音・訓 カイ・うみ
名のり あま・うな・み

- 亜7海 あみ
- 七2海 ななみ
- 海里7 みり
- 海悠11 みゆう
- 千3帆6海 ちほみ

9 恢 ！

広大でさらに広がってゆくさま。心の広い、大きな人物をイメージして

音・訓 カイ・ひろい
名のり ひろ

- 恢 ひろ
- 恢耶9 かいや
- 恢那7 ひろな
- 恢音9 ひろね
- 恢羽6 ひろは
- 恢夢13 ひろむ

9 皆

ともに、一緒に、の意。人々と手を取り合い、協調性を大切にする子に

音・訓 カイ・みな
名のり とも・み・みち

- 皆笑10 ともえ
- 皆歌14 ともか
- 皆恵10 みなえ
- 皆子3 みなこ
- 皆乃2 みなの
- 皆歩8 みなほ

9 廻

めぐらせ、回復させる。人間関係を円滑にするような人柄に育つことを願って

音・訓 カイ・エ・めぐる
名のり とお・のり

- 廻利7 えり
- 廻羅19 かいら
- 知8廻 ちえ
- 実8廻 みのり
- 廻里7花7 えりか

※添え字（漢字1字の最後の音と同音の1字を加えること⇒P.407）を使った変則的な読みは名のりに加えていません。

活 9

生命のある様子。いきいきと生活を楽しみ人生の意義を味わってほしいと願って

音・訓 カツ・いきる・いかす

名のり いく

活慧15 いくえ　活乃2 いくの
活歩8 いくほ　活子3 かつこ
活妃6 かつき　活世5 かつよ

柑 9

ミカンの一種、柑子。明るくさわやか、愛らしい子に成長するよう期待して

音・訓 カン

柑名6 かんな　柑那7 かんな
柑南9 かんな　柑乃2 かんの
実8柑 みかん　蜜14柑 みかん

紀 9

道のりや年代、年数をさす。悠久の年月を感じさせ、奥深い人物像をイメージ

音・訓 キ

名のり あき・かず・こと・すみ・ただ・とし・のり・もと・よし

彩11紀 さき　紀佳8 のりか
真10紀 まき　未5紀 みき
万3紗10紀 まさき

祇 9 ⚠

天の神に対して、地の神を表す。「祈」よりさらに神聖で、汚れのないイメージ

音・訓 ギ・シ・キ

名のり けさ・ただ・つみ・のり・まさ・もと

祇恵10 きえ　真10祇 まき
亜7祇乃2 あきの
美9優17祇 みゆき

衿 9

えり、紐などを結ぶ意味のほか、重要なものをさす。おしゃれな印象の字

音・訓 キン・えり

衿 えり　衿嘉14 えりか
衿子3 えりこ　衿佐7 えりさ
智12衿 ちえり　光6衿 みえり

奎 9

文章をつかさどるといわれている星座の一部。左右対称の落ち着いた形の字

音・訓 ケイ

名のり ふみ

奎子3 けいこ　奎花7 けいか
奎加5 けいか　菜11奎 なふみ
奎依8 ふみい　奎緒14 ふみお

建 9

創立、設立する。自分の足でしっかりと立ち、強く歩んでほしいと期待して

音・訓 ケン・コン・たてる・たつ

名のり たけ・たて

建子3 たけこ　建乃2 たけの
建絵12 たつえ　建実8 たつみ
建美9 たつみ　建世5 たつよ

研 9

磨く、究めるなどの意味から、賢く、何事にも努力する人に育つよう願って

音・訓 ケン・とぐ

名のり あき・かず・きし・きよ・よし

研永5 あきえ　研栄9 あきえ
研子3 あきこ　研弥8 きよみ
研那7 きよな　研璃15 きより

胡 9

中国の異民族に関連するエキゾチックな印象の字。大陸的でアジアの雰囲気に

音・訓 コ・ゴ・ウ・えびす

名のり ひさ

胡桃10 くるみ　桃10胡 ももこ
胡々3実8 ここみ
胡都11望11 ことみ

洸 9

水に反射して輝く光。若々しいイメージで、透明感をもった字。清い心を願って

音・訓 コウ

名のり ひろ

知8洸 ちひろ　洸恵10 ひろえ
洸子3 ひろこ　洸海9 ひろみ
麻11洸 まひろ　水4洸 みひろ

※⚠=パソコンなどで文字が出にくい字

恰 9

適合し調和のとれている様子。人のために協力を惜しまずに働ける子に

音・訓 コウ・あたかも
名のり あたか・きょう

- 恰子 3 きょうこ
- 恰巳 3 きょうみ
- 恰音 9 きょうね
- 恰姫 10 こうき
- 恰奈 8 こうな
- 恰心 4 こうみ

恒 9

安定して変わらない様子。人柄も人生も穏やかであるよう祈る気持ちを込めて

音・訓 コウ・つね
名のり ちか・のぶ・ひさ

- 恒子 3 ちかこ
- 恒世 5 ちかよ
- 恒枝 8 のぶえ
- 恒湖 12 のぶこ
- 恒穂 15 のぶほ
- 恒誉 13 ひさえ

厚 9

厚みがあり、情が豊か。人の痛みを感じる、繊細で優しい子にと願って

音・訓 コウ・あつい
名のり あつ・ひろ

- 厚恵 10 あつえ
- 厚香 9 あつか
- 厚紀 9 あつき
- 厚子 3 あつこ
- 厚江 6 ひろえ
- 厚海 9 ひろみ

虹 9

雨上がりの空に架かる七色の虹。夢に向けて努力する美しい姿にもたとえて

音・訓 コウ・にじ

- 虹子 3 こうこ
- 虹瑚 13 こうこ
- 虹乃 2 にじの
- 虹絵 12 にじえ
- 虹果 8 にじか
- 虹帆 6 にじほ

皇 9

位が高く偉大なさまを表す。元は輝く、きらめく。気品を備えた美しい女性に

音・訓 コウ・オウ

- 皇花 7 おうか
- 皇妃 6 おうき
- 皇子 3 こうこ
- 皇珠 10 こうみ
- 皇女 3 こうめ
- 未皇 5 みおう

砂 9

細かな岩石の粒、砂のように細いものも表す。個性的な雰囲気の名前になる

音・訓 サ・シャ・すな
名のり いさご

- 亜砂 7 あずな
- 貴砂 12 きさ
- 阿理砂 8 11 ありさ
- 砂羽小 6 3 さわこ

香 9

かぐわしい匂い。控え目でいても、人を惹きつけるような美しい女性のイメージ

音・訓 コウ・キョウ・か・かおり・かおる
名のり たか・よし

- 絢香 12 あやか
- 香凛 15 かりん
- 香梨奈 11 8 かりな
- 早柚香 6 9 さゆか

哉 9

最初、初めて、の意。物事を創設するようなパイオニア的存在にと期待して

音・訓 サイ・かな・や
名のり えい・か・とし・ちか

- 哉恵 10 かなえ
- 美哉 9 みや
- 彩哉音 11 9 あやね
- 哉也子 3 3 ややこ

紅 9

薄い赤、くれない色。凛とした情熱を感じる、日本的な雰囲気の名前に

音・訓 コウ・ク・べに・くれない
名のり あか・いろ・くれ・もみ

- 紅 べに
- 紅寧 14 あかね
- 紅璃 15 あかり
- 紅葉 12 もみじ
- 紅美子 9 3 くみこ

咲 9

花などが咲くことを表す。笑うという意味もあり、明るさも感じさせる字

音・訓 さく
名のり さ・さき

- 咲 さく
- 美咲 9 みさき
- 咲絵 12 さくえ
- 真咲 10 まさき
- 亜咲生 7 5 あさき

※添え字(漢字1字の最後の音と同音の1字を加えること⇒P.407)を使った変則的な読みは名のりに加えていません。

珊 9

装飾品に使われる珊瑚。海や悠々とした時間も感じさせるロマンティックな字

音・訓 サン

名のり たま

珊瑚13 さんご
珊子3 さんこ
珊乃2 さんの
珊希7 たまき
珊海9 たまみ
珊美9 たまみ

重 9

重い、大切にするという意味。よいことが重なる人生を歩んでほしいと願って

音・訓 ジュウ・チョウ・え・おもい・かさねる

名のり あつ・かず・しげ・のぶ・ふさ

利7重 としえ
七2重 ななえ
花7重 はなえ
百6重 ももえ
八2重花7 やえか

思 9

思い、願い、考えなどの意。思慮深く、思いやりをもった芯のある子に

音・訓 シ・おもう

名のり こと

思乃2 しの
思真10 しま
思津9子3 しづこ
思良7帆6 しらほ

柔 9

柔らかく優しい様子を表す。女性的で、柔軟な姿勢や優しい心も連想できる

音・訓 ジュウ・ニュウ・やわらか・やわらかい

名のり とう・なり・やす・やわら

柔 やわら
柔佳8 とうか
柔子3 とうこ
柔美9 なりみ
柔心4 やすみ
柔英8 やすえ

秋 9

美しい紅葉を思わせる季節。落ち着いた雰囲気の字で秋生まれの子に

音・訓 シュウ・あき

名のり とき・とし

秋絵12 あきえ
秋乃2 あきの
秋穂15 あきほ
秋夜8 あきよ
秋桜10 こすもす
実8秋 みあき

祝 9

神にめでたい言葉を告げること。祈りや喜びなどを表す、縁起のよい字

音・訓 シュク・シュウ・いわう

名のり い・とき・のり・よし

祝奈8 しゅうな
祝夏10 のりか
祝美9 のりみ
祝歌14 よしか
祐9祝乃2 ゆいの

洲 9

川の中の陸地、中洲のこと。周囲の流れとは一線を画し、自立した人に

音・訓 シュウ・ス・しま

名のり くに

亜7洲佳8 あすか
果8洲実8 かすみ
洲美9乃2 すみの

俊 9

才能や容姿などにすぐれる意味から、何事も俊敏にこなし、活躍するよう願って

音・訓 シュン

名のり たか・とし・よし

俊佳8 しゅんか
俊奈8 しゅんな
俊菜11 しゅんな
俊巳3 としみ
俊美9 としみ
俊華10 よしか

柊 9

常緑小高木のヒイラギ。節分時に飾り、魔除けとして使う。神秘的な印象に

音・訓 シュウ・ひいらぎ

柊 ひいらぎ
柊佳8 しゅうか
柊香9 しゅうか
柊果8 しゅうか
柊子3 しゅうこ
柊乃2 しゅうの

春 9

生命が芽吹く季節。麗かで優しく、明るい女の子をイメージさせる字

音・訓 シュン・はる

名のり あつ・かす・かず・す・とき・は

小3春 こはる
春香9 はるか
春喜12 はるき
春音9 はるね
春陽12 はるひ
美9春 みはる

※⚠=パソコンなどで文字が出にくい字

洵 9

まことに、本当に、の意。元は渦巻く水を表す字。潤いがあり清いイメージに

音・訓 ジュン・まことに
名のり のぶ・まこと

- 洵 じゅん
- 洵夏10 じゅんか
- 洵子3 じゅんこ
- 洵那7 じゅんな
- 洵湖12 のぶこ
- 洵慧15 のぶえ

叙 9

序文、はしがき、順を追って述べること。知的で誠実な印象の字。文才への期待も

音・訓 ジョ
名のり のぶ・みつ

- 詩13叙 しのぶ
- 叙子3 のぶこ
- 叙佳8 のぶか
- 叙希7 みつき
- 叙波8 みつは
- 叙琉11 みつる

昭 9

明るく輝くこと。周囲を明るくし、誰からも好かれる子に育ってほしいと願って

音・訓 ショウ
名のり あき・てる・はる

- 昭栄9 あきえ
- 昭妃6 あきひ
- 昭乃2 あきの
- 昭子3 しょうこ
- 昭泉9 てるみ
- 光6昭 みあき

信 9

偽りがなく、誠実なこと。信じる心をもち、信頼関係を大切にする子に

音・訓 シン
名のり あき・こと・しの・ちか・とき・のぶ・まこと・まさ・みち

- 信帆6 あきほ
- 信有6 しのあ
- 千3信 ちあき
- 信江6 のぶえ
- 信香9 のぶか
- 信音9 のぶね

津 9

潤す、川の渡し場などの意味。潤いのある人生を送ってほしいと願いを込めて

音・訓 シン・つ
名のり す・ず

- 津希7音9 つきね
- 紫12津乃2 しずの
- 志7津流10 しずる

省 9

省みる、詳しく知るなどの意。賢く控えめな印象で、謙虚さを感じる字

音・訓 セイ・ショウ・かえりみる・はぶく
名のり かみ・み・みる・よし

- 省子3 しょうこ
- 省亜7 せいあ
- 省来7 せいら
- 省嘉14 よしか
- 省乃2 よしの
- 省穂15 よしほ

星 9

空に輝く星。宇宙やロマンを感じる字。星のようにキラキラ輝ける女性に

音・訓 セイ・ショウ・ほし
名のり とし

- 星帆6 せいほ
- 星羅19 せいら
- 星珂9 ほしか
- 星奈8 ほしな
- 星志7南9 ほしな

政 9

祭事、政治。正すこと。正直で素直に、まっすぐな道を歩んでほしいと願って

音・訓 セイ・ショウ・まつりごと
名のり おさ・かず・きよ・ただ・のぶ・のり・まさ・ゆき

- 政保9 せいほ
- 政良7 せいら
- 政枝8 まさえ
- 政子3 まさこ
- 政奈8 まさな
- 政未5 まさみ

宣 9

述べる、明らかにする、広めるなどの意味。自分の意見をしっかりもった子に

音・訓 セン
名のり たか・のぶ・のり・ひさ・ふさ・よし

- 宣梨11 せんり
- 宣伽7 のぶか
- 宣子3 のぶこ
- 宣代5 のぶよ
- 美9宣 みのり
- 宣乃2 よしの

茜 9

赤い色の一種、あかね色の意味。明るく華やかな女の子になってほしいと願って

音・訓 セン・あかね

- 茜 あかね
- 茜音9 あかね
- 茜祢9 あかね
- 茜禰19 あかね
- 茜子3 あかねこ
- 茜里7 せんり

※添え字（漢字1字の最後の音と同音の1字を加えること⇒P.407）を使った変則的な読みは名のりに加えていません。

泉 9

水源、いずみを表し、清らかなイメージのある字。心の美しさを願って

音・訓 セン・いずみ
名のり い・いず・ずみ・み・みず・みつ・もと

- 和8泉 いずみ
- 涼11泉 すずみ
- 泉夏10 みずか
- 美9泉 よしみ
- 真10奈8泉 まなみ

奏 9

差し上げる、演奏すること。音楽や人との調和を奏でられる柔和な人に

音・訓 ソウ・かなでる
名のり かな

- 奏重9 かなえ
- 奏美9 かなみ
- 奏羽6子3 そうこ
- 奏奈8恵10 かなえ

草 9

植物の草。草原を思わせるすがすがしいイメージ。自然の生命力を感じる名前に

音・訓 ソウ・くさ
名のり かや・しげ

- 衣6草 いぐさ
- 草乃2 かやの
- 草佳8 そうか
- 草夏10 そうか
- 知8草 ちぐさ
- 智12草 ちぐさ

荘 9

草がよく茂るおごそかで厳粛な様子を表す。しっかりと地に足がついた印象に

音・訓 ソウ
名のり たか・まさ

- 荘仔5 そうこ
- 荘香9 そうか
- 荘子3 まさこ
- 荘菜11 たかな
- 荘音9 たかね
- 荘穂15 たかほ

則 9

法にのっとる、模範のこと。物事を真面目にとらえ、品行方正に育ってほしいと

音・訓 ソク・すなわち
名のり つね・とき・のり・みつ

- 則花7 のりか
- 則子3 のりこ
- 則菜11 のりな
- 則葉12 のりは
- 則呼8 みつこ
- 美9則 みのり

茶 9

お茶や茶道、茶色を表す。淑やかさとお茶目な面を併せもった子に

音・訓 チャ・サ

- 貴12茶乃2 きさの
- 茶里7菜11 さりな
- 実8茶枝8 みさえ

貞 9

純粋で正しい様子を表す。淑やかで出過ぎない、古風で堅実な女性に

音・訓 テイ
名のり さだ・ただ・みさお

- 貞枝8 さだえ
- 貞巳3 さだみ
- 貞世5 さだよ
- 貞江6 さだえ
- 貞佳8 ていか
- 貞子3 ていこ

祢 9

父親のためにたてた、みたまやの意。先祖を敬う気持ちをいつも忘れずに

禰の異体字

音・訓 デイ・ね

- 彩11祢 あやね
- 音9祢 おとね
- 富12美9祢 ふみね
- 真10衣6祢 まいね

南 9

方角の南。前向きで、日の光を感じる字。温かい心をもった明るい子に

音・訓 ナン・ナ・みなみ
名のり あけ・なみ・みな・よし

- 奈8南 ななみ
- 葉12南 はな
- 紗10南絵12 さなえ
- 海9南子3 みなこ

珀 9

悠久の時間が作り出した宝石、琥珀。神秘的で透明感のあるイメージ

音・訓 ハク
名のり すい・たま

- 琥12珀 こはく
- 湖12珀 こはく
- 珀蓮13 すいれん
- 珀仙5 すいせん
- 珀子3 たまこ
- 珀美9 たまみ

※⚠＝パソコンなどで文字が出にくい字

毘 9

助ける、連なる、の意。仏教的解釈で、理性と知恵をもち、光り輝くことを願う

音・訓 ヒ・ビ
名のり ひで・てる・とも・のぶ・まさ・やす・よし

- 毘帆 (6) てるほ
- 毘美 (9) ともみ
- 毘奈子 (8・3) ひなこ
- 毘緒良 (14・7) びおら

飛 9

空を飛ぶ、速い様子。未来に向かって飛躍して、自由に飛びまわる前向きな印象

音・訓 ヒ・とぶ・とばす
名のり たか

- 飛鳥 (11) あすか
- 飛峰 (10) たかね
- 飛奈乃 (8・2) ひなの
- 飛良梨 (7・11) ひらり

美 9

美しい、よいなどの意味で、女性名、男性名ともによく使われる字

音・訓 ビ・うつくしい
名のり とみ・はる・ふみ・み・みつ・よ・よし・よしみ

- 亜美 (7) あみ
- 美春 (9) みはる
- 美祐 (9) みゆう
- 美来 (7) みらい
- 美々佳 (3・8) みみか

風 9

自由に吹く風をイメージして、のびのびとしたナチュラルな名前に

音・訓 フウ・フ・かぜ・かざ

- 風美 (9) かざみ
- 風佳 (8) ふうか
- 風瑚 (13) ふうこ
- 風光 (6) ふみ
- 風沙花 (7・7) ふさか

保 9

保ち、養うことを表す。慈悲深い愛情をもった子に育つよう期待を込めて

音・訓 ホ・たもつ
名のり お・もち・もり・やす・より

- 美保 (9) みほ
- 梨保 (11) りほ
- 菜保香 (11・9) なおか
- 保奈実 (8・8) ほなみ

昴 9

牡牛座にあるプレアデス星団。遥かかなたの星座に夢とロマン重ねて

音・訓 ボウ・すばる
名のり あきら

- 昴 すばる
- 昴良 (7) あきら
- 昴流 (10) すばる
- 昴留 (10) すばる
- 昴琉 (11) すばる
- 昴瑠 (14) すばる

柾 9

木目が縦にまっすぐ伸びている様を表すことから、正しい心をもつよう願って

音・訓 まさ・まさき

- 柾季 (8) まさき
- 柾子 (3) まさこ
- 柾乃 (2) まさの
- 柾穂 (15) まさほ
- 柾実 (8) まさみ

耶 9

漢文の助詞、父親を呼ぶ言葉。「や」の音によく使われる、おしゃれな印象の字

音・訓 ヤ・や・か

- 紗耶 (10) さや
- 麻耶 (11) まや
- 真亜耶 (10・7) まあや
- 実耶子 (8・3) みやこ

勇 9

勇敢で、思い切りがよいこと。自信をもって我が道を進んでほしいと願って

音・訓 ユウ・いさむ
名のり いさ・お・とし・はや

- 勇佳 (8) ゆうか
- 勇希 (7) ゆうき
- 勇子 (3) ゆうこ
- 勇美 (9) ゆうみ
- 勇奈 (8) ゆうな
- 勇梨 (11) ゆうり

祐 9

神明の助け。目には見えない力に守られて、安寧に過ごせるようにと祈って

音・訓 ユウ・たすける
名のり さち・ち・ひろ・まさ・みち・むら・ゆ・よし

- 安祐 (6) あゆ
- 祐杏 (7) ゆあん
- 祐惟 (11) ゆい
- 祐愛 (13) ゆうあ
- 祐雨果 (8・8) ゆうか

※添え字(漢字1字の最後の音と同音の1字を加えること⇒P.407)を使った変則的な読みは名のりに加えていません。

柚 9

さわやかな香りと上品な味のユズ。若くみずみずしい雰囲気で人気の字

音・訓 ユウ・ゆず
名のり ゆ

- 柚 ゆず
- 柚香9 ゆうか
- 友4柚 ゆうゆ
- 柚奈8 ゆずな
- 柚羽6乃2 ゆうの

宥 9

なだめる、罪を許す、の意。何事も許容する広い心を表す。穏やかな印象の字

音・訓 ユウ・ゆるす・なだめる
名のり ひろ

- 麻11宥 まひろ
- 宥乃2 ひろの
- 宥衣6 ゆうい
- 宥葵12 ゆうき
- 宥緋14 ゆうひ
- 宥花7 ゆうか

洋 9

大海、広々とした様子。大らかな雰囲気と、海のさわやかさを想像する字

音・訓 ヨウ
名のり うみ・きよ・なみ・ひろ・み

- 洋香9 ひろか
- 洋乃2 ひろの
- 洋奈8 ひろな
- 洋海9 ひろみ
- 美9洋 みひろ
- 洋子3 ようこ

要 9

大切で肝心なこと。才能を発揮して、人の中心になるリーダー的存在に

音・訓 ヨウ・いる
名のり かなめ・しの・とし・め・やす

- 要 かなめ
- 要芽8 かなめ
- 要江6 としえ
- 要巴4 やすは
- 要花7 ようか
- 要子3 ようこ

洛 9

元は中国の川の名前。日本では京都の別名。雅で風流な雰囲気の字

音・訓 ラク
名のり みやこ

- 洛 みやこ
- 洛花7 らくか
- 洛輝15 らくき
- 洛奈8 らくな
- 洛乃2 らくの
- 和8洛 わらく

俐 9

賢く利発なこと。聡明で知的な人物になってほしいという願いを込めて

音・訓 リ
名のり さと

- 絵12俐 えり
- 俐美9 さとみ
- 俐紗10 りさ
- 俐実8 りみ
- 俐7李7花 りりか

律 9

人が行くべき道、掟を意味することから、実直さや真面目さをイメージする字

音・訓 リツ・リチ
名のり おと・のり

- 律 りつ
- 律葉12 おとは
- 律絵12 のりえ
- 律代5 のりよ
- 律花7 りつか
- 律子3 りつこ

柳 9

細長い枝が流れる形の字。柳のように細くしなやかな女性になってほしいと願って

音・訓 リュウ・やなぎ

- 柳 りゅう
- 柳希7 やなぎ
- 柳子3 りゅうこ
- 柳佳8 りゅうか
- 柳香9 りゅうか
- 柳歌14 りゅうか

亮 9

明らか、物事に明るいという意味。まっすぐな心の人になることを願って

音・訓 リョウ・あきらか
名のり あき・かつ・ふさ・まこと・よし・より・ろ

- 亮 りょう
- 亮絵12 あきえ
- 亮奈8 あきな
- 亮帆6 あきほ
- 亮華10 りょうか
- 亮子3 りょうこ

玲 9

玉や金属がふれあって鳴る美しい音の意味。透き通るような美しい子に

音・訓 レイ
名のり あきら・たま・れ

- 玲香9 れいか
- 玲子3 れいこ
- 玲奈8 れいな
- 玲美9 れみ
- 玲央5奈8 れおな

※⚠=パソコンなどで文字が出にくい字

10 挨

近づく、押し合うことを意味する。「挨拶」の挨。積極的な印象の名前に

音・訓 アイ

- 挨華 10 あいか
- 挨子 3 あいこ
- 挨奈 8 あいな
- 挨音 9 あいね
- 挨乃 2 あいの
- 挨美 9 あいみ

10 桜

日本を代表する花の名前。色彩名でもある。花のように美しく育つよう願って

音・訓 オウ・さくら

- 桜 さくら
- 桜貴 12 おうき
- 桜菜 11 おうな
- 桜良 7 さくら
- 桜子 3 さくらこ
- 美桜 9 みお

10 晏

空が晴れ渡った様、安らぎなどの意味。明るく健康で、安らかな人生を願って

音・訓 アン
名のり さだ・はる・やす

- 晏寿 7 あんじゅ
- 晏南 9 あんな
- 晏莉 10 あんり
- 晏奈 8 はるな
- 美晏 9 みあん
- 優晏 17 ゆあん

10 恩

愛に通じ、慈しむの意。人に喜ばれ、人のためになる人に育つよう願って

音・訓 オン
名のり おき・めぐみ

- 恩 めぐみ
- 美恩 9 みおん
- 詩恩 13 しおん
- 香恩 9 かおん
- 恩依 8 おきえ
- 恩音 9 おんと

10 益

ものが器からあふれる様子を表す字。才能や物品などに困らない人生を願って

音・訓 エキ・ヤク
名のり あり・のり・ます・み・みつ・やす・よし

- 益香 9 のりか
- 益美 9 ますみ
- 益絵 12 みつえ
- 益希 7 みつき
- 益奈 8 みつな
- 益子 3 よしこ

10 夏

冠をつけ、雅やかに舞う様を表した字。夏のような明るい人生を願って

音・訓 カ・ゲ・なつ

- 夏帆 6 かほ
- 鈴夏 13 すずか
- 千夏 3 ちなつ
- 夏紀 9 なつき
- 夏菜子 11 3 かなこ

10 悦

喜ぶ、楽しむことを表す。明るく楽しい印象。楽しいことであふれた人生に

音・訓 エツ・よろこぶ
名のり のぶ・よし

- 悦 えつ
- 悦花 7 えつか
- 悦香 9 えつか
- 悦子 3 えつこ
- 悦絵 12 よしえ
- 悦乃 2 よしの

10 華

美しく咲く花の意味であり、女性名に人気の字。美しく育つよう願って

音・訓 カ・ケ・はな
名のり は・はる

- 華 はな
- 華乃 2 かの
- 紀華 9 のりか
- 優華 17 ゆうか
- 多華子 6 3 たかこ

※添え字(漢字1字の最後の音と同音の1字を加えること⇒P.407)を使った変則的な読みは名のりに加えていません。

海 10

⚠

海のイメージから、ひろびろとした雄大な様子や美しさが感じられる名前に

音・訓　カイ・うみ

名のり　あま・うな・み

海の異体字

- 朝海 12 あさみ
- 夏海 10 なつみ
- 春海 9 はるみ
- 広海 5 ひろみ
- 美海 9 みうみ
- 夕海 3 ゆうみ

莞 10

むしろを織る、い草。微笑みという意味も。純粋で、素朴なイメージの字

音・訓　カン・いぐさ

- 莞 かん
- 莞名 6 かんな
- 莞奈 8 かんな
- 莞南 9 かんな
- 莞菜 11 かんな
- 実莞 8 みかん

栞 10

枝を折り、道しるべとした、しおりの意味。頼りになる人になるように願って

音・訓　カン・しおり

名のり　けん

- 栞 しおり
- 栞七 2 かんな
- 栞奈 8 かんな
- 栞乃 2 かんの
- 栞理 11 しおり
- 美栞 9 みかん

起 10

立ち上がる、立たせるという意味で、能動的で活発なイメージのある字

音・訓　キ・おきる・おこる・おこす・たつ

名のり　おき・かず・たつ・ゆき

- 起子 3 きこ
- 真起 10 まき
- 美起乃 9 2 みきの
- 由有起 5 6 ゆうき

記 10

言葉を整えて書く、心に刻み込むという意味から、文学や学問に秀でた女性に

音・訓　キ・しるす

名のり　とし・のり・ふさ・ふみ・よし

- 紫記 12 しき
- 夏記 10 なつき
- 亜記奈 7 8 あきな
- 沙記江 7 6 さきえ

桔 10

野に咲く秋の七草・キキョウ（桔梗）のように、凛として自分らしく生きる人に

音・訓　キツ・ケツ

- 桔梗 11 ききょう
- 桔花 7 きつか
- 桔佳 8 きつか
- 桔香 9 きつか
- 桔子 3 きつこ
- 桔乃 2 きつの

宮 10

建物の中の部屋が連なっている様子をかたどった字。壮大で高貴な印象に

音・訓　キュウ・グウ・ク・みや

- 宮子 3 みやこ
- 宮乃 2 みやの
- 都宮美 11 9 つぐみ
- 貴宮子 12 3 きくこ

恭 10

神の前での恭しさ、慎みの意味を表す。礼儀正しく、慎み深い印象を与える

音・訓　キョウ・うやうやしい

名のり　すみ・たか・ちか・のり・みつ・やす・ゆき・よし

- 恭 きょう
- 季恭 8 ききょう
- 恭佳 8 きょうか
- 恭子 3 きょうこ
- 恭乃 2 やすの
- 恭穂 15 やすほ

訓 10

人の道理を言葉で教える意味から、道理を外れない、知的な印象を与える

音・訓　クン

名のり　くに・とき・のり・みち

- 訓子 3 くにこ
- 訓代 5 ときよ
- 訓花 7 のりか
- 訓葉 12 のりは
- 訓帆 6 のりほ
- 訓恵 10 みちえ

恵 10

一途に心を傾ける、与える、の意。思いやりのある、優しい女性に

音・訓　ケイ・エ・めぐむ

名のり　あや・さと・しげ・とし・やす・よし

- 恵 めぐみ
- 恵麻 11 えま
- 紗恵 10 さえ
- 埜恵 11 のえ
- 恵梨香 11 9 えりか

※⚠＝パソコンなどで文字が出にくい字

桂 10

芳香を放ち、小花を咲かせる木。たおやかに見えながら芯の強さを感じる字

音・訓 ケイ・かつら

名のり かつ・よし

- 桂 かつら
- 桂子3 けいこ
- 桂奈8 けいな
- 桂恵10 よしえ
- 桂香9 よしか
- 桂実8 よしみ

兼 10

並んだ稲をつかむ様子を示した字で、二つ以上のものをつかめる力を期待して

音・訓 ケン・かねる

名のり かず・かた・かね・とも

- 兼紗10 かずさ
- 兼実8 かねみ
- 兼美9 かねみ
- 兼帆6 かねほ
- 兼絵12 ともえ
- 兼果8 ともか

悟 10

心が明るくなる、さとるの意味。知性あふれる人になってほしいと願って

音・訓 ゴ・さとる

名のり さと・のり

- 悟絵12 のりえ
- 悟香9 のりか
- 悟子3 のりこ
- 悟歩8 のりほ
- 奈8悟美9 なごみ

紘 10

張り渡した綱。また、地の果てや広大なことも表す。無限の可能性を願って

音・訓 コウ

名のり ひろ

- 紘子3 こうこ
- 紘美9 こうみ
- 紘子3 ひろこ
- 紘海9 ひろみ
- 麻11紘 まひろ
- 弥8紘 やひろ

晃 10

光る、明らかな様子。明るく、伸びやかに育ってほしいという願いを込めて

音・訓 コウ・あきらか

名のり あき・きら・てる・ひかる・みつ

- 晃子3 あきこ
- 晃奈8 あきな
- 晃乃2 あきの
- 晃恵10 てるえ
- 晃美9 てるみ

晄 10

晃の異体字

日の光が輝く様子を表す。いつも明るく元気で、周囲を笑顔にしてくれる子に

音・訓 コウ・あきらか

名のり あき・きら・てる・ひかる・みつ

- 晄 あきら
- 晄笑10 あきえ
- 晄菜11 あきな
- 晄帆6 あきほ
- 晄美9 あきみ
- 千3晄 ちあき

倖 10

思いがけない幸せを意味する。人との関係の中で多くの幸を得ることを祈って

音・訓 コウ・さいわい

名のり さち・ゆき

- 倖 さち
- 倖恵10 さちえ
- 倖果8 さちか
- 倖子3 さちこ
- 真10倖 まゆき
- 倖音9 ゆきね

高 10

高い門の上の楼の形をかたどった字。高貴で、卓越したイメージをもった字

音・訓 コウ・たかい・たか・たかまる・たかめる

名のり うえ・たけ・ほど

- 高恵10 たかえ
- 高子3 たかこ
- 高奈8 たかな
- 高美9 たかみ
- 高楽13 たから
- 穂15高 ほだか

浩 10

心が満たされるような豊かな水の意味。心豊かな人になってほしいと願って

音・訓 コウ・ひろい

名のり はる・ひろ・よう

- 千3浩 ちひろ
- 浩奈8 はるな
- 浩海9 はるみ
- 浩子3 ひろこ
- 浩花7 ひろか
- 浩美9 ひろみ

紗 10

薄い絹の織物の意味から、たおやかで美しい女性になってほしいと願って

音・訓 サ・シャ・うすぎぬ

名のり すず・たえ

- 紗織18 さおり
- 紗希7 さき
- 更7紗 さらさ
- 紗香9 しょうか
- 紗絵子12 3 さえこ

※添え字（漢字1字の最後の音と同音の1字を加えること⇒P.407）を使った変則的な読みは名のりに加えていません。

朔 10

一日(ついたち)を表す。こよみや初めの意味も。初心を忘れない人に

音・訓 サク・ついたち

名のり きた・もと

- 朔耶 9 さくや
- 朔絵 12 もとえ
- 朔花 7 もとか
- 朔美 9 もとみ
- 朔良子 7 3 さくらこ

峻 10

山が険しいという意味で、崇高で美しいイメージの字。気高い女性に

音・訓 シュン

名のり たか・ちか・とし・みち・みね

- 峻花 7 しゅんか
- 峻恵 10 たかえ
- 峻子 3 たかこ
- 峻奈 8 たかな
- 峻歩 8 たかほ
- 峻美 9 としみ

時 10

時間を大切に、時機をつかむ、時代の先端を行く……ぴったりの願いを込めて

音・訓 ジ・とき

名のり ちか・はる・ゆき・よし・より

- 時花 7 ときか
- 時子 3 ときこ
- 時美 9 ときみ
- 時重 9 ときえ
- 実 8 須 12 時 みすじ

隼 10

敏速で勇猛なワシを意味することから、勇敢で機敏な女性になることを願って

音・訓 シュン・ジュン・はやぶさ

名のり とし・はや

- 隼那 7 しゅんな
- 隼恵 10 としえ
- 隼佳 8 としか
- 隼子 3 としこ
- 隼実 8 としみ
- 隼音 9 はやね

珠 10

美しいたま、真珠。美しく輝く女性として、大切にされるよう願いを込めて

音・訓 シュ・たま

名のり じゅ・す・み

- 珠衣 6 しゅい
- 珠璃 15 しゅり
- 珠希 7 たまき
- 珠美 9 たまみ
- 珠理 11 奈 8 しゅりな

准 10

なぞらえるという意味から、正しくなぞる、律儀などのイメージを感じる字

音・訓 ジュン

名のり のり

- 准 じゅん
- 准香 9 じゅんか
- 准子 3 じゅんこ
- 准奈 8 じゅんな
- 准花 7 のりか
- 准恵 10 のりえ

修 10

洗い清めておさめるという意味。正しいことを学び、立派に目的を果たす人に

音・訓 シュウ・シュ・おさめる

名のり おさ・のぶ・のり・ひさ・まさ・みち・もと・よし

- 修果 8 しゅうか
- 修子 3 しゅうこ
- 修帆 6 のぶほ
- 修香 9 のりか
- 修里 7 奈 8 しゅりな

純 10

まじりけのない、純粋さ。いつも自然体で、穏やかな日々を送るよう願って

音・訓 ジュン

名のり あつ・あや・いと・すなお・すみ・とう・まこと・よし

- 純 じゅん
- 亜 7 純 あすみ
- 佳 8 純 かすみ
- 純菜 11 じゅんな
- 純乃 2 すみの
- 純玲 9 すみれ

袖 10

衣服のたもとの部分。美しい衣服の一部を表すことから、女の子の名前に使う

音・訓 シュウ・そで

- 小 3 袖 こそで
- 袖子 3 しゅうこ
- 袖奈 8 しゅうな
- 袖佳 8 しゅうか
- 袖乃 2 しゅうの
- 美 9 袖 みそで

書 10

事物を集めて書き付ける意味。筆文字のような柔らかさと、知性を連想する字

音・訓 ショ・かく

名のり のぶ・のり・ふみ

- 書佳 8 のぶか
- 書葉 12 のぶは
- 書美 9 のぶみ
- 書恵 10 のりえ
- 書香 9 ふみか
- 書奈 8 ふみな

※⚠=パソコンなどで文字が出にくい字

祥 10

喜ばしいことの意味。よい出来事が多い人生を歩めるようにとの願いを込めて

音・訓 ショウ
名のり さき・さち・ただ・なが・やす・よし

- 祥花 7 さちか
- 祥音 9 さちね
- 祥穂 15 さちほ
- 祥香 9 しょうか
- 祥子 3 しょうこ
- 祥恵 10 よしえ

称 10

たたえる、褒める意味があり、ほまれ高い人生になるよう願いを込めて

音・訓 ショウ・たたえる
名のり よし

- 称子 3 しょうこ
- 称瑚 13 しょうこ
- 称華 10 しょうか
- 称奈 8 しょうな
- 称恵 10 よしえ
- 称葉 12 よしは

笑 10

自分もまわりも笑顔になることの多い、明るく幸せな人生を送れるように

音・訓 ショウ・わらう・えむ
名のり え・えみ

- 笑美 9 えみ
- 笑理 11 えみり
- 紗 10 笑 さえ
- 花 7 笑 はなえ
- 千 3 笑美 9 ちえみ

晋 10

すすむの意味。粛々と物事を前に進めていく静かなエネルギーを秘めた子に

音・訓 シン・すすむ
名のり あき・くに・ゆき

- 晋穂 15 あきほ
- 晋絵 12 くにえ
- 晋香 9 くにか
- 晋奈 8 ゆきな
- 晋恵 10 ゆきえ
- 晋葉 12 ゆきは

真 10

本物、まことの意味。真面目な人に、または正しい道を歩んでほしいと願って

音・訓 シン・ま
名のり さだ・ただ・ちか・なお・まこと・まさ・まな

- 絵 12 真 えま
- 真季 8 まき
- 真亜 7 也 3 まあや
- 真莉 10 恵 10 まりえ

眞 10

真の異体字

本質を見極められる力をもった子に。旧字体を使うことで、個性的な印象に

音・訓 シン・ま
名のり さだ・ただ・ちか・まこと・なお・まさ・まな

- 眞歩 8 まほ
- 眞奈 8 まな
- 小 3 眞紀 9 こまき
- 眞衣 6 美 9 まいみ

粋 10

まじりけがないという意味で、純粋で、物事に通じたものわかりのよい人に

音・訓 スイ・いき
名のり きよ・ただ

- 粋慧 15 きよえ
- 粋奈 8 きよな
- 粋乃 2 きよの
- 粋美 9 きよみ
- 粋香 9 すいか
- 粋穂 15 すいほ

晟 10

日の光が盛んな意味。明るい人になってほしい、明るい人生にと願って

音・訓 セイ・あきらか
名のり あき・てる・まさ

- 晟恵 10 あきえ
- 晟奈 8 あきな
- 晟歩 8 あきほ
- 晟実 8 あきみ
- 晟子 3 せいこ
- 晟美 9 てるみ

栖 10

ひっそりと暮らす、ひそむ意味。静けさ、のんびりとした素朴さをイメージする字

音・訓 セイ・すむ
名のり す・すみ

- 栖菜 11 せいな
- 栖良 7 せいら
- 亜 7 栖香 9 あすか
- 花 7 栖美 9 かすみ

扇 10

華やかで美しいイメージで、女性らしい印象の字。読みやすい字と合わせて

音・訓 セン・おうぎ
名のり み

- 扇華 10 せんか
- 扇佳 8 せんか
- 扇乃 2 せんの
- 扇莉 10 せんり
- 奈 8 扇 なみ
- 怜 8 扇 れいみ

※添え字（漢字1字の最後の音と同音の1字を加えること⇒P.407）を使った変則的な読みは名のりに加えていません。

素 10

初め、根本の意味で、何の手も加えられていない、純粋さを感じる字

音・訓 ソ・ス・もと
名のり しろ・すなお

- 素香 9 もとか
- 素葉 12 もとは
- 実 8 素乃 2 みその
- 素美 9 麗 19 すみれ

速 10

時間を縮める意から、迅速でキビキビしたイメージの字。めりはりのよい印象

音・訓 ソク・はやい・はやめる・すみやか
名のり ちか・つぎ・とう・はや

- 速奈 8 そくな
- 千 3 速 ちはや
- 速香 9 はやか
- 速乃 2 はやの
- 速実 8 はやみ
- 美 9 速 みはや

泰 10

安らかの意味を表す字。豊かで安らか、波風の少ない人生をとの願いを込めて

音・訓 タイ
名のり ひろ・やす・よし

- 泰佳 8 ひろか
- 泰枝 8 やすえ
- 泰子 3 やすこ
- 泰羽 6 やすは
- 泰葉 12 やすは
- 泰巳 3 よしみ

啄 10

鳥がくちばしで物をつつく意。石川啄木の名にあり、素朴で思慮深い印象に

音・訓 タク・ついばむ
名のり とく

- 啄乃 2 たくの
- 啄実 8 たくみ
- 啄美 9 たくみ
- 啄保 9 たくほ
- 啄恵 10 とくえ
- 啄子 3 とくこ

通 10

障害物がなく、よく通る意味。才能に秀で、自分の願う道をつき進んでほしい

音・訓 ツウ・ツ・とおる・とおす・かよう
名のり なお・みち・みつ・ゆき

- 通琉 11 みちる
- 通江 6 ゆきえ
- 通希 7 衣 6 つきえ
- 美 9 通奈 8 みつな

荻 10

水辺に自生するオギやヨモギ。植物のように柔らかで、自由で素朴な人に

音・訓 テキ・おぎ

- 荻 おぎ
- 荻江 6 おぎえ
- 荻恵 10 おぎえ
- 荻子 3 おぎこ
- 荻乃 2 おぎの
- 美 9 荻 みおぎ

哲 10

道理を明らかにする意味。賢く、聡明な人になってほしいとの願いを込めて

音・訓 テツ
名のり あき・さと・のり・よし

- 哲絵 12 あきえ
- 哲那 7 あきな
- 哲穂 15 あきほ
- 哲香 9 さとか
- 哲子 3 てつこ
- 哲美 9 よしみ

展 10

伸ばし広げるという意味から、縁起のよい印象の字。人生の発展を願って

音・訓 テン
名のり のぶ・ひろ

- 紗 10 展 さてん
- 展珠 10 てんじゅ
- 展恵 10 のぶえ
- 展子 3 のぶこ
- 展枝 8 ひろえ
- 展香 9 ひろか

桐 10

住宅や家具の材料として珍重されている落葉高木の名。高貴さを感じる名前に

音・訓 トウ・ドウ・きり
名のり ひさ

- 桐亜 7 きりあ
- 桐恵 10 きりえ
- 桐子 3 きりこ
- 紗 10 桐 さぎり
- 桐仔 5 とうこ
- 桐絵 12 ひさえ

透 10

突き抜けて通る意味で、透明感を感じる字。心がキレイな子であるよう願って

音・訓 トウ・すく・すかす・すける
名のり すき・ゆき

- 透花 7 とうか
- 透子 3 とうこ
- 透絵 12 ゆきえ
- 美 9 透 みゆき
- 透奈 8 ゆきな
- 透乃 2 ゆきの

※⚠＝パソコンなどで文字が出にくい字

桃 10

木の実・モモを表す字。かわいいイメージや音の響きで女の子らしい名前に

音・訓 トウ・もも

- 桃 もも
- 胡9桃 くるみ
- 小3桃 こもも
- 桃香9 ももか
- 桃乃2 ももの
- 桃葉12 ももは

能 10

よくできる意味を表す字。才能に秀でた人になってほしいという願いを込めて

音・訓 ノウ

名のり たか・のり・ひさ・むね・やす・よし

- 能亜7 のりあ
- 能依8 のりえ
- 能子3 のりこ
- 能穂15 のりほ
- 能乃2 ひさの
- 能美9 よしみ

唄 10

人々に歌い継がれてきた民謡の意から、人から親しみを覚えてもらえる子に

音・訓 バイ・うた・うたう

- 唄 うた
- 唄枝8 うたえ
- 唄香9 うたか
- 唄乃2 うたの
- 唄音9 うたね
- 唄葉12 うたは

梅 10

梅の花は、待ち望んだ春を告げる。そのいじらしさ、可憐さにあやかった名に

音・訓 バイ・うめ

名のり め

- 梅乃2 うめの
- 梅香9 うめか
- 小3梅 こうめ
- 美9梅 みうめ
- 由5梅花7 ゆめか

姫 10

女性の美称や愛らしいものへの愛称として使う字。ストレートな思いが伝わる

音・訓 ひめ

名のり き

- 真10姫 まき
- 美9姫 みき
- 悠11姫 ゆうき
- 姫乃2 ひめの
- 紗10姫絵12 さきえ

敏 10

才知や行動のすばやいことの意味から、賢い、利口といった印象を与える字

音・訓 ビン・さとい

名のり さと・とし・はや・はる・ゆき・よし

- 敏枝8 としえ
- 敏美9 としみ
- 敏香9 はるか
- 敏那7 はるな
- 敏音9 はるね
- 敏埜11 ゆきの

圃 10

野菜や果樹畑の意味から、ゆったりとして素朴で、牧歌的なイメージを与える

音・訓 ホ

名のり その

- 美9圃 みほ
- 理11圃 りほ
- 奈8圃子3 なほこ
- 美9寿7圃 みずほ

峰 10

山の頂を表す。夢や願いを高くもち、人生を一歩ずつ着実に歩むよう願って

音・訓 ホウ・みね

名のり お・たか・ね

- 清11峰 きよね
- 峰花7 ほうか
- 峰香9 みねか
- 留10峰 るみね
- 亜7紀9峰 あきね

峯 10

峰の異体字

山の頂を表す。気高い心根をもち、誰からも一目置かれることを願って

音・訓 ホウ・みね

名のり お・たか・ね

- 広5峯 ひろね
- 雪11峯 ゆきね
- 奈8峯花7 なおか
- 美9峯乃2 みねの

紋 10

代々伝わる家を表す印や模様を表す。高貴さや折り目正しさを感じる名前に

音・訓 モン

名のり あき・あや

- 紋花7 あやか
- 紋香9 あやか
- 紋奈8 あやな
- 紋乃2 あやの
- 紋葉12 あやは
- 美9紋 みあや

※添え字（漢字1字の最後の音と同音の1字を加えること⇒P.407）を使った変則的な読みは名のりに加えていません。

容 10

姿や様子を表し、整った立ち居振る舞い、化粧するなどの意から、淑やかな女性に

音・訓 ヨウ

名のり かた・なり・ひろ・まさ・もり・やす・よし

- 容江 6 ひろえ
- 容佳 8 ひろか
- 容奈 8 ひろな
- 容乃 2 ひろの
- 容子 3 ようこ
- 容美 9 よしみ

莉 10

単独では意味がなく、茉莉花（ジャスミン）などに使う字。優しさを感じる

音・訓 リ

- 実莉 8 みり
- 優莉 17 ゆうり
- 沙莉奈 7 8 さりな
- 茉莉香 8 9 まりか

浬 10

海上の距離の単位・海里（ノット）。大海原や、広々として自由な様子を連想

音・訓 リ・ノット・かいり

- 浬絵 12 りえ
- 浬帆 6 りほ
- 江浬奈 6 8 えりな
- 乃浬夏 2 10 のりか

哩 10

イギリスの距離の単位・マイルを表す。のびのびと育つことを期待して

音・訓 リ・マイル

- 哩沙 7 りさ
- 笑哩 10 えみり
- 哩々花 3 7 りりか
- 世哩奈 5 8 せりな

留 10

流れがとまる意味。落ち着いた、芯のしっかりした子になるよう願いを込めて

音・訓 リュウ・ル・とめる・とまる

名のり と・とめ・ひさ

- 香留 9 かおる
- 静留 14 しずる
- 留衣 6 るい
- 留架 9 るか
- 美留利 9 7 みどり

流 10

水の流れなど移り行く、広がるなどの意味。流れてもよい意味の字と合わせて

音・訓 リュウ・ル・ながれる・ながす

名のり とも・はる

- 流奈 8 るな
- 星流 9 せいる
- 流季亜 8 7 るきあ
- 流利子 7 3 るりこ

凌 10

ほかを超える、凌駕するという意味で使う。りっぱな人になるよう願いを込めて

音・訓 リョウ・しのぐ

- 凌羽 6 りょう
- 凌花 7 りょうか
- 凌華 10 りょうか
- 凌嘉 14 りょうか
- 凌子 3 りょうこ
- 凌奈 8 りょうな

凉 10

清々しい、冷たさを表す。周囲をホッとさせられるような安心感のある女性に

凉 涼の異体字

音・訓 リョウ・すずしい・すずむ

名のり あつ・すず・すずし

- 凉 りょう
- 凉葉 12 すずは
- 凉乃 2 すずの
- 凉夢 13 すずむ
- 凉花 7 りょうか
- 凉子 3 りょうこ

倫 10

人が進み、守るべき道。心正しく、安定した人生を歩むことを望んで

音・訓 リン

名のり つぐ・つね・とし・とも・のり・ひと・みち・もと

- 倫 りん
- 佳倫 8 かりん
- 倫恵 10 のりえ
- 真倫 10 まりん
- 倫果 8 みちか
- 倫子 3 りんこ

恋 10

心がひかれる、恋しいという意味。心の細やかな人になるよう願って

音・訓 レン・こう・こい・こいしい

- 恋 れん
- 江恋 6 えれん
- 佳恋 8 かれん
- 佐恋 7 されん
- 恋華 10 れんか
- 恋奈 8 れんな

※⚠＝パソコンなどで文字が出にくい字

連 10

連なることから、仲間という意味もある。たくさんの友ができることを願って

音・訓 レン・つらなる・つらねる・つれる

名のり つぎ・つら・まさ・やす

- 恵連 10 えれん
- 佳連 8 かれん
- 翠連 14 すいれん
- 連香 9 れんか
- 連夏 10 れんか
- 連奈 8 れんな

浪 10

波の総称であり、気ままという意味も。自分をもって思うまま生きてほしいと

音・訓 ロウ・なみ

- 千浪 3 ちなみ
- 浪絵 12 なみえ
- 浪子 3 なみこ
- 浪乃 2 なみの
- 穂浪 15 ほなみ
- 美浪 9 みなみ

朗 10

良い月と書き、明るいの意。人柄も人生も明るく心弾むものになるよう願って

音・訓 ロウ・ほがらか

名のり あき・お・さえ

- 朗子 3 あきこ
- 朗菜 11 あきな
- 朗良 7 あきら
- 朗楽 13 ろうら
- 詩朗音 13 9 しおね

庵 11

草ぶきの小さな家の意味。そこから受けるイメージで、素朴で、温かな印象

音・訓 アン・いおり

名のり いお

- 庵珠 10 あんじゅ
- 庵菜 11 あんな
- 庵音 9 あんね
- 庵梨 11 あんり
- 美庵 9 みあん
- 由庵 5 ゆあん

惟 11

心をつなぎとめる、物事を思うという意味。思慮深い印象を与える

音・訓 イ・おもう

名のり これ・ただ・のぶ・よし

- 美惟 9 みい
- 優惟 17 ゆい
- 亜惟音 7 9 あいね
- 惟知子 8 3 いちこ

逸 11

はやい、楽しむなどのほかに、すぐれていることを表す字。個性的なイメージ

音・訓 イツ・それる・そらす

名のり とし・はや・まさ・やす

- 逸季 8 いつき
- 逸子 3 いつこ
- 逸美 9 いつみ
- 逸佳 8 はやか
- 逸奈 8 はやな
- 美逸 9 みいつ

凰 11

縁起のよい想像上の霊鳥「鳳凰」の雌の意。色鮮やかでおめでたい印象に

音・訓 オウ・おおとり

- 凰佳 8 おうか
- 凰歌 14 おうか
- 凰那 7 おうな
- 凰乃 2 おうの
- 凰女 3 おうめ
- 美凰 9 みおう

菅 11

植物のすげのことで、苗字の頭に多い。古風で、落ち着きのある女性に

音・訓 カン・ケン・すげ

名のり すが

- 菅奈 8 かんな
- 菅菜 11 かんな
- 菅音 9 かんね
- 菅絵 12 すがえ
- 菅子 3 すがこ
- 菅美 9 すがみ

※添え字（漢字1字の最後の音と同音の1字を加えること⇒P.407）を使った変則的な読みは名のりに加えていません。

貫 11

意志や趣旨を最後まで変えないという意味。また、銭をつなぐ意味もある

音・訓　カン・つらぬく

- 貫恵10　かんえ
- 貫絵12　かんえ
- 貫子3　かんこ
- 貫那7　かんな
- 貫奈8　かんな
- 美9貫　みかん

規 11

きまりや、掟を表す意味。真面目で人の道から逸れない人生を願って

音・訓　キ

名のり　ただ・ちか・なり・のり・み・もと

- 志7規　しき
- 規子3　のりこ
- 亜7規子3　あきこ
- 規6衣6奈8　きいな

埼 11

岬、陸地の突き出た部分をさす。さわやかで風情のあるイメージが広がる

音・訓　キ・さき

- 埼峰10　さきね
- 埼乃2　さきの
- 麻11埼　まさき
- 美9埼　みさき
- 亜7埼子3　あきこ

基 11

根本、土台、よりどころなどの意味。人をまとめ、中心になるよう願って

音・訓　キ・もと・もとい

名のり　のり

- 基香9　のりか
- 美9基　みき
- 沙7基枝8　さきえ
- 実8基子3　みきこ

菊 11

秋に美しい花を咲かせる菊。純真で落ち着いた雰囲気があり、和のイメージに

音・訓　キク

名のり　あき・ひ

- 菊恵10　きくえ
- 菊佳8　きくか
- 菊奈8　きくな
- 菊乃2　きくの
- 菊美9　きくみ
- 野11菊　のぎく

掬 11

両手でくみあげる、くみとるの意から、人の気持ちを察することができる子に

音・訓　キク・すくう

- 掬江6　きくえ
- 掬緒14　きくお
- 掬香9　きくか
- 掬那7　きくな
- 掬音9　きくね
- 掬代5　きくよ

球 11

丸い形、ボール。野球をイメージさせることから、運動が得意な活発な子に

音・訓　キュウ・たま

名のり　まり

- 球貴12　たまき
- 球帆6　たまほ
- 球美9　たまみ
- 球余7　たまよ
- 球恵10　まりえ
- 球奈8　まりな

毬 11

美しい刺繍がしてある手毬のイメージ。繊細で優美な印象を与える字

音・訓　キュウ・まり・いが

- 小3毬　こまり
- 毬愛13　まりあ
- 毬絵12　まりえ
- 毬佳8　まりか
- 毬奈8　まりな
- 毬藻19　まりも

教 11

教える、導くという意味から、自分で学んだことを広められるような人に

音・訓　キョウ・おしえる・おそわる

名のり　かず・こ・たか・なり・のり・みち・ゆき

- 教香9　きょうか
- 教子3　きょうこ
- 教恵10　のりえ
- 教歩8　のりほ
- 教実8　のりみ
- 美9教　みのり

郷 11

故郷を連想させる字。田園の穏やかな雰囲気から、温かい心をイメージさせる

音・訓　キョウ・ゴウ・さと

名のり　あき・のり

- 郷子3　きょうこ
- 郷奈8　きょうな
- 郷絵12　さとえ
- 郷美9　さとみ
- 千3郷　ちさと
- 美9郷　みさと

※⚠=パソコンなどで文字が出にくい字

菫 11

濃紫色の可憐な花。誰からも愛される、かわいらしさにあふれた子に

音・訓 キン・すみれ

- 菫 すみれ
- 菫子 3 すみれこ
- 菫花 7 きんか
- 菫香 9 きんか
- 菫雅 13 きんが
- 菫乃 2 きんの

健 11

丈夫で健やかに育つよう願いを込めて。明るく朗らかなイメージを与える

音・訓 ケン・すこやか

名のり かつ・きよ・たけ・たつ・たて・つよ・とし・やす

- 健音 9 かつね
- 健帆 6 たけほ
- 健美 9 たけみ
- 健恵 10 やすえ
- 健子 3 やすこ
- 健羽 6 やすは

啓 11

教える、諭し伝える、の意。人に教えるのが得意な、かしこい子に

音・訓 ケイ

名のり あき・たか・のり・はる・ひ・ひろ・よし

- 啓子 3 けいこ
- 啓絵 12 ひろえ
- 啓果 8 ひろか
- 啓世 5 ひろよ
- 啓美 9 よしみ
- 啓乃 2 よしの

絃 11

楽器に張った糸、弦楽器を表す。繊細さと美しい音色の優雅さを感じさせる字

音・訓 ゲン・つる

名のり いと・お・ふさ

- 絃奈 8 いとな
- 絃美 9 つるみ
- 美絃七 9 2 みおな
- 香絃里 9 7 かおり

渓 11

美しい谷川の渓流を連想させ、さわやかで清々しいイメージを与える字

音・訓 ケイ

名のり たに

- 渓子 3 けいこ
- 渓都 11 けいと
- 渓那 7 けいな
- 渓帆 6 けいほ
- 渓羅 19 けいら
- 渓莉 10 けいり

康 11

健やか、健康などの意味から、元気に育つように願って。安らか、無事という意味も

音・訓 コウ

名のり しず・しずか・ひろ・みち・やす・ゆき・よし

- 康瑠 14 しずる
- 康枝 8 やすえ
- 康子 3 やすこ
- 康奈 8 やすな
- 康波 8 やすは
- 康代 5 やすよ

経 11

縦、南北の方向、織物の縦糸を表す。筋が通ったまっすぐな性格となるように

音・訓 ケイ・キョウ・へる

名のり つね・のぶ・のり・ふ

- 経佳 8 きょうか
- 経子 3 きょうこ
- 経杜 7 きょうと
- 経美 9 つねみ
- 経依 8 のぶえ
- 経歩 8 のぶほ

皐 11

水面が白く輝く沢や岸辺を表し、さわやかな印象に。陰暦の5月の意味も

音・訓 コウ

名のり さ・たか

- 皐 こう
- 皐瑚 13 こうこ
- 皐奈 8 こうな
- 皐月 4 さつき
- 皐帆 6 たかほ
- 皐世 5 たかよ

蛍 11

夏の夜に美しく輝くホタル。風情があり、個性的な印象を与える名前に

音・訓 ケイ・ほたる

- 蛍 ほたる
- 蛍佳 8 けいか
- 蛍子 3 けいこ
- 蛍杜 7 けいと
- 蛍奈 8 けいな
- 蛍里 7 けいり

黄 11

色の黄、日光や黄金など、明るく輝いているイメージ。個性的な名前に

音・訓 コウ・オウ・き・こ

- 黄夏 10 きなつ
- 黄華 10 こうか
- 美黄葉 9 12 みきは
- 黄久菜 3 11 きくな

※添え字（漢字1字の最後の音と同音の1字を加えること⇒P.407）を使った変則的な読みは名のりに加えていません。

梗 11

美しい花のイメージに加え、芯の強いしっかりした人となるよう期待も込めて

音・訓 コウ・キョウ・やまにれ

名のり なお

- 桔10梗 ききょう
- 梗華10 きょうか
- 梗子3 きょうこ
- 梗那7 きょうな
- 梗乃2 きょうの
- 梗音9 こうね

視 11

注意してよく見るという意味から、視野の広い物事をきちんと理解できる人に

音・訓 シ・みる

名のり のり・み

- 視真10 しま
- 視夏10 のりか
- 恵10視子3 えみこ
- 視帆6理11 しほり

彩 11

鮮やかな色彩や模様を表す。音の響きがかわいらしく女の子の名前に人気

音・訓 サイ・いろどる

名のり あや・いろ・たみ

- 彩 あや
- 彩奈8 あやな
- 彩音9 あやね
- 彩葉12 あやは
- 彩芽8 あやめ
- 美9彩 みあや

雫 11

したたり落ちる水滴。のどかで風情があり、印象に残る字。音の響きも個性的

音・訓 しずく

- 雫 しずく
- 雫久3 しずく
- 雫公4 しずく
- 雫句5 しずく
- 雫玖7 しずく
- 雫来7 しずく

菜 11

ナノハナ（菜の花）から、可憐で明るく、健康的なイメージ。女の子に人気の字

音・訓 サイ・な

- 世5菜 せな
- 菜月4 なつき
- 菜穂15 なほ
- 陽12菜 ひな
- 菜々3子3 ななこ

雀 11

鳥の名。小さくてかわいらしいイメージ。愛嬌のある、人から愛される子に

音・訓 ジャク・すずめ

名のり す・わか

- 雀 すずめ
- 雲12雀 ひばり
- 雀子3 わかこ
- 雀菜11 わかな
- 歌14雀美9 かすみ

梓 11

樹木の名で、版木に用いられる。音の響きが女性らしく、1字名としても

音・訓 シ・あずさ

- 梓 あずさ
- 梓織18 しおり
- 梓衣6奈8 しいな
- 梓那7乃2 しなの

脩 11

整える、戒める、おさめるなどの意。自分をしっかりもった、落ち着いた人に

音・訓 シュウ・おさめる

名のり おさ・なお・なが・のぶ・はる

- 脩佳8 しゅうか
- 脩子3 しゅうこ
- 脩奈8 しゅうな
- 脩依8 なおえ
- 脩美9 なおみ
- 脩世5 のぶよ

偲 11

才能がある、思い慕う、の意。温かい気持ちで人を思いやれる優しい子に

音・訓 シ・しのぶ

- 偲 しのぶ
- 偲音9 しおん
- 偲乃2 しの
- 偲歩8 しほ
- 偲津9香9 しづか

習 11

くり返して身に着ける意味から、根気強く、物事に取り組める子に

音・訓 シュウ・ならう

名のり しげ

- 習子3 しげこ
- 習乃2 しげの
- 習実8 しげみ
- 習花7 しゅうか
- 習穂15 しゅうほ
- 習真10 しゅうま

※⚠＝パソコンなどで文字が出にくい字

淑 11

淑やかという意味から、上品で清楚、優雅な身のこなしを感じさせる字

音・訓 シュク

名のり きみ・きよ・すえ・すみ・とし・ひで・よ・よし

- 淑恵 10 としえ
- 淑加 5 よしか
- 淑子 3 よしこ
- 淑乃 2 よしの
- 淑帆 6 よしほ
- 淑美 9 よしみ

淳 11

情が厚く、思いやりがあるという意味。優しい女性になるよう願って

音・訓 ジュン・あつい

名のり あき・あつ・きよ・すなお・とし・まこと・よし

- 淳華 10 あつか
- 淳美 9 あつみ
- 淳代 5 あつよ
- 淳子 3 じゅんこ
- 淳奈 8 じゅんな
- 淳帆 6 じゅんほ

渚 11

波が打ち寄せる風景が思い浮かぶ。雰囲気のある字。個性的で印象深い名に

音・訓 ショ・なぎさ

名のり お・なぎ

- 渚 なぎさ
- 渚夏 10 なぎか
- 渚沙 7 なぎさ
- 渚帆 6 なぎほ
- 美 9 渚音 9 みおね

菖 11

草の菖蒲（ショウブ）。鮮やかな花やさわやかな新緑の季節を思わせる字

音・訓 ショウ

名のり あやめ

- 菖 あやめ
- 菖蒲 13 あやめ
- 菖子 3 しょうこ
- 菖奈 8 しょうな
- 菖乃 2 しょうの
- 菖帆 6 しょうほ

章 11

文や曲の一つの区切りを示す。けじめや秩序を重んじる、正直な人に

音・訓 ショウ

名のり あき・あや・き・たか・とし・のり・ふみ・ゆき

- 章菜 11 あきな
- 章音 9 あきね
- 章帆 6 あきほ
- 章佳 8 しょうか
- 章子 3 しょうこ
- 章乃 2 ふみの

笙 11

雅楽で用いる管楽器の笙の笛を意味する。和風で品のあるイメージ

音・訓 ショウ

- 笙加 5 しょうか
- 笙子 3 しょうこ
- 笙那 7 しょうな
- 笙音 9 しょうね
- 笙乃 2 しょうの
- 笙歩 8 しょうほ

紹 11

間をとりもつ、受け継ぐことを示す。人から頼りにされる存在になるように

音・訓 ショウ

名のり あき・つぎ・つぐ

- 紹恵 10 あきえ
- 紹奈 8 あきな
- 紹帆 6 あきほ
- 紹代 5 あきよ
- 紹子 3 しょうこ
- 紹美 9 つぐみ

捷 11

勝ち取る、すばやい、賢いなどの意。知力も体力も備えた人になるよう願って

音・訓 ショウ・かつ・はやい

名のり かち・とし・はや

- 捷美 9 かつみ
- 捷加 5 しょうか
- 捷子 3 しょうこ
- 捷南 9 しょうな
- 捷乃 2 しょうの
- 捷歩 8 としほ

梢 11

しなやかな枝を思わせる。飾り気のない、清々しいイメージを与える字

音・訓 ショウ・こずえ

名のり すえ・たか

- 梢 こずえ
- 梢恵 10 こずえ
- 梢香 9 しょうか
- 梢子 3 しょうこ
- 梢野 11 しょうの
- 梢奈 8 たかな

唱 11

声をあげて読み上げる、歌うの意。はっきりと自分の意見を言える人に

音・訓 ショウ・となえる

名のり うた・となう

- 唱音 9 うたね
- 唱歩 8 うたほ
- 唱香 9 しょうか
- 唱子 3 しょうこ
- 唱菜 11 しょうな
- 唱乃 2 しょうの

※添え字（漢字1字の最後の音と同音の1字を加えること⇒P.407）を使った変則的な読みは名のりに加えていません。

11 渉

水上を渡る、関わる、広く見聞きする、の意。じっくり物事に取り組む子に

音・訓 ショウ・わたる
名のり さだ・たか・ただ

- 渉 わたる
- 渉子 3 しょうこ
- 渉南 9 しょうな
- 渉乃 2 しょうの
- 渉帆 6 たかほ
- 渉美 9 たかみ

11 彗

ほうきという意味だが、ほうき星（彗星）のイメージが強く、神秘的な名前に

音・訓 スイ・ほうき

- 彗菜 11 すいな
- 彗帆 6 すいほ
- 彗美 9 すいみ
- 彗耶 9 すいや
- 彗代 5 すいよ
- 彗理 11 すいり

11 常

いつも変わらない状態、変わらない道理を表す。一生を通じて幸せに

音・訓 ジョウ・つね・とこ
名のり とき・のぶ・ひさ

- 常希 7 つねき
- 常美 9 つねみ
- 常歩 8 のぶほ
- 常世 5 のぶよ
- 常恵 10 ひさえ
- 常花 7 ひさか

11 崇

気高い、あがめるという意味から、自分を高めていってほしいと願って

音・訓 スウ・あがめる
名のり かた・し・たか

- 崇恵 10 たかえ
- 崇那 7 たかな
- 崇乃 2 たかの
- 崇芽 8 たかめ
- 崇代 5 たかよ
- 崇羅 19 たから

11 晨

日が昇りはじめる早朝を示し、活力に満ちた清々しさを感じる字

音・訓 シン・あした・あさ
名のり あき・とき・とよ

- 晨佳 8 あきか
- 晨子 3 あきこ
- 晨南 9 あきな
- 晨帆 6 あきほ
- 晨美 9 あきみ
- 晨絵 12 ときえ

11 清

清らかな心をもち続けてほしいと願って。清々しく、さわやかな印象を受ける

音・訓 セイ・ショウ・シン・きよい
名のり きよ・さや・すが・すみ・すむ

- 清実 8 きよみ
- 清音 9 きよね
- 清香 9 さやか
- 清楚 11 さやの
- 清菜 11 せいな
- 清耶 9 せいや

11 進

前進、進歩のように、前に進んでいくイメージ。前向きの姿勢を願って

音・訓 シン・すすむ・すすめる
名のり すす・すすみ・のぶ・みち・ゆき

- 進香 9 のぶか
- 進世 5 のぶよ
- 進絵 12 みちえ
- 進流 10 みちる
- 進奈 8 ゆきな
- 進未 5 ゆきみ

11 雪

雪のように、純白で美しく。季節感があり、清楚で純粋な女性にと願って

音・訓 セツ・ゆき
名のり きよ・きよみ

- 雪華 10 きよか
- 小雪 3 こゆき
- 紗雪 10 さゆき
- 千雪 3 ちゆき
- 雪那 7 ゆきな
- 雪乃 2 ゆきの

11 深

奥深さ、濃さを表すことから、人間味にあふれた女性に成長するよう期待して

音・訓 シン・ふかい・ふかまる・ふかめる
名のり とお・ふか・み

- 深果 8 みか
- 深咲 9 みさ
- 深空 8 みそら
- 深雪 11 みゆき
- 深唯奈 11 8 みいな

11 爽

さわやかで気持ちがいい様子。誰からも好印象をもたれるような女の子に

音・訓 ソウ・さわやか
名のり あきら・さ・さや・さやか・さわ・そう

- 爽彩 11 さあや
- 爽香 9 さやか
- 爽乃 2 さわの
- 梨爽 11 りさ
- 爽祐美 9 9 さゆみ

※⚠＝パソコンなどで文字が出にくい字

曽 11

曾の異体字

「曾祖父」「曾孫」など世代を重ねる様子を表す。健康に成長するよう願って

音・訓 ソウ・ソ・かつて
名のり かつ・つね・なり・ます

曽美 9 ますみ
曽乃美 2 9 そのみ
曽世加 5 5 そよか
曽羅 19 そら

窓 11

光や風を迎え入れる所というイメージ。明るく、人付き合いのよい子に

音・訓 ソウ・まど

窓奈 8 そうな
窓夏 10 まどか
窓埜 11 まどの
窓美 9 そうみ
窓華 10 まどか
窓葉 12 まどは

琢 11

磨くという意味。努力することで、自分自身を磨き続けるような人に

音・訓 タク・みがく
名のり あや・たか

琢加 5 あやか
琢乃 2 あやの
琢那 7 たくな
琢音 9 あやね
琢女 3 あやめ
琢美 9 たくみ

紬 11

糸をつむいで美しい織物を作ることから、和の繊細なイメージのある字

音・訓 チュウ・つむぎ

紬 つむぎ
紬紀 9 つむぎ
紬貴 12 つむぎ
紬希 7 つむぎ
紬祇 9 つむぎ
紬喜 12 つむぎ

鳥 11

鳥のように、翼を広げて大空へ元気よく羽ばたいてほしいという願いを込めて

音・訓 チョウ・とり

鳥乃 2 とりの
千鳥 3 ちどり
菜鳥 11 なとり
鳥亜 7 とりあ
鳥花 7 ちょうか
美鳥 9 みどり

笛 11

美しい音色を奏でる笛のように、人を和ませる存在となるよう願って

音・訓 テキ・ふえ

希笛 7 きてき
笛子 3 ふえこ
笛乃 2 ふえの
笛佳 8 ふえか
笛音 9 ふえね
美笛 9 みてき

添 11

つけ加えるという意味から、気配りのできる優しい心をもった人に

音・訓 テン・そえる・そう
名のり そえ

添歌 14 そえか
添美 9 そえみ
添詩 13 てんし
添音 9 そえね
添理 11 そえり
添知 8 てんち

都 11

中心となる町。人が周囲に集まってくるような、華やかで洗練された女性に

音・訓 ト・ツ・みやこ
名のり いち・くに・さと・ひろ

都 みやこ
美都希 9 7 みつき
都加沙 5 7 つかさ
咲都 9 さと

陶 11

陶器を示し、風情と知的な魅力が感じられる字。打ち解けるという意味も

音・訓 トウ
名のり すえ・よし

陶佳 8 とうか
陶子 3 とうこ
美陶 9 みよし
陶華 10 とうか
陶美 9 とうみ
陶恵 10 よしえ

逗 11 ！

じっと留まる、足を止めるという意味。じっくりと物事に取り組める人に

音・訓 トウ・ズ・とどまる
名のり すみ

志逗 7 しず
加逗葉 5 12 かずは
未逗帆 5 6 みずほ
逗海 9 とうみ

※添え字（漢字1字の最後の音と同音の1字を加えること⇒P.407）を使った変則的な読みは名のりに加えていません。

萄 11

ブドウは子孫繁栄を表す果物とされる。女の子らしく個性的な印象を与える字

音・訓 トウ・ドウ

萄子 3 とうこ
萄香 9 とうか
萄樹 16 とうじゅ
萄奈 8 とうな
萄実 8 とうみ
葡萄 12 ぶどう

梅 11

梅の異体字

実が多くつく梅は安産や結婚を祝うおめでたい木。和のイメージに

音・訓 バイ・うめ
名のり め

彩梅 11 あやめ
梅花 7 うめか
梅菜 11 うめな
梅葉 12 うめは
小梅 3 こうめ
咲梅 9 さきめ

惇 11

穏やかで落ち着いた人柄を表す。優しく分別のある女性になるよう願って

音・訓 トン・ジュン
名のり あつ・すなお・とし・まこと

惇香 9 あつか
惇乃 2 あつの
惇美 9 あつみ
惇佳 8 じゅんか
惇子 3 じゅんこ
惇奈 8 じゅんな

絆 11

人と人を結ぶ絆を大切にして、多くのすばらしい人々と出会うように願って

音・訓 ハン・バン・きずな・ほだし

絆 きずな
絆奈 8 はんな
絆那 7 はんな
絆菜 11 はんな
絆乃 2 はんの
絆吏 6 はんり

梛 11

マキ科の常緑高木。神社の神木となる木で、神聖な印象。木のもつ安心感も

音・訓 ナ・ダ・なぎ

梛紗 10 なぎさ
梛月 4 なつき
梛奈 8 なな
梛美 9 なみ
梛緒子 14 3 なおこ

梶 11

和紙の原料となる木。細い木のこずえという意味もあり、自然体なイメージ

音・訓 ビ・ミ・かじ
名のり こずえ・すえ

梶 こずえ
梶羽 6 みう
梶衣子 6 3 みいこ
梶央奈 5 8 みおな

捺 11

柔らかく押しつけるという意味。筆の書き方の方法でもあり、知的なイメージ

音・訓 ナツ・おす
名のり とし

捺羽 6 としは
捺子 3 なつこ
捺紀 9 なつき
捺音 9 なつね
捺美 9 なつみ
捺代 5 なつよ

彬 11

並び備わるという意味があり、内も外もどちらも充実していることを表す字

音・訓 ヒン
名のり あき・あや・もり・よし

彬菜 11 あきな
彬葉 12 あきは
彬穂 15 あきほ
彬実 8 あきみ
彬留 10 あきる
彬乃 2 よしの

培 11

草木を栽培することから、才能や素質をすくすくと伸ばしてほしいと願って

音・訓 バイ・つちかう
名のり ます

培花 7 ばいか
培子 3 ますこ
培根 10 ますね
培穂 15 ますほ
培美 9 ますみ
培代 5 ますよ

冨 11

富の異体字

豊かで満ち足りている意味から、生涯豊かな生活をしていけるよう願って

音・訓 フ・フウ・とむ・とみ
名のり あつ・さかえ・と・とよ・ひさ・ふく・みつ・よし

冨希 7 ふうき
冨美 9 ふみ
冨志枝 7 8 としえ
冨未奈 5 8 ふみな

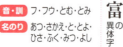

※⚠＝パソコンなどで文字が出にくい字

11 逢

人と人が逢うことを意味する。よい出会いに恵まれ、それを大切にする人に

音・訓 ホウ・あう
名のり あい

- 逢世 5 あいせ
- 逢那 7 あいな
- 逢音 9 あいね
- 逢羽 6 あいは
- 逢美 9 あいみ
- 逢里 7 あいり

11 萌

草木の芽生えを表し、初々しさを感じる字。希望に満ちた人生を願って

音・訓 ホウ・もえる・きざす・きざし
名のり め・めぐみ・めみ・もえ・もゆ

- 萌 もえ
- 萌花 7 もえか
- 萌子 3 もえこ
- 萌奈 8 もえな
- 萌芭 7 もえは
- 萌莉 10 もえり

11 眸

しっかり見るという意味。視野が広く洞察力のある子に育つよう期待して

音・訓 ボウ・ム・ひとみ

- 眸 ひとみ
- 眸月 4 むつき
- 眸都美 11 9 むつみ
- 眸津世 9 5 むつよ

11 望

希望に満ちた人生と、人に慕われる人望の厚い人になることを願って

音・訓 ボウ・モウ・のぞむ・もち
名のり のぞみ・み・もち

- 望 のぞみ
- 望実 8 のぞみ
- 望海 9 のぞみ
- 望美 9 のぞみ
- 望咲 9 みさき
- 望春 9 みはる

11 麻

繊維をとる草の名。「ま」の当て字として使いやすく、女の子に人気のある字

音・訓 マ・あさ
名のり お

- 麻美 9 あさみ
- 麻紀 9 まき
- 麻波 8 まなみ
- 麻耶 9 まや
- 麻里亜 7 7 まりあ

11 椛

樹木の名前。もみじ。木の葉が美しく紅葉するように、彩りに富んだ人生に

音・訓 もみじ・かば
名のり なぎ

- 椛 もみじ
- 椛奈 8 かばな
- 椛佐 7 なぎさ
- 椛音 9 なぎね
- 和 8 椛 わかば
- 環 17 椛 わかば

11 野

広々とした大地を連想させることから、大らかな心をもった人になるように

音・訓 ヤ・の
名のり とお・なお・ぬ・ひろ

- 野絵 12 のえ
- 夢 13 野 ゆめの
- 野乃 2 子 3 ののこ
- 野梨 11 花 7 のりか

11 埜

広々とした大地という意味。素朴にのびのびと育ってほしいと願って

音・訓 ヤ・の
名のり とお・なお・ぬ・ひろ

野の異体字

- 綾 14 埜 あやの
- 埜愛 13 のあ
- 華 10 埜 はなの
- 雪 11 埜 ゆきの
- 埜々 3 花 7 ののか

11 唯

強くこれと限定する意味から、ほかには変えがたい存在感のある人に

音・訓 ユイ・イ・ただ

- 唯 ゆい
- 唯花 7 ゆいか
- 唯那 7 ゆいな
- 唯乃 2 ゆいの
- 唯美 9 ゆいみ
- 唯里 7 ゆいり

11 悠

ゆるやかに長く続く様子から、のどかでゆったりとしたイメージの名前に

音・訓 ユウ
名のり ちか・はるか・ひさ・ゆ

- 悠佳 8 はるか
- 悠那 7 はるな
- 悠乃 2 はるの
- 悠希 7 ゆうき
- 悠羽 6 ゆうは
- 悠妃 6 ゆうひ

※添え字（漢字1字の最後の音と同音の1字を加えること⇒P.407）を使った変則的な読みは名のりに加えていません。

庸 11

もちいる、雇う、ねぎらうなどの意味。勤勉で真面目なイメージがある

音・訓 ヨウ

名のり つね・のぶ・のり・みち・やす

庸花7 のりか
庸奈8 やすな
庸葉12 やすは
庸美9 やすみ
庸代5 やすよ
庸子3 ようこ

莱 11

雑草の名。しっかりと根をはって、力強くたくましく成長することを願って

音・訓 ライ

美莱9 みらい
莱亜7 らいあ
莱花7 らいか
莱知8 らいち
莱歩8 らいほ
莱夢13 らいむ

徠 11

来る、労う、の意。江戸の儒学者・荻生徂徠にあやかり、学問に秀でるように

音・訓 ライ・くる

名のり とめ

未徠5 みらい
美徠9 みらい
徠愛13 らいあ
徠恵10 らいえ
徠果8 らいか
徠夢13 らいむ

理 11

道理や筋道を意味する。知的で機敏な雰囲気があり、行動的な女性のイメージ

音・訓 リ

名のり あや・おさ・さと・たか・ただ・とし・のり・まさ・みち・よし

英理8 えり
理杏7 りあん
理香9 りか
理乃2 りの
理利花7 7 りりか

梨 11

果物の梨。「り」という音で人気がある字。みずみずしいさわやかなイメージ

音・訓 リ・なし

梨花7 りか
梨咲9 りさ
梨菜11 りな
梨里7 りり
由梨奈5 8 ゆりな

陸 11

丘、大陸など、広大な大地を連想。人に安心感を与える、しっかりした人に

音・訓 リク・おか

名のり あつ・たか・みち・む・むつ

陸希7 あつき
陸奈8 あつな
陸美9 あつみ
陸海9 むつみ
陸代5 むつよ
陸歩8 りくほ

笠 11

昔のかぶりがさを表す。趣があり、落ち着いた和の雰囲気のある名前に

音・訓 リュウ・かさ

亜笠7 あがさ
笠美9 かさみ
笠祢9 かさね
笠乃2 かさの
笠香9 りゅうか
笠子3 りゅうこ

琉 11

つるつるした玉石、宝石を示す。気高く輝くような女性になることを願って

音・訓 リュウ・ル

琉安6 るあん
琉香9 るか
琉奈8 るな
琉美9 るみ
琉々花3 7 るるか

涼 11

涼やかでさわやかなイメージ。初夏の風を思わせる、風情のある名前となる

音・訓 リョウ・すずしい・すずむ

名のり あつ・すず・すずし

涼音9 すずね
涼奈8 すずな
涼芭7 すずは
涼帆6 すずほ
涼華10 りょうか
涼那7 りょうな

梁 11

二本の支柱にかけた橋という意味から、よい人間関係を築いてほしいと願って

音・訓 リョウ・はり・やな

名のり むね・やね

梁乃2 はりの
梁花7 りょうか
梁子3 りょうこ
梁名6 りょうな
梁和8 りょうわ
梁世5 やなせ

※⚠=パソコンなどで文字が出にくい字

菱 11

水草の名で、食用の実をつける。涼やかで知的、豊かな印象の名前に

音・訓 リョウ・ひし

- 菱利 7 ひしり
- 菱子 3 りょうこ
- 菱奈 8 りょうな
- 菱音 9 りょうね
- 菱埜 11 りょうの
- 菱葉 12 りょうは

陵 11

大きな丘などの意。登る、越えるという意味から、芯の強い子に

音・訓 リョウ・みささぎ
名のり おか・たか

- 陵良 7 たから
- 美陵 9 みおか
- 陵花 7 りょうか
- 陵子 3 りょうこ
- 陵菜 11 りょうな
- 陵埜 11 りょうの

羚 11

高所で暮らすカモシカのように、機敏で優美な身のこなしができる人に

音・訓 レイ・かもしか

- 羚子 3 りょうこ
- 羚亜 7 れいあ
- 羚花 7 れいか
- 羚奈 8 れいな
- 羚良 7 れいら
- 羚耶 9 れいや

鹿 11

神の使いともいわれているシカにあやかり、ミスティックな雰囲気に

音・訓 ロク・しか・か

- 鹿蓮 13 かれん
- 鈴鹿 13 すずか
- 鹿乃子 2 3 かのこ
- 由鹿里 5 7 ゆかり

渥 12

潤っている、きれいな光沢がある。手厚いという意味もあり優しさが漂う字

音・訓 アク・あつい
名のり あつ・ひく

- 渥花 7 あつか
- 渥希 7 あつき
- 渥那 7 あつな
- 渥音 9 あつね
- 渥乃 2 あつの
- 渥美 9 あつみ

椅 12

木の名。寄りかかる家具、イスの意味から、温かさや優しさ、ぬくもりを感じる

音・訓 イ
名のり よし

- 紀椅 9 きい
- 優椅 17 ゆい
- 椅緒里 14 7 いおり
- 椅千奈 3 8 いちな

雲 12

ふんわりと浮かんだ雲の、自由でのびのびとしたイメージ。個性的な名前に

音・訓 ウン・くも
名のり も

- 雲母 5 きらら
- 紗雲 10 さくも
- 雲雀 11 ひばり
- 美雲 9 みくも
- 女流雲 3 10 めるも

瑛 12

透明に澄んだ、美しい石。上品で優雅な、美しい人のイメージが広がる

音・訓 エイ
名のり あき・あきら・たま・てる

- 瑛那 7 あきな
- 瑛芭 7 あきは
- 瑛佳 8 えいか
- 瑛海 9 えいみ
- 瑛李 7 えいり
- 美瑛 9 みえい

詠 12

詩歌をうたうという意味から、文化的でゆったりとした上品な趣を感じる名に

音・訓 エイ・よむ
名のり うた・え・かね・なが

- 詠絵 12 うたえ
- 詠乃 2 うたの
- 詠加 5 えいか
- 詠子 3 えいこ
- 詠奈 8 えいな
- 詠美 9 えみ

※添え字(漢字1字の最後の音と同音の1字を加えること⇒P.407)を使った変則的な読みは名のりに加えていません。

媛 12

高貴で気品ある女性のイメージ。優美で魅力ある女性になるよう願って

音・訓 エン・ひめ

- 媛華 10 ひめか
- 媛夏 10 ひめか
- 媛子 3 ひめこ
- 媛奈 8 ひめな
- 媛乃 2 ひめの
- 媛世 5 ひめよ

葛 12 ⚠

山野に自生するつる草の名。しなやかな精神力で、何にでも適応できる子に

音・訓 カツ・くず・かずら・つづら

名のり かず・かつ・かつら・かど・さち・つら・ふじ

- 葛 かずら
- 葛恵 10 かずえ
- 葛紗 10 かずさ
- 葛実 8 かずみ
- 葛世 5 かずよ
- 葛羅 19 かずら

温 12

心が穏やかで温かく、誰に対しても優しさを忘れない子になるよう願って

音・訓 オン・あたたか・あたたかい

名のり あつ・いろ・なが・のどか・はる・まさ・みつ・やす・よし

- 温子 3 あつこ
- 温羽 6 あつは
- 詩温 13 しおん
- 温乃 2 はるの
- 温奈 8 はるな
- 里温 7 りおん

雁 12

渡り鳥、カリ（ガン）。礼物として使われるほど、並んで飛ぶ様子が美しい

音・訓 ガン・かり

- 亜雁 7 あかり
- 雁那 7 かりな
- 雁乃 2 かりの
- 日雁 4 ひかり
- 美雁 9 みかり
- 友雁 4 ゆかり

賀 12

喜ぶことや祝うことを意味する縁起のよい字。祝福された人生を願って

音・訓 ガ

名のり か・しげ・のり・ひろ・ます・よし・より

- 綾賀 14 あやか
- 知賀 8 ちか
- 美賀 9 みか
- 瑠賀 14 るか
- 賀奈子 8 3 かなこ

葵 12

観賞用のアオイ科の植物のこと。健やかで上品な印象を与える名前に

音・訓 キ・あおい

- 葵 あおい
- 香葵 9 こうき
- 水葵 4 みずき
- 優葵 17 ゆうき
- 真葵子 10 3 まきこ

絵 12

色や模様、彩色を施したものの意。バランスがよく、女の子らしい字

音・訓 カイ・エ

- 沙絵 7 さえ
- 梨絵 11 りえ
- 絵里奈 7 8 えりな
- 万里絵 3 7 まりえ

幾 12

近い、もう少しという意を含む。向上心をもって目標に対する子にと願って

音・訓 キ・いく

名のり ちか・のり・ふさ

- 愛幾 13 あいき
- 幾実 8 いくみ
- 幾恵 10 いくえ
- 幸幾 8 さき
- 美幾 9 みき
- 友幾 4 ゆうき

覚 12

様々な感覚がうまく合わさって一つになること。聡明で知的なイメージの字

音・訓 カク・おぼえる・さます・さめる

名のり あき・さだ・さと・ただ・よし

- 覚奈 8 あきな
- 覚歌 14 さとか
- 覚子 3 さとこ
- 覚未 5 さとみ
- 千覚 3 ちさと
- 美覚 9 みさと

稀 12

まれ、まばら、の意。あなたは唯一無二の存在だと、名前に思いを込めて

音・訓 キ・ケ・まれ

- 紗稀乃 10 2 さきの
- 美稀子 9 3 みきこ
- 稀実菜 8 11 きみな

※⚠＝パソコンなどで文字が出にくい字

12 貴

大切にする、敬うなどの意味。知的で、気品あふれる印象を与える名前に

音・訓 キ・たっとい・とうとい・たっとぶ・とうとぶ

名のり あつ・たか・たけ・よし

- 貴枝8 きえ
- 紗10貴 さき
- 貴子3 たかこ
- 美9貴 みき
- 亜7貴奈8 あきな

12 琴

弦楽器の一つ。優雅で風流な趣をもつ。音楽を愛する子に育つよう願って

音・訓 キン・こと

- 琴江6 ことえ
- 琴子3 ことこ
- 琴音9 ことね
- 琴葉12 ことは
- 真10琴 まこと
- 美9琴 みこと

12 揮

ふるうこと、指揮するという意味。皆をまとめるリーダーの素質がある子に

音・訓 キ・ふるう

- 亜7揮 あき
- 揮絵12 きえ
- 美9揮 みき
- 結12揮 ゆき
- 揮莉10子3 きりこ

12 景

光、日光で生じた明暗によって浮き上がる影。美しい眺めという意味も

音・訓 ケイ

名のり あきら・かげ・ひろ

- 景子3 けいこ
- 千3景 ちかげ
- 景江6 ひろえ
- 景実8 ひろみ
- 穂15景 ほかげ
- 美9景 みかげ

12 喜

小さな喜びから大きな喜びまで、喜びにあふれた人生であることを願って

音・訓 キ・よろこぶ

名のり のぶ・はる・ひさ・ゆき・よし

- 沙7喜 さき
- 真10喜 まき
- 夕3喜 ゆき
- 和8喜 わき
- 喜美9子3 きみこ

12 敬

敬う、慎むという意味。まわりの人に対して常に尊敬の気持ちを忘れない子に

音・訓 ケイ・うやまう

名のり あき・あつ・たか・とし・のり・はや・ひろ・ゆき・よし

- 敬佳8 けいか
- 敬那7 けいな
- 敬羅19 けいら
- 敬子3 たかこ
- 敬美9 たかみ
- 敬世5 たかよ

12 喬

木などが高い、という意味から心身ともにのびやかな子に育つよう願って

音・訓 キョウ・たかい

名のり たか・ただ・のぶ・もと

- 喬香9 きょうか
- 喬子3 きょうこ
- 喬枝8 たかえ
- 喬菜11 たかな
- 喬実8 たかみ
- 喬世5 たかよ

12 惠

穏やかさを感じる字。相手を温かく包み込む思いやりのある子にと願って

恵の異体字

音・訓 ケイ・エ・めぐむ

名のり あや・さと・しげ・とし・めぐみ・やす・よし

- 惠 めぐみ
- 惠実8 えみ
- 智12惠 ちえ
- 花7惠 かえ
- 深11惠子3 みえこ

12 暁

夜が明ける様子。明白な、という意味も。明るく澄んだ印象の名前に

音・訓 ギョウ・あかつき

名のり あき・とき・とし

- 暁歌14 あきか
- 暁子3 あきこ
- 暁那7 あきな
- 暁乃2 あきの
- 暁代5 あきよ
- 暁美9 あけみ

12 卿 !

要職にある大臣を呼ぶ言葉。知的で、高貴なイメージをもつ名前に

音・訓 ケイ・キョウ

名のり あき・きみ・のり

- 卿香9 きみか
- 卿乃2 きみの
- 卿代5 きみよ
- 卿子3 きょうこ
- 卿都11 けいと
- 卿羅19 けいら

※添え字（漢字1字の最後の音と同音の1字を加えること⇒P.407）を使った変則的な読みは名のりに加えていません。

結 12

つなぐ、まとめる、約束するなど繋がりを意味する。音の響きも人気の字

音・訓 ケツ・むすぶ・ゆう・ゆわえる

名のり かた・ゆ・ゆい

結衣 6 ゆい
結貴 12 ゆき
結那 7 ゆな
結芽 8 ゆめ
真結里 10 7 まゆり

港 12

船や飛行機の発着所。多くの人を温かく迎える包容力をもち、愛される人に

音・訓 コウ・みなと

港 みなと
港花 7 こうか
港嘉 14 こうか
港子 3 こうこ
港美 9 こうみ
港都 11 みなと

絢 12

美しい模様、模様があって美しい様子を表す。彩りのある人生にと願って

音・訓 ケン・あや

名のり じゅん

絢 あや
絢香 9 あやか
絢音 9 あやね
絢菜 11 あやな
絢乃 2 あやの
美絢 9 みあや

詞 12

ことば、単語をつないでできた文言や詩文。知性や風情を感じさせる字

音・訓 シ・ことば

名のり こと・なり・のり・ふみ

詞葉 12 ことは
詞音 9 ことね
詞美 9 ことみ
真詞 10 まこと
詞保梨 9 11 しほり

琥 12

トラの形の玉器や琥珀の意。琥珀は清らかで無欲な人などにたとえられる

音・訓 コ

名のり く・たま

亜矢琥 7 5 あやこ
貴理琥 12 11 きりこ
真里琥 10 7 まりこ

紫 12

古来より高貴な色とされる。奥ゆかしく、淑やかな印象を与える名前に

音・訓 シ・むらさき

名のり むら

紫織 18 しおり
紫乃 2 しの
紫文 4 しふみ
紫穂 15 しほ
紫津久 9 3 しずく

湖 12

大地を覆う大きな水塊。静謐で神秘的、涼しげな印象を与える名前に

音・訓 コ・みずうみ

亜湖 7 あこ
彩湖 11 あやこ
蒼湖 13 そうこ
摩湖 15 まこ
夕湖 3 ゆうこ
莉湖 10 りこ

滋 12

増す、草木が成長する、の意。潤すという意味も。健やかな成長を祈って

音・訓 ジ

名のり あさ・しく・しげ・ふさ・ます

滋花 7 しげか
滋子 3 しげこ
滋穂 15 しげほ
滋実 8 しげみ
滋美 9 しげみ
滋世 5 しげよ

皓 12

白いこと、白く光る様子や潔白を表す。美しく清らかなイメージをもつ字

音・訓 コウ・しろい

名のり あき・てる・ひかる・ひろ

皓絵 12 ひろえ
皓花 7 ひろか
皓子 3 ひろこ
皓美 9 ひろみ
真皓 10 まひろ
深皓 11 みひろ

就 12

つく、できあがるという意味がある。人生で成功することを祈って

音・訓 シュウ・ジュ・つく・つける

名のり なり・ゆき

愛就 13 あいじゅ
幸就 8 こうじゅ
就子 3 しゅうこ
就那 7 しゅうな
就理亜 11 7 じゅりあ

※⚠=パソコンなどで文字が出にくい字

萩 12

秋の初めにかわいらしい花をつける。秋の七草の一つ。古風で淑やかな女性に

音・訓 シュウ・はぎ

小萩 3 こはぎ
萩香 9 はぎか
萩奈 8 はぎな
萩絵 12 はぎえ
萩子 3 はぎこ
萩乃 2 はぎの

湘 12

中国の川の名前「湘江」のこと。雄大なイメージで清涼感のある名前に

音・訓 ショウ

湘花 7 しょうか
湘湖 12 しょうこ
湘乃 2 しょうの
湘子 3 しょうこ
湘奈 8 しょうな
湘実 8 しょうみ

竣 12

足を揃えて立つ、終えること。物事をきちんとやり遂げることができる子に

音・訓 シュン・おわる

竣果 8 しゅんか
竣子 3 しゅんこ
竣波 8 しゅんは
竣佳 8 しゅんか
竣希 7 しゅんき
竣理 11 しゅんり

翔 12

翼を大きく広げ、飛ぶ鳥のイメージから、輝かしい未来や可能性を感じさせる

音・訓 ショウ・かける

翔佳 8 しょうか
翔香 9 しょうか
翔埜 11 しょうの
翔果 8 しょうか
翔子 3 しょうこ
翔穂 15 しょうほ

順 12

ルールや道理に従って進むことを表す。素直で優しい子に、と期待を込めて

音・訓 ジュン

名のり あや・あり・かず・なお・のぶ・のり・まさ・ゆき・より

順子 3 じゅんこ
順枝 8 のりえ
順江 6 ゆきえ
順奈 8 じゅんな
順華 10 のりか
順那 7 ゆきな

詔 12

告げること、身分の高い人が諭して導くことを意味する。古風な雰囲気の字

音・訓 ショウ・みことのり

名のり のり

詔歌 14 しょうか
詔葉 12 しょうは
詔華 10 のりか
詔子 3 しょうこ
詔莉 10 しょうり
実詔 8 みのり

閏 12

決まった数からはみ出るもの。自由で、何ものにも縛られない子に

音・訓 ジュン・うるう

名のり うる

閏江 6 うるえ
閏花 7 じゅんか
閏奈 8 じゅんな
閏海 9 うるみ
閏姫 10 じゅんき
閏莉 10 じゅんり

森 12

たくさんの木が茂った様子。厳かで静かな雰囲気のある、個性的な名前に

音・訓 シン・もり

名のり しげ

亜森 7 あもり
美森 9 みもり
森奈 8 もりな
森樹 16 しんじゅ
森香 9 もりか
森世 5 もりよ

晶 12

星が光る様子をかたどった字。きらきらと輝いて、澄みきった心をもつ女性に

音・訓 ショウ

名のり あき・あきら・てる・まさ

晶 あきら
晶奈 8 あきな
晶子 3 しょうこ
晶恵 10 あきえ
晶穂 15 あきほ
千晶 3 ちあき

尋 12

元は両手で長さをはかり、寸法を探ること。探究心のある豊かな人生に

音・訓 ジン・たずねる

名のり ちか・つね・のり・ひろ・みつ

千尋 3 ちひろ
尋恵 10 ひろえ
尋那 7 ひろな
美尋 9 みひろ
尋子 3 ひろこ
尋海 9 ひろみ

※添え字（漢字1字の最後の音と同音の1字を加えること⇒P.407）を使った変則的な読みは名のりに加えていません。

須 12

待つ、必要とする、求めるなどの意。じっと待って、チャンスをつかめる人に

音・訓 ス・シュ
名のり まつ・もち

- 亜7梨11須 ありす
- 華10須9美 かすみ
- 須9美8奈 すみな

惺 12

右側の「星」はきれいに澄んだ星を表す。悟、静かという意味も。聡明な女性に

音・訓 セイ・さとい
名のり さと・しず・しずか

- 惺音9 さとね
- 惺香9 しずか
- 惺子3 せいこ
- 惺羽6 せいは
- 惺美9 せいみ
- 惺夜8 せいや

棲 12

鳥のすまい、ゆっくりと休む、の意。生活の基盤となる場所を作れるように

音・訓 セイ・す・すむ
名のり すみ・とし

- 棲華10 せいか
- 棲菜11 せいな
- 棲良7 せいら
- 棲羅19 せいら
- 美9棲乃2 みすの

晴 12

雲一つなく空が澄み切っている様子。清らかに輝き、心が明るい子にと願って

音・訓 セイ・はれる・はらす
名のり てる・なり・はる・はれ

- 晴恵10 はるえ
- 晴葵12 はるき
- 晴緋14 はるひ
- 晴海9 はるみ
- 晴代5 はるよ
- 美9晴 みはる

善 12

正しい、仲がよい、大切にするなどの意味。善いことであふれた人生を願って

音・訓 ゼン・よい
名のり さ・よし

- 美9善 みよし
- 善恵10 よしえ
- 善佳8 よしか
- 善仔5 よしこ
- 善乃2 よしの
- 善葉12 よしは

惣 12

まとめる、総て、の意。人望が厚く、包み込むような優しさをもつ女性に

音・訓 ソウ
名のり のぶ・ふさ・みち

- 惣華10 そうか
- 惣那7 そうな
- 惣乃2 そうの
- 惣絵12 ふさえ
- 惣埜11 ふさの
- 惣代5 みちよ

曾 12 ⚠

上に重ねて増やす。層を成して世代が重なる様子。繁栄や発達に通ずる字

音・訓 ソウ・ソ・かつて
名のり かつ・つね・なり・ます

- 曾恵10 かつえ
- 曾嘉14 かつか
- 曾菜11 かつな
- 曾歩8 かつほ
- 曾実8 かつみ
- 曾代5 かつよ

創 12

工作の最初に刃物で切れ目を入れたところから、「はじめる」の意味に転じた字

音・訓 ソウ・つくる・はじめる

- 創貴12 そうき
- 創子3 そうこ
- 創奈8 そうな
- 創音9 そうね
- 創羽6 そうは
- 瑠14創 るそう

湊 12

船の出入り口。水上航路の集まる港。古風でロマンチックな名前に

音・訓 ソウ・みなと
名のり み

- 湊 みなと
- 湊帆6 そうほ
- 由5湊奈8 ゆみな
- 琉11湊乃2 るみの

尊 12

地位などが高いこと、尊敬するという意。人や物を敬う心を忘れない子に

音・訓 ソン・たっとい・とうとい・たっとぶ・とうとぶ・みこと
名のり たか

- 尊子3 たかこ
- 尊奈8 たかな
- 尊音9 たかね
- 尊乃2 たかの
- 尊帆6 たかほ
- 尊美9 たかみ

※⚠＝パソコンなどで文字が出にくい字

達 12

すぐれている。成し遂げる。あらゆる分野で活躍する多才な女性にと願って

音・訓 タツ

名のり かつ・さと・たて・のぶ・ひろ・みち・よし

達慧15 たつえ
達果8 たつか
達琥12 たつこ
達南9 たつな
達観18 たつみ
達誉13 たつよ

塔 12

元は梵語の音訳で、卒塔婆。高い建物の意味も。厳かな雰囲気の字

音・訓 トウ

塔佳8 とうか
塔子3 とうこ
塔奈8 とうな
塔埜11 とうの
塔保9 とうほ
塔代5 とうよ

智 12

知恵があることを表す。好奇心旺盛で、賢さに恵まれた子にと願って

音・訓 チ・ちえ・さとい

名のり さと・とし・とみ・とも・のり・もと

智子3 さとこ
智実8 さとみ
智恵10 ちえ
智佳8 ちか
智里7 ちさと
美智9 みさと

董 12

目を配り管理する。大切なものという意味も。知的で落ち着いたイメージ

音・訓 トウ

名のり しげ・ただ・なお・のぶ・まこと・まさ・よし

董乃2 しげの
董子3 とうこ
董那7 とうな
董美9 とうみ
董李7 とうり
董佳8 なおか

朝 12

太陽が出てくる時間。生気にあふれた、エネルギッシュで元気な女の子に

音・訓 チョウ・あさ・あした

名のり かた・さ・つと・とき・とも・のり

朝依8 あさえ
朝夏10 あさか
朝子3 あさこ
朝希7 ともき
朝美9 ともみ
朝代5 ともよ

統 12

糸口、筋、治める、まとめるなどの意味。人を温かくまとめ、導くリーダーに

音・訓 トウ・すべる

名のり かね・すみ・つな・つね・のり・むね・もと

統子3 とうこ
統恵10 のりえ
統嘉14 のりか
末統5 みのり
統絵12 もとえ
統佳8 もとか

椎 12

ブナ科の常緑高木。木材はずしりと重く堅い。豊かな自然の恵みを感じさせる

音・訓 ツイ・しい・つち

椎香9 しいか
椎奈8 しいな
椎乃2 しいの
椎野11 しいの
椎穂15 しいほ
椎良7 しいら

登 12

地道に努力をし、理想を実現するイメージ。向上心のある子にと願って

音・訓 トウ・ト・のぼる

名のり たか・とみ・なり・のり・み・みのる

登香9 とうか
登喜12 とうき
早登美6 9 さとみ
登茂華8 10 ともか

渡 12

手から手へ届ける。人と人とのつながりを大切にできる、誠実で優しい女性に

音・訓 ト・わたる・わたす

名のり ただ

華衣渡10 6 けいと
紗渡美9 さとみ
渡美絵9 12 とみえ

道 12

倫理や道徳を身につけ、自分が信じる方向に進める女性にと期待を込めて

音・訓 ドウ・トウ・みち

名のり ち・つね・のり・まさ・ゆき・より・わたる

道絵12 みちえ
道奈8 みちな
道埜11 みちの
道穂15 みちほ
道世5 みちよ
道瑠14 みちる

※添え字（漢字1字の最後の音と同音の1字を加えること⇒P.407）を使った変則的な読みは名のりに加えていません。

敦 12

人情に厚い、正す、尊ぶなどの意味。慈しみにあふれた優しい子に

音・訓 トン
名のり あつ・つる・のぶ・よい

敦恵 10 あつえ
敦花 7 あつか
敦子 3 あつこ
敦那 7 あつな
敦観 18 あつみ
敦誉 13 あつよ

富 12

豊かに満ちた様子。たっぷりある状態。恵まれた人生を送れるようにと願って

音・訓 フ・フウ・とむ・とみ
名のり あつ・さかえ・と・とよ・ひさ・ふく・みつ・よし

瑳富 14 さとみ
富枝 8 とみえ
富美子 9 3 とみこ
美富音 9 9 みふね

琶 12

絃楽器の名前。美しいメロディを奏でる。優雅で奥ゆかしいイメージの名前に

音・訓 ハ

琴琶 12 ことは
琶奈 8 はな
琶都希 11 7 はつき
美琶瑠 9 14 みはる

葡 12

果樹のブドウ。甘みが強く、ワインの原料でもある。人々に愛される子に

音・訓 ブ・ホ

実葡 8 みほ
真葡 10 まほ
早葡子 6 3 さほこ
葡乃香 2 9 ほのか

博 12

広く行き渡る。優しく深い愛情を広く人に分け与えられる女性にと願って

音・訓 ハク・バク
名のり はか・ひろ

智博 12 ちひろ
博華 10 ひろか
博子 3 ひろこ
博奈 8 ひろな
博美 9 ひろみ
美博 9 みひろ

萬 12

非常に数が多いことを示す言葉。人生に無限の可能性があるようにと願って

音・訓 マン・バン・よろず
名のり かず・かつ・たか・つむ・ま

万の異体字

萬澄 15 ますみ
萬弓 3 まゆみ
萬努佳 7 8 まどか
萬理子 11 3 まりこ

斐 12

模様や飾りが美しい様子。華やかで明るく、女の子らしい印象を与える字

音・訓 ヒ
名のり あきら・あや・い・よし

斐 あや
斐佳 8 あやか
斐乃 2 あやの
斐音 9 あやね
斐奈乃 8 2 ひなの

満 12

欠けたところがなく、いっぱいに行き渡る様子。恵まれた人生を願って

音・訓 マン・みちる・みたす
名のり あり・ま・ます・まろ・みち・みつ

満実 8 まみ
満愉 12 まゆ
満喜子 12 3 まきこ
満奈美 8 9 まなみ

琵 12

奈良時代に伝来した絃楽器、琵琶のこと。古風でロマンチックなイメージに

音・訓 ビ・ヒ

琵佳里 8 7 ひかり
琵呂子 7 3 ひろこ
琵実瑚 8 13 ひみこ

愉 12

心中のわだかまりを抜き取ること。楽しい。多くの人に喜びを与えられる人に

音・訓 ユ・たのしい

麻愉 11 まゆ
深愉 11 みゆ
愉花 7 ゆか
愉季 8 ゆき
愉奈 8 ゆな
愉梨 11 ゆり

※⚠=パソコンなどで文字が出にくい字

釉 12

陶磁器の表面に塗り、焼いて光沢を出す薬のこと。音の響きがかわいらしい

音・訓 ユウ・うわぐすり
名のり つや

美釉9 みゆう / 釉奈8 ゆうな / 釉羅19 ゆうら
釉華10 ゆうか / 釉葉12 ゆうは / 釉莉10 ゆうり

葉 12

木の葉のほか、紙など薄いものを数える単位。さわやかさや生命力を感じる字

音・訓 ヨウ・は
名のり くに・のぶ・ば・ふさ・よ

乙葉1 おとは / 双葉4 ふたば / 葉夏10 ようか
葉月4 はづき / 紅葉9 もみじ / 葉子3 ようこ

遊 12

一所にとどまらず、旅をして回る意味も。自由にのびのびと育つように

音・訓 ユウ・ユ・あそぶ
名のり なが・ゆき

遊 ゆう / 沙遊7 さゆ / 真遊美10 9 まゆみ
遊希7 ゆうき / 遊麻11 ゆま / 遊美子9 3 ゆみこ

遥 12

うねうねと長く伸びている様を表した字。親の想像を遥かに越えた成長を願って

音・訓 ヨウ・はるか
名のり すみ・とお・のぶ・のり・はる・みち

遥 はるか / 遥埜11 はるの / 美遥9 みはる
遥貴12 はるき / 遥実8 はるみ / 遥子3 ようこ

裕 12

広くゆとりのある様子。大らかで、寛容な心をもった優しい子にと願って

音・訓 ユウ・ゆたか
名のり ひろ・まさ・みち・やす・ゆ・よし

裕美9 ひろみ / 裕香9 ゆうか / 裕子3 ゆうこ
実裕8 みひろ / 裕希7 ゆうき / 裕里7 ゆうり

陽 12

太陽の光。明るく元気がよいイメージ。温かな光に包まれているような人生に

音・訓 ヨウ・ひ
名のり あき・お・きよ・たか・なか・はる・や

陽香9 はるか / 陽花理7 11 ひかり / 陽実花8 7 ひみか
陽菜11 ひな

湧 12

下から上へ水が噴き出す様子を表す。活力にあふれ、底力のあるイメージに

音・訓 ユウ・ヨウ・わく・わかす
名のり わか・わき

水湧4 みゆう / 湧希7 ゆうき / 湧奈8 ゆうな
湧夏10 ゆうか / 湧子3 ゆうこ / 湧里7 ゆうり

裡 12

「裏」と同字。すぐれた才能に恵まれつつも、常に謙虚で奥ゆかしい女性に

音・訓 リ・うち・うら

万裡3 まり / 有裡6 ゆり / 裡佳8 りか
美裡9 みり / 裡江6 りえ / 裡奈8 りな

揚 12

高く持ち上げ、明らかにすること。エネルギッシュで明るいイメージの名前に

音・訓 ヨウ・あげる・あがる
名のり あき・たか・のぶ

揚江6 あきえ / 揚穂15 あきほ / 揚夏10 ようか
揚南9 あきな / 揚羅19 あきら / 揚子3 ようこ

椋 12

ムクの木。葉の表面が粗く、物を磨くのに用いた。切磋琢磨の精神を願って

音・訓 リョウ・むく
名のり くら

椋 りょう / 椋華10 りょうか / 椋那7 りょうな
美椋9 みりょう / 椋子3 りょうこ / 椋葉12 りょうは

※添え字(漢字1字の最後の音と同音の1字を加えること⇒P.407)を使った変則的な読みは名のりに加えていません。

琳 12

澄みきった美しい玉の名。また、玉が触れ合って鳴る音のこと。美しい女性に

音・訓 リン

名のり たま

- 琳 りん
- 慧琳 15 えりん
- 花琳 7 かりん
- 眞琳 10 まりん
- 琳香 9 りんか
- 琳南 9 りんな

禄 12

天からの贈り物。幸い。喜びで満ちあふれた人生になるようにと願って

音・訓 ロク

名のり さち・とし・とみ・よし

- 禄絵 12 さちえ
- 禄佳 8 さちか
- 禄奈 8 さちな
- 禄音 9 さちね
- 禄乃 2 さちの
- 禄穂 15 さちほ

愛 13

大切にする、かわいがる。深い愛情を与え、まわりの人からも愛される人に

音・訓 アイ・めでる・まな

名のり あ・あき・ちか・なる・のり・ひで・めぐむ・よし

- 愛 あい
- 愛佳 8 あいか
- 愛子 3 あいこ
- 愛深 11 あいみ
- 愛理 11 あいり
- 愛美 9 まなみ

葦 13

水辺に自生する草の名前。川面にゆれるイメージから、さわやかな印象に

音・訓 イ・あし・よし

- 葦絵 12 よしえ
- 葦音 9 よしね
- 葦乃 2 よしの
- 瑠葦 14 るい
- 理葦子 11 3 りいこ

園 13

花や果樹などを植えた畑のこと。美しさと合理的な一面を兼ね備えた子に

音・訓 エン・その

- 園恵 10 そのえ
- 園華 10 そのか
- 園子 3 そのこ
- 園葉 12 そのは
- 園実 8 そのみ
- 美園 9 みその

雅 13

風流。上品で由緒正しい様子。奥ゆかしく、美しい女性をイメージさせる名に

音・訓 ガ・みやびやか

名のり ただ・なり・のり・まさ・みやび・もと

- 雅 みやび
- 雅絵 12 まさえ
- 雅貴 12 まさき
- 雅楚 11 まさの
- 雅歩 8 まさほ
- 雅美 9 まさみ

楽 13

音を奏でる。心から好むこと。幸せに恵まれ、豊かな人生を送れるように

音・訓 ガク・ラク・たのしい・たのしむ

名のり ささ・もと・よし

- 清楽 11 きよら
- 奏楽 9 そうら
- 結楽 12 ゆら
- 楽亜 7 らくあ
- 輝楽々 15 3 きらら

※⚠=パソコンなどで文字が出にくい字

寛 13

気持ちが広くゆとりがある様子。許す。穏やかで優しく、広い心の持ち主に

音・訓 カン

名のり ちか・とみ・とも・のぶ・のり・ひろ・もと・よし

寛奈8 かんな　寛佳8 ひろか
寛湖12 ひろこ　寛深11 ひろみ
千3寛 ちひろ　美9寛 みひろ

継 13

切れた糸をつなぐ、後を続ける、の意。人と人をつなげられるような女性に

音・訓 ケイ・つぐ

名のり つぎ・つね・ひで

継香9 けいか　継子3 けいこ
継奈8 けいな　継枝8 つぐえ
継音9 つぐね　継実8 つぐみ

幹 13

木の中心部分。転じて、物事の中心や本筋のこと。しっかりした核がある子に

音・訓 カン・みき

名のり えだ・き・とし・とも・まさ・み・もと・よし・より

幹奈8 かんな　南9幹 なみき
幹華10 みか　幹穂15 みきほ
希7幹乃2 きみの

詣 13

神社や寺への参拝、到着すること。努力を重ね、それが実るように願って

音・訓 ケイ・いたる・もうでる

名のり ゆき

詣子3 けいこ　美9詣 みゆき
詣恵10 ゆきえ　詣菜11 ゆきな
詣乃2 ゆきの　詣歩8 ゆきほ

暉 13

輪をなして広がる光。太陽の光。いつも明るく、まわりを照らす子にと願って

音・訓 キ・かがやく

名のり あき・てる

早6暉 さき　夏10暉 なつき
真10暉 まき　優17暉 ゆき
暉衣6奈8 きいな

絹 13

絹の織物や絹糸のイメージから、清楚で、しなやかな女性になるよう願って

音・訓 ケン・きぬ

名のり まさ

絹絵12 きぬえ　絹佳8 きぬか
絹子3 きぬこ　絹紗10 きぬさ
絹葉12 きぬは　絹帆6 きぬほ

義 13

正しいこと、道理や理由などを表す。道理にかなった行動や判断ができる人に

音・訓 ギ

名のり あき・しげ・たけ・ちか・とも・のり・みち・よし・より

義絵12 よしえ　義果8 よしか
義子3 よしこ　義乃2 よしの
美9義羽6 みぎわ

瑚 13

赤色の玉石、珊瑚を表す。鮮やかな美しさにあやかって、華やかな女性に

音・訓 コ・ゴ

貴12瑚 きこ　瑚々3 ここ
夏10瑚 なつこ　眞10瑚 まこ
優17瑚 ゆうこ　理11瑚 りこ

鳩 13

一所に集まって群れをなす鳥。引き締め、集める意味を含む。平和のシンボル

音・訓 キュウ・ク・はと

名のり やす

美9鳩 みく　里7鳩 りく
早6鳩美9 さくみ
和8鳩恵10 わくえ

鼓 13

打ち鳴らす楽器。雅楽の優美さと、奮い立たせるという意味を併せもつ字

音・訓 コ・つづみ

鼓 つづみ　亜7鼓 あこ
早6鼓 そうこ　真10鼓 まこ
璃15々3鼓 りりこ

※添え字（漢字1字の最後の音と同音の1字を加えること⇒P.407）を使った変則的な読みは名のりに加えていません。

13 滉

水が深く広い様子のこと。どんなことにも興味をもち、知識を吸収できる子に

音・訓 コウ
名のり ひろ

- 智 12 滉 ちひろ
- 滉江 6 ひろえ
- 滉果 8 ひろか
- 滉湖 12 ひろこ
- 滉美 9 ひろみ
- 水 4 滉 みひろ

13 嗣

後を継ぐ、世継ぎ。伝統や文化など先人の偉業を伝え残す子にと願って

音・訓 シ・つぐ
名のり さね・つぎ・ひで

- 嗣乃 2 しの
- 嗣保 9 しほ
- 嗣真 10 しま
- 嗣恵 10 つぐえ
- 嗣羽 6 つぐは
- 嗣実 8 つぐみ

13 煌

きらきらと光り輝く。光が大きく広がる。輝く才能が花開くよう祈って

音・訓 コウ・きらめく・かがやく
名のり あき・あけ・てる

- 煌恵 10 あきえ
- 煌子 3 あきこ
- 煌菜 11 あきな
- 煌穂 15 あきほ
- 煌羅 19 あきら
- 千 3 煌 ちあき

13 慈

母が子どもを大切に育てること。深い愛情で人に接することのできる女性に

音・訓 ジ・いつくしむ
名のり しげ・ただ・ちか・なり・やす・よし

- 慈夏 10 しげか
- 慈奈 8 しげな
- 慈埜 11 しげの
- 慈美 9 しげみ
- 慈深 11 しげみ
- 慈瑠 14 しげる

13 歳

年齢。木星やその年の作物のみのり、豊作という意味も。充実した人生を願って

音・訓 サイ・セイ・とし
名のり とせ

- 千 3 歳 ちとせ
- 歳枝 8 としえ
- 歳子 3 としこ
- 歳葉 12 としは
- 歳実 8 としみ
- 美 9 歳 みとせ

13 蒔

草木を育てるために、苗などを植え替えること。生命力を感じさせる名前に

音・訓 ジ・まく
名のり まき

- 蒔 まき
- 多 6 蒔 たまき
- 蒔華 10 まきか
- 蒔子 3 まきこ
- 蒔穂 15 まきほ
- 蒔美 9 まきみ

13 詩

リズムにのせて感動を表現したもの。文学的な才能に恵まれるようにと願って

音・訓 シ
名のり うた

- 詩子 3 うたこ
- 詩音 9 しおん
- 詩織 18 しおり
- 詩真 10 しま
- 詩乃 2 芙 7 しのぶ

13 馴

同じことをする。素直で真面目な印象を与える字。順応性にすぐれ賢い子に

音・訓 シュン・ジュン・なれる・ならす
名のり なれ

- 馴佳 8 しゅんか
- 馴香 9 しゅんか
- 馴姫 10 しゅんき
- 馴子 3 じゅんこ
- 馴奈 8 じゅんな
- 馴乃 2 じゅんの

13 資

元々備わっていて、やがて役に立つ能力。素質や才能に恵まれるように

音・訓 シ
名のり とし・もと・やす・よし・より

- 資乃 2 しの
- 資歩 8 しほ
- 資磨 16 しま
- 資江 6 もとえ
- 資佳 8 もとか
- 資美 9 もとみ

13 準

物事をはかる尺度や目安。人から手本とされる品行方正な女性にと願って

音・訓 ジュン
名のり とし・のり

- 準嘉 14 じゅんか
- 準子 3 じゅんこ
- 準奈 8 じゅんな
- 準枝 8 のりえ
- 準果 8 のりか
- 美 9 準 みのり

※⚠＝パソコンなどで文字が出にくい字

詢 13

質問する、皆に相談する、の意から、真理を追究する向学心のある子に

音・訓 ジュン
名のり まこと

- 詢 じゅん
- 詢貴 12 じゅんき
- 詢子 3 じゅんこ
- 詢奈 8 じゅんな
- 詢葉 12 じゅんは
- 詢理 11 じゅんり

奨 13

引き立てて褒めること。人の長所に気付き、大切にできる優しい子にと願って

音・訓 ショウ

- 奨果 8 しょうか
- 奨子 3 しょうこ
- 奨瑚 13 しょうご
- 奨乃 2 しょうの
- 奨穂 15 しょうほ
- 奨理 11 しょうり

照 13

隅々まで光が届く様子から、輝く笑顔で周囲を元気にしてくれるよう願って

音・訓 ショウ・てる・てらす・てれる
名のり あき・あり・とし・のぶ・みつ

- 照乃 2 あきの
- 照葉 12 あきは
- 照穂 15 あきほ
- 照子 3 しょうこ
- 照美 9 てるみ
- 照花 7 のぶか

頌 13

功績や人柄をほめたたえること。切磋琢磨して自分を高められる子にと願って

音・訓 ショウ・よむ・たたえる
名のり うた・おと・つぐ・のぶ・よし

- 頌恵 10 おとえ
- 頌葉 12 おとは
- 頌子 3 しょうこ
- 頌奈 8 しょうな
- 頌果 8 のぶか
- 頌希 7 よしき

新 13

始まったばかり。未来への希望と可能性を感じる、初々しいイメージの名に

音・訓 シン・あたらしい・あらた・にい
名のり ちか・よし・わか

- 新奈 8 にいな
- 新乃 2 にいの
- 新恵 10 よしえ
- 新子 3 よしこ
- 新美 9 よしみ
- 新菜 11 わかな

慎 13

細やかに気を配りおろそかにしないこと。礼儀正しく思慮深い印象の名に

音・訓 シン・つつしむ
名のり ちか・のり・まこと・みつ・よし

- 慎絵 12 のりえ
- 慎佳 8 のりか
- 慎子 3 のりこ
- 美 9 慎 みのり
- 慎実 8 よしみ
- 慎葉 12 よしは

瑞 13

めでたい兆候を意味する縁起のよい字。生命力があり美しくみずみずしい様子

音・訓 ズイ・みず
名のり たま

- 瑞江 6 みずえ
- 瑞華 10 みずか
- 瑞葵 12 みずき
- 瑞菜 11 みずな
- 瑞葉 12 みずは
- 瑞穂 15 みずほ

嵩 13

山が高くそびえている様子。転じて、気高く尊い。最後まで貫き通すという意味も

音・訓 スウ・かさ
名のり たか・たけ

- 嵩恵 10 たかえ
- 嵩子 3 たかこ
- 嵩奈 8 たかな
- 嵩実 8 たかみ
- 穂 15 嵩 ほたか
- 美 9 嵩 みたか

数 13

順序正しく並んだかず。運命、天文や暦の計算という意味も。知性を感じる字

音・訓 スウ・ス・かず・かぞえる
名のり のり

- 数恵 10 かずえ
- 数美 9 かずみ
- 数帆 6 かずほ
- 数佳 8 のりか
- 数慧 15 のりえ
- 実 8 数 みのり

勢 13

勢い、行動力を表す。困難に負けないしなやかな精神力をもった優しい女性に

音・訓 セイ・いきおい
名のり せ・なり

- 勢花 7 せいか
- 勢奈 8 せな
- 勢羅 19 せいら
- 千 3 勢 ちせ
- 理 11 勢 りせ
- 流 10 勢 るせ

※添え字(漢字1字の最後の音と同音の1字を加えること⇒P.407)を使った変則的な読みは名のりに加えていません。

聖 13

賢くて、徳のすぐれた人。清らかで純粋な心をもった女性にと願って

音・訓 セイ・ショウ・ひじり
名のり きよ・さと・とし・まさ

聖華10 きよか
聖美9 きよみ
聖子3 せいこ
聖乃2 きよの
聖良7 きよら
聖菜11 せいな

蒼 13

草木が青々と茂る様子を表す。「蒼天」は青空のこと。青を示す字として人気

音・訓 ソウ・あお・あおい

蒼 あおい
蒼乃2 あおの
蒼子3 そうこ
蒼斐12 あおい
蒼葉12 あおば
蒼麻11 そうま

誠 13

真実、ごまかしのないことを表す。自分にも他人にも偽りのない正直な子に

音・訓 セイ・まこと
名のり あき・さと・たか・とも・なり・のぶ・のり・まさ・み・もと・よし

誠花7 あきか
誠穂15 あきほ
誠恵10 まさえ
誠奈8 あきな
誠子3 せいこ
誠美9 まさみ

想 13

思う、推し量ること。相手を思いやれる優しい心をもった女性にと願って

音・訓 ソウ・ソ・おもう

想子3 そうこ
想乃香2 9 そのか
想乃美2 9 そのみ
想菜11 そうな

靖 13

静か、安らかなという意味。落ち着きがあり、人に安心感を与える女性に

音・訓 セイ・やすい・やすんじる
名のり しず・のぶ・やす

靖佳8 せいか
靖奈8 せいな
靖葉12 やすは
靖子3 せいこ
靖江6 やすえ
靖実8 やすみ

滝 13

あふれる生気と冷涼な響きを併せもった字。滝のようにまっすぐで力強い子に

音・訓 たき
名のり たけ・よし・ろう

滝子3 たきこ
滝奈8 たきな
滝恵10 よしえ
滝乃2 たきの
滝代5 たきよ
滝美9 よしみ

節 13

区切りや節操などの意味。礼儀正しく、正直な子に成長することを願って

音・訓 セツ・セチ・ふし
名のり さだ・たか・たけ・とき・とも・のり・みさ・よし

節子3 せつこ
節良7 たから
節葉12 のりは
節乃2 たかの
節花7 のりか
節美9 のりみ

暖 13

暖かい春を連想させる字。優しい笑顔で、まわりの人から愛される子に

音・訓 ダン・ノン・あたたか・あたたかい・あたたまる・あたためる
名のり あつ・はる・やす

花暖7 かのん
暖輝15 はるき
暖香9 やすか
小暖3 こはる
暖美9 はるみ
暖葉12 やすは

楚 13

樹木の名、イバラ。さばさばしたという意味から、自然体で清々しい子に

音・訓 ソ・いばら
名のり たか

楚乃子2 3 そのこ
楚代香5 9 そよか
美楚乃9 2 みその

稚 13

幼い、若いなどの意味を表すことから、純粋で無邪気な印象を与える名前に

音・訓 チ
名のり のり・わか・わく

稚絵12 ちえ
稚紗10 ちさ
美稚瑠9 14 みちる
稚華10 ちか
稚理11 ちり

※⚠=パソコンなどで文字が出にくい字

13 馳

元は馬車を早く走らせること。行動力のある女性になることを願って

音・訓 チ・はせる
名のり とし

- 馳恵 10 ちえ
- 馳佳 8 らか
- 馳紘 10 ちひろ
- 馳歩 8 らほ
- 早馳 6 さち
- 美馳 9 みち

13 跳

飛びはねる、はねあがって踊るなどの意味で、エネルギッシュで躍動感がある

音・訓 チョウ・はねる・とぶ

- 跳夏 10 ちょうか
- 跳子 3 ちょうこ
- 跳仔 5 ちょうこ
- 跳羽 6 ちょうは
- 跳歩 8 ちょうほ
- 跳美 9 ちょうみ

13 椿

ツバキ科の常緑高木の名前。長寿の木とされる。凜とした美しさを感じる字

音・訓 チン・つばき

- 椿 つばき
- 椿希 7 つばき
- 椿季 8 つばき
- 椿紀 9 つばき
- 椿喜 12 つばき
- 椿貴 12 つばき

13 禎

めでたい、幸運などの意味。これから歩む毎日が幸せなものであるよう願って

音・訓 テイ
名のり さだ・さち・ただ・つぐ・とも・よし

- 禎恵 10 さだえ
- 禎子 3 さだこ
- 禎乃 2 さだの
- 禎嘉 14 ていか
- 禎梨 11 ていり
- 禎美 9 よしみ

13 鉄

固くて強い金属。丈夫な身体と、何事にも負けない強い精神力をもった子に

音・訓 テツ
名のり かね・きみ・とし

- 鉄絵 12 きみえ
- 鉄華 10 きみか
- 鉄奈 8 きみな
- 鉄乃 2 きみの
- 鉄羽 6 きみは
- 鉄帆 6 きみほ

13 楠

クスノキ科の常緑高木。成長はゆっくりだが、大木に育つ。大器晩成型の子に

音・訓 ナン・くす・くすのき

- 楠香 9 くすか
- 楠嘉 14 くすか
- 楠南 9 くすな
- 楠乃 2 くすの
- 楠葉 12 くすは
- 楠歩 8 くすほ

13 稔

穀物の実が熟すること。努力が実を結び、大きなことを成し遂げられるように

音・訓 ネン・ジン・みのる
名のり とし・なり・なる

- 稔枝 8 としえ
- 稔果 8 としか
- 稔子 3 としこ
- 稔穂 15 としほ
- 稔莉 10 みのり
- 稔美 9 なるみ

13 稟

受ける、天から授かった性質などの意味。音の響きがかわいらしい字

音・訓 ヒン・リン

- 稟 りん
- 花 7 稟 かりん
- 麻 11 稟 まりん
- 稟佳 8 りんか
- 稟子 3 りんこ
- 稟奈 8 りんな

13 楓

カエデ科の落葉高木の総称。紅葉の美しさをイメージさせる和風の名前に

音・訓 フウ・かえで

- 楓 かえで
- 楓佳 8 ふうか
- 楓華 10 ふうか
- 楓子 3 ふうこ
- 楓樹 16 ふうじゅ
- 楓奈 8 ふうな

13 福

恵まれる、幸せなどの意味。多くの福が人生を後押ししてくれるように祈って

音・訓 フク
名のり さき・さち・とし・とみ・もと・よし

- 福恵 10 さきえ
- 福音 9 さきね
- 福香 9 さちか
- 福奈 8 さちな
- 福葉 12 さちは
- 美 9 福 みさき

※添え字(漢字1字の最後の音と同音の1字を加えること⇒P.407)を使った変則的な読みは名のりに加えていません。

蒲 13

淡水の水際に自生する多年草の名。さわやかで青々とした生命力を感じさせる

音・訓 ホ・フ・がま・かま

- 香蒲 (9) かほ
- 沙蒲 (7) さほ
- 志蒲 (7) しほ
- 千蒲 (3) ちほ
- 真蒲 (10) まほ
- 美蒲 (9) みほ

豊 13

量が多い、穀物が実ることを表す。心身ともに満ち足りて、穏やかな人生に

音・訓 ホウ・ゆたか

名のり あつ・て・と・とよ・ひろ・もり・よし

- 希豊 (7) きほう
- 豊佳 (8) とよか
- 豊乃 (2) とよの
- 豊実 (8) とよみ
- 豊樹 (16) ほうじゅ
- 美豊 (9) みほう

睦 13

親しく仲がよいこと。優しく穏やかな人柄で、多くの友人に愛される女性に

音・訓 ボク・むつむ・むつまじい

名のり ちか・とき・とも・のぶ・む・むつ・むつみ・よし・よしみ・まこと

- 睦 むつみ
- 睦子 (3) むつこ
- 睦月 (4) むつき
- 睦喜 (12) むつき
- 睦美 (9) むつみ
- 睦海 (9) むつみ

夢 13

実現したい願いや理想を表す。夢がかなうことを祈って。かわいいイメージに

音・訓 ム・ゆめ

- 夢 ゆめ
- 歩夢 (8) あゆむ
- 夢果 (8) ゆめか
- 夢子 (3) ゆめこ
- 夢琶 (12) ゆめは
- 夢美 (9) ゆめみ

盟 13

誓う、固く約束するという意味から、誠実で、義理堅いイメージの名前に

音・訓 メイ・ちかう

- 盟 めい
- 盟果 (8) めいか
- 盟子 (3) めいこ
- 盟紗 (10) めいさ
- 盟那 (7) めいな
- 盟美 (9) めいみ

椰 13

ヤシ科の常緑高木。南国のイメージで開放感がある。明るく、社交的な人に

音・訓 ヤ・やし

- 亜椰 (7) あや
- 夏椰 (10) かや
- 千椰 (3) ちや
- 実椰 (8) みや
- 沙椰子 (7・3) さやこ

楢 13 ⚠

ナラはブナ科の落葉高木で、ドングリがなる。「ゆう」の響きが使いやすい

音・訓 ユウ・なら

- 実楢 (8) みゆう
- 楢亜 (7) ゆうあ
- 楢夏 (10) ゆうか
- 楢奈 (8) ゆうな
- 楢埜 (11) ゆうの
- 楢里 (7) ゆうり

誉 13

誉めることや称えること、名誉を表す。まわりの人から愛される性格のよい子に

音・訓 ヨ・ほまれ

名のり たか・のり・ほまれ・ほん・もと・やす・よし

- 佳誉 (8) かよ
- 希誉 (7) きよ
- 麻誉 (11) まよ
- 梨誉 (11) りよ
- 早誉莉 (6・10) さより

瑶 13

元は白く美しい玉のこと。美しさを称える形容詞にも。気品のある人に

音・訓 ヨウ・たま

- 瑶恵 (10) たまえ
- 瑶緒 (14) たまお
- 瑶貴 (12) たまき
- 瑶美 (9) たまみ
- 瑶花 (7) ようか
- 瑶子 (3) ようこ

蓉 13

芙蓉はアオイ科の落葉低木。また、ハスの異称でもあり、美人のたとえにも

音・訓 ヨウ・はす

- 蓉恵 (10) はすえ
- 蓉南 (9) はすな
- 蓉音 (9) はすね
- 蓉美 (9) はすみ
- 蓉香 (9) ようか
- 蓉子 (3) ようこ

※⚠＝パソコンなどで文字が出にくい字

13 楊

ヤナギ科の落葉低木。代表的なネコヤナギは開花が早く、春を知らせてくれる

音・訓 ヨウ・やなぎ

名のり やす

楊依8 やすえ　楊佳8 やすか
楊葉12 やすは　楊穂15 やすほ
楊美9 やすみ　楊花7 ようか

13 蓮

仏教にも関連の強い草で、夏に咲く花は気高く美しい。ミステイックな名前に

音・訓 レン・はす・はちす

蓮 れん　恵10蓮 えれん
華10蓮 かれん　蓮奈8 はすな
蓮美9 はすみ　蓮花7 れんか

13 稜

かどやすみを表すことから、細やかで礼儀正しい人になってほしいと願って

音・訓 リョウ・ロウ・かど

名のり いず・いつ・たか

稜美9 いずみ　稜葵12 いつき
稜水4 いつみ　稜佳8 りょうか
稜子3 りょうこ　稜那7 りょうな

13 路

自分のたどる道すじをしっかりと見極め、まっすぐな人生を送るように

音・訓 ロ・じ・みち

名のり のり・ゆき・ゆく

路恵10 みちえ　路華10 みちか
路子3 みちこ　路乃2 みちの
日4路音9 ひろね

13 零

ゼロ。また、雨が静かに降ることや雨粒などが落ちることを表し、風情を感じる字

音・訓 レイ

美9零 みれい　零加5 れいか
零湖12 れいこ　零奈8 れいな
零実8 れいみ　零羅19 れいら

13 鈴

控えめながら、かわいい音のイメージ。「すず」「りん」どちらの読みも人気

音・訓 レイ・リン・すず

鈴 すず　夏10鈴 かりん
鈴絵12 すずえ　鈴音9 すずね
真10鈴 まりん　鈴那7 れいな

13 廉

物事のけじめや潔いことを表すことから、正しい道を進むことを願って

音・訓 レン

名のり おさ・きよ・すが・すなお・やす・ゆき

廉 すなお　恵10廉 えれん
花7廉 かれん　廉子3 やすこ
廉羽6 やすは　廉那7 れんな

※添え字（漢字1字の最後の音と同音の1字を加えること⇒P.407）を使った変則的な読みは名のりに加えていません。

斡 14

回る、めぐらす、の意。人と人の間を取りもち、よい人間関係を作れる子に

音・訓 アツ

- 斡恵 10 あつえ
- 斡希 7 あつき
- 斡子 3 あつこ
- 斡乃 2 あつの
- 斡穂 15 あつほ
- 斡美 9 あつみ

樺 14

寒地でも力強く育つ樹木のように、窮地にあっても凜として立つ強い女性に

音・訓 カ・かば・かんば
名のり から

- 和樺 8 わかば
- 友樺 4 ゆうか
- 樺奈子 8 3 かなこ
- 亜樺利 7 7 あかり

維 14

綱、つなぐことを表す。人との繋がりを大切に、信頼関係を紡いでいける子に

音・訓 イ
名のり しげ・すみ・ただ・つな・まさ・ふさ・ゆき

- 維央 5 いお
- 芽維 8 めい
- 維久美 3 9 いくみ
- 由維果 5 8 ゆいか

嘉 14

おめでたいときに使われる字。幸せな人生を歩んでほしいと願いを込めて

音・訓 カ・よい
名のり ひろ・よし・よしみ

- 嘉奈 8 かな
- 嘉保 9 かほ
- 真理嘉 10 11 まりか
- 由嘉里 5 7 ゆかり

榮 14 ⚠

盛ん。花が咲くという意味も。生命力にあふれ、華やかな人生を送れるように

音・訓 エイ・さかえる・はえ・はえる
名のり え・さい・てる・とも・はる・ひさ・ひろ・よし

栄の異体字

- 榮子 3 えいこ
- 茂榮 8 もえ
- 佐榮里 7 7 さえり
- 奈美榮 8 9 なみえ

綺 14

綾絹、美しいなどの意味を表す、きらびやかな字。上品で女性的な子に

音・訓 キ・あや

- 綺音 9 あやね
- 綺乃 2 あやの
- 綺羅々 19 3 きらら
- 美津綺 9 9 みづき

歌 14

明るく朗らかなイメージ。どんなときにも歌を忘れず、陽気な人生をと願って

音・訓 カ・うた・うたう

- 歌乃 2 うたの
- 歌凛 15 かりん
- 京歌 8 きょうか
- 美歌 9 みか
- 歌緒里 14 7 かおり

箕 14

農業で使う選別用具。よいものだけをすくい取れるようにとの願いを込めて

音・訓 キ・み

- 亜箕 7 あみ
- 美箕 9 みき
- 真沙箕 10 7 まさみ
- 由箕子 5 3 ゆきこ

榎 14

初夏に花を咲かせる大きな木。みずみずしく、力強い生命力のある印象に

音・訓 カ・えのき
名のり え

- 榎乃 2 かの
- 美榎 9 みか
- 榎寿美 7 9 かすみ
- 沙也榎 7 3 さやか

銀 14

金属。また、光沢のある白色も指し、美しいもののたとえに使われることが多い

音・訓 ギン
名のり かね

- 銀美 9 かねみ
- 銀代 5 かねよ
- 銀子 3 ぎんこ
- 銀花 7 ぎんか
- 銀河 8 ぎんが
- 銀兎 7 ぎんと

※⚠＝パソコンなどで文字が出にくい字

駆 14

馬のように颯爽として、人生を駆けていってほしいとの願いを込めて

音・訓 ク・かける・かる

- 駆仁恵（4・10）くにえ
- 駆美加（9・5）くみか
- 駆留実（10・8）くるみ

閤 14

小門や宮殿などを表す。格式があって、知力にあふれているイメージの字

音・訓 コウ

- 亜閤（7）あこう
- 閤華（10）こうか
- 閤子（3）こうこ
- 閤奈（8）こうな
- 閤美（9）こうみ
- 閤海（9）こうみ

瑳 14

玉の色が鮮やかなこと、磨くことを表す。常に自分を磨いて成長し続ける子に

音・訓 サ

- 瑳代（5）さよ
- 里瑳（7）りさ
- 瑳紀歩（9・8）さきほ
- 美瑳子（9・3）みさこ

榊 14 !

神に捧げる木のことで、神聖なイメージの字。常に清い心をもつように

音・訓 さかき

- 榊 さかき
- 榊希（7）さかき
- 榊祈（8）さかき
- 榊姫（10）さかき
- 榊貴（12）さかき
- 榊綺（14）さかき

颯 14

風が吹く様子を表す。きびきびとして、勇ましくさわやかなイメージの字

音・訓 サツ・ソウ

- 颯香（9）そうか
- 颯希（7）さつき
- 颯紀（9）さつき
- 颯子（3）さっこ
- 颯代（5）さつよ
- 颯花（7）そうか

爾 14

相手を呼ぶ言葉、なんじの意や助字として使われる。個性的な名前に

音・訓 ジ・ニ・なんじ・しかり・のみ

名のり しか・ちか・み・みつる

- 真矢爾（10・5）まやみ
- 爾千花（3・7）みちか
- 茂爾香（8・9）もにか

實 14

実の異体字

内容が詰まっている様子を表し、「実」に対し、誠実で正直そうなイメージに

音・訓 ジツ・み・みのる

名のり さね・ちか・なお・のり・ま・みつ・みる

- 琴實（12）ことみ
- 實子（3）ちかこ
- 真由實（10・5）まゆみ
- 有實子（6・3）ゆみこ

壽 14

寿の異体字

子供の長寿を願う。おめでたいことがたくさんある人生を送るように

音・訓 ジュ・ことぶき

名のり かず・じ・す・ず・とし・のぶ・ひさ・ひろ・よし

- 亜壽（7）あじゅ
- 壽里（7）じゅり
- 壽子（3）ひさこ
- 壽恵（10）ひさえ
- 壽代（5）ひさよ
- 壽乃（2）よしの

緒 14

物事のはじめやつながり。人とのつながりを大切にし、愛される子にと願って

音・訓 ショ・チョ・お

名のり つぐ

- 麻緒（11）まお
- 美緒（9）みお
- 奈緒美（8・9）なおみ
- 菜々緒（11・3）ななお

彰 14

明らかなこと、模様を表す字。うそや偽りのない、正直な人間に育つように

音・訓 ショウ

名のり あき・あや・てる・ただ

- 彰江（6）あきえ
- 彰奈（8）あきな
- 彰乃（2）あきの
- 彰美（9）あきみ
- 彰佳（8）しょうか
- 彰子（3）しょうこ

※添え字（漢字1字の最後の音と同音の1字を加えること⇒P.407）を使った変則的な読みは名のりに加えていません。

14 槙

木の先端や樹木の名を表す。すっきりとして芯の通った女性を思わせる字

音・訓 シン・テン・まき

名のり こずえ

- 槙 こずえ
- 槙恵10 まきえ
- 槙子3 まきこ
- 槙音9 まきね
- 槙乃2 まきの
- 槙世5 まきよ

14 槇

「槙」よりさらに落ち着いた雰囲気になる。凛とした大人っぽいイメージ

音・訓 シン・テン・まき

名のり こずえ

槙の異体字

- 槇 まき
- 多6槇 たまき
- 槇江6 まきえ
- 槇奈8 まきな
- 槇保9 まきほ
- 槇代5 まきよ

14 賑

活気がある様子や、陽気な様子を表す。賑やかで満ち足りた人生を送るように

音・訓 シン・にぎわう・にぎやか

名のり とみ・とも

- 賑乃2 ともの
- 賑佳8 ともか
- 賑子3 ともこ
- 賑代5 ともよ
- 賑恵10 ともえ
- 賑実8 ともみ

14 榛

樹木名。実は食用でセイヨウハシバミの実はヘーゼルナッツとして親しまれる

音・訓 シン・はしばみ・はり・はん

名のり はる

- 榛佳8 はるか
- 榛子3 はるこ
- 榛奈8 はるな
- 榛音9 はるね
- 榛乃2 はるの
- 美9榛 みはる

14 翠

美しい羽を持つ、カワセミ（翡翠）のこと。青緑色も指し、透明感のある字

音・訓 スイ・みどり

名のり あきら

- 翠 あきら
- 知8翠 ちすい
- 翠雨8 すいう
- 翠名6 すいな
- 翠奈8 すいな
- 陽12翠 ひすい

14 静

どんなときにも平常心を忘れず、静かに物事にあたることができる女性に

音・訓 セイ・ジョウ・しず・しずか・しずまる

名のり きよ・ちか・やす・よし

- 静香9 しずか
- 静玖7 しずく
- 静葉12 しずは
- 静音9 しずね
- 静乃2 しずの
- 静流10 しずる

14 誓

おごそかで尊いイメージの字。人と人との固い結びつきを思わせる名に

音・訓 セイ・ちかう

名のり ちか

- 誓花7 せいか
- 誓良7 せいら
- 誓恵10 ちかえ
- 誓子3 ちかこ
- 誓世5 ちかよ
- 美9誓 みちか

14 漕

船がこぎ出ていくように、人生の大きな海原に、こぎ出てほしいと願って

音・訓 ソウ・こぐ

- 漕花7 そうか
- 漕子3 そうこ
- 漕奈8 そうな
- 漕南9 そうな
- 漕乃2 そうの
- 漕葉12 そうは

14 聡

かしこい、の意。常に理性をもって行動し、感覚の鋭い聡明な子になるように

音・訓 ソウ・さとい

名のり あき・さ・さと・と・とき・とし・とみ

- 聡奈8 あきな
- 聡乃2 あきの
- 聡代5 あきよ
- 聡子3 さとこ
- 聡美9 さとみ
- 聡佳8 さとか

14 漱

すすぐ、洗う、うがいをするなどの意味。利発で清らかな心をもつ子に

音・訓 ソウ・すすぐ

- 漱佳8 そうか
- 漱嘉14 そうか
- 漱子3 そうこ
- 漱名6 そうな
- 漱奈8 そうな
- 漱美9 そうみ

※⚠＝パソコンなどで文字が出にくい字

総 14

おさめる、全てなどの意味。何事にもバランスよく対応できるような人に

音・訓 ソウ・すべて
名のり さ・のぶ・ふさ・みち

- 総佳 8 のぶか
- 総恵 10 ふさえ
- 総音 9 ふさね
- 総美 9 のぶみ
- 総子 3 ふさこ
- 総乃 2 ふさの

蔦 14

つる性植物のこと。どんどんと才能を伸ばすことができるようにと願って

音・訓 チョウ・つた

- 伊 6 蔦 いちょう
- 蔦子 3 ちょうこ
- 蔦来 7 つたき
- 蔦花 7 ちょうか
- 蔦枝 8 つたえ
- 蔦世 5 つたせ

暢 14

長く伸びる、のびやかなどの意味。心も体もすくすくと成長するように願って

音・訓 チョウ・のびる
名のり かど・なが・のぶ・まさ・みつ・よう

- 詩 13 暢 しのぶ
- 暢香 9 のぶか
- 暢葉 12 のぶは
- 暢恵 10 のぶえ
- 暢子 3 のぶこ
- 暢穂 15 のぶほ

肇 14

始める、正すなどの意味。常に新しい道を切り開いて挑戦し続ける子に

音・訓 チョウ・はじめる
名のり こと・ただ・とし・なか・はつ

- 肇音 9 ことね
- 肇子 3 としこ
- 肇乃 2 はつの
- 肇香 9 としか
- 肇絵 12 はつえ
- 肇美 9 はつみ

綴 14

つづる、つなぐ、などの意味を表す。楽しい日々が綴れるように願いを込めて

音・訓 テイ・テツ・つづる・とじる
名のり せつ

- 綴里 7 つづり
- 綴子 3 ていこ
- 綴良 7 ていら
- 綴果 8 ていか
- 綴那 7 ていな
- 美 9 綴 みてい

摘 14

つまみとる。一部分を選びとる。花や実の名前と合わせると女性らしい響きに

音・訓 テキ・つむ
名のり つみ

- 花 7 摘 かつみ
- 紗 10 摘 さつみ
- 穂 15 摘 ほつみ
- 果 8 摘 かつみ
- 菜 11 摘 なつみ
- 美 9 摘 みつみ

稲 14

人にとってなくてはならないもの。いつも誰かに必要とされ、愛される子に

音・訓 トウ・いね・いな
名のり ね

- 愛 13 稲 あいな
- 稲奈 8 子 3 いなこ
- 真 10 里 7 稲 まりね
- 美 9 稲 みいな

嶋 14

「島」と同字。多少のことに動じず、穏やかにたたずむイメージの字

音・訓 トウ・しま

- 嶋恵 10 しまえ
- 嶋乃 2 しまの
- 嶋佳 8 とうか
- 嶋子 3 しまこ
- 嶋帆 6 しまほ
- 嶋仔 5 とうこ

※添え字（漢字1字の最後の音と同音の1字を加えること⇒P.407）を使った変則的な読みは名のりに加えていません。

徳 14

生まれつきの人柄、恩恵などを表す。すばらしい徳をもち、幸せな人生に

音・訓 トク
名のり あつ・かつ・さと・とみ・のり・やす・よし

- 徳恵10 とくえ
- 徳佳8 のりか
- 徳子3 のりこ
- 徳世5 のりせ
- 徳乃2 よしの
- 徳美9 よしみ

読 14

読書好きになるよう願って。また、人の心が読める優しい子になるように

音・訓 ドク・トク・トウ・よむ
名のり おと・とみ・とし・よみ

- 読葉12 おとは
- 読子3 とくこ
- 読乃2 よしの
- 読美9 よしみ
- 加5読美9 かよみ

寧 14

安らか。たおやかで、一緒にいるだけで、人をほっと和ませるような女性に

音・訓 ネイ
名のり さだ・しず・やす

- 寧香9 しずか
- 寧々3 ねね
- 咲9寧 さきね
- 寧葉12 やすは
- 亜7香9寧 あかね

箔 14

金属を薄くたたき延ばしたもの、金箔。上品でゆるぎのない心をもつイメージ

音・訓 ハク

- 箔 はく
- 美9箔 みはく
- 箔耶9 はくや
- 箔妃6 はくひ
- 箔久3亜7 はくあ

緋 14

赤色の中でも、濃く鮮やかな赤色を表し、情熱的で美しい女性を彷彿させる字

音・訓 ヒ・あか
名のり あけ

- 緋美9 あけみ
- 緋芽8 ひめ
- 亜7紗10緋 あさひ
- 緋弥8子3 ひみこ

碧 14

青い石や青緑色を表すことから、透き通った青緑色の空や海を思わせる字

音・訓 ヘキ・あお・みどり
名のり きよ・たま

- 碧 みどり
- 碧依8 あおい
- 碧乃2 きよの
- 碧海9 きよみ
- 碧緒14 たまお
- 碧希7 たまき

鳳 14

めでたさの象徴である想像上の鳥。品位があり、全てを大らかに包むイメージ

音・訓 ホウ・おおとり
名のり たか

- 鳳恵10 たかえ
- 鳳子3 たかこ
- 鳳保9 たかほ
- 鳳美9 たかみ
- 鳳世5 たかよ
- 鳳佳8 ほうか

蓬 14 ⚠

特有の香りをもつヨモギのように、大勢の中にいても個性を伸ばせるように

音・訓 ホウ・よもぎ
名のり しげ・ほ

- 蓬 よもぎ
- 佳8蓬 かほ
- 蓬子3 ほうこ
- 美9蓬 みほ
- 蓬乃2香9 ほのか

蜜 14

はちみつのことで、甘いイメージ。愛らしく、かわいい女性を思わせる字

音・訓 ミツ

- 蜜柑9 みかん
- 蜜紀9 みつき
- 蜜子3 みつこ
- 蜜沙7 みつさ
- 蜜乃2 みつの
- 蜜留10 みつる

綿 14

ふわふわとして、さわり心地のよいイメージ。人に優しく接するような子に

音・訓 メン・わた
名のり つら・まさ・ます・やす

- 綿希7 まさき
- 真10綿 まわた
- 美9綿 みわた
- 綿夏10 やすか
- 綿妃6 やすひ
- 木4綿 ゆう

※⚠＝パソコンなどで文字が出にくい字

14 踊

踊る。跳び上がる。常に喜びを素直に体現できるような、明るい子に

音・訓 ヨウ・おどる・おどり

- 踊 おどり
- 美踊 9 みよう
- 踊恵 10 ようえ
- 踊佳 8 ようか
- 踊子 3 ようこ
- 踊乃 2 ようの

14 遙

遠く、さまようなどを表す。様々なものを見て、成長してほしいと願って

音・訓 ヨウ・はるか

名のり すみ・とお・のぶ・のり・はる・みち

遥の異体字

- 遙 はるか
- 遙佳 8 はるか
- 遙希 7 はるき
- 遙那 7 はるな
- 遙陽 12 はるひ
- 遙子 3 ようこ

14 僚

友だち、仲間の意味。志を同じにする友だちを見つけて、大切にするように

音・訓 リョウ

名のり とも

- 僚恵 10 ともえ
- 僚佳 8 ともか
- 僚子 3 ともこ
- 僚奈 8 ともな
- 僚美 9 ともみ
- 僚花 7 りょうか

14 綾

あや、美しい模様を織り出した綾絹を表す。美しく女性らしい響きの字

音・訓 リョウ・あや

- 綾 あや
- 綾佳 8 あやか
- 綾音 9 あやね
- 綾乃 2 あやの
- 佐綾 7 さあや
- 綾子 3 りょうこ

14 緑

色の名前や植物一般のことを指し、さわやかなイメージ。自然を愛する子に

音・訓 リョク・ロク・みどり

名のり つか・つな・のり

- 緑 みどり
- 緑世 5 のりせ
- 緑枝 8 のりえ
- 緑華 10 のりか
- 緑子 3 みどりこ
- 美緑 9 みのり

14 綸

糸。詔の意味も。多くの人と細く長く、でも切れない関係を築くことを祈って

音・訓 リン・いと

名のり お・くみ

- 綸 いと
- 綸音 9 いとね
- 恵綸 10 えりん
- 花綸 7 かりん
- 万綸 3 まりん
- 綸子 3 りんこ

14 瑠

瑠璃は七宝の一つで、紺色の宝石。美しい玉のような女性になるように願って

音・訓 ル・リュウ

名のり るり

- 杷瑠 8 はる
- 瑠佳 8 るか
- 瑠奈 8 るな
- 瑠璃 15 るり
- 瑠衣子 6 3 るいこ

14 漣 !

さざなみ。次々と起こる静かな波のように、小さくも刺激のある人生を願って

音・訓 レン・さざなみ

名のり なみ

- 漣 れん
- 沙漣 7 されん
- 漣子 3 なみこ
- 美漣 9 びれん
- 漣香 9 れんか
- 漣奈 8 れんな

※添え字(漢字1字の最後の音と同音の1字を加えること⇒P.407)を使った変則的な読みは名のりに加えていません。

15 縁

ふち。えにし、つながりなどを表す。人との縁を大切にするよう願いを込めて

音・訓 エン・ふち

名のり まさ・むね・やす・ゆかり・よし・より

- 縁 ゆかり
- 縁世5 ふちよ
- 縁子3 まさこ
- 縁奈8 やすな
- 縁乃2 よしの
- 縁美9 よしみ

15 駕

馬などに乗る。使いこなす、越えるなど広い意味をもつ。困難に負けない子に

音・訓 カ・ガ・のる

名のり のり

- 駕子3 のりこ
- 美9駕 みか
- 知8駕美9 ちかみ
- 夕3駕子3 ゆかこ

15 樂

楽しむこと。また音楽のこと。いつも楽しいことを追求するように

音・訓 ガク・ラク・たのしい・たのしむ

名のり ささ・もと・よし

楽の異体字

- 由5樂 ゆら
- 樂子3 もとこ
- 多6花7樂 たから
- 樂衣6夢13 らいむ

15 歓

喜ぶことや楽しみを表す。人と喜びを分かち合って、楽しい人生を送るように

音・訓 カン

名のり よし

- 歓那7 かんな
- 歓奈8 かんな
- 歓恵10 よしえ
- 歓子3 よしこ
- 歓乃2 よしの
- 歓美9 よしみ

15 畿

都、都に近い地域、天子が直轄する地域を表す。親しみやすいイメージの字

音・訓 キ・みやこ

名のり ちか

- 亜7畿 あき
- 畿久3 きく
- 紗10畿 さき
- 美9畿 みき
- 由5畿奈8 ゆきな

15 嬉

楽しむ、遊ぶ、の意。見ただけで笑みが浮かぶような、幸せな気分にさせる字

音・訓 キ・うれしい

名のり よし

- 嬉英8 きえ
- 嬉美9 よしみ
- 愛13嬉子3 あきこ
- 佐7嬉乃2 さきの

15 輝

明るく光り輝く月や星のイメージ。皆に明るい光を投げかけるような子に

音・訓 キ・かがやく

名のり あき・てる・ひかる

- 美9輝 みあき
- 輝子3 あきこ
- 輝美9 あきみ
- 輝琉11 ひかる
- 三3津9輝 みつき

15 槻

ケヤキの古名。天に向かい、まっすぐに伸びる大木のような成長を願って

音・訓 キ・つき

- 槻子3 つきこ
- 槻音9 つきね
- 槻乃2 つきの
- 奈8槻 なつき
- 美9槻 みづき
- 祐9槻 ゆづき

15 蕎

蕎麦（ソバ）は荒地でもよく育つことから、たくましく育ってほしいと願って

音・訓 キョウ・そば

- 羽6蕎 うきょう
- 蕎香9 きょうか
- 蕎子3 きょうこ
- 蕎奈8 きょうな
- 蕎美9 きょうみ
- 蕎音9 そばね

15 駈

字形から丘を颯爽と走る馬を連想させる。さわやかに風を切るようなイメージ

音・訓 ク・かける・かる

駆の異体字

- 希7駈 きく
- 美9駈 みく
- 衣6駈乃2 いくの
- 由5駈子3 ゆくこ

※⚠=パソコンなどで文字が出にくい字

駒 15

若い元気な馬を表す。皆から愛される、愛嬌のある女の子に育つよう願って

音・訓 ク・こま

- 駒子 3 こまこ
- 駒乃 2 こまの
- 衣駒子 6 3 いくこ
- 駒美加 9 5 くみか

慧 15

知恵、さとい様子。心配りのできる、かしこい女性になるように願って

音・訓 ケイ・エ・さとい
名のり さと

- 慧子 3 けいこ
- 慧乃 2 さとの
- 慧里香 7 9 えりか
- 美津慧 9 9 みづえ

稽 15

とどまる、考える、の意。物事についてよく考え、確かな選択ができる子に

音・訓 ケイ・かんがえる
名のり とき・のり・よし

- 稽 けい
- 稽花 7 けいか
- 稽子 3 けいこ
- 稽都 11 けいと
- 稽奈 8 けいな
- 稽那 7 けいな

慶 15

喜ぶ、めでたいことなどを表す。誕生を心から喜ぶ両親の思いを託して

音・訓 ケイ・よろこぶ
名のり ちか・のり・みち・やす・よし

- 慶子 3 けいこ
- 慶奈 8 けいな
- 慶絵 12 よしえ
- 慶佳 8 よしか
- 慶乃 2 よしの
- 慶美 9 よしみ

潔 15

心が清く、欲がない様子。けじめのある、清潔な心をもつように願いを込めて

音・訓 ケツ・いさぎよい
名のり きよ・ゆき・よし

- 潔嘉 14 きよか
- 潔葉 12 きよは
- 潔美 9 きよみ
- 潔良 7 きよら
- 潔子 3 よしこ
- 潔乃 2 よしの

廣 15

広の異体字

広い、広める。視野や心を広げて、大きな世界に進んでいってほしいと願って

音・訓 コウ・ひろい
名のり お・たけ・とう・ひろ・みつ

- 知廣 8 ちひろ
- 廣香 9 ひろか
- 廣子 3 ひろこ
- 廣音 9 ひろね
- 廣美 9 ひろみ
- 真廣 10 まひろ

諏 15

はかる、相談することを表す。人の意見を聞いて、最善の道を選択できる子に

音・訓 シュ・ス・はかる

- 安諏乃 6 2 あすの
- 亜里諏 7 7 ありす
- 諏有花 6 7 しゅうか

諄 15

丁寧に教えることを意味する。人の気持ちを考え、自然に手助けできる人に

音・訓 ジュン
名のり あつ・しげ・とも・のぶ・まこと

- 諄乃 2 あつの
- 諄穂 15 あつほ
- 諄美 9 あつみ
- 諄子 3 じゅんこ
- 諄奈 8 ともな
- 諄花 7 のぶか

醇 15

混じりけがない、厚いなどの意味から、落ち着きと成熟味を感じる字

音・訓 ジュン
名のり あつ

- 醇恵 10 あつえ
- 醇希 7 あつき
- 醇音 9 あつね
- 醇実 8 あつみ
- 醇子 3 じゅんこ
- 醇那 7 じゅんな

潤 15

人の心の渇きを潤し、皆に恵みをもたらすような優しい女性になるように

音・訓 ジュン・うるおう・うるむ
名のり うる・うるう・さかえ・ひろ・ます・みつ

- 潤 じゅん
- 潤乃 2 うるの
- 潤水 4 うるみ
- 潤子 3 じゅんこ
- 潤奈 8 じゅんな
- 潤代 5 ひろよ

※添え字（漢字1字の最後の音と同音の1字を加えること⇒P.407）を使った変則的な読みは名のりに加えていません。

樟 15

高さ20メートル以上に達するクスノキのように、力強い成長を願って

音・訓 ショウ・くすのき
名のり くす

樟子 3 くすこ　樟乃 2 くすの
樟葉 12 くすは　樟保 9 くすほ
樟香 9 しょうか　樟子 3 しょうこ

穂 15

豊穣を連想させる字。豊かで落ち着いたイメージ。女性の名によく使われる

音・訓 スイ・ほ
名のり お・ひで・ひな・みのる

穂景 12 ほかげ　穂月 4 ほづき
麻穂 11 まほ　里穂 7 りほ
美津穂 9 9 みづほ

撰 15 ⚠

選ぶことを表すことから、多くの情報から自分に大切なものを選択できる子に

音・訓 セン・えらぶ
名のり のぶ

撰香 9 せんか　撰子 3 せんこ
撰乃 2 せんの　撰恵 10 のぶえ
撰佳 8 のぶか　撰穂 15 のぶほ

蝶 15

繊細で華やかに舞う蝶のイメージ。美しさとかわいらしさを併せもつ子に

音・訓 チョウ

蝶 ちょう　胡蝶 9 こちょう
蝶花 7 ちょうか　蝶子 3 ちょうこ
蝶乃 2 ちょうの　蝶美 9 ちょうみ

潮 15

太陽と月の引力による、潮の満ち干。幻想的で静謐なイメージのある字

音・訓 チョウ・しお
名のり うしお

潮 うしお　潮香 9 しおか
潮音 9 しおね　潮美 9 しおみ
潮里 7 しおり　潮李 7 しおり

調 15

調和、調整。全体を見渡すことができる、バランス感覚のすぐれた子に

音・訓 チョウ・しらべる・ととのう
名のり しげ・しらべ・つき・つぐ・なり・のり

調巳 3 しげみ　調花 7 ちょうか
調奈 8 つきな　調歩 8 つきほ
調美 9 つぐみ　調子 3 のりこ

澄 15

清らかな水や静かな水面を思わせる字。心が美しく澄んだ女性になるように

音・訓 チョウ・すむ・すます
名のり きよ・きよみ・すみ

亜澄 7 あすみ　唯澄 11 いすみ
佳澄 8 かすみ　澄美 9 きよみ
葉澄 12 はすみ　真澄 10 ますみ

徹 15

貫き通すという意味から、自分の信念を曲げず、最後までやり通す子に

音・訓 テツ
名のり みち・ゆき

徹子 3 てつこ　徹香 9 みちか
徹世 5 みちよ　徹奈 8 ゆきな
徹乃 2 ゆきの　徹代 5 ゆきよ

憧 15

憧れる、うっとりする、の意。女性らしさのあるしっとりとしたイメージの字

音・訓 ドウ・ショウ・あこがれる

憧花 7 しょうか　憧佳 8 しょうか
憧香 9 しょうか　憧子 3 しょうこ
憧仔 5 しょうこ　憧瑚 13 しょうこ

播 15

まく、散らす、の意。肥沃な土地に種をまくような、未来への希望を感じる字

音・訓 ハ・ハン・バン・まく
名のり かし・ひろ

和播 8 かずは　友播 4 ともは
播奈 8 はんな　播璃 15 ばんり
播菜乃 11 2 はなの

※⚠=パソコンなどで文字が出にくい字

範 15

決まりや手本、型などを表す。模範となる、美しい振る舞いができる女性に

音・訓 ハン・のり

- 範恵 10 のりえ
- 範佳 8 のりか
- 範子 3 のりこ
- 範世 5 のりよ
- 範奈 8 はんな
- 美 9 範 みのり

幡 15

旗、のぼりを表す。風ではためく旗のように、どこにいても人目を引く女性に

音・訓 ハン・はた

- 幡江 6 はたえ
- 幡絵 12 はたえ
- 幡奈 8 はたな
- 幡乃 2 はたの
- 幡美 9 はたみ
- 幡那 7 はんな

撫 15

なでる、かわいがるなどの意味から、皆にかわいがられる、愛嬌のある子に

音・訓 ブ・フ・なでる
名のり やす・よし

- 撫子 3 なでしこ
- 撫美 9 よしみ
- 衣 6 撫綺 14 いぶき
- 乃 2 撫恵 10 のぶえ

舞 15

女の子の名前によく使われる。弾むような響きと、優雅なイメージを併せもつ

音・訓 ブ・まう・まい

- 舞 まい
- 舞花 7 まいか
- 舞乃 2 まいの
- 舞美 9 まいみ
- 舞夢 13 まいむ
- 舞良 7 まいら

編 15

あむ、組み合わせるなどの意味。柔らかいイメージの字。繊細さもある

音・訓 ヘン・あむ
名のり よし

- 編花 7 あみか
- 編佳 8 あみか
- 編子 3 あみこ
- 編音 9 あみね
- 美 9 編 みあみ
- 編絵 12 よしえ

摩 15

さする、磨くの意から、自分を常に磨いて、光り輝く人生を歩めるように

音・訓 マ
名のり きよ・なず

- 絵 12 摩 えま
- 摩耶 9 まや
- 亜 7 摩音 9 あまね
- 衣 6 摩璃 15 いまり

魅 15

多くの人の心をひきつけるような、魅力のある女性になるようにと願って

音・訓 ミ

- 亜 7 魅乃 2 あみの
- 真 10 魅香 9 まみか
- 瑠 14 魅子 3 るみこ

璃 15

瑠璃や玻璃はいずれも七宝の一つ。美しく大切な宝物という思いを込めて

音・訓 リ
名のり あき

- 璃子 3 りこ
- 璃乃 2 りの
- 亜 7 矢 5 璃 あやり
- 絵 12 璃沙 7 えりさ

遼 15

遠い、ずっと続いている様子を表す。凛とした知性的な印象を与える字

音・訓 リョウ・はるか
名のり とお・はる

- 遼 はるか
- 知 8 遼 ちはる
- 遼香 9 はるか
- 遼奈 8 はるな
- 美 9 遼 みはる
- 遼子 3 りょうこ

諒 15

明白なこと、真実などの意味。いつも公明正大な態度でいられる女性に

音・訓 リョウ・まこと
名のり あき・あさ・まさ

- 諒 りょう
- 諒歩 8 あきほ
- 諒乃 2 あさの
- 諒美 9 まさみ
- 諒花 7 りょうか
- 諒子 3 りょうこ

※添え字（漢字1字の最後の音と同音の1字を加えること⇒P.407）を使った変則的な読みは名のりに加えていません。

15 凜

寒い、冷たい。きっぱりとしている様子も表す。きりっとした女性に

音・訓 リン

- 凜 りん
- 慧15凜 えりん
- 真10凜 まりん
- 凜佳8 りんか
- 凜子3 りんこ
- 凜乃2 りんの

15 凛

凜の異体字

「凜」と同じ意味だが、パソコンなどで変換されやすく、人気のある字

音・訓 リン

- 恵10凛 えりん
- 香9凛 かりん
- 万3凛 まりん
- 凛花7 りんか
- 凛瑚13 りんこ
- 凛奈8 りんな

15 輪

人の輪を大切にする、穏やかな子になるように。朗らかなイメージの字

音・訓 リン・わ
名のり もと

- 希7輪 きわ
- 美9輪 みわ
- 輪乃2 もとの
- 輪子3 りんこ
- 沙7輪子3 さわこ

15 黎

黒、くろがね色、薄暗いなどの意味。もの静かで知的なイメージのある字

音・訓 レイ・おおい・くろ
名のり たみ

- 黎世5 たみよ
- 美9黎 みれい
- 黎佳8 れいか
- 黎子3 れいこ
- 黎名6 れいな
- 黎羅19 れいら

16 緯

織物の横糸の意味から、物をなすときは横糸のような重要な役目を担うように

音・訓 イ

- 緯緒14 いお
- 由5緯 ゆい
- 真10緯香9 まいか
- 弥8世5緯 やよい

16 衛

守ること、守りの意味。子どもが様々な災難から守られることを願って

音・訓 エイ
名のり え・ひろ・もり・よし

- 衛奈8 えいな
- 璃15衛 りえ
- 亜7季8衛 あきえ
- 知8衛美9 ちえみ

16 叡

さとい、明らかなことを表す。頭がよく、正しい道を歩む子になるように

音・訓 エイ・あきらか
名のり さと・ただ・とし・まさ・よし

- 叡奈8 えいな
- 叡子3 えいこ
- 叡実8 えいみ
- 叡恵10 まさえ
- 美9叡 みえい
- 叡乃2 よしの

16 薗

園の異体字

畑、庭園などの意味。美しいものに囲まれて育つように。女性的なイメージ

音・訓 エン・その

- 薗 その
- 薗慧15 そのえ
- 薗花7 そのか
- 薗子3 そのこ
- 薗己3 そのみ
- 美9薗 みその

16 燕

ツバメ。くつろぐという意味も。春の訪れを知らせ、幸福を運ぶ鳥にあやかって

音・訓 エン・つばめ
名のり てる・なるやす・よし

- 燕 つばめ
- 燕耶9 えんや
- 燕子3 てるこ
- 美9燕 みえん
- 燕花7 やすか
- 燕奈8 やすな

※⚠=パソコンなどで文字が出にくい字

穏 16

安らか。しっとりと落ち着いていて、争い事を好まない優しい女性に

音・訓 オン・おだやか
名のり しず・とし・やす

花穏 7 かおん
穏香 9 しずか
穏乃 2 しずの
美穏 9 みおん
穏奈 8 やすな
穏葉 12 やすは

橘 16

かんきつ類の総称であることから、さわやかで芳しい香りが漂うイメージ

音・訓 キツ・たちばな

橘 たちばな
花橘 7 かきつ
橘華 10 きっか
橘子 3 きっこ
橘那 7 きつな
橘乃 2 きつの

錦 16

金や銀の糸が織り込まれた美しい模様の織物を表す。錦のように輝く女性に

音・訓 キン・にしき
名のり かね

錦 にしき
亜錦 7 あかね
愛錦 13 あかね
知錦 8 ちかね
錦子 3 かねこ
錦美 9 かねみ

薫 16

「風薫る」など、「香」よりも比喩的に使われる。情緒のある女性的なイメージ

音・訓 クン・かおる
名のり かお・かおり・しげ・のぶ・ひで・まさ・ゆき

薫 かおる
薫里 7 かおり
薫子 3 かおるこ
千薫 3 ちゆき
薫乃 2 ゆきの
薫美 9 ゆきみ

憲 16

おきて。さといという意味も。昔からの教えを守って生きていくことを願って

音・訓 ケン
名のり かず・さだ・とし・のり

憲枝 8 のりえ
憲花 7 のりか
憲子 3 のりこ
憲世 5 のりせ
憲代 5 のりよ
美憲 9 みのり

賢 16

かしこい、すぐれているなどの意味。人に勝る知恵や才能があるように

音・訓 ケン・かしこい
名のり かつ・さと・たか・とし・のり・まさ・やす・よし

賢慧 15 さとえ
賢花 7 さとか
賢葉 12 さとは
賢音 9 さとね
賢佳 8 のりか
賢乃 2 よしの

興 16

立ち上がる、盛んにするなどの意味。何事にも興味をもって挑戦するように

音・訓 コウ・キョウ・おこる・おこす
名のり おき・き・さき・とも・ふさ・ふか

興子 3 きょうこ
美興 9 みき
興美子 9 3 きみこ
由興乃 5 2 ゆきの

縞 16

絹、白い生絹。また、白色やしま模様のこと。すっきりと清らかな印象に

音・訓 コウ・しま

縞 しま
縞美 9 こうみ
縞絵 12 しまえ
縞子 3 しまこ
縞乃 2 しまの
縞世 5 しまよ

※添え字(漢字1字の最後の音と同音の1字を加えること⇒P.407)を使った変則的な読みは名のりに加えていません。

樹 16

すくすくと成長し、明るい未来に届くイメージの字。子が健やかであるように

音・訓 ジュ・き

名のり いつき・しげ・たつ・な・みき・むら

- 安樹 6 あんじゅ
- 樹音 9 じゅね
- 樹里 7 じゅり
- 美樹 9 みき
- 由樹乃 5 2 ゆきの

整 16

正しく揃えることを表す。常に秩序を持って、人との調和をはかれる人に

音・訓 セイ・ととのえる・ととのう

名のり なり・のぶ・まさ・よし

- 整子 3 せいこ
- 整良 7 せいら
- 整美 9 なりみ
- 整恵 10 まさえ
- 整代 5 まさよ
- 整乃 2 よしの

輯 16

集める、和らげるなどの意味。柔軟性があり、意見をまとめるのが上手な子に

音・訓 シュウ・あつめる

名のり むつ

- 輯華 10 しゅうか
- 輯子 3 しゅうこ
- 輯絵 12 むつえ
- 輯希 7 むつき
- 輯実 8 むつみ
- 輯美 9 むつみ

錫 16

銀白色でつやがあり、錆びない性質を持つすずにあやかり、くすまず輝く子に

音・訓 セキ・シャク・すず

名のり ます・やす

- 錫 すず
- 錫恵 10 すずえ
- 錫華 10 すずか
- 錫子 3 すずこ
- 錫乃 2 すずの
- 錫音 9 すずね

鞘 16 ⚠

刃物の刀身部分を収める筒、さやの意味から、包容力のある女性に

音・訓 ショウ・さや

- 鞘 さや
- 鞘花 7 さやか
- 鞘奈 8 さやな
- 鞘乃 2 さやの
- 鞘美 9 さやみ
- 鞘子 3 しょうこ

積 16

蓄える、かけあわせるなどの意味。喜びがどんどん重なっていくような人生を

音・訓 セキ・つむ・つもる

名のり あつ・かず・かつ・さ・つね・つみ

- 積世 5 かずよ
- 積乃 2 せきの
- 佳積 8 かつみ
- 那積 7 なつみ
- 羽積 6 はつみ
- 帆積 6 ほつみ

親 16

親しいという意味のほか、自分で行うという意味も。皆に親しまれる子に

音・訓 シン・おや・したしい・したしむ

名のり ちか・なる・み・もと・よし・よしみ・より

- 親奈 8 ちかな
- 紗親 10 さちか
- 親美 9 なるみ
- 親恵 10 よりえ
- 親知花 8 7 みちか

操 16

人の行いや心がけのこと。周囲に流されず、自分の意志を固く守る子に

音・訓 ソウ・みさお・あやつる

名のり あや・みさ・もち

- 操 みさお
- 操佳 8 あやか
- 操乃 2 あやの
- 操理 11 あやり
- 操緒 14 みさお
- 操希 7 みさき

醒 16

眠りから醒める、迷いが解けることを表す。気分がすっきりと澄み切っている印象

音・訓 セイ・さめる・さます

名のり さめ

- 醒子 3 せいこ
- 醒佳 8 せいか
- 醒香 9 せいか
- 醒奈 8 せいな
- 醒乃 2 せいの
- 醒羅 19 せいら

薙 16

草を短く刈ること。飾り道具としても使われた、薙刀のイメージもある

音・訓 テイ・なぐ

- 薙 なぎ
- 薙那 7 ていな
- 薙佳 8 なぎか
- 薙子 3 なぎこ
- 薙沙 7 なぎさ
- 薙乃 2 なぎの

※⚠＝パソコンなどで文字が出にくい字

鮎 16

清流に住む日本の名産魚。せせらぎを連想させ、さわやかで皆に愛される印象

音・訓 デン・あゆ

- 鮎夏 10 あゆか
- 鮎子 3 あゆこ
- 鮎奈 8 あゆな
- 鮎乃 2 あゆの
- 鮎美 9 あゆみ
- 鮎夢 13 あゆむ

橙 16

ミカンの一種。さわやかな柑橘系のイメージで、明るく溌剌とした印象に

音・訓 トウ・だいだい
名のり と

- 橙花 7 とうか
- 橙子 3 とうこ
- 沙橙子 7 3 さとこ
- 橙美香 9 9 とみか

燈 16

灯の異体字

灯火のように、人を明るく照らす、心の温かい子になるように願いを込めて

音・訓 トウ・ひ・ともしび

- 燈子 3 とうこ
- 燈華 10 とうか
- 燈加理 5 11 ひかり
- 燈奈子 8 3 ひなこ

篤 16

人情に厚く、誠実な人になるように。一つのことに打ち込むことも意味する

音・訓 トク・あつい
名のり あつ・しげ・すみ

- 篤奈 8 あつな
- 篤音 9 あつね
- 篤乃 2 あつの
- 篤世 5 あつよ
- 篤子 3 とくこ
- 篤実 8 とくみ

繁 16

草木が茂る、どんどん増えて広がる様子を表す。強い生命力を期待して

音・訓 ハン・しげる
名のり えだ・しげ・とし

- 繁佳 8 しげか
- 繁子 3 しげこ
- 繁乃 2 しげの
- 繁美 9 しげみ
- 繁瑠 14 しげる
- 繁那 7 はんな

磨 16

玉や石をこする、技術を磨いて上達するなどの意味。自分を常に磨く子に

音・訓 マ・みがく
名のり きよ

- 磨美 9 まみ
- 由磨 5 ゆま
- 磨奈美 8 9 まなみ
- 磨里花 7 7 まりか

諭 16

教え導く、悟るなどの意味。学業に秀でた思想家の福沢諭吉を彷彿させる字

音・訓 ユ・さとす
名のり さと・つぐ

- 諭子 3 さとこ
- 諭衣 6 ゆい
- 諭華 10 ゆか
- 諭美 9 ゆみ
- 亜諭美 7 9 あゆみ

謡 16

節をつけたうた、民謡。朗らかに歌うような、楽しい人生を送ることを願って

音・訓 ヨウ・うたい・うたう
名のり うた

- 謡 うた
- 謡恵 10 うたえ
- 謡乃 2 うたの
- 謡美 9 うたみ
- 謡佳 8 ようか
- 謡子 3 ようこ

頼 16

皆から頼りにされる、責任感のあるしっかりした女性になるように

音・訓 ライ・たのむ・たのもしい・たよる
名のり のり・よ・よし・より

- 頼子 3 のりこ
- 頼江 6 よりえ
- 頼香 9 らいか
- 頼夢 13 らいむ
- 花頼子 7 3 かよこ

蕾 16

さまざまな未来をうちに秘めているイメージ。若くて力強く、美しい印象に

音・訓 ライ・つぼみ

- 蕾 つぼみ
- 美蕾 9 みらい
- 蕾花 7 らいか
- 蕾沙 7 らいさ
- 蕾夢 13 らいむ
- 蕾来 7 らいら

※添え字(漢字1字の最後の音と同音の1字を加えること⇒P.407)を使った変則的な読みは名のりに加えていません。

隣 16

いつもまわりにいる仲間を大切にして、ともに成長してほしいと願って

音・訓 リン・となる・となり
名のり さと・ただ・ちか・なが

- 華隣 10 かりん
- 隣美 9 さとみ
- 隣世 5 さとよ
- 隣乃 2 ちかの
- 隣嘉 14 りんか
- 隣子 3 りんこ

澪 16

船が航行するときの道筋。自分の指針を決めて広い海にこぎ出すように

音・訓 レイ・みお

- 澪 みお
- 澪音 9 みおね
- 澪梨 11 みおり
- 美澪 9 みれい
- 澪華 10 れいか
- 澪那 7 れいな

蕗 16

フキノトウが地面から顔を出し、春の訪れを告げることから、暖かい印象に

音・訓 ロ・ふき

- 蕗子 3 ふきこ
- 蕗乃 2 ふきの
- 千 3 陽 12 蕗 ちひろ
- 日 4 蕗美 9 ひろみ

霞 17

遠くがぼんやり見える様子。霞草や霞桜など、幻想的なイメージがある

音・訓 カ・かすみ・かすむ

- 霞 かすみ
- 霞澄 15 かすみ
- 霞月 4 かづき
- 朋 8 霞 ともか
- 和 8 霞菜 11 わかな

環 17

輪の形をした、腕などにつける装飾品を指し、大人っぽい女性を思わせる字

音・訓 カン
名のり たま・たまき・わ

- 環 たまき
- 環奈 8 かんな
- 環季 8 たまき
- 美 9 環 みわ
- 貴 12 環子 3 きわこ

徽 17 ⚠

しるし、よいこと、細やかで美しいこと。物事の代表となれる女性に

音・訓 キ・しるし
名のり よし

- 徽央 5 きお
- 真 10 徽 まき
- 愛 13 徽奈 8 あきな
- 由 5 徽子 3 ゆきこ

鞠 17

まり、けまりという意味のほか、かがむ、養うなどの意味も。和を感じる字

音・訓 キク・まり
名のり つぐ・みつ

- 鞠愛 13 まりあ
- 小 3 鞠 こまり
- 鞠香 9 まりか
- 鞠子 3 まりこ
- 鞠奈 8 まりな
- 鞠音 9 まりね

謙 17

謙虚なことを意味する。人を敬い、礼儀正しく聡明な女性になってほしいと願って

音・訓 ケン
名のり あき・かた・かね・しず・のり・よし

- 謙恵 10 あきえ
- 謙乃 2 あきの
- 謙奈 8 あきな
- 謙美 9 あきみ
- 謙子 3 よしこ
- 謙代 5 のりよ

※⚠＝パソコンなどで文字が出にくい字

檎 17

林檎（リンゴ）。みずみずしい感性をもった、かわいらしい女性にと願って

音・訓 ゴ・キン

- 林檎 8 りんご
- 鈴檎 13 りんご
- 愛檎 13 あいご
- 檎香 9 きんか
- 名 6 檎美 9 なごみ

燦 17

鮮やかに輝いているという意味から、きらきらと美しい女性をイメージして

音・訓 サン・あきらか
名のり あき・あきら・きよ・よし

- 燦 あきら
- 燦子 3 あきこ
- 燦江 6 あきえ
- 燦南 9 あきな
- 燦花 7 さんか
- 燦乃 2 よしの

駿 17

足の速い馬の意味から、疾走感にあふれた名前に。頭角を現すことを期待して

音・訓 シュン
名のり とし

- 駿恵 10 としえ
- 駿子 3 としこ
- 駿穂 15 としほ
- 駿美 9 としみ
- 駿佳 8 しゅんか
- 駿奈 8 しゅんな

篠 17

竹の一種で、細くてしなやか。和風で落ち着いた、品格のある名前に

音・訓 ショウ・しの
名のり ささ

- 篠 しの
- 篠里 7 しのり
- 篠舞 15 しのぶ
- 篠香 9 しょうか
- 篠子 3 しょうこ
- 真 10 篠 ましの

檀 17

山野に自生する木。弓の材料に使われたことから、しなやかで芯の強い女性に

音・訓 ダン・タン・まゆみ

- 檀 まゆみ
- 檀奈 8 たんな
- 檀菜 11 たんな
- 檀未 5 まゆみ
- 檀実 8 まゆみ
- 檀美 9 まゆみ

擢 17

！ 抜きん出てすぐれていること。才能を活かして頭角を現すことを期待して

音・訓 テキ・タク・ぬく・ぬきんでる

- 擢子 3 たくこ
- 擢未 5 たくみ
- 擢美 9 たくみ
- 擢栄 9 たくえ
- 擢葉 12 たくよ
- 茂 8 擢 もてき

瞳 17

ひとみ。ものごとを見通せる美しい瞳を持った清純な女の子であるように

音・訓 トウ・ドウ・ひとみ
名のり あきら

- 瞳 ひとみ
- 瞳子 3 とうこ
- 瞳亜 7 とうあ
- 瞳真 10 とうま
- 美 9 瞳利 7 みどり

彌 17

広くすみずみまで行き渡る様子。いつまでも衰えない様子。雅で活力のある文字

音・訓 ビ・ミ・や・いや
名のり ひさ・ひろ・ます・みつ・やす・よし

弥の異体字

- 久 3 彌 ひさみ
- 愛 13 彌 あいみ
- 彌子 3 ひさこ
- 彌栄 9 ひろえ
- 友 4 彌子 3 ゆみこ

優 17

すぐれている、優しい、穏やかなどの意味。才色兼備で優しさをもった子に

音・訓 ユウ・やさしい・すぐれる
名のり かつ・ひろ・まさ・ゆ

- 美 9 優 みゆう
- 優亜 7 ゆうあ
- 優貴 12 ゆうき
- 優里 7 ゆうり
- 優美 9 花 7 ゆみか

輿 17

皆が力をそろえ、担ぎ上げる意味から、人心を掌握し、新しいことを成せる人に

音・訓 ヨ・こし
名のり お

- 美 9 輿 みよ
- 明 8 輿 あきよ
- 佳 8 輿 かよ
- 咲 9 輿 さくよ
- 起 10 輿音 9 きよね

※添え字（漢字1字の最後の音と同音の1字を加えること⇒P.407）を使った変則的な読みは名のりに加えていません。

翼 17

自由に大空を飛びまわるような、闊達な女の子に。明るく大らかなイメージ

音・訓 ヨク・つばさ

翼	つばさ
翼佐 7	つばさ
翼彩 11	つばさ
翼爽 11	つばさ
翼子 3	よくこ
翼美 9	よくみ

螺 17

タニシ、サザエなどニシ類の総称、うずまき。神秘的でファンタジックな名前に

音・訓 ラ・にな

星 9 螺	せいら
彩 11 螺	さら
輝 15 螺	きら
蒼 13 螺	そら
華 10 依 8 螺	かいら

瞭 17

一目瞭然、はっきりと見通す瞳の意味。聡明でさわやかなイメージの名前に

音・訓 リョウ・あきらか

名のり あき

瞭歩 8	あきほ
瞭那 7	あきな
瞭良 7	あきら
瞭佳 8	りょうか
瞭子 3	りょうこ
瞭仔 5	りょうこ

嶺 17

山頂。時間帯によって印象の変わる山のように、その場に適応し、力を出せる子に

音・訓 レイ・みね

名のり ね

優 17 嶺	ゆうね
彩 11 嶺	あやね
嶺子 3	りょうこ
嶺夏 10	れいか
嶺美 9	れいみ
嶺羅 19	れいら

襟 18

えりのほか、衣服を結ぶ紐の意味も。心の中の大切なものを護れる子に

音・訓 キン・えり

襟衣 6	えりい
襟佳 8	えりか
襟香 9	えりか
襟子 3	えりこ
襟奈 8	えりな
苺 8 襟	もえり

顕 18

明らかにすることを表す。秀でた才能を発揮し、活躍してほしいと願って

音・訓 ケン

名のり あき・たか・てる

顕子 3	あきこ
顕奈 8	あきな
顕歩 8	あきほ
顕美 9	たかみ
顕絵 12	てるえ
顕麻 11	てるま

繭 18

まゆや、絹糸。高貴で繊細な絹の織物のイメージから、古典的で優雅な美しい名に

音・訓 ケン・まゆ

繭宇 6	まゆう
繭華 10	まゆか
繭貴 12	まゆき
繭子 3	まゆこ
繭美 9	まゆみ
繭利 7	まゆり

瞬 18

またたき。物事を察知し、素早く成し遂げる才知と敏速な行動力のある子に

音・訓 シュン・またたく

瞬夏 10	しゅんか
瞬佳 8	しゅんか
瞬子 3	しゅんこ
瞬那 7	しゅんな
瞬奈 8	しゅんな
瞬麻 11	しゅんま

穣 18

穀物が豊かに実ることを表す。個性豊かな才能があふれる、才女のイメージ

音・訓 ジョウ・みのる

名のり しげ

穣子 3	しげこ
穣乃 2	しげの
穣穂 15	しげほ
穣実 8	しげみ
穣美 9	しげみ
穣世 5	しげよ

※⚠＝パソコンなどで文字が出にくい字

織 18

布を織る、まだ染まっていない絹などを表す。美しく繊細な印象の名前に

音・訓 ショク・シキ・おる
名のり おり・はとり・り

名前	画数	読み
織江	6	おりえ
織葉	12	おりは
香織	9	かおり
紗織	10	さおり
史織	5	しおり
詩織	13	しおり

雛 18

小さい、愛らしいことを表す。いつまでも子どもの心を忘れない、無邪気な人に

音・訓 スウ・ひな

名前	画数	読み
雛		ひな
雛花	7	ひなか
雛希	7	ひなき
雛子	3	ひなこ
雛乃	2	ひなの
雛美	9	ひなみ

繕 18

修繕、修理などの意味。人と人との関係を取りもつことができる人に

音・訓 ゼン・つくろう
名のり よし

名前	画数	読み
繕江	6	よしえ
繕希	7	よしき
繕子	3	よしこ
繕乃	2	よしの
繕葉	12	よしは
繕美	9	よしみ

櫂 18

ゆったりと舟を漕ぐ様子を表す。静かだが力強く前に進んでいくひたむきな子に

音・訓 トウ・かい
名のり こずえ・たく

名前	画数	読み
櫂絵	12	かいえ
櫂輝	15	かいき
櫂莉	10	かいり
櫂良	7	かいら
櫂美	9	たくみ
櫂帆	6	たくほ

藤 18

優雅な姿で人々を魅了するフジのように美しく、フジのつるのように丈夫な人に

音・訓 トウ・ふじ
名のり かつら・つ・ひさ

名前	画数	読み
藤香	9	とうか
藤瑚	13	とうこ
藤子	3	ふじこ
藤絵	12	ふじえ
藤代	5	ふじよ
美藤	9	みふじ

癒 18

周囲の人に癒しを与えられる、穏やかで優しい子になってほしいと願って

音・訓 ユ・いえる・いやす

名前	画数	読み
真癒子	10・3	まゆこ
美癒宇	9・6	みゆう
癒衣乃	6・2	ゆいの

曜 18

きわだって光り輝く日光を表す。明るく輝いた人生を歩んで行ける子に

音・訓 ヨウ
名のり あき・てる

名前	画数	読み
曜奈	8	あきな
曜永	5	あきえ
曜栄	9	てるえ
曜美	9	てるみ
曜佳	8	ようか
曜子	3	ようこ

燿 18

火が燃え上がって輝くように、エネルギッシュに生きてほしいと願って

音・訓 ヨウ・かがやく
名のり あき・てる

名前	画数	読み
燿瑛	12	あきえ
燿奈	8	あきな
燿歩	8	あきほ
燿華	10	ようか
燿栄	9	てるえ
燿美	9	てるみ

藍 18

藍草からとった鮮やかな青。落ち着いた、日本を感じさせる名前に

音・訓 ラン・あい

名前	画数	読み
藍		あい
藍子	3	あいこ
藍佳	8	あいか
藍菜	11	あいな
有藍	6	うらん
美藍	9	みらん

鯉 18

泳ぐ宝石、錦鯉のように、華やかな容姿と強い精神を兼ね備えてほしいと願って

音・訓 リ・こい

名前	画数	読み
明鯉	8	あかり
茉鯉	8	まり
悠鯉	11	ゆり
鯉佳	8	りか
鯉那	7	りな
鯉帆	6	りほ

※添え字（漢字1字の最後の音と同音の1字を加えること⇒P.407）を使った変則的な読みは名のりに加えていません。

臨 18

高いところから真実を見通すことのできる、落ち着いた聡明な女性に

音・訓 リン・のぞむ
名のり み

- 絵臨 12 えりん
- 果臨 8 かりん
- 臨夢 13 のぞむ
- 真臨 10 まりん
- 臨佳 8 りんか
- 臨那 7 りんな

類 18

たぐい、仲間を表す。仲間と一緒に大きなものを作り上げてほしいと願って

音・訓 ルイ・たぐい
名のり とも・なお・なし・よし

- 類 るい
- 類美 9 ともみ
- 類美 9 ともみ
- 類乃 2 よしの
- 類紗 10 るいさ
- 類奈 8 るいな

禮 18

人が守るべき正しい行い、感謝の気持ちを表す。高い精神性を表す名前に

音・訓 レイ・ライ
名のり あき・あや・のり・ひろ・まさ・みち・ゆき・よし

礼の異体字

- 禮華 10 あやか
- 禮佳 8 れいか
- 禮子 3 れいこ
- 禮奈 8 れいな
- 禮美 9 れいみ
- 禮良 7 らいら

韻 19

響きや音色。風雅という意味も。どんなときも芸術を楽しむ余裕をもってほしい

音・訓 イン
名のり おと

- 韻佳 8 おとか
- 韻紗 10 おとさ
- 韻羽 6 おとは
- 韻祢 9 おとね
- 美 9 韻 みいん
- 梨 11 韻 りいん

艶 19

つややかな様子。多くの人を魅了する美貌の持ち主に。華やかで美しい名前

音・訓 エン・つや・なまめかしい
名のり よし

- 艶子 3 つやこ
- 艶瑚 13 つやこ
- 艶美 9 よしみ
- 艶香 9 よしか
- 艶江 6 よしえ
- 艶乃 2 よしの

麒 19

麒麟（キリン）。すぐれた人のたとえにも使われる。群を抜いた才女のイメージ

音・訓 キ
名のり あき

- 麒恵 10 きえ
- 希 7 麒 きき
- 麒羅 19 きら
- 美 9 麒 みき
- 咲 9 麒子 3 さきこ

鏡 19

自らを反省し自分と向かい合える人に。また、澄みきった心の持ち主に

音・訓 キョウ・かがみ
名のり あき・かね・とし・み

- 鏡子 3 きょうこ
- 鏡佳 8 きょうか
- 鏡江 6 あきえ
- 鏡絵 12 あきえ
- 鏡奈 8 あきな
- 鏡美 9 あきみ

繋 19 ⚠

結びとめて離れないようにする意。架け橋となる、役に立てる人にと願って

音・訓 ケイ・つなぐ
名のり つぐ・つな

- 繋子 3 けいこ
- 繋瑚 13 けいこ
- 繋花 7 けいか
- 繋佳 8 けいか
- 繋都 11 けいと
- 繋奈 8 けいな

※⚠=パソコンなどで文字が出にくい字

識 19

知る、見分けるなどの意味を表す。深い知識と広い見識をもった賢い女性に

音・訓 シキ・しる
名のり さと・つね・のり

識江6 さとえ
識末5 さとみ
識梨11 さとり
識久3 しるく
識花7 のりか
美9識 みのり

瀬 19

激しい急流、また穏やかな浅瀬から、悠々と自在に流れていけるように

音・訓 せ

彩11瀬 あやせ
瀬名6 せな
奈8々3瀬 ななせ
瀬里7奈8 せりな

寵 19

大切にかわいがられることを表す。時流に乗って、活躍する子になってほしいと

音・訓 チョウ
名のり よし

華10寵 かよし
寵花7 ちょうか
美9寵 みよし
寵香9 よしか
寵子3 よしこ
寵乃2 よしの

禰 19

元の意味は、父のみたまや。「祢」よりも神秘的で落ち着いたイメージに

音・訓 デイ・ね

禰生5 ねお
愛13禰 あいね
禰々3子3 ねねこ
真10里7禰 まりね

譜 19

系統立てて書き記したもの、譜面を表す。芸術的センスが感じられる名前に

音・訓 フ
名のり つぐ

譜美9乃2 ふみの
譜紀9恵10 ふきえ
日4譜美9 ひふみ

鵬 19

想像上の大きな鳥の意から転じて、大きなことを成す、すぐれた人のたとえに使う

音・訓 ホウ・おおとり
名のり とも・ゆき

鵬佳8 ともか
鵬恵10 ともえ
鵬末5 ともみ
小3鵬 こゆき
鵬妃6 ほうき
美9鵬 みゆき

霧 19

細かい水滴が空中に漂う様子を表す。神秘のベールに包まれた美しい名前に

音・訓 ム・きり

霧子3 きりこ
紗10霧 さぎり
霧玖7 むく
霧月4 むつき
真10衣6霧 まいむ

羅 19

目のすいた薄い絹織物の意味。美しく、人の心の動きに敏感に反応できる女性に

音・訓 ラ
名のり つら

愛13羅 あいら
綺14羅 きら
麗19羅 れいら
聖13羅 せいら
輝15亜7羅 きあら

蘭 19

美しく香りのよい高貴な花を表し、素晴らしいもの、美しい人のたとえにも使う

音・訓 ラン
名のり か

蘭 らん
紗10蘭 さらん
鈴13蘭 すずらん
蘭佳8 らんか
蘭子3 らんこ
蘭美9 らんみ

麗 19

すっきりとして、うるわしい様子を表す。華やかな女性になってほしいと願って

音・訓 レイ・うるわしい・うららか
名のり かず・よし・れ

澄15麗 すみれ
美9麗 みれい
麗亜7 れあ
麗香9 れいか
麗子3 れいこ
麗生5 れお

※添え字（漢字1字の最後の音と同音の1字を加えること⇒P.407）を使った変則的な読みは名のりに加えていません。

19 櫓

和舟を漕ぐための道具のこと。ゆったりとした和風の情緒を感じさせる名前に

音・訓 ロ・やぐら

- 壱7櫓 いちろ
- 真10櫓 しんろ
- 美9櫓 みろ
- 櫓歌14 ろか
- 比4櫓佳8 ひろか

19 瀧

滝の異体字

龍のような形をした急流のこと。「滝」よりも勢いがあって堂々としたイメージに

音・訓 たき

名のり たけ・よし・ろう

- 瀧子3 たきこ
- 瀧音9 たきね
- 瀧乃2 たきの
- 瀧代5 たきよ
- 瀧美9 よしみ
- 瀧沙7 ろうさ

19 麓

長く連なる山すそを表す。穏やかで、大きな包容力のある子になるよう願って

音・訓 ロク・ふもと

- 美9麓 みろく
- 麓恵10 ろくえ
- 麓花7 ろくか
- 麓子3 ろくこ
- 麓葉12 ろくは
- 麓穂15 ろくほ

20 響

音が響くこと。周囲の人に影響をおよぼすような、存在感のある女性に

音・訓 キョウ・ひびく

名のり おと・なり・ひびき

- 響依8 おとえ
- 響子3 きょうこ
- 響嘉14 きょうか
- 響美9 きょうみ
- 響乃2 きょうの
- 響奈8 きょうな

20 馨

よい香りのこと。香りが遠くまでただようように、名声を博する才女にと願って

音・訓 ケイ・キョウ・かおる

名のり か・かおり・きよ・よし

- 馨 かおり
- 綾14馨 あやか
- 馨音9 けいと
- 幸8馨 さちか
- 彩11耶9馨 さやか

20 鐘

つりがね。普段はおとなしくても、必要なときには筋の通った意見の言える人に

音・訓 ショウ・かね

- 亜7鐘 あかね
- 鐘子3 しょうこ
- 鐘乃2 しょうの
- 鐘佳8 しょうか
- 鐘名6 しょうな
- 美9鐘 みかね

20 耀

光が高く輝く。常に光のあたる道を歩き、誰よりも輝く人生を歩ける子に

音・訓 ヨウ・かがやく

名のり あき・あきら・てる

- 耀栄9 あきえ
- 耀葉12 あきは
- 耀歩8 あきほ
- 耀美9 てるみ
- 耀花7 ようか
- 耀子3 ようこ

21 櫻

桜の異体字

元はユスラウメを表す。可憐な花を咲かせる桜のように人を幸せにする子に

音・訓 オウ・さくら

- 櫻乃2 おうの
- 櫻子3 さくらこ
- 美9櫻 みおう
- 櫻桃10 ゆすら
- 理11櫻 りおう

※⚠=パソコンなどで文字が出にくい字

鶴 21

その姿から、優雅さを象徴する。長寿の意味もあり、縁起のよい名前とされる

音・訓 カク・つる
名のり ず・たず・つ

- 千 3 鶴 ちづる
- 鶴世 5 つるよ
- 美 9 鶴 みつる
- 優 17 鶴 ゆづる
- 寿 7 鶴子 3 すずこ

躍 21

高くとびあがる、踊ることを表す。体を動かすことの好きな元気な子にと願って

音・訓 ヤク・おどる

- 躍 おどり
- 躍里 7 おどり
- 躍莉 10 おどり
- 躍理 11 おどり
- 躍璃 15 おどり
- 躍乃 2 やくの

露 21

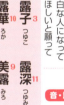

元は透けて見えること。隠しごとがなく、清廉潔白な人になってほしいと願って

音・訓 ロ・ロウ・つゆ

- 露子 3 つゆこ
- 露深 11 つゆみ
- 露華 10 ろか
- 美 9 露 みろ
- 妃 6 露佳 8 ひろか

鷗 22

大海原をゆったりと飛ぶカモメのように、のびのびと育ってほしいと願いを込めて

音・訓 オウ・かもめ

- 鷗 かもめ
- 鷗夏 10 おうか
- 鷗奈 8 おうな
- 鷗良 7 おうら
- 海 9 鷗 かおう
- 鷗玲 9 おうれい

饗 22 ❗

会食やもてなしなどを表す。人を楽しませることができ、多くの友をもつ人気者に

音・訓 キョウ・あえ・うける・もてなす

- 饗子 3 きょうこ
- 饗佳 8 きょうか
- 饗香 9 きょうか
- 饗美 9 きょうみ
- 饗乃 2 きょうの
- 饗弥 8 きょうや

讃 22

褒め称える、助けるなどの意味。明るく、人生を精一杯生きてほしいと願って

音・訓 サン・ほめる
名のり ささ・とき

- 讃音 9 ささね
- 讃佳 8 さんか
- 讃瑚 13 さんご
- 讃奈 8 さんな
- 讃代 5 ときよ
- 讃子 3 ときこ

鱒 23 ❗

海に住み、産卵で川を遡る生命力あふれたマス。力強く生きてほしいと願って

音・訓 ソン・ます

- 鱒子 3 ますこ
- 鱒未 5 ますみ
- 鱒美 9 ますみ
- 鱒深 11 ますみ
- 鱒世 5 ますよ
- 鱒代 5 ますよ

麟 24

想像上の動物、麒麟（キリン）のメスを表す。ミスティックな雰囲気の名前に

音・訓 リン

- 麟 りん
- 麟香 9 りんか
- 麟子 3 りんこ
- 真 10 麟 まりん
- 莉 10 麟 りりん
- 佳 8 麟 かりん

鷺 24

白く優美な姿の鳥。古来より愛されてきたサギのように、上品な華がある女性に

音・訓 ロ・さぎ

- 鷺歌 14 ろか
- 鷺花 7 ろか
- 紀 9 鷺 ひろ
- 美 9 鷺 みろ
- 朱 6 鷺奈 8 ときな

※添え字（漢字1字の最後の音と同音の1字を加えること⇒P.407）を使った変則的な読みは名のりに加えていません。

止め字・添え字

名前に使われることの多い「止め字」や「添え字」を紹介します。読み方に迷うことのない、わかりやすい漢字を使うのが一般的です。

止め字

名前の一番下でよく使われる、「美」や「乃」のような漢字を「止め字」といいます。使う字によって、名前の印象は大きく変わります。

●ア 亜7 阿8 娃9 愛13

●アン 安6 杏7 晏10

●イ 衣6 伊6 依8 唯11 惟11 維14

●ウ 卯5 宇6 羽6 雨8

●エ 永5 衣6 江6 依8 枝8 英8 栄9 映9 重9 恵10 笑10 絵12 慧15

●オ 央5 生5 於8 緒14

●オリ 織18

●オン 苑8 音9 恩10 温12

●カ 可5 加5 花7 果8 佳8 香9 架9 迦9 珈9 珂9 華10 夏10 歌14 嘉14 霞17

●キ 己3 木4 生5 伎6 希7 芸7 来7 岐7 季8 祈8 紀9 祇9 姫10 葵12 貴12 喜12 稀12 綺14 輝15 嬉15 樹16

●ク 久3 句5 玖7 来7 紅9

●コ 子3 仔5 胡9 湖12 瑚13

●サ 左5 早6 沙7 佐7 砂9 咲9 紗10 爽11 瑳14

●セ 世5 瀬19

●チ 千3 知8 茅8 智12 稚13

●ツ 津9 通10 都11 鶴21

●ツキ 月4 槻15

●ト 十2 兎7 杜7 音9 都11 登12

●ナ 七2 名6 那7 奈8 南9 菜11

●ネ 音9 祢9 嶺17 禰19

●ノ 乃2 埜11 野11

●ハ 巴4 羽6 芭7 杷8 波8 葉12

●ヒ 日4 妃6 陽12 斐12

●ホ
帆6 歩8 保9 葡12 穂15

●マ
万3 茉8 真10 麻11 満12 磨16

●ミ
巳3 三3 水4 未5 見7 実8 弥8 美9 泉9 海9 深11 魅15

●ヤ
也3 矢5 谷7 夜8 弥8 耶9 野11 埜11 椰13

●ユ(ユウ)
夕3 由5 有6 佑7 侑8 柚9 祐9 悠11 遊12 結12 裕12 優17

●ヨ
代5 世5 夜8 葉12

●ラ
良7 楽13 螺17 羅19

●リ
吏6 利7 李7 里7 莉10 梨11 理11 璃15 鯉18

●リン
倫10 琳12 鈴13 稟13 凜15 凛15 麟24

●ル
留10 流10 琉11 瑠14

●レン
恋10 連10 蓮13 廉13 漣14

●ワ
和8 輪15 環17

添え字

漢字1字の読み方を保ったまま、下に字を加えて、画数や読みやすさを整える方法を「添え字」といいます。

愛13	依8	愛依	あい
茜9	音9	茜音	あかね
灯6	里7	灯里	あかり
晶12	良7	晶良	あきら
歩8	実8	歩実	あゆみ
杏7	子3	杏子	あんず
泉9	水4	泉水	いずみ
笑10	美9	笑美	えみ
笑10	夢13	笑夢	えむ
香9	織18	香織	かおり
薫16	留10	薫留	かおる
静14	花7	静花	しずか
巴4	絵12	巴絵	ともえ
汀5	紗10	汀紗	なぎさ
七2	奈8	七奈	なな
寧14	衣6	寧衣	ねい
希7	視11	希視	のぞみ
望11	夢13	望夢	のぞむ
遥12	香9	遥香	はるか
光6	理11	光理	ひかり
光6	琉11	光琉	ひかる
碧14	李7	碧李	みどり
実8	莉10	実莉	みのり
実8	流10	実流	みのる

ひらがな・カタカナの名前

漢字よりも優しく柔らかな印象を与えるひらがなやカタカナは、女の子の名前によく合います。

ひらがなだと印象が変わる

ひらがなやカタカナを使うと、読みやすく書きやすい名前になるほか、見た目のイメージも優しく柔らかになります。印象を変えたいときには、ひらがなやカタカナにすることを考えてみてもよいでしょう。

たとえば、「菫」や「綺羅」は格好よくまとまるいっぽうで、少し重たい印象も与えます。それを「すみれ」「キラ」にすることで、パパやママの思うイメージに重なるかもしれません。

また、「あや乃」「リリ子」など、ひらがな・カタカナ＋漢字にすることで、個性的な名前にすることもできます。

イメージが広がる名前に

使いたい漢字がいくつかあって決められない場合は、思いきってひらがなやカタカナにすることで、イメージや意味に広がりをもたせることができます。

たとえば、「美」と「実」など、異なる意味をもつ漢字で迷ったとき、「み」もしくは「ミ」とすれば両方の意味をもたせられるのです。

ただし、音によるイメージが大きいため、受け取り手の解釈も広がります。たとえば、人気の名前の「心愛」も「ココア」とすると、飲み物のイメージが強くなります。音から意図しないものが連想される名前には注意しましょう。

ひらがなの名前の例

あ3か3り2　あ3づ3み3　あ3ゆ3　い2の1り2　う2た4　え3な5　か3お4り2　か3す3み3　か3ほ5り2　き4い2な5　く1る2み3　こ2の1み3　さ3と2み3

さ3ら2　し1ず5　す3ず5　た4え3こ2　つ1ぐ3み3　な5ず5な5　な5つ1め2　は4な5　は4る2美9　ひ2な5の1　ふ4み3　ふ4ゆ3か3　ほ5な5み3

ほ5の1香9　ま4お4　み3さ3　み3ち3こ2　み3ど4り2　み3の1り2　み3ゆ3　も3も3か3　や3よ2い2　ゆ3う2か3　よ2う2子3　ら2な5　わ2か3な5

カタカナの名前の例

ア2イ2　ア2ユ2ミ3　エ3リ2カ2　カ2ナ2　キ3ラ2リ2　ケ3イ2子3　コ2コ2ナ2　サ3キ3　ス2ミ3レ1　チ3イ2コ2　ナ2オ3　ナ2ツ3　ナ2ナ2ミ3

ヒ2カ2リ2　マ2ナ2ミ3　マ2ユ2　マ2リ2乃2　ミ3イ2　ミ3ク2　ミ3サ3キ3　モ3モ3　ユ2イ2　ユ2カ2リ2　ユ2キ3菜11　リ2エ3　リ2ン2

音の区切りが個性的な名前

音の区切りを少し変えると、同じ音でも個性的で印象的な名前になります。

音の区切りを変えるとは？

読みやすい名前がいいけれど、オリジナルさはほしい。そんなときにおすすめなのが、音の区切りを工夫した名前です。音は一般的な名前でも、見た目の印象が変わり、オリジナル感の出る名前になります。

たとえば「さとみ」なら、「さと―み」（聡美）と音を区切るのが一般的です。そこを「さ―と―み」（紗都美）や「さ―とみ」（紗富）とすると、見た目が大きく変わり、個性的な名前になります。

使う漢字は一度調べて

音の区切りにこだわった名前でも、やはり漢字のもつイメージは名前の前面に出てきます。マイナスイメージの強い漢字を使わないように注意しましょう。たとえば、「みちる」を「み―ちる」としたいがために、「美散」としてしまうと、これから長い人生を歩む子どもにはふさわしくない名前に。そのようなときは「満瑠」など、添え字を考えることで、選択肢が広がります。（→P.407でも、添え字について紹介しています）

名前の候補が決まったら、漢字のもつ意味を一度漢和辞典で調べてみると安心です。

音の区切りが個性的な名前の例

- 亜7 衣6 華10 あいか
- 安6 冴7 あさえ
- 亜7 純10 あすみ
- 亜7 弓3 あゆみ
- 維14 澄15 いずみ
- 壱7 希7 いつき
- 香9 積16 かつみ
- 叶5 恵10 かなえ
- 紗10 千3 恵10 さちえ
- 紗10 睦13 さちか
- 紗10 富12 さとみ
- 汐6 里7 しおり
- 詩13 乃2 歩8 しのぶ

- 素10 美9 怜8 すみれ
- 多6 蒔13 たまき
- 千3 笑10 ちえみ
- 千3 衿9 ちえり
- 千3 頼16 ちより
- 奈8 摘14 なつみ
- 七2 苗8 ななえ
- 菜11 波8 ななみ
- 巴4 苗8 はなえ
- 妃6 華10 理11 ひかり
- 真10 聖13 まきよ
- 増14 美9 ますみ
- 真10 波8 まなみ

- 麻11 波8 まなみ
- 真10 由5 宇6 まゆう
- 美9 稲14 みいな
- 美9 澄15 みきよ
- 蜜14 希7 みつき
- 美9 苗8 みなえ
- 皆9 恵10 みなえ
- 水4 美9 みなみ
- 美9 波8 みなみ
- 百6 笑10 もえみ
- 由5 雁12 ゆかり
- 玲9 稲14 れいな
- 和8 奏9 わかな

添え字を使った名前の例

- 歩8 夢13 あゆむ
- 香9 里7 かおり
- 咲9 希7 さき
- 栞10 理11 しおり
- 静14 香9 しずか
- 環17 希7 たまき
- 椿13 喜12 つばき
- 希7 実8 のぞみ
- 響20 希7 ひびき
- 舞15 衣6 まい
- 南9 実8 みなみ
- 結12 依8 ゆい
- 渉11 瑠14 わたる

低学年で習う漢字の名前

低学年で習う漢字なら、早い段階から自分の名前を漢字で書くことができます。

低学年で習う漢字は二〇〇字以上ある

どんな漢字を選ぶか迷ったら、低学年で習う漢字から候補を探すという方法もあります。早い段階から自分の名前が漢字で書ける、しかも周囲の同級生からその漢字を読んでもらえるというのは、子どもにとって誇らしいものです。

常用漢字の中でも、小学校で習う漢字のことを一般的に「教育漢字」といいます。教育漢字は、日常生活でよく使われるものから順に学習していくという考え方が基本になっているので、「親しみやすい雰囲気の漢字を使いたい」という人にとっては、よい参考資料になるはずです。

小学一、二年生で学習する漢字の種類だけでも二〇〇を超えるので、選択肢の幅もかなりあります。

早くから漢字で書ける以外にもメリットが

低学年で習う漢字の中に気に入ったものがなければ、学年を上げていきながら探してもよいでしょう。小学三年生から、使える漢字はぐんと多くなります。

教育漢字から漢字を選ぶことで、本人が早くから自分の名前を漢字で書けること以外の利点も得られます。正しい書き順や、どういうバランスのとり方をすればきれいに見えるかということまで、学校で教えてもらうことができるのです。

自分の名前の美しい書き方がわかる、という点も教育漢字を使うメリットです。

低学年で習う漢字の名前の例

名前	画数	読み
明絵	8・12	あきえ
朝	12	あさ
朝子	12・3	あさこ／ともこ
明日花	8・4・7	あすか
文	4	あや
歩	8	あゆみ／あゆむ
羽多	6・6	うた
海	9	うみ
絵里花	12・7・7	えりか
音羽	9・6	おとは
夏小	10・3	かお
一会	1・6	かずえ
一羽	1・6	かずは
歌月	14・4	かづき
花音	7・9	かのん
心音	4・9	ここね
心	4	こころ
小鳥	3・11	ことり
小春	3・9	こはる
小雪	3・11	こゆき
早知会	6・8・6	さちえ
五月	4・4	さつき
里子	7・3	さとこ
小夜	3・8	さよ
早羽	6・6	さわ
星花	9・7	せいか
星南	9・9	せいな／せな
園	13	その
千花	3・7	ちか
千里	3・7	ちさと
千春	3・9	ちはる
茶子	9・3	ちゃこ
月夜	4・8	つくよ
知歌	8・14	ともか
友音	4・9	ともね
直心	8・4	なおみ
直海	8・9	なおみ
夏生	10・5	なつき
夏海	10・9	なつみ
七海	2・9	ななみ
合花	6・7	はるか
晴海	12・9	はるみ
日南	4・9	ひな
風花	9・7	ふうか
円	4	まどか
万里	3・7	まり
海空	9・8	みく
光絵	6・12	みつえ
水絵	4・12	みなえ
三音子	3・9・3	みねこ
京	8	みやこ
百音	6・9	もね
百花	6・7	ももか
夕雨	3・8	ゆう
夕花	3・7	ゆうか
夕南	3・9	ゆうな
夕花里	3・7・7	ゆかり
雪名	11・6	ゆきな
友月	4・4	ゆづき
弓子	3・3	ゆみこ
友理	4・11	ゆり
百合	6・6	ゆり
理絵	11・12	りえ
理子	11・3	りこ
六花	4・7	りっか

書き込み式
名前候補チェックシート

姓と名はワンセットで考えましょう。声に出して読んでみることも大切です

ローマ字ではどのようになるか書いてみましょう

ふだん、どのような愛称で呼びかけるかイメージしてみましょう

「書きやすさ」「読みやすさ（漢字の読み方のわかりやすさ）」「言いやすさ（発音のしやすさ）」のチェックをしましょう

思いついたことや家族の意見、その名前がいいと思った理由などを書いておきましょう

記入例

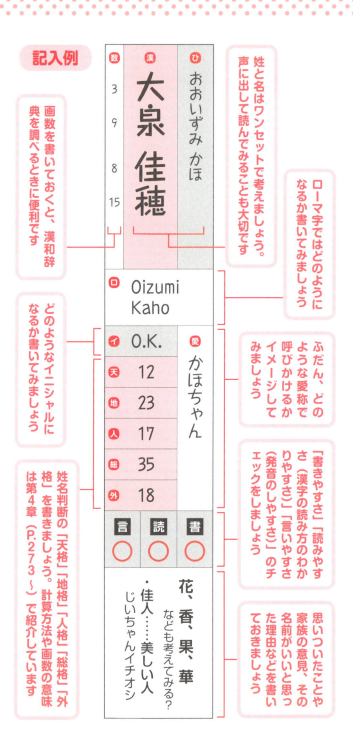

ひ	おおいずみ かほ
漢	大泉 佳穂
数	3 9 8 15
ロ	Oizumi Kaho
イ	O.K.
天	12
地	23
人	17
総	35
外	18
愛	かほちゃん
書	○
読	○
言	○

花、香、果、華
などども考えてみる?
・佳人……美しい人
じいちゃんイチオシ

画数を書いておくと、漢和辞典を調べるときに便利です

どのようなイニシャルになるか書いてみましょう

姓名判断の「天格」「地格」「人格」「総格」「外格」を書きましょう。計算方法や画数の意味は第4章（P.273～）で紹介しています

数 漢 ひ	数 漢 ひ	数 漢 ひ	数 漢 ひ
口	口	口	口
イ 愛	イ 愛	イ 愛	イ 愛
天	天	天	天
地	地	地	地
人	人	人	人
総	総	総	総
外	外	外	外
言 読 書	言 読 書	言 読 書	言 読 書

★候補をたくさん記入するときはコピーして使ってください。

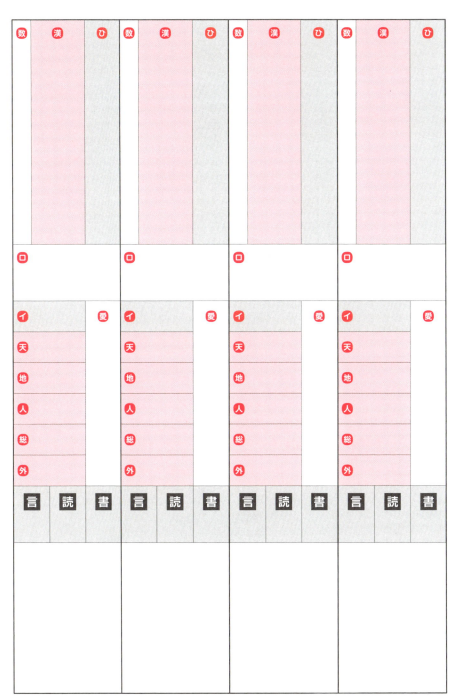

監修
大橋一心（おおはし いっしん）
命名研究家。インターネットサイト「すきっと命名」主宰。自身の長男の名前の考案に際し、姓名学の門戸を叩く。言葉の音の響きや漢字の研究を重ね、また、コピーライターとして企業の広告・宣伝・ネーミングに関わっている経験などを通じて得たノウハウを元に独自の命名法を考案。「心も育む命名」をコンセプトに、ご両親の願いや響き・漢字・姓名学などの多角的な視点から命名アドバイスを行っている。大阪府在住。
「すきっと命名」検索

スタッフ

本文イラスト
井田やす代、コンノユキミ、
もりあみこ

本文デザイン
有限会社 エルグ

編集協力
株式会社 童夢

校閲
くすのき舎
株式会社 みね工房
株式会社 夢の本棚社

執筆協力
ニシ工芸株式会社、宇田川葉子、
宇野美貴子、岡 未来、兼子梨花、
五明直子、酒井かおる、
佐藤美智代、富岡亜紀子、
水口陽子

決定版
女の子へ贈る名前事典

2016年1月27日　初版発行

監修者 大橋一心
発行者 佐藤龍夫
発行所 株式会社 大泉書店
〒162-0805 東京都新宿区矢来町27
電話 03-3260-4001（代）
FAX 03-3260-4074
振替 00140-7-1742
印刷所 ラン印刷社
製本所 明光社

落丁、乱丁本は小社にてお取り替えいたします。
本書の内容についてのご質問は、ハガキまたはFAXでお願いします。
URL　http://www.oizumishoten.co.jp/
ISBN 978-4-278-03683-1　C0077